教你炒股票

缠论与K线分析技术

培 峰◎著

中国宇航出版社
·北京·

图书在版编目（CIP）数据

教你炒股票：缠论与K线分析技术 / 培峰著. -- 北京：中国宇航出版社, 2017.1（2024.11重印）

ISBN 978-7-5159-1249-3

Ⅰ. ①教… Ⅱ. ①培… Ⅲ. ①股票投资—基本知识 Ⅳ. ①F830.91

中国版本图书馆CIP数据核字（2016）第292613号

责任编辑 田方卿　　装帧设计 曾仲宇

出版 发行	中国宇航出版社		
社址	北京市阜成路8号	邮编	100830
	(010)60286808		(010)68768548
网址	www.caphbook.com		
经销	新华书店		
发行部	(010)60286888		(010)68371900
	(010)60286887		(010)60286804（传真）
零售店	读者服务部		
	(010)68371105		
承印	三河市君旺印务有限公司		
版次	2017年1月第1版		2024年11月第11次印刷
规格	787×1092	开本	1/16
印张	26.75	字数	478千字
书号	ISBN 978-7-5159-1249-3		
定价	48.00元		

本书如有印装质量问题，可与发行部联系调换

前 言

缠论以基本面、技术面、比价关系等三个子系统，构筑起一套综合选股系统以及操作策略，最大限度地提高了交易获胜的概率和盈利空间。缠论以几何思维为导向，从最低级别的分型、笔、线段出发，一步一步地对走势结构进行分解，对市场各级别走势类型作出科学的完全分类，用于指导实际操作，是目前唯一用数学方法进行证明的交易理论。据信，缠论创立者缠中说禅1990年代初开始参与资本市场，凭借其创立的理论，以零成本投入，在十几年间赚得数十亿身家。

正如缠中说禅自己所说，他在资本市场干过的几件牛事，全国没有几个人不知道。正因如此，其本人自然而然地成了所有缠论学习者的标杆，其成就也成为大家追求的目标。虽然缠论的科学性毋庸置疑，但是原文中的一些语言以及措辞，也会对交易者产生一些负面导向，这些负面导向经常导致学习者操作失败，比如：

暴利导向。缠论给了学习者巨大的想象空间，仿佛缠论就是暴利的代名词。这种导向导致交易者在学习缠论的过程中，往往忽略其内部逻辑结构的正确性，在实际交易的过程中，更偏重于对暴利的妄想。这种对暴利的妄想是缠论学习者失败的原因之一。

短线导向。缠中说禅常常以一分钟级别分析市场走势。这往往使投资者产生错误的看法，认为学习缠论，利用缠论指导交易，就要把握市场分分秒秒的波动，不断做短差，从而实现利润最大化，这是极其错误的认识。缠论多以一分钟级别走势类型进行讲解，一个重要的原因是为了方便说法。交易中，盈利是需要时间积累的。频繁地进行短线交易，过度投机，是导致缠论学习者失败的原因之一。

过度精确导向。缠论强调第一类买卖点，这本质上就是抄底和逃顶。一般来讲，趋势特别是较大级别的趋势，一旦形成就不会轻易结束。没有高超的技术以及稳定的心态做保证，频繁地抄底或逃顶，本质上是在和趋势做对，结果则是一次次牺牲在半山腰上。缠论提出用区间套的方法把握精确的买卖点，这其实就是在小级别上抄底或者逃顶，操作难度极大。单是多级别联动，就足以让普通交易者头疼不已。试图把握最精确的买卖点，也是缠论学习者失败的原因之一。

K线是市场价格变化最直接的呈现，是一切技术分析的基础，K线技术也是市场中被验证过的技术。蜡烛图技术由日本的本间宗久在18世纪创立，本间宗久利用该技术在当时的日本大米市场上聚起了巨大的财富。据说他曾经有连续100笔交易盈利的惊人记录，以至于当时日本有着“酒田晴，堂岛阴，江户臧前雨纷纷”的说法，这说明本间宗久应用其创立的蜡烛图技术，在当时的日本大米市场具有呼风唤雨的能力。

但是，K线技术由于其先天的特性，一般投资者在应用过程中也经常出现问题。比如：

K线技术的或然性。K线技术提供的买卖点是建立在归纳统计基础上的，因而具有或然性。很多理论上的反转形态，看似为交易提供了理想的买卖点，却一次次成为交易者的坟墓，导致交易失败。

K线技术的片面性。市场分析的根本在于明确走势类型，当下处于走势类型的哪个阶段，以及走势类型如何转化， K线或K线组合只是走势类型的一个片段。抛开走势类型谈K线组合，只能把握局部，不能把握全局。这种“只见树木不见森林”的做法，往往导致交易失败。

K线技术的欺骗性。K线技术是技术分析中最基础的工具，为广大投资者所熟知，因此这种技术不可避免地成为大资金控盘的工具。很多K线技术发出的信号，乃是大资金刻意为之，其目的是在上涨过程中洗盘，或者在下跌过程中出货。

由于缠论原文的一些语言或者措辞对一般交易者有上述不利导向，因此，除非交易者有超强的定力和分析能力，否则单单学习原文是不够的。只看原文，很容易陷入对暴利的妄想中，陷入频繁的超短线交易和过度投机中，陷入对精确买卖点的患得患失中。而K线则是没有经过任何复杂处理的第一手市场资料，具有较好的时效性和较高的准确性。K线技术和缠论买卖点结合在一起，可以说是市场分析以及操作的最佳拍档。

由于以上原因，故而笔者撰写了本书。

本书以基本面、技术面、比价关系三个子系统作为综合选股系统。实践证明，该综合选股系统是有效的，能够大大提高所选品种的成功率。

本书选取相邻的三个级别，以三级别联立的方法辅助判断与操作。这个判断与操作包含三个部分：级别一上做波段；级别二上做趋势；级别三上验证级别二的买卖点，并寻找更优的买卖点。三个级别联动的分析体系，最大限度地简化了交易者利用缠论进行交易的操作体系，同时又让交易者避免陷入“缠而又缠”的境地。

本书以完全分类的指导思想研究走势类型及其转化，能够让交易者在明确操作级别的趋势下，看明白市场在干什么，交易者如何做才能顺应市场趋势，从而尽可能地提高交易获胜的概率。

本书提倡用高一级别的K线组合，配合该级别的均线系统等技术指标，综合把握次级别走势类型的结束点；用次级别走势类型的转化关系，验证高一级别K线组合发出的买卖信号的有效性；在小级别上明确走势之后，寻找更加精确的买卖点，从而综合把握交易的节奏。

缠论不废万法。本书提出的缠论K线分析技术，既是对缠论的继承，也是对K线技术的发展。本书将传统的K线组合分析技术融于对走势类型的转化以及买卖点的分析判断之中，试图在实战操作中简化缠论，并力图使稔熟K线技术的投资者学有所用。

笔者相信，通过阅读本书，加上对缠论核心思想以及K线技术的综合把握，大家一定能够正确认识当下的走势类型以及走势类型所处的阶段，制定恰当的交易计划，通过严格执行交易计划稳定盈利！

感谢中国宇航出版社编辑田方卿为本书的出版提供了机会。感谢缠中说禅对技术分析所做的开创性贡献。感谢蜡烛图技术集大成者史蒂夫·尼森以及其他蜡烛图技术领域的前辈们所做的辛勤工作。感谢我的家人在写作本书期间对笔者提供的支持。没有你们，就不会有本书的诞生！

由于笔者个人才学方面的局限，书中难免存在纰漏，有些地方不能达到尽善尽美。希望大家本着学习、弘扬和发展缠论技术分析与操作体系的宗旨，实事求是地进行批评指正！

培 峰

2016年12月1日凌晨

目 录

第一章 缠论与K线技术概述 / 1

第一节 缠论与K线技术 / 2

一、缠论的利与弊 / 2
二、K线分析技术的得与失 / 6
三、缠论K线分析技术 / 9

第二节 交易的逻辑 / 9

一、交易的目的 / 10
二、如何做到稳定盈利 / 11
三、走势类型分类 / 12
四、制定交易策略 / 13

第三节 成功交易的关键 / 17

一、获取大利润 / 18
二、只有大级别才有大利润 / 18
三、围绕大级别买卖点制定交易策略 / 20
四、严守交易纪律 / 23
五、如何提高执行力 / 24

第二章 缠论基础 / 29

第一节 选择交易标的 / 30

一、基本面分析 / 31
二、主题投资分析 / 32
三、技术面分析 / 35
四、投资中的数学原则 / 36

第二节 走势的级别 / 38

一、级别的定义与意义 / 38
二、级别与图表周期 / 39
三、长线、中线、短线 / 40
四、选择操作级别 / 41
五、级别与资金管理 / 43

第三节 分型及其力度 / 44

一、分型的定义及意义 / 44
二、K线包含关系及其处理 / 46
三、中继分型 / 47
四、分型的心理依据及力度 / 49
五、分型辅助操作 / 52

第四节 笔及其力度 / 53

一、笔的定义及意义 / 54
二、笔的划分原则与步骤 / 56
三、笔的力度 / 57
四、笔辅助操作 / 60

第五节 线段及其力度 / 61

一、线段的定义及意义 / 62
二、线段的特征序列及分类 / 63
三、线段的划分 / 65
四、线段的力度 / 69
五、线段辅助操作 / 72

第六节 中枢及其形态 / 74

一、中枢的定义及意义 / 74
二、中枢的形态与复杂度 / 77
三、中枢交替现象 / 81
四、中枢辅助操作 / 82

第七节 走势类型与买卖点 / 87

一、走势类型的定义及对比分析 / 88

二、趋势 / 95
三、中枢连接段 / 96
四、买卖点 / 98
五、盘整 / 105
六、走势类型的连接 / 107

第八节 走势必完美 / 110

一、缠论对“走势必完美”的论述 / 110
二、走势类型完美 / 115
三、三类买卖点的完备性 / 115

第九节 缠论资金管理策略 / 118

第三章 K 线分析技术 / 121

第一节 K 线技术基础知识 / 122

一、K 线技术起源 / 122
二、K 线的时间周期 / 127
三、单根 K 线的画法及意义 / 130
四、常见 K 线组合及释意 / 134
五、K 线理论对市场的划分 / 150
六、K 线理论心法 / 151

第二节 K 线技术的优缺点 / 152

一、K 线技术的优点 / 152
二、K 线技术的不足 / 154

第四章 缠论 K 线分析技术 / 161

第一节 标的选择系统 / 162

一、基本面 / 163
二、比价关系 / 166
三、技术面 / 173
四、总结 / 174

第二节　选择级别 / 175

一、级别一 / 175

二、级别二 / 177

三、级别三 / 181

四、三重联动的操作原则 / 186

第三节　走势类型及转化分析 / 186

一、走势类型决定操作方向 / 187

二、定义走势类型的方法 / 188

三、走势类型的相互转化 / 194

第四节　选择买卖点 / 200

一、三类买卖点 / 200

二、以高级别K线组合把握低级别买卖点 / 201

三、利用K线把握三类买卖点的方法 / 203

第五节　左侧交易与右侧交易 / 207

一、两种交易策略的定义 / 207

二、两种交易策略的关键点 / 209

三、两种交易策略对比分析 / 210

四、交易策略的选择 / 211

第六节　止损与止盈 / 216

一、止损与止盈的本质 / 216

二、止损操作 / 216

三、止盈操作 / 222

第七节　神奇数字 / 226

一、什么是神奇数字 / 226

二、趋势中的时间窗口 / 227

三、盘整中的时间窗口 / 229

四、神奇数字与百分比回撤 / 230

第八节　资金管理 / 232

一、交易模式三要素 / 232

二、为什么需要资金管理 / 233

三、稳健型与激进型交易方式 / 235
四、去杠杆化操作 / 236
五、集中投资原则 / 237
六、趋势头寸和波段头寸 / 239
七、资金管理的一般原则 / 240
八、缠论 K 线分析操作系统 / 241

第五章 K 线组合与买卖点 / 243

第一节 K 线组合分类 / 244
一、反转形态的基本含义 / 245
二、反转形态与分型 / 245
三、底部反转形态 / 247
四、顶部反转形态 / 254

第二节 缺 口 / 261
一、缺口及缺口的回补 / 261
二、缺口的分类 / 262
三、缺口的实战操作意义 / 264

第三节 标志性 K 线 / 267
一、标志性 K 线的定义 / 268
二、标志性 K 线与买卖点的关系 / 268
三、把握标志性 K 线的方法 / 271
四、标志性 K 线实例 / 272

第四节 缠论 K 线操作法则 / 278

第五节 培养你的盘感 / 280
一、快速培养盘感的方法 / 280
二、自己动手画 K 线 / 281

第六章　操作图例 / 283

第一节　底部反转形态 / 284

第二节　顶部反转形态 / 351

附录　缠论定理汇总 / 413

第 1 章

缠论与 K 线技术概述

第一节　缠论与K线技术

缠论以基本面、技术面、比价关系等三个子系统构筑起一套综合选股系统以及操作策略，最大程度上提高了交易者获胜的概率和盈利空间。缠论以几何思维为主导，从最低级别的分型、笔、线段出发，对走势结构逐步推导，从而对市场各级别走势作出科学的完全分类，进而指导实际操作，是目前唯一用数学手段进行证明的交易理论。

据信，缠论创立者“缠中说禅”1990年代初开始参与资本市场，凭借其创立的技术分析理论，以零成本投入，十几年间赚得数十亿身家。缠论的交易思想主要体现在“教你炒股票”系列文章之中，大家可以参阅笔者整理出版的《缠中说禅：教你炒股票（配图校注版）》一书。

投资结果是多种因素的综合反映，决定投资结果最基本的因素，至少应该包含两个方面：交易者和交易理论。正确的人利用适合自己的交易理论，才能在市场中获得好的结果。打个比方，两个人学习同样的课程，参加考试时，取得的结果很可能不同。如果该课程是爱因斯坦的相对论，有人可能会得零分。

理论可以复制，但交易者是不可复制的。缠中说禅本人的精力、市场把握能力以及反应速度，一般人难以望其项背。普通交易者进入市场后，如果把自己想象成无所不能的超人，这说明在入市之初，就对自己的定位存在偏差。

话语只是思维的碎片，但这种碎片反过来会影响思维。虽然缠论原文的正确性毋庸置疑，但普通的交易者学习缠论，难免会受到文章中一些话语的影响，从而把自己当成缠中说禅、当成超人在市场中操作，这种倾向对于交易并非完全是有益的。

一、缠论的利与弊

1. 原文的暴利导向

缠中说禅确实在市场中取得了巨大的利润。正如他自己所说，其在资本市场干过的几件牛事，全国没有几个人不知道。于是，他本人自然成了所有缠论学习者的标杆，其成就也成了大家追求的目标。

缠中说禅在其文中说到：“小资金的增长是可以极为迅速的，用本ID的方法，无论牛市熊市，最笨的人，完全随机挑股票，完全不找所谓的黑马，每年实现200%以上的利润是一点问题都没有的。如果你技术精度高，即使在熊市里，每年来个500%的增长也是不难的。”

这种话语导向，给缠论学习者以巨大的想象空间，仿佛“缠论”就是暴利的代名词。这也导致交易者在学习缠论的过程中，往往忽略了其内部逻辑结构的正确性，偏重于对暴利的妄想。

只有最无知、最狂妄的交易者才会作如是想！不可否认，确实有少数天才能在市场中做到这一点，但是放眼全世界，能做到这一水平的有几人？市场中，大部分人都是普通人。普通人想要学超人飞行，结局只能是重重地摔下来。

暴利必有其产生的土壤，难道你希望在一片贫瘠的土地上长出参天大树？投资最重要的目标是做到稳定盈利，把握缠论的核心交易思想，完全可以在市场中做到稳定盈利，而且复利的力量会把你带到足够远的地方。

一般投资者总是追求爆炸性的增长，这往往是缠论学习者失败的原因之一。

2. 原文的短线导向

虽然缠中说禅多次强调，投资者应该根据自己的个人情况设定自己的操作级别，但是“教你炒股票”108课主要以1分钟级别来分析市场走势。这往往使投资者认为，学习缠论，利用缠论指导交易，就是要把握市场分分秒秒的波动，不断做短差，从而实现利润最大化。这是极其错误的认识。

首先，缠中说禅采用小级别进行分析，主要是为了方便讲解自己的操作理论。大级别的走势类型往往是稳定的，例如日线趋势一旦形成，往往会持续几周甚至几个月的时间。长期不变的走势类型，无法让每日解盘的缠中说禅天天都有东西可写。

其次，各级别在走势结构上是同构的。在小级别上解盘，能够让大家更多地学习走势类型的分解，正确把握买卖点，从而更快地掌握理论，绝对不是倡导所有人都去短线操作。频繁短线操作，是典型的过度投机，其危害是显而易见的。

下面来看著名短线地交易大师拉瑞·威廉姆斯的一段话。

> 短线交易真正的秘诀是，你交易的时段越短，赚的钱越少。这令人失望，却是事实。回想一下你曾经做过的投资，你曾经一天内就大有收获吗？假如你有过那么好的运气，这种运气又能重复几次呢，不会太多吧？因为获利的普遍规则和投机的普遍规则没有什么两样：盈利需要时间积累。
>
> 成功的交易员知道，5分钟的变化要比1分钟大，60分钟又比5分钟大，一天或一周的变动幅度就更大了。失败的交易员想要在很短的时间内完成买卖，自然使获利的潜力受到很大的限制。
>
> 你要学会紧抱获利的仓位，才赚得了大钱，而且持有越久，获利的潜力就越大。成功的农夫绝不会在播种之后，每隔几分钟就把它们挖出来看看长得怎么样，它们会让谷物发芽，让它成长。

盈利需要时间的积累，频繁地短线交易，过度投机，成为缠论学习者失败的原因之一。

3. 原文的过度精确导向

缠中说禅曾在文中说到，买卖点是包含精确买卖点在内的一个狭小的区间。即便是这样，对于读者而言，缠论还是表现出一种过度精确的倾向。

从分析的角度来讲，市场必须精确。但是从操作的角度来讲，投资者往往由于判断的准确度以及反应速度等原因，无法当下把握精确的买卖点。

原文这种过度精确的导向，主要体现在以下几个方面。

（1）对第一类买卖点的把握。

围绕第一类买卖点的操作，换种说法就是典型的抄底或逃顶。一般来讲，趋势特别是较大级别的趋势一旦形成，就不会轻易结束。频繁地抄底或逃顶，其本质是在和趋势做对，结果大都是一次次牺牲在半山腰上。

缠中说禅在原文中多次提到，第一类买点之后，往往会走出较复杂的中枢，之后市场才会渐入佳境。投资者往往会被这种中枢折磨得完全失去耐心，在趋势渐入佳境之前就早早下车。

请看图1-1-1，第一类买点之后，市场经过长达5个月的中枢震荡才突破中枢，开始大幅度拉升。试问一般的交易者，有几人能经历这种长期的折磨，把握住后面稳定且巨大的收益？

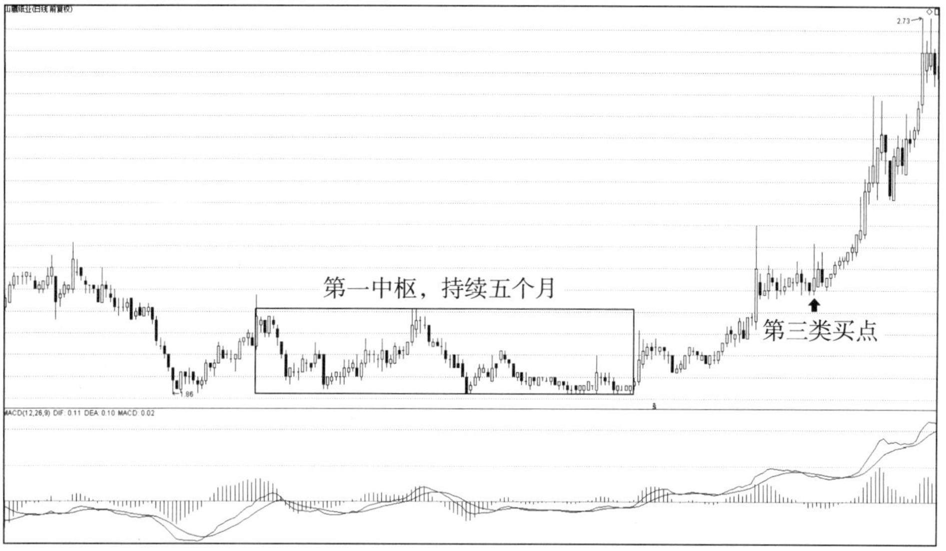

图1–1–1　山鹰纸业（600567）2014年2月开始的日线走势图

（2）对第三类买卖点的精确定义。

以第三类买点为例，按照缠论标准定义，第三类买点是不能与之前被突破的中枢有任何交集的，否则不符合第三类买卖点的定义。实际上，任何买卖点都有可能引发暴涨或暴跌，当然也包括中枢震荡的买卖点。

请看图1–1–2，向上箭头处虽然不符合第三类买点的精确定义，回抽进入了中枢区间，只构成了中枢震荡的买点，但之后却引发暴涨。

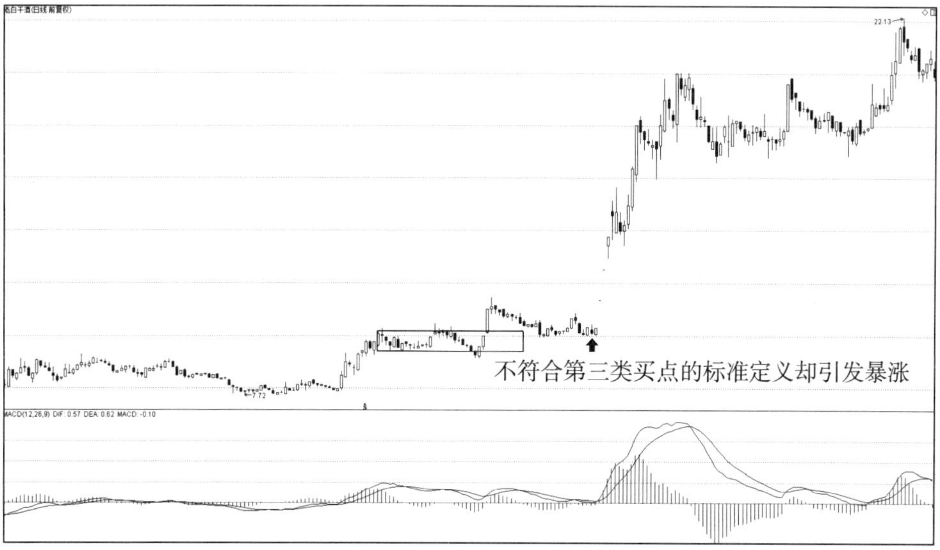

图1–1–2　老白干酒（600559）2014年10月前后日线走势图

（3）对区间套方法的使用。

毋庸置疑，最精确的买卖点一定符合区间套的定义。但是，符合区间套定义的买卖点不一定就是大级别的买卖点。换句话说，小级别的第一类买卖点，并不必然构成大级别的买卖点。大级别的买卖点，必须从该级别甚至更大的级别去考察。使用区间套，则必须降低到次级别甚至次次级别观察，这本身就是一种短线思维导向。

区间套方法，应该作为验证大级别买卖点的手段，而不是作为寻找精确买卖点的手段。进一步讲，对于真正的大级别趋势而言，其涨跌幅度往往是惊人的。如果市场上涨一倍，那么在买点损失一点儿精确度又有什么关系呢？

二、K线分析技术的得与失

K线是市场价格变化最直接的呈现，是一切技术分析的基础，K线分析技术也是市场中被验证过的技术。

K线分析技术由日本人本间宗久在18世纪创立，本间宗久利用该技术，在当时的日本大米市场上积聚了巨大的财富。据说，他曾经有连续100笔交易盈利的惊人记录，以至于当时日本有“酒田晴，堂岛阴，江户藏前雨纷纷”的说法，这充分表明本间宗久及其创立的K线分析技术，在当时日本大米市场具有呼风唤雨的能力。但是，K线分析技术由于其先天的原因，使得一般投资者在应用过程中经常出现问题。

1.K线技术的或然性

缠论的三类买卖点是由逻辑严格保证的，是逻辑演绎的产物，因而具有必然性。K线技术提供的买卖点则是建立在统计规律的基础上，是归纳的产物，因而具有或然性。

一般来讲，K线技术提供的买卖点可以分为反转形态与中继形态两类。这两类买卖点的命中率，则是根据当下所处走势类型的阶段决定的。

例如，对于反转形态来讲，如果发生在买卖点附近，那么命中率将大大提高；如果发生在中枢震荡中，则无论信号多么强烈，其结果都是偏中性的；如果发生在中枢移动段，则多半是骗线。

对于中继形态而言，如果出现在中枢移动段，其命中率也较高；如果发生在背驰段或者盘整背驰段，其后走势被逆转的可能性则会大大提高。

请看图1-1-3，该图充分体现了K线分析技术提供的买卖点的或然性。

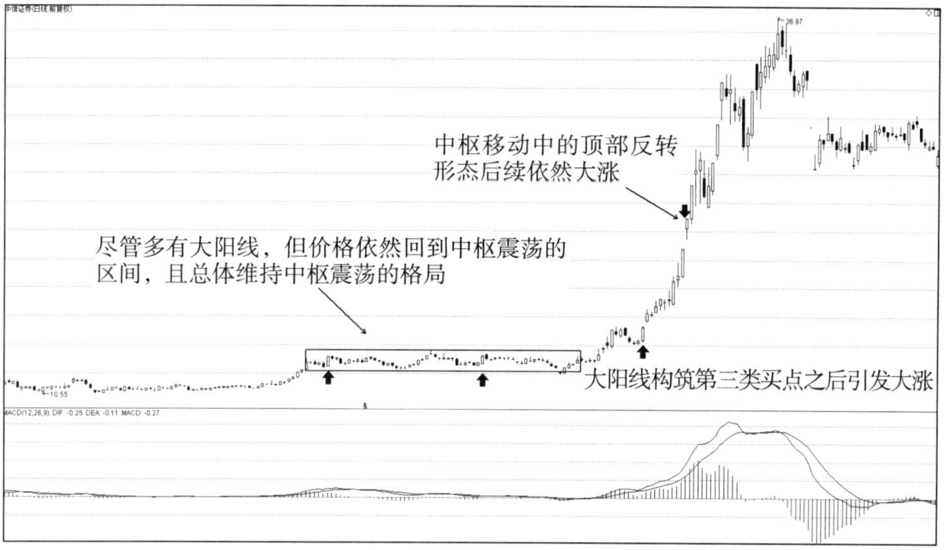

图1-1-3　中信证券（600030）2014年下半年日线走势图

2.K 线分析技术的片面性

市场分析的根本在于走势类型，在于当下处于该走势类型的哪个阶段，以及该走势类型将如何转化，而K线或K线组合只是走势类型的一个片段。抛开走势类型谈K线组合，只能把握局部，不能把握全局。

投资者在使用K线分析技术的过程中，往往会犯这种“只见树木不见森林”的毛病。例如图1-1-4中，向上箭头处出现所谓的“启明星”反转形态，按照K线分析技术，此处应该介入。但从整个走势类型来看，此处是上涨转为下跌之后走势大力跌破下跌第一中枢之后的回抽。这种情况下，市场极有可能形成第三类卖点。因此，即便K线组合出现反转形态，也不可介入做多，这是典型的大级别卖点之后的小级别买点，在此做多必将受到市场的惩罚。

3.K 线形态的欺骗性

在技术分析领域，有一种特别有趣的现象，叫做“见光死”。这种情况指的是，一项技术或者策略在公布之前是一项独门绝技，而一旦公之于众，被更多的人熟知，那么成功率将大打折扣。产生这种现象的一个很重要的原因，在于市场中的操纵行为。

大家可以想象一下，如果所有人都依据这项技术或者策略操作盈利，那么市场就没有亏损者，而这是挑战“一赚二平七亏损”这一市场根本法则的事情，因而也是不可能的事情。

图1–1–4　新安股份（600596）日K线图

K线分析技术是技术分析工具库中最基础的工具，也最为广大投资者所熟知，因此这种分析技术也不可避免地成为大资金控制盘面的工具。很多K线形态发出的信号，乃是大资金刻意为之，其目的是在上涨过程中洗盘，或者在下跌过程中出货。

请看图1–1–5，图中向下箭头处是一个高位墓碑十字线，这是典型的顶部反转形态。之后的大涨走势，则证明该墓碑十字线是一个不折不扣的技术骗线。

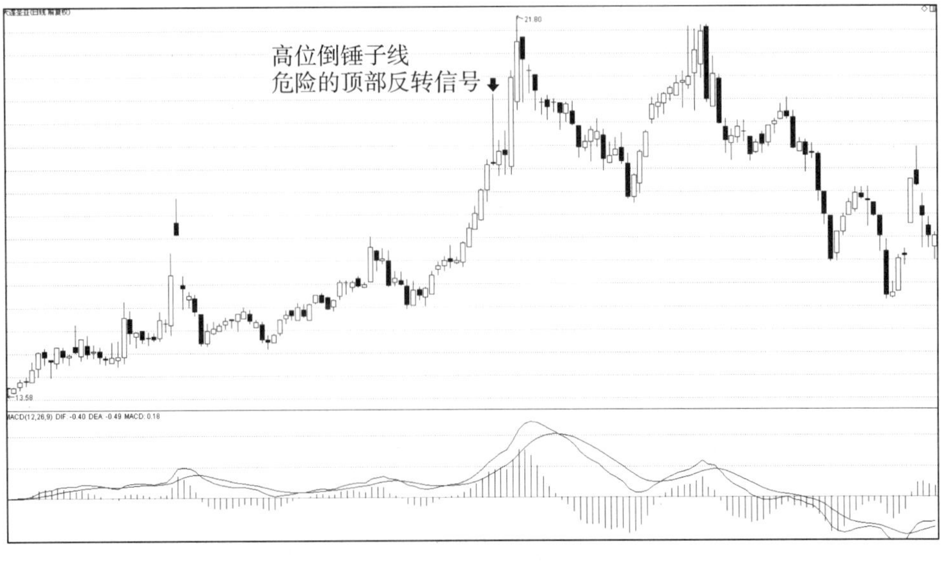

图1–1–5　大连圣亚（600593）2014年9月前后的日K线图

三、缠论K线分析技术

由于缠论原文对一般交易者有上述不利导向，因此，除非有超强的定力和认知能力，否则单单学习“教你炒股票”原文是不够的。只看原文，很容易陷入对暴利的妄想之中，陷入频繁的超短线交易和过度投机之中，陷入对精确买卖点的患得患失之中。

对于缠论，必须在把握其核心思想的前提下，结合其他技术综合分析。K线是没有经过任何复杂处理的第一手资料，具有较好的时效性和较高的准确性，能够和缠论买卖点分析比较好地结合在一起，可以说是缠论的最佳拍档。

缠中说禅本人曾经说过：“低级别图上用中枢、走势类型，高级别图上用分型、笔、线段，等于有两套有用的工具去分析同一走势，这是天大的好事。”这里所谓的分型，直接表现为K线组合。

正因为以上原因，故而有了本书的诞生。笔者确信，通过阅读本书，通过对缠论核心思想以及K线分析技术的综合把握，投资者一定能够正确认识当下的走势类型以及阶段，制定恰当的交易计划，通过严格执行交易计划稳定盈利！

第二节　交易的逻辑

这里说的是交易最基础也最重要的理念，或许有人对之了解一二，但很少有人系统地思考交易的逻辑到底是什么。

老子《道德经》中说：“上士闻道，勤而行之；中士闻道，若存若亡；下士闻道，大笑之，不笑不足以为道。”如果你读了下面的文字不屑一顾，那么请不要轻易看后面的内容。对交易者而言，在交易理念不清晰的前提下，技术学得越多越是累赘。

交易，绝不是掌握一两项技术就能无往不胜。交易的逻辑，也绝不是笼统的一句“低买高卖”那么简单。大师们总结一句话：“大道至简。”缠中说禅将交易的秘诀归结为“买点买，卖点卖”，这些都是经过市场洗礼之后的大智慧。

如同读书，一般都有一个由薄到厚，再由厚到薄的过程。你想跳过中间厚的过程直接到薄，显然是不切实际的，否则《道德经》诞生了几千年，得道高人应该难以计数了吧！

无数例子以及经验表明，投资者失败，有时候最主要的原因不是技术掌握得不够好，不是基本面吃得不透，而是对最基本却最容易被忽视的交易逻辑不甚了了。

究竟什么是交易的逻辑呢？下面与大家深入探讨这个话题。

一、交易的目的

交易的目的是什么？当然是稳定盈利！

稳定盈利不是单笔盈利。网传曾经以4万元资金半年做到千万元的武汉豆油女①，最终结局是“从哪里来到哪里去”。

稳定盈利并不拒绝单笔暴利，但这种机会是可遇不可求的。一旦被你碰到，那是老天赐予你的福气，必须牢牢抓住。

稳定盈利并不拒绝亏损，而是将亏损当作交易的一部分有效地加以控制。有些交易者总是为局部的亏损懊恼不已，因此乱了方寸，影响了后续的交易。

稳定盈利绝对不允许单笔大幅亏损，那是稳定亏损者才会干的事情。

稳定盈利要求在较长的时间期限内总体盈利。如巴菲特，虽然其单笔浮亏也很大，但这并不妨碍其在全球富豪榜上长时间稳居前三的位置。

交易的目的如此简单，但失败的交易者总是口念而心不行，因为其交易行为与交易目的背道而驰。

有些人做交易像在做科学研究。这些人常常追求一种大一统的交易理论，幻想长短通吃，牛熊通杀，喜欢依据某一理论对市场变化作预测，即便亏损累累也乐此不疲。

有些人做交易像是在赌博。这些人往往对市场的短期波动押注，动辄满仓，狂

① 作为“武昌女期民半年内从4万元做到1450万元”这一期市神话的主角——武汉女子万群（化名），2005年7月拿着6万元进入期货市场。从2007年8月下旬起，她以4万元重仓介入豆油期货合约，截至当年11月中旬，万群已有10倍获利。2008年，随着豆油上涨速度越来越快，到2月底，她的账面保证金已经突破了1000万元，成为名副其实的“千万富翁”。据传，万群账户的浮动权益在3月4日达到顶峰，最高时竟达2000多万元。3月7日和10日两天，豆油期货合约无量跌停，万群遭遇连续亏损。3月11日上午，连续两个交易日无量跌停的豆油期货打开跌停板，她持有的300手豆油合约因保证金不足，于当日上午被强行平仓，其时账户剩下的资金不到5万元。

追涨停，即使个股连续拉出10个涨停板也敢继续追涨。

有的人做交易像是在找刺激。这些人常常凭着一时的贪念入市，又因一时的恐惧杀出，完全忘记了市场中“谋定后动”“进退有据”的戒律。

有些人做交易是为了打发无聊的时光。这些人从来都是持有，从来都是满仓。账户中一天没有股票就心里痒痒，仿佛丢了魂一样。

有些人做交易是为了一夜暴富。这些人听惯了市场中的传奇故事，什么两年从三万元到三个亿，半年四万元到千万元等，仿佛自己也可以成为那种故事的主角，却不去考证故事的真实性和故事发生的背景；完全忘记了只要重复做正确的事情，复利的威力一样把你带到足够远的地方。

……

六祖慧能曰：“愚人口说，智者心行。”交易者需要将“稳定盈利”四个字内化到自己的潜意识里，这样才能防止“一念嗔心起，百万障门开”。

二、如何做到稳定盈利

如何才能做到稳定盈利？答案就是：识别不同的走势类型，根据走势类型制定交易策略并严格执行！

交易的模式，本质上就是交易者这个主体与市场客体二元互动的模式。格雷厄姆将市场称为“市场先生”，或许称之为“市场女士”更为合适。“市场女士”的脾性如同女人的心情一般阴晴不定，不可捉摸。但是无论如何，市场总是正确的。你无法左右“市场女士”的情绪，只能把握自己。聪明的交易者应该在“市场女士”兴致高昂时靠近她，在其态度冷淡时避开她。用市场的语言来表述，就是根据当下的走势类型制定交易策略。

由于人性中根深蒂固的占有欲和贪念，人们总是希望在任何自己需要的时候，“市场女士”都能为我所用。交易者对金钱的需要哪有尽头？反映在操作上，就是不顾走势类型，只按照自己的需求操作。特别对于广大散户来讲，由于长期以来A股市场只有做多盈利这一条路，近年来虽然有一些做空的管道，但都有一定的准入门槛，这就使得散户长期养成了死多头的心态。当走势类型改变时，由于不能灵活应对，不被屠杀才怪。

根据走势类型制定交易策略，只是稳定盈利的一个前提。更重要的是，交易者要坚定执行制定好的交易策略。实践中常常可以看到，失败的交易者总是频繁转换自己的时间级别，把长线做成短线，结果错失大笔利润；或者把短线做成长线，造成巨大亏损；在盘整中高位不敢卖，担心一卖就突破，低位不敢买，生怕一买就被套，这样只能来来回回坐电梯。

稳定盈利的关键，从哲学的高度可以总结为八个字，就是“实事求是，知行合一”。“实事求是”，只要你的智力水平不是太差，走势类型与交易策略都能做得很好。“知行合一”，则需要“戒、定、慧”的功夫。以戒力破除一切诱惑，“定”于自己的操作策略，如此才能生出智慧，达到稳定盈利的目的。

三、走势类型分类

走势类型如何分类？

走势类型可以分为趋势和盘整，趋势又可以分为上涨和下跌。这种分类是从无数图形分析和实践中总结出来的，是先验的，适用于所有以价格标记的市场运动。

走势类型是有级别的。道氏理论将市场运动分为三个层次：基本运动、次级运动、日常波动。这三个层次对应着三个不同的级别，分别从宏观、中观、微观三个层面描述市场。

不同的级别，当下的走势类型可能是不尽相同的，借用道氏的分析理论，基本运动上涨，次级运动可能是盘整或者下跌，因此级别是对走势类型进行分类的前提。如图1-2-1所示。

图1-2-1　周线级别的三种走势类型示例图

如何定位当下各级别的走势类型呢？各有各的做法，有人以一条均线来判定走势类型，有人以两条均线组合来判定走势类型，有人以前后高低点的位置关系来判定走势类型。众多划分方法之中，缠论的划分方法无疑最为科学，最有利于操作。

大级别的走势类型由小级别的走势类型组合而成。一个大级别的走势类型，通常可以分为不同的小段，每个小段的开始点与结束点构成了大级别走势类型的高低点。这些高低点，就是大级别走势类型的边界和完全分类的关键。

在走势类型延续阶段，小级别走势类型服从大级别走势类型。大级别走势类型的边界，圈定了小级别走势类型的活动范围。这就像一块石头，无论其内部分子如何变化，终究逃不出该石头限定的三维空间。

在走势类型转折阶段，大级别走势类型的改变由小级别走势类型变化引起。一旦小级别走势的力度非常强劲，越过了大级别走势类型的边界，或者小级别力度特别弱，无力维持大级别的格局，就意味着大级别的走势类型将要发生改变了。

由以上分析可知，各级别走势类型可以完全分类为趋势和盘整。大级别走势类型波动大，运动时间长，走势较为稳固，不易被人为操控。小级别走势类型波动小，运动时间短，会出现更多的杂波，也更容易被大资金操纵。

操作中，交易者既要关注大级别运动，因为那是获得战略利润的根源；也要关注小级别运动，看其运动是否会改变大级别的走势类型。

正确区分各级别走势类型，是制定操作策略的前提，也是获取稳定盈利的前提，交易者必须明确这一点。

四、制定交易策略

了解了各级别的走势类型之后，如何制定交易策略？

1. 确定操作级别

首先，级别是分析走势类型的前提，也是制定交易策略的前提。某级别走势一般反映在某级别的图表上，如月线图、周线图、日线图、日内图表等。交易者可以根据自己的实际情况，如资金量、盯盘时间、反应速度等因素，选择适合自己的操作级别。

例如，资金量大的交易者，可以选择较大的级别如月线、周线。盯盘时间比较充裕，反应速度较快的交易者，可以选择日内操作级别如30分钟、60分钟等。风格激进的交易者，可以选择较小的操作级别，风格保守的投资者可以选择较大的操作级别。

这里必须强调，交易者首先要认识自己。例如，一个性格急躁的交易者，连几天的操作周期都难以忍耐，如何去操作周线甚至月线级别的走势类型？ 每天需要上班的交易者去操作30分钟级别的走势，显然也是不可能的，因为好的买卖点出现时，可能你正好没有时间看盘，这样也是做不成的。

2. 交易策略的内容

在确定交易级别的前提下，完整的交易策略应该包括以下几部分。

（1）走势类型判断。走势类型判断决定建立头寸的方向。一般来说，交易者应该遵循战略上顺势而为的操作原则，上涨趋势中建立多头仓位，下跌趋势中建立空头仓位，盘整走势空仓或者在小级别上顺势开仓。

（2）介入点。包含基本仓位的介入和追加仓位的介入两部分。一般来说，除非次级别推动段走势力度特别强劲，否则交易者应遵循“战略上顺势，战术上逆势”的原则，即在趋势的次级别调整段结束且不破坏大级别趋势结构时介入。这样做的好处，首先是盈利空间较大，其次是止损风险有限。

（3）止损。一旦对走势类型或者买卖点判断错误，交易者如何退出建立的仓位。

（4）止盈。交易者对走势类型以及买卖点的判断都正确，且出现盈利。当走势类型发生逆转或者即将发生逆转时，交易者如何退出盈利的仓位。

（5）资金管理。主要涉及基本仓位和追加仓位的比例，交易者应根据自己和市场走势的强弱，选择一次性满仓还是金字塔或者倒金字塔方式加仓。

3. 交易策略的类型

当判断市场走势类型为明显的趋势时，该如何制定交易策略？一般可以分为以下三种。

（1）趋势交易策略。该策略要求交易者在趋势开始时或趋势延续中介入，在趋势结束时退出，如图1–2–2所示。

（2）波段交易策略。该策略要求交易者在趋势的次级推动段开始处，或者次级推动段延续中介入，在次级推动段结束或次级调整段开始处退出，之后等待下一个趋势推动段开始。激进的交易者可以变换交易品种，操作新的波段，并且不断重复这样的过程，如图1–2–3所示。

图1–2–2　趋势交易策略示例图

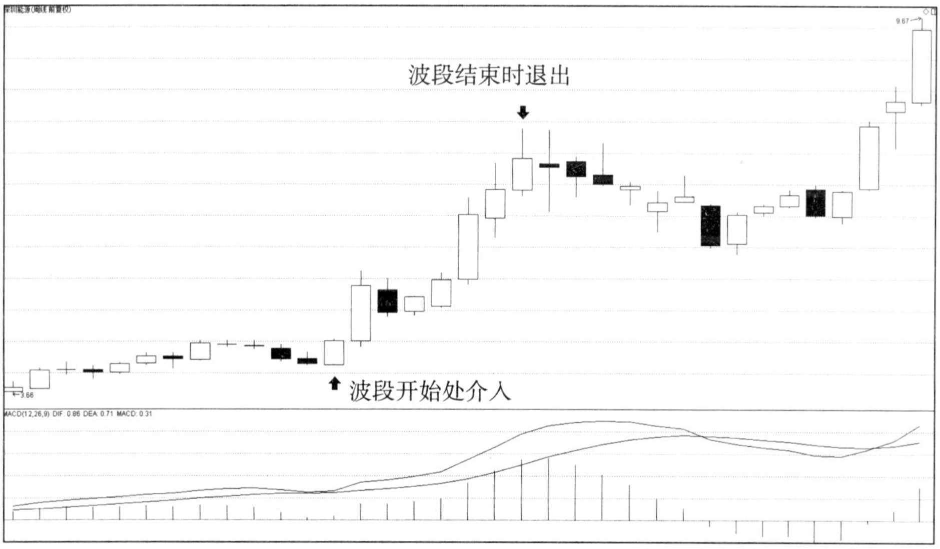

图1–2–3　波段交易策略示例图

本级别的波段走势，一般应为较小级别的趋势走势。投资者可以降低级别，从小级别把握精确的买卖点。

（3）趋势—波段交易策略。该策略要求交易者在趋势开始处或趋势延续中介入，之后以部分或者全部（最激进的波段操作者）仓位做波段操作。

这样操作的目的是避开次级调整段，待到该次级调整段结束并且没有破坏整体趋势时，再次补入相应的仓位，直到趋势结束时全部退出，如图1–2–4所示。

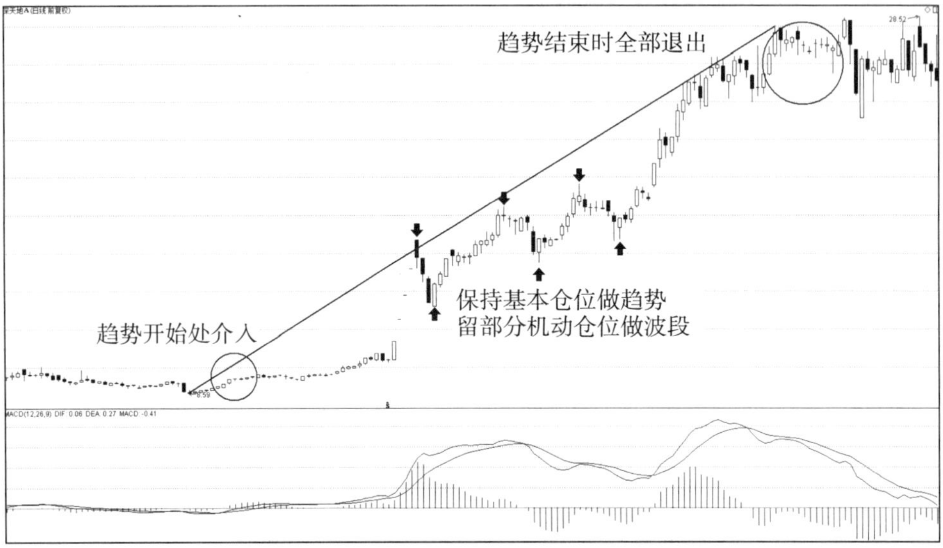

图1-2-4　趋势—波段交易策略示例图

4. 趋势—波段交易策略及其优点

究竟哪种交易策略最优呢？因人而异，也因市场而异。就较大范围内采样的情况看，趋势—波段交易策略的效果是比较好的。为什么？

首先，趋势都是逐级发展而来的，没有人能在介入的一开始就知道这必然是趋势。趋势是否开始，这一问题涉及预测，其本质是在赌博，赌的是市场走势形成趋势。

其次，趋势的结束一般都是由次级调整段开始的。如果一个次级调整段破坏了趋势的整体结构，等到那时候再退出，账面利润已经有了较大幅度的回撤。

当判断市场走势类型为盘整时，应该制定震荡市交易策略。制定盘整走势交易策略，需要确定盘整区间的上档压力位与下档支撑位，之后在二者之间高抛低吸，直到该盘整被显著破坏。之后顺着盘整被破坏的方向制定新的交易策略。

必须指出的是，如果市场配合，且交易者操作得好，震荡市场交易策略的效果并不见得比趋势交易策略效果差。特别是那种级别较大，波动幅度较大的盘整走势类型，往往一个波段就会有百分之五六十的价差。这样来回交易几次，收益可能比趋势交易带来的收益还要大。特别是盘整走势类型，往往具有维持自身的特性，有的时候盘整走势的操作利润反而比趋势交易更加稳固。如图1-2-5所示。

以上是交易的基本逻辑。当然，从更高层次来说，交易不仅仅是逻辑，更是一门艺术。交易者只有在严格分析交易逻辑的基础上，才能更进一步追求交易的艺术。

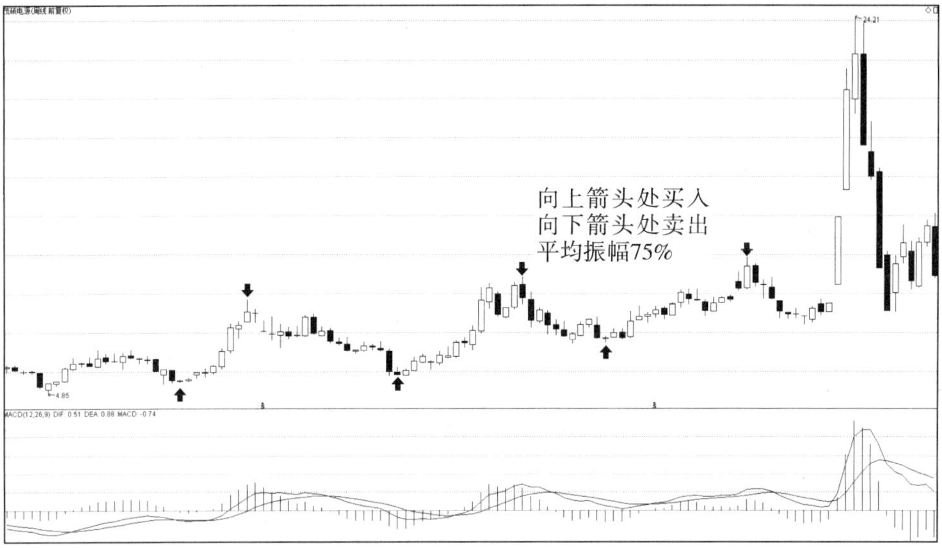

图1-2-5　震荡市交易策略示例图

正如缠中说禅所说：

“这就如同写格律诗，开始的时候，你必须严格按格律来。如果没有按格律来，那是你的水平问题。千万别以自己是写拗体来自我安慰，那反而害了你，以后你就永远和真正的格律诗无缘了。当你已经自由于格律，创作中得心应手时，就可以根据诗歌的内容，自设声律并构成奇响，成为所谓的拗体了，这时候就是出神入化的过程。”

交易的道理，亦复如是。

第三节　成功交易的关键

交易中，所谓的成功是什么？成功意味着财务自由！

财务自由是一种让你无须为生活开销发愁的生活状态。此时，资产产生的被动收入至少等于或超过你的日常开支，你的投资收入可以覆盖家庭的各项开支。也就是说，你可以有更多的选择，提前退休或者干自己喜欢的工作，有更多的时间休闲或是到世界各地旅游。多么令人向往的生活状态！

要想通过交易达到财务自由，必须首先做到由严格的交易逻辑保证的稳定盈利。但是仅仅稳定盈利，并不一定能达到财务自由。换句话说，稳定盈利是财务自由的充分非必要条件。

那么成功的关键，或者说达到财务自由的关键到底在哪里？

一、获取大利润

要想在交易中获得财务自由，仅仅满足于获得盈利是不行的，交易者必须能够不断地获取大利润。

现实中，多数交易者总是沉湎于小级别的波动，实盘中如惊弓之鸟，价格的每一档变化都会让他们心惊肉跳。现实中，本人也曾多次看到，某畅销书排行榜上一本专门讲解盘口的图书，销量居然每每排在排行榜前列。“心有多大，世界就有多大。”种种现实不得不让人感叹多数交易者格局之小，不得不让人感叹在交易中获得成功有多么困难。

明太祖朱元璋曾以“风吹马尾千条线”为上联，考校皇孙朱允炆与燕王朱棣。前者对曰：“雨打羊毛一片毡。”燕王对曰：“日照龙鳞万点金。”二者境界天壤之别，前者庸俗且大煞风景，后者华丽雍容，充满霸王之气。二人的结果也为大家熟知，燕王最终成为一代帝王——永乐大帝，朱允炆则黯然不知所终。

交易者想成功，首先要提高自己的格局，从一开始就要立志做交易的皇帝，而非不知所终者。

二、只有大级别才有大利润

这里所谓的大级别，一般至少是日线以上级别。必须再次强调，大级别趋势较为稳固，波动空间大，不易被人为操纵，能更好地反映基本面的变化。小级别趋势较为脆弱，波动空间小，易被大资金操纵。

一般所谓的技术面反映基本面，主要指大级别的技术面。交易者也可以用大级别技术面分析，部分代替基本面分析。

下面先看几张图，体验一下大级别的力量。

如图1–3–1所示，万鸿集团（600682）。该股走势突破长期盘整区间之后，出现次级别回试，以第一个向上箭头处的一根大阳线确认回试结束。之后经过一个月的回调，股价开始启动上涨，3个月内涨幅达到200%。

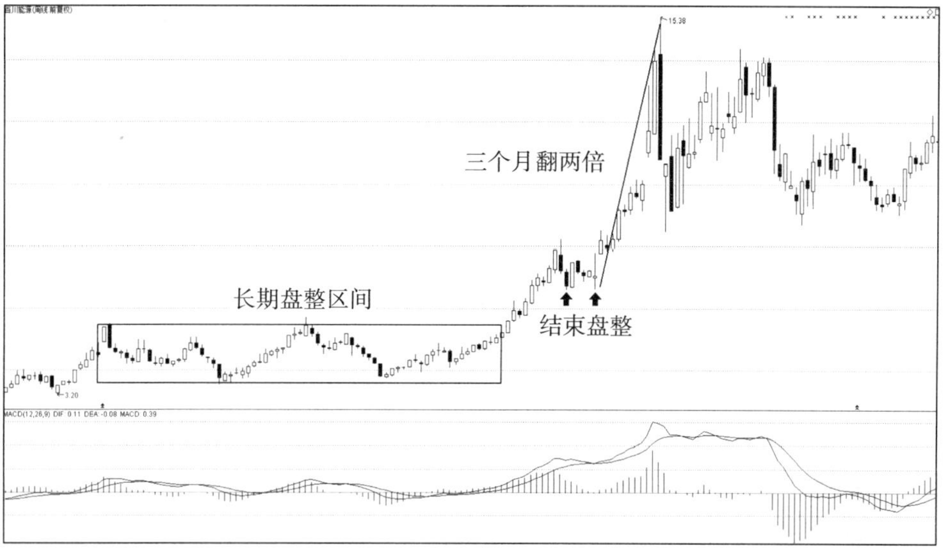

图1–3–1　万鸿集团（600681）2014年底周K线走势图

如图1-3-2所示，南京新百（600682）。周线上涨趋势的次级别调整段在第一个向上箭头处，以一个带较长上下影线的十字星结束，之后在4个月内涨幅达到600%。

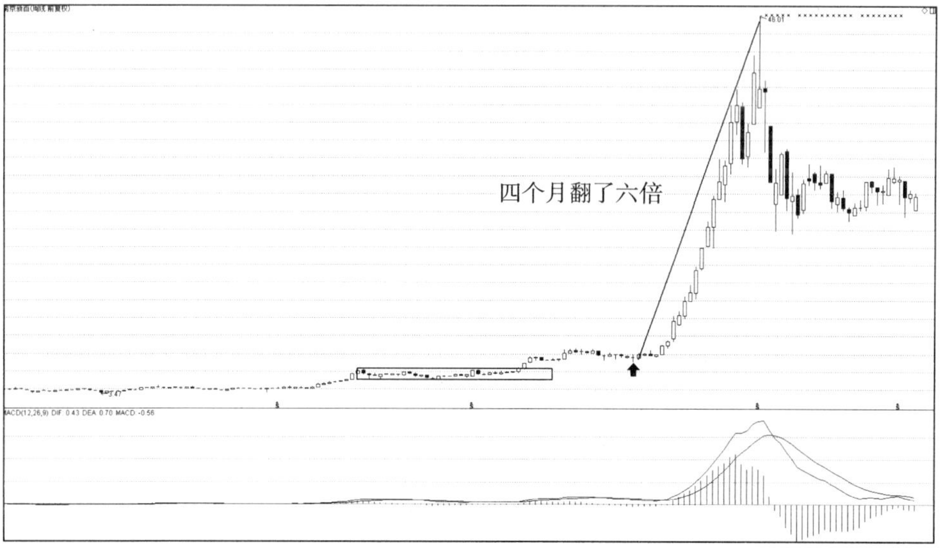

图1–3–2　南京新百（600682）2014年底周K线走势图

如果市场给了机会，且交易者具备把握这种机会的能力，这种盈利幅度并非难以实现。为什么大多数交易者做不到？其中最主要的原因在于，获取大利润需要时间的积累，而多数交易者总是希望短时间内获取大利润。通俗来讲，交易者太急于发财了！

中国有一句古话：财不入急门。市场法则和多数交易者的妄想是根本矛盾的，而且这种妄想在行为上表现为追涨，特别是追涨停、捉黑马、四处打探消息……资本市场到处充斥着这样的“聪明人”。

先哲有言：重剑无锋，大巧不工！本书倒是建议各位不妨做个拙者，不疾不徐地反复获取确定性更高的大级别利润。

三、围绕大级别买卖点制定交易策略

如同玩桌球游戏，上手看点，中手看线，下手看面。交易者必须围绕大级别买卖点制定交易策略并据此交易，才能成为交易中的上手。

这里先对大级别买卖点下个定义：大级别买卖点，是包含最精确买卖点的一个狭小区间。

交易必须把握时机。介入过早，将不得不经受亏损或者长期平盘的煎熬。介入太晚，只能是“赚着卖白菜的钱，操着卖白粉的心”。交易者当然希望走势越稳固越好，但当大多数人都认为是机会时，最好的机会往往已经过去。

交易者也应避免寻找最精确的买卖点，最精确的买卖点往往需要下降一个甚至多个级别来精确定位，这在实践中是难以做到长期当下把握的，况且那几档的距离对于大级别走势来说，小到可以忽略不计。

买点一定是在下跌中形成，卖点一定是在上涨中产生，这是操作的基本节奏。逆于这个节奏，就是在追涨杀跌。追涨杀跌可能在个别案例中能够获得收益，但长期来看只有死路一条。

在大级别买卖点介入，说到底就是顺大势、逆小势、开重仓。顺大势，可以为你带来战略性的利润。逆小势，可以在最有利的位置介入，最大限度地避开主力洗盘，其风险回报比最小。在低位介入，买卖点被证伪之后，因为止损的空间有限，所以交易者当然可以开重仓，从而在买卖点的有效性被证实之后最大限度地获取利润。

下面以做多为例具体阐述，做空情况反过来理解就是。注意，这里只说策略，至于该买点的把握方法，后面的技术分析部分会展开详细具体的论述。

（1）当下走势类型为下跌。在下跌的过程中是不存在买点的，但是任何走势类型必将结束，那么下跌也必然有结束的时候，于是这里下跌结束的位置就是一个很好的买点，如图1-3-3、图1-3-4所示。

没人能够保证下跌之后必然转化为上涨，市场也可能转化为盘整走势，因此围绕该买点，交易者应该制定震荡操作策略。在第一波上涨结束之后，可以根据走势的力度，决定是否将波段交易策略调整为趋势交易策略或者趋势—波段交易策略。

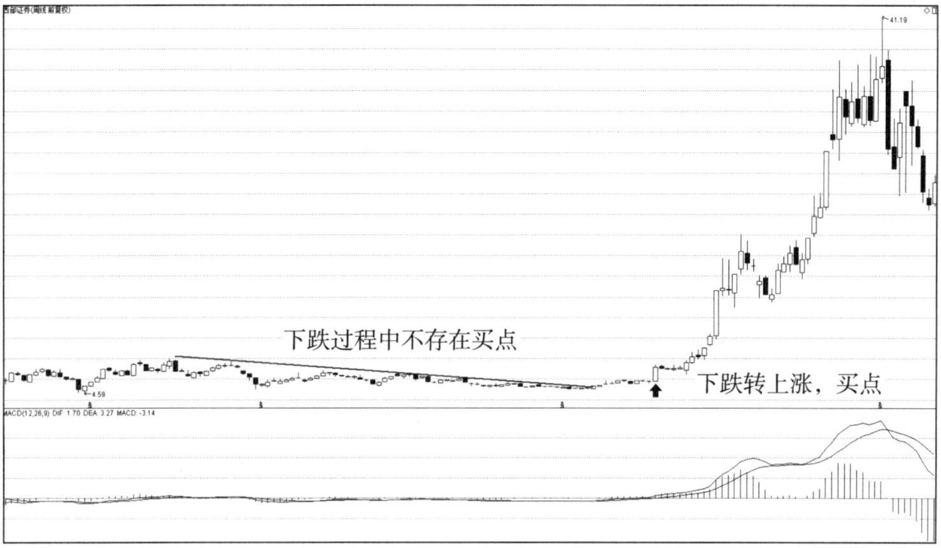

图1-3-3　下跌转上涨中的买点及操作策略

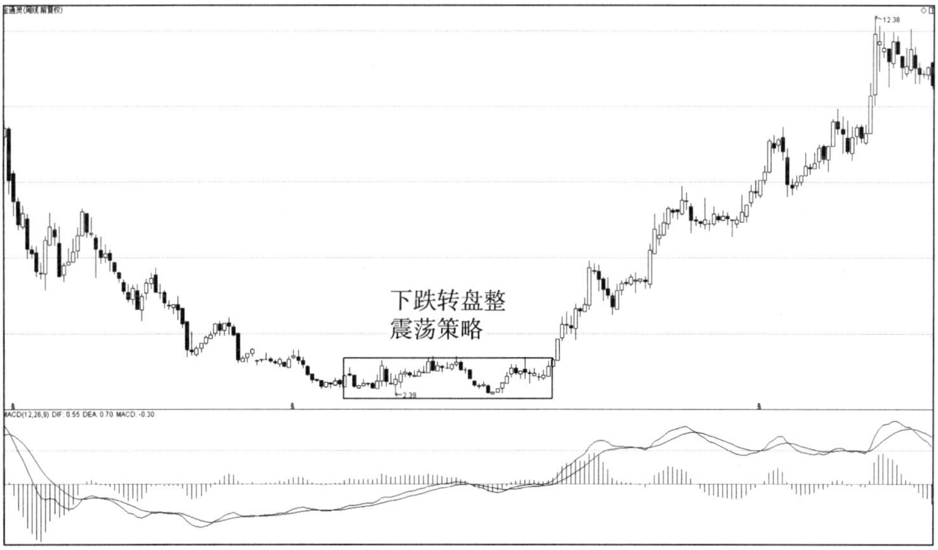

图1-3-4　下跌转盘整的买点及操作策略

（2）当下走势类型为上涨。上涨中的每一次回调结束点都是好的买点，需要注意的是选择什么样的交易策略。

在买点介入之后，如果次级别推动段攻势凌厉，交易者宜采取趋势交易策略或者趋势—波段交易策略。如果次级别推动段特别强势，宜采取波段交易策略，因为急拉之后的调整期可能会很长，或者调整幅度很大。如果次级别推动段走势疲软，则宜采取波段交易策略。

根据交易者的喜好，在趋势三类买点附近介入的，可以采取趋势交易策略或者趋势—波段交易策略。在三类买点之后的推动段起点介入的，可以采取波段交易策略。如图1-3-5所示。

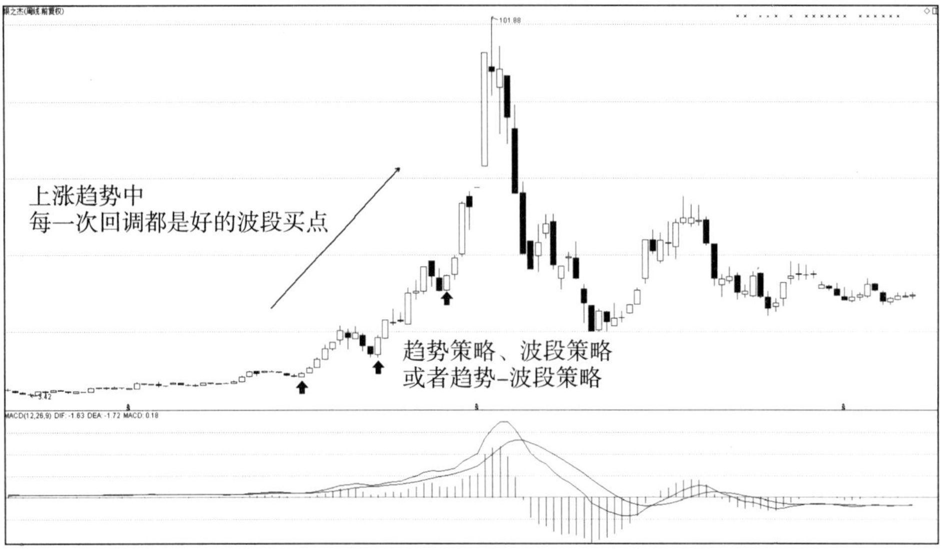

图1-3-5　上涨趋势中的买点及操作策略

（3）当下走势类型为盘整。如果该盘整为窄幅震荡，即上档阻力线和下档支撑线之间的空间有限，那么在该盘整中是没有买点的。如果该盘整为宽幅震荡，即震荡空间比较大，那么应该根据该震荡空间制定震荡市交易策略。如图1-3-6所示。

盘整必然有结束的时候，虽然有假突破的可能，但盘整结束必然被向上或者向下突破，这是市场的必经之路。一旦盘整被真实有效地向上突破，即盘整将转化为上涨，那么该盘整的突破点就是一个好的买点。特别地，根据经验，长期盘整一旦被突破，其后的走势力度往往十分强劲，交易者应密切关注。

盘整被真实地突破之后，当下走势类型转化为上涨。交易者应根据上涨走势类型制定交易策略，即每一次回调都至少是一个好的波段买点。

上面三种情况是针对不同的当下大级别走势类型制定交易策略的方法，其中交易策略的制定方法，在“交易的逻辑”一节中有详细的论述，交易者应结合不同的当下走势类型灵活运用。

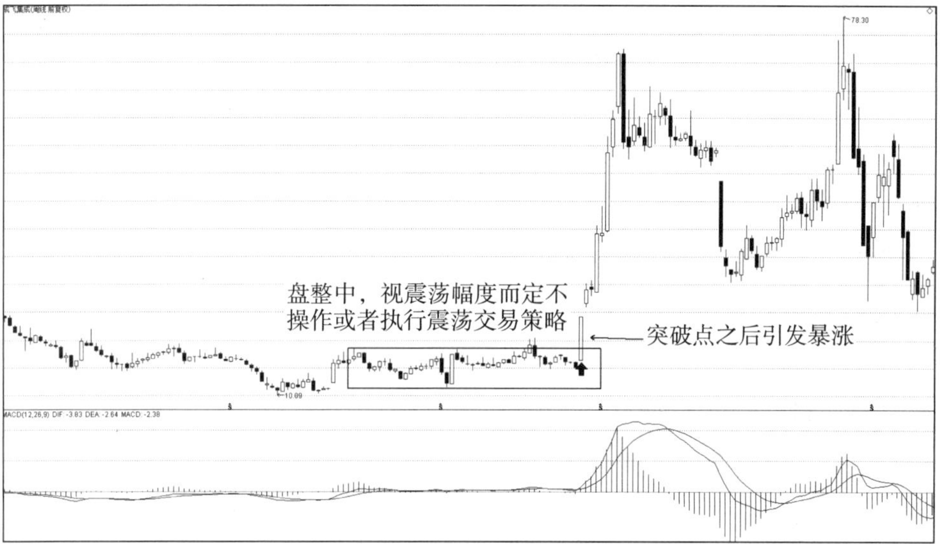

图1-3-6　盘整中的买点以及操作策略

四、严守交易纪律

交易大师斯坦利·克罗曾说过：“始终如一的有效交易策略虽然是成功的核心要素，但还必须具备三个素质：纪律，纪律，还是纪律。”

“纪律”二字恐怕是多数交易者的命门。有多少聪明的交易者看对了方向却最终赔了钱？有多少聪明的交易者，猜对了利润空间却仅仅取得蝇头小利？又有多少交易者，当设定的止损位被触发时，却不能当机立断止损，以至于坐看亏损不断扩大，最终不得不壮士断腕，割肉离场？古往今来，这些交易者的数量加起来，恐怕比恒河的沙子还要多吧！

做交易就像行军打仗，你就是整个部队的指挥官，资金就是你的士兵。做分析就像制定战略战术，而最终落实则体现在执行和纪律上。市场瞬息万变，一支部队有了好的战略战术，不一定能经常打胜仗。一支军纪松弛、执行不力的部队，绝对打不了胜仗。

做交易又像开车上路，驾驶员必须遵守交通规则。如果经常闯红灯、逆行，那么只能不断地被罚款、扣分以至于吊销驾照，从而丧失继续上路行车的资格。如果醉酒驾车而且不幸出了交通事故，那么这一生基本上就废了。

人总是妄想纷飞。佛家将这种思维片段称为心猿意马，比喻人的心思流荡散乱，如猿马难以控制，思维好像猴子跳跃，意识像马奔跑一样控制不住。在佛家的修炼方法中，以修炼呼吸、观心或者念佛念咒，作为缚住心猿意马的缰绳，从而达到一心不乱、见性成佛的目标。

交易中，交易策略就是缚住贪婪、恐惧、冲动的缰绳。不能遵守纪律，本质上依然是用妄想做交易，这就注定了失败。不能遵守纪律，所有的分析都没有了现实基础，都将成为无用之功，那么做那些费时费力的分析何用？

股票大作手利弗莫尔在其书中说过一句话，至今仍然令人印象深刻："我曾经坐看大部分的利润被冲销掉而不为所动……"这里并不是利弗莫尔不懂得做波段，并非他看到利润回撤不心痛，而是其坚定地守住了自己的趋势交易策略。正是这种品质，最终造就了一代大作手！

曾几何时，市场中流传过这么一句话："不做死多头，不做死空头，做个小滑头。"本人对这种说法不置可否。市场中真正有大成就的人，有几个是滑头？他们大都是在一波大级别趋势中坚定地顺势持仓，最终毕其功于一役，成就一代大师。斯坦利·克罗如此，利弗莫尔如此，中国的叶大户①也是如此！你几时见过一个骑墙派和两面三刀的人最终能够获得大成就的？

五、如何提高执行力

既然纪律如此重要，为什么大多数交易者都做不到严守操作纪律呢？这里就必须深入剖析交易者的心灵结构。只有找到那些坏习气的根源，才能把握它们并一一拔除。

德国哲学家荣格将人类的心灵结构分为意识和无意识两个部分。

意识是人类智力和理性的那一部分，这部分不是先天就有的，也不是内在自然成长的，而是来自于后天的学习，如社会规范、礼仪、观念以及学校教育等。意识不太稳定，经常处于摇摆和犹豫不决的状态，就像人们的一个面具，没有什么决定性的力量。交易者经过大量思考和分析制定出来的操作策略，就属于意识层

---

① 叶庆均，20世纪90年代三次沉浮，2002年爆仓，2003年抵押房产10万元，崛起于大豆牛市，是宁波涨停板敢死队的灵魂人物。成名于2010年棉花牛市，爆赚数十亿元。2011年在多空对决中败给野人，损失12亿元。2013年进行反扑，成功复仇。2013年在TA、铜上赚20亿元，螺纹钢5亿元，在豆粕牛市中赚4亿元。安信证券首席经济学家高善文称其"洞察深邃，胆识过人"，据传其资产已达百亿元。

面的东西。

无意识则是与生俱来的习气，或者是某些重复行为积淀下来的情绪性倾向，也就是佛家所谓的“业力”，它们有着强大的力量。无意识被压抑在内心的暗处，但它们仍然在内部沸腾，随时准备挣扎出来。在交易中表现出来的贪婪、恐惧、希望、愤怒等，都属于无意识的层面。

交易者常说“我无法控制自己”，这个“我”就是有意识的头脑，这个“自己”则是内在无意识的冲动。在整个人类的心理活动中，意识只占10%，无意识占90%。人们行动的力量往往来自无意识，而不是出自意识的决定。当内在意识和无意识发生冲突的时候，最终占上风的往往是无意识。

例如，当连续走出大阳线时，大多数人都会忘掉意识所秉持的不追涨原则，冲动地瞬间满仓杀入，这是无意识中贪婪的体现。当一根大阴线打下来，交易者看到浮盈缩水之后，大都会本能性地撤出，从而忽略整体上涨格局并没有被破坏的事实，这是无意识中恐惧的体现。

如果交易者账面的浮盈不断扩大，那么暴富的幻想就会立刻呈现在脑海中，这往往使得交易者放松警惕，看不见盘面释放出的危险信息，这是无意识中希望的体现。如果走势和预期不符，使买入变成了套牢，那么多数交易者就会不顾走势类型的变化，随着下跌不断加仓，誓要将成本摊平。妄图市场一反弹就解套，结果却是反弹总也等不来，资金越套越深，这是无意识中愤怒的体现……

意识可以做出一个决定，但这个决定背后如果没有无意识的支持，是不可能被彻底执行的。有一则伊索寓言，能够非常形象地说明这一点。

> 一天，一只乌龟准备过河，这时一只蝎子上来搭话说：“我也要到对岸去，你能不能把我放到你的背上，载我一起过去。”
>
> 乌龟笑着说：“你以为我是傻瓜吗？一旦你到我的背上，咬我一口怎么办？我可不想冒这个险。”
>
> 蝎子不屑地说：“我看你白活了这么多年，连最基本的逻辑都不懂。如果过河的时候我咬死了你，我不也会淹死吗？”
>
> 于是乌龟同意背蝎子过河。
>
> 刚到河中央，蝎子就咬了乌龟一口。
>
> 乌龟死前问蝎子：“你的逻辑哪里去了？”
>
> 蝎子说：“我也很后悔，因为我自己也活不成了。我是承诺过不咬你，但这不是逻辑的问题。我可以那样说，但实际上我做不到，因为这是

我的本性。理智上我知道不应该咬你，但我没有办法那样做。”

既然无意识的冲动支配着人的行为，交易者要想成功，就必须改变自己无意识中负面的部分，使之与意识相符，与成功交易所需的品质相符。

如何改变你的无意识？一般来说，有被动和主动两种路径。

（1）所谓被动路径，就是不断亏钱，不断受伤，让每一道伤疤都在你的心中留下深刻的印记，从而在失败中不断学习。

记得电视台采访一位市场大咖，问如何才能成为像他一样的牛人。大咖的回答出乎意料——把你的钱亏光，直到血本无归！

虽然这种说法有些残酷，但却是事实，尤其是对那些精力旺盛的聪明人来说。聪明人总是想付出的少一些，获取的多一些，总是习惯于在市场中跳来跳去，不断寻找所谓的机会，这其实是导致失败的主要原因。对于这些人来说，也许只有反复受伤，才能让他们“拙”下来，才能让他们客观务实起来。

（2）所谓主动路径，首先要求你对理论穷根溯源，彻底把握其内在的逻辑，从意识层面了解其绝对性和必然性。其次就是清心寡欲，得失心轻一些，探究心重一些。德国哲学家叔本华指出，意欲是认识力的障碍。交易者只有主动减少意欲，才能增加认识力，从而在纷繁中看到全局，在混乱中看到规律。第三就是重复，不断地重复，最终养成习惯。

净土宗教育信众要反复念诵佛号，直到一心不乱，即能见性成佛。有些知名企业也要求员工反复念诵企业文化理念和员工守则，这其实就是重复的力量。重复是习惯养成的过程，也是意识内化的过程。任何理论，必须也只有内化到潜意识中，才算是真正的把握。

总体来讲，主动路径代价低，需要的时间短，见效比较快，但容易退转。被动路径代价高，收效缓慢，但长期来看却是最有效的。每个人身上意识和无意识的比例不同，因而内在个性差异甚大。究竟使用哪一种方法最有效，难以一概而论。有些人菩萨低眉式的谆谆教诲就可以，有些人则必须要承受金刚怒目式的千锤百炼，日后才能有所成长。

从根本上说，无意识和意识相统一的过程，就是执行力不断提高的过程。交易者要逐渐降低无意识在心理活动以及决策中所占的比例，提高意识所占的比例，以后才能做到“不住涨跌生心，不住盈亏生心，只住走势类型生其心，只住交易策略生其心”。这是一个相对比较完美的境界，但在此之前，请各位牢记下面的话。

不冷静不交易。

无计划不交易。

减少交易次数。

降低仓位比例。

拒绝追涨杀跌。

拒绝临盘起意。

第2章

缠论基础

第一节　选择交易标的

金融业是为数不多的可以让小资金快速成长为大资金的行业，有不少洞悉交易本质的人，借助几波甚至一波大牛市，就实现了从几万到千万甚至亿万级别的超级裂变。

例如，大名鼎鼎的叶大户，凭借10万元起家，在不到10年的时间，积累了多达百亿元的身家。有“棉花王”之称的浓汤野人[①]，更是以不到3万元的资金入市，在一波棉花牛市中，资金迅速膨胀到20亿元的规模。正是这样的特性，使金融市场吸引了无数聪明人废寝忘食、夜以继日地钻研。

介入金融投机，就像开始一场旅行。选择合适的标的，则是这个旅程的第一步。好的开始是成功的一半。如果骑着自行车去旅行，能环行中国就算是个奇迹了。如果想到南极洲，必须选择乘坐破冰船或飞机。如果想到月球欣赏风景，就必须搭乘“嫦娥号”。

“从市场中淘金”，这是一个形象的比喻。选择标的就像找金矿，学习找矿的方法以及找矿过程可能会历尽艰辛，但是一旦找到，那么资本的增值速度远非传统行业可比。

近年来，我国金融市场不断健全，创业板、股指期货、期权等产品不断推出，交易标的越来越丰富，交易者有更多的品种可以选择。但是，“多则惑，简则明”，标的丰富在为交易者提供更多可能选择的同时，也提高了交易者选择的难度，降低了交易者命中的概率。在这种情况下，如何选择最好同时也最合适的标

① 林广袤，江湖称号“浓汤野人”，专职做棉花期货，被称为棉花奇人。毕业于北京物资学院期货专业，中纺期货操盘手，职业投资人。据说林广袤善于做短线，他从2.8万元本金起家，用了一个月时间成长到15万元，又用半年时间达到600万元。2010年中长线做多棉花，从600万元做到13亿元。2011年反手空棉，用1亿元赚了7亿元，创造了期货界的成人童话。2012年5月，他在棉花上高举多头旗帜，跟叶大户（叶庆均）对决，持多单2万多手，没想到跟政府控制棉价的意图相悖，也没想到美棉没有出现大幅度上涨，结果遭受重大亏损，据说亏损9亿元。此后他暂时退出江湖，入华山修行。

的，成了决定交易者水平以及盈利能力的关键。

如何选择标的呢？在交易的江湖中，流传着基本面分析、主题投资分析以及技术面分析等几个主要的流派。当然还有一些其他的派别，如有人以易经八卦、紫薇星宿来研判市场走势，甚至有人以做梦或者天人感应作为预测市场的手段，但这些都缺乏足够的现实依据，实战中可靠性很差，所以不在本书讨论范围之内。

一、基本面分析

基本面分析又称基本分析，这种方法以证券内在价值分析为依据，着重对影响证券价格及其走势的各项因素进行分析，以决定投资购买何种证券及何时购买。

基本面分析的假设前提是：证券价格是由其内在价值决定的，价格受政治、经济、心理等诸多因素的影响频繁变动，很难与价值保持完全一致，但总是围绕价值上下波动。基本面分析派认为，理性的投资者应根据证券价格与价值的关系进行投资决策。

一般来讲，影响证券价格以及走势的因素主要包括以下几个方面。

（1）宏观经济状况。基本面分析派认为，从长期和根本上看，股票市场走势和变化是由一国经济发展水平和经济景气状况决定的，股票市场价格波动在很大程度上反映了宏观经济状况的变化。股票市场的变动趋势大体上与经济周期相吻合，在经济繁荣时期，企业经营状况良好，盈利增加，股票价格也会上涨。经济不景气时，企业收入减少，利润下降，导致股票价格不断下跌。但是股票市场走势与经济周期在时间上并不完全一致，通常股票市场的变化有一定的超前性，因此股票价格被称作是宏观经济的晴雨表。

（2）利率水平。基本面分析派认为，在影响股票市场走势的诸多因素中，利率是一个比较敏感的因素。一般来说，利率上升，可能会将一部分资金吸引到银行储蓄系统，从而减少股票市场的资金量，对股价造成负面影响。同时，由于利率上升，企业经营成本增加，利润减少，相应地也会使股票价格出现下跌。反之，利率降低，人们出于保值增值的内在需要，可能会将更多的资金投向股市，从而刺激股票价格上涨。由于利率降低，企业融资成本降低，利润增加，相应地也会促使股票价格上涨。

（3）通货膨胀。这一因素对股票市场走势有利有弊，既有刺激市场的作用，又有压制市场的作用，但总的来看是弊大于利，因为它会推动股市泡沫成分增加。在通货膨胀初期，由于货币供应量增加，会刺激生产和消费，增加企业盈利，从而促使股票价格上涨。但通货膨胀到了一定程度时，将会推动利率上扬，促使股价下跌。

（4）企业品质。对于具体个股而言，影响其价格高低的主要因素是企业本身的内在品质，包括财务状况、经营情况、管理水平、技术能力、市场大小、行业特点、发展潜力等一系列因素。

（5）政治因素。指对股票市场发生直接或间接影响的政治方面的原因，如国际政治形势，政治事件，国家间关系，重要政治领导人变换等，都会对股票市场产生巨大的、突发性的影响。

从图2-1-1所示案例可以看到，英国公投退出欧盟激发了人们的避险情绪，导致黄金类股票跟随现货黄金价格出现大幅度拉升。

图2-1-1　2016年6月23日英国公投脱欧对黄金类股票带来的影响

二、主题投资分析

主题投资分析是指通过分析实体经济中结构性、周期性、制度性甚至突发性的变化，挖掘对经济变迁具有较大影响的潜在因素，进而对受益的行业或者公司进行投资。

主题投资分析将驱动经济体长期发展趋势的某个因素作为“主题”，并依此选择地域、行业、板块或个股。所谓的“主题”是一种或有价值，这种或有价值可能来自国家和政府机构，如国企改革、产业政策，也可能来自于技术创新，还有一些来自于供应商和大客户的红利，例如苹果产业链、特斯拉产业链、燃料电池等。它们短期内并不一定带来盈利提升，但是可以提高盈利改善预期，进而提升估值，提升目标市值，提升股价。

主题投资分析派认为，这种分析方法回报丰厚，如果应用得当，资金周转率比较高，是一种可以穿越市场牛熊周期的投资模式。无论市场牛熊，每年都有相应的主题值得参与。主题周期有长有短，无论是长期资金还是短期资金，都可以找到相应的参与机会。

主题投资分析区别于基本面分析的关键，在于它更多地基于社会心理学的支撑，从而使市场交易表现出一种趋同性。这种趋同性的力量极大，往往使得价格在短期内出现快速变动，先知先觉的投资者可以在主题爆发期快速获利。然而，一旦该主题被证伪，那么价格同样会出现快速回落。

在A股市场中，主题投资方法如果使用得好，其效果往往立竿见影。下面列举几个近年曾经涌现出的“主题”，让大家对这种投资方法有一个更加具体的认识。

（1）燃料电池主题。2014年3月，美股三大燃料电池企业股价暴涨，从而带动国内相关股票在大盘整体下跌的情况下出现暴涨，其龙头股为华昌化工（002274），如图2-1-2所示。

图2-1-2　华昌化工（002274）2014年3月份5个交易日内涨幅达到60%

（2）特斯拉主题。同样是由美股带动，来自大洋彼岸的“特斯拉”效应，引发新能源汽车和锂电池相关的“特斯拉概念股”全线启动。其中概念股万向钱潮

（000559），2014年全年被资金反复炒作，两个周线级别的上涨波段涨幅都超过了1倍，如图2-1-3所示。

图2-1-3　万向钱潮（000559）作为特斯拉主题概念股涨幅巨大

（3）一带一路主题。2013年9月和10月，中国国家主席习近平分别提出建设“新丝绸之路经济带”和“21世纪海上丝绸之路”的战略构想，从而构建了“一带一路”这一投资主题。该主题属于国家层面的经济战略，主题特征高大、鲜明，具有较好的持续性，从而带动了一大批股票一轮又一轮的上涨。如图2-1-4所示。

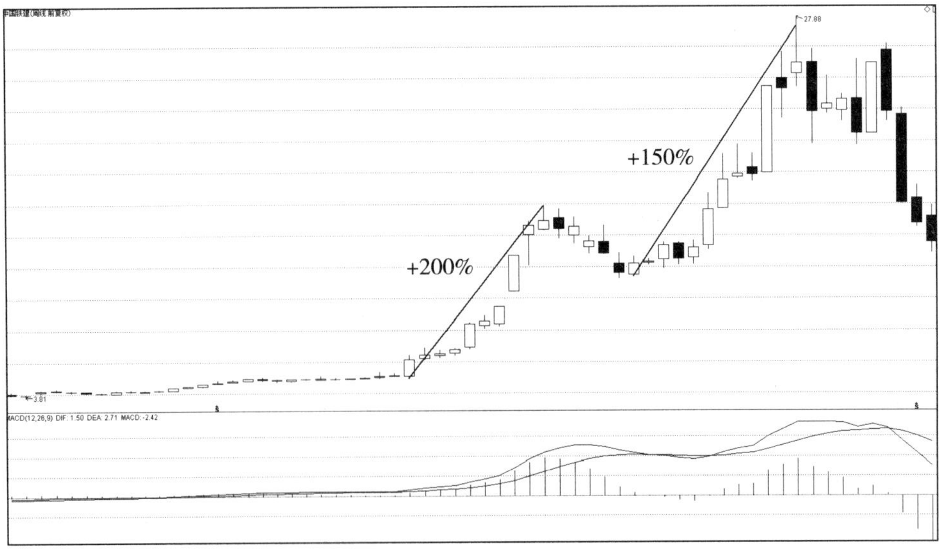

图2-1-4　中国铁建（601166）2014-2015年间连续大涨

需要特别指出的是，“教你炒股票”原文所说的基本面分析，主要指的就是这种主题投资分析，不是单纯指公司盈利之类的财务指标分析。“选股要讲政治”，意思是投资者要从国家战略、产业政策等方面选择投资主题，把握投资主题，进而追踪投资主题。

三、技术面分析

技术面分析又称技术分析，是指以市场行为为研究对象，判断市场走势类型并跟随走势类型及其变化，以决定买卖何种证券以及何时买卖的分析方法。技术分析所指的市场行为，主要包括价、量、时、空等四个方面的因素。

技术分析有三个假设前提：市场行为包容一切，价格以趋势方式演变，历史会重演。这三个前提构成了技术分析的基础。

1. 市场行为包容一切

技术分析派认为，能够影响股价的任何因素——经济的、政策的、心理的因素等，最终都会反映到市场行为上，并以图表的方式呈现。如果说基本面分析派探求价格涨跌的原因，那么技术分析派则主要研究价格运动的结果。人们当然知道价格的变化有基本面方面的原因，但是既然市场行为包容一切，那么再研究基本面信息就显得多余了。

技术派人士认为，在具体选择买卖时机方面，技术分析更有前瞻性和可操作性。当一个重要的市场转折初露端倪时，往往在基本面找不到任何支撑的理由。而当基本面发生明显变化的时候，市场变化或者已经如火如荼，或者已经接近尾声。

许多技术分析人士不愿意接受“多余”的信息，认为它们有可能影响或干扰研读图表的工作，美国图表派元老约翰·迈吉就是工作在真空中的典型人物。约翰·迈吉在春田市的一间小办公室里工作，连窗户都用木板钉上，以防外界干扰。

他曾说：“当我走进这间办公室，就把世界留在外面了，我只专心于研究我的图表。这个房间不论是在大风雪或是6月月色皎洁的夜晚都一样。在这里，我不会对客户不尽职，看见太阳出来就说‘买进’，看见下雨就说‘卖出’”。

2. 价格以趋势方式演变

技术分析派认为，证券市场价格运行是有惯性的，有一定的规律可循。其原因在于：在没有重大事件影响时，价格会一直沿某个方向运行，市场参与者的观点不会轻易改变。如果该方向向上，就称为上涨趋势；如果该方向向下，就称为下跌趋势；如果市场呈现水平方向运动的特征，就称为盘整或无趋势。

趋势分析是技术分析的核心，一切技术分析派研究股价图表的全部意义，就在于确定趋势，确定当下在趋势中所处的阶段以及趋势何时结束，以便在一个趋势发生或转折的早期及时准确地把它揭示出来，从而达到顺势交易的目的。

3. 历史会重演

技术分析派认为，历史会有惊人相似的一幕，但它们不会完全一样。这一点也被统计检验结果证明。

历史之所以会重演，究其原因，首先是经济周期作用的结果。不同的经济周期，其发展过程不尽相同，但大都要经历繁荣、衰退、萧条和复苏等四个阶段。其次是心理因素作用的结果。在相同的市场条件下，投资者会做出同样的决策。两种因素作用的结果，表现在图表上，就是走势类型的变化总是出现相同的一幕。

历史会重演，说得更具体一点就是，打开未来之门的钥匙隐藏在历史走势里，或者说将来是过去的翻版。技术分析和市场行为学与人类心理学有千丝万缕的联系，因为“江山易改，本性难移”，所以股市历史总是在重演。这一点正如《圣经》所说：“阳光底下无新鲜事。”

四、投资中的数学原则

在实际交易过程中，任何单个分析方法，其失败的概率都是很高的。

对于基本面分析来讲，其得出的结论往往是滞后的。当标的物基本面转好时，其价格往往已经上升了很大一段。同样，当标的物基本面风险被揭示出来时，价格也往往下跌了很大一段。

对于主题投资分析来讲，其失败的概率往往也比较高。特别是对于散户而言，在一次主题投机过程中，散户大多数都是消极参与者。相对于主题构建者来讲，他们没有信息优势和成本优势，因而往往在主题投资过程中沦为接盘侠。

对于技术面分析来讲，交易者面临的最大问题就是同样的走势图表，其后续的发展往往不尽相同。例如，对于同样的第三类买点，有的股票买入之后马上暴涨，而有的股票买入之后，市场往往还会构建新的中枢。对于纯技术分析来讲，面对这种情况，会在很大程度上造成决策困难。此外，单纯的技术分析在应对突发事件时也存在盲点。

没有任何股市分析理论能够保证买卖点和输赢之间存在必然的因果关系，任何宣称找到这种理论的人都是在骗人，否则世界上所有的财富都集中到这个人手里了。但问题并不像表面上看到的那样糟糕，借用数学中的乘法原则，可以有效提高选择标的的命中率。

为了说明这个问题，不妨举一个具体的例子。假设三个互相独立的程序，其失效率分别为30%、40%、30%，这都是很普通的并不出色的程序。由这三个程序组成的程序组，其失效率就是30%×40%×30%=3.6%。也就是说，按这个程序组操作100次，只会出现不到4次异常，这绝对是一个了不起的成绩。

基于上面的分析，大家可以借助基本面分析、主题投资分析、技术面分析来构筑选择标的的程序组合。这个程序组合的命中概率相较于单个选择程序命中率更高，筛选出来的标的更加可靠，这一方法也是缠论的精华所在。

由此可以看出，缠论绝对不是单纯的技术分析理论，而是一套综合交易理论。功夫在诗外。从更高层面来看，投资主要考验的是交易者观察基本面以及选择主题的能力，这种能力需要长年累月的培养才能建立起来。

利用上面提到的程序组合，对所有交易标的进行层层筛选，大概率能够选出其中最优的标的。技术面分析由于直观且容易被量化等原因，对散户来讲更容易把握。设定一套技术面选股程序，只操作符合该技术面选择程序的股票，这是使用该程序组合的第一步。选出相应的标的之后，再进行基本面、主题投资之类的分析，这样就能快速、稳妥地选择攻击目标。

从上面的分析可以看出，任何交易机会一定都有其内在理由，是经过严密分析得出的，不是瞬间完成和反应式的。那种临盘起意的交易，大多都没有严格的基本面、主题之类的支撑，看上去往往是在撞大运，是在赌博。

在市场中，以一双赌眼看市场，在市场中频繁赌博，偶尔可能会获得一两次成功，但长期来看，往往难逃失败的命运。经过严密分析找到的标的，会让交易者持股更加有信心，有更大的可能获得大利润。

交易者一旦选择出这样的标的，就要专注于该标的。即使做短线，也不要跳来跳去，一定要等到相应级别的走势类型结束，才可以考虑选择退出。

老子说：合抱之木，生于毫末；九层之台，起于累土；千里之行，始于足下。选择标的，是制定交易策略的前提，是交易成功的第一步。没有合适的操作标的，长期盈利就无从谈起。

第二节 走势的级别

级别是缠论技术分析和操作体系的重要概念。没有对最小级别的定义，就没有最小级别走势类型的定义。没有最小级别走势类型，就没有各级别中枢与走势类型，缠论技术分析就无从谈起。没有缠论技术分析，那么其操作体系就没有一个稳固的基础。鉴于级别的重要意义，在此有必要对级别给出一个清晰的厘定。

一、级别的定义与意义

何为级别？先来看看缠论原文中的几段论述。

> （1）所谓走势的级别，从最严格的意义上说，可以从每笔成交构成的最低级别图形开始，不断按照中枢延伸、扩展等的定义精确地确认出来，这是最精确的。
>
> （2）级别本质上与时间无关，级别也不是什么时间结构。级别，只是按照本ID的规则，自生长出来的一种分类方法。

从上面的论述中，可以归纳出级别的精确定义：所谓级别，是从最低层面的分笔成交入手，按照缠论走势中枢、中枢延伸、中枢扩展、走势类型等规则自然生长出来的走势分类方法。

由上面的定义可以看出，用缠论操盘，必须首先选定最低级别以及最低级别的走势类型，然后才能根据中枢以及中枢扩展，逐级定义出更高级别的走势类型。

实际上，以分笔成交作为最低级别是不可能的，这不仅不利于观察，更由于其变动速度超过了一般人的反应能力，且变动幅度较小，实际上没有必要。

一般来讲，可以将1分钟、5分钟甚至更大级别图表上的走势类型作为最低级别，然后层层迭代出更高级别的走势类型，而将最低级别之下的波动忽略掉，这种设定并不影响整体走势分析。如图2–2–1所示。

级别，是走势类型分类的关键。描述某走势类型，必须在其前面加上级别这一标签，如30分钟级别上涨、日线级别下跌、周线级别盘整等。当然，这只是惯用的称呼，你也可以称之为级别一、级别二、级别三，这样也没有问题。

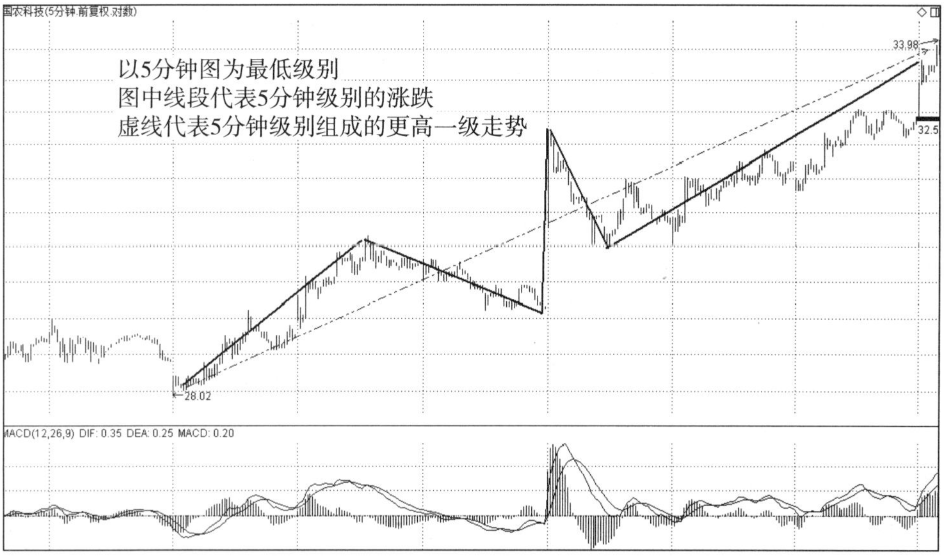

图2-2-1　走势级别示例图

同一当下，不同级别的走势类型可能不尽相同。例如，周线级别的盘整，日线级别可能是下跌的，而30分钟级别可能还是个盘整。从这个角度讲，没有级别就没有走势类型；没有对走势类型的判断，就没有对应的操作。

级别是和操作周期相关的。一般来说，越大的级别，其走势类型对应的周期也越长；越小的级别，对应的操作周期也越短。从这个角度讲，投资者可以根据自己的情况，看看究竟适合做短线、中线还是长线，从而采用相应的级别进行操作。

级别还和走势的波动范围相关。一般情况下，大级别走势波动大，小级别波动范围小。投资者可以根据所选级别的波动范围，来决定自己的资金或者筹码安排。原则上应该在大级别上做大势，在小级别上赌小势。如果是大小通杀的立体式操作，就要在不同级别安排相应的资金或者筹码量。不能说在某日线级别上涨中，一个1分钟级别的下跌就把筹码出光了，这显然是不合适的。

二、级别与图表周期

所谓图表周期，是指在使用的交易软件上，按照1分钟、5分钟、30分钟、日线、周线、月线等时间结构对走势进行分类的方法。

必须明确，级别和图表周期是两个完全不同的概念。打个比方，对于一朵花而言，级别就像是从质子、中子、原子、分子等自然结构出发，一层一层地构造出整个花朵。图表周期就像是观察这朵花的工具，用肉眼看就是一朵花，用放大镜看则能看到花瓣的纹理以及结构，而用不同倍数的显微镜看，则能清晰地看到该花朵内部相应的物质结构。

级别与图表周期虽然是两个完全不同的概念，但二者具有一定的相似性。

首先，二者都是分层的。按照级别对走势进行分类，可以自然划分出大级别、中级别、小级别。按照图表周期分类，走势也可以分为短周期图表、中周期图表以及大周期图表等。

其次，大级别的走势类型，总是由小级别走势类型构成的。大级别走势类型总是构成小级别走势类型的边界。大级别走势类型的变化，往往由小级别走势类型的变化来带动。图表周期也是如此。

实际操作中，对于普通交易者而言，如果严格按照级别的定义来分析与操作，虽然能够保证分析的精确性，却会失去直观性。现在交易者使用的交易软件都是按照图表周期对走势进行分类的，这种分类方法不仅直观，而且符合交易者的操作习惯。另外，两种分类方法具有上面所说的相似性，因此在大多数情况下，可以用图表周期来代替级别对走势进行分类。

实际上，可以将这两种分类方法结合使用。在走势不太强烈的情况下，对精度的要求不是太高，可以用图表周期来替代级别分析。一旦走势进入暴涨暴跌阶段，则需要对走势进行精确定位，这时就应该严格按照级别的定义来分析和操作。

三、长线、中线、短线

常常听投资者说，某人是短线高手，某只股票应该中线持股，“长线是金，短线是银”。是长线投资、中线持股还是短线投机或者长短结合，决定了一个交易者基本的操作风格。

那么何谓长线、中线、短线？这种说法最早由道氏理论提出。

道氏理论将市场运动分为基本运动、次级折返运动、日常波动三个层次。其中所谓的基本运动，持续时间一般在几个月至数年，通常在1年以上，是市场中最基本的趋势，其走势具有稳固性。根据基本运动进行操作，对应的就是长线操作。日常波动杂乱无章，变化频繁，难以把握，持续时间一般为数天至数个星期。根据日常波动进行操作，对应的就是短线操作。次级折返运动介于基本运动和日常波动之间，是逆于基本运动的中级走势，持续时间一般为数个星期至数月。根据次级折返运动进行操作，对应的就是中线操作。

根据上面所说的三重运动持续的时间，结合图表周期，可以将市场中存在的这三重运动进行量化。一般来讲，根据日线及以下走势进行操作，就是所谓的短线。根据周线走势进行操作，就是所谓的中线。根据月线及以上走势进行操作，就是所谓的长线。

需要注意的是，小级别虽然变动快速且频繁，但并非杂乱无章，只是一般人的反应速度达不到小级别的节奏，从而使小级别显得杂乱无章而已。对于交易者来讲，选定自己的反应速度能够跟得上的图表周期进行操作，这是很重要的操作原则。

反应速度慢的人，应该选择较大的图表周期，例如日线、周线等进行操作。对于反应速度快的天生短线好手，利用短线快速积累资金，当然是一种更好的方法。知己知彼，百战百胜。交易中，人首先要了解自己。

时间是相对的，和恋人一起玩耍的时间总是比焦急等待恋人的时间过得快一些。时间的相对性，早已被爱因斯坦的相对论所证明。利用级别的定义，一样可以定义出自己的长线、中线、短线操作周期。选定某图表周期作为可操作的最低级别，而后在此级别上根据定义判断走势类型，根据该最低级别操作就是短线操作。根据级别的迭代原则，可以向上逐级定义出中线、长线周期。

例如，反应速度快的交易者，可以把5分钟图表、30分钟图表作为自己的最低操作级别。反应速度不那么快的，可以将60分钟图表、日线图表等作为自己的最低操作级别，进而定义出自己的中线、长线操作周期。

四、选择操作级别

走势级别是客观的，根据什么级别操作却是主观的。投资者可以根据个人以及市场走势情况，选择相应的操作级别。

要根据自己的看盘时间以及操作水平确定自己的操作级别。看盘时间较少的投资者，应该选择较大的级别来操作，忽略小级别的波动。大级别买卖点之间通常有一定的波动幅度，这样可以防止买点介入之后卖点出现之前出不了局的情况。看盘时间较多但短线技术不好的投资者，同样应该选择较大的级别来操作。

有充裕看盘时间且短线技术较好的投资者，可以在选择好交易标的的前提下，对该标的进行中长线操作，同时根据短线指标来做短差，不断降低持仓成本，提高资金使用效率。

要根据标的物各级别走势类型确定操作周期。就像平时开车上路，你不可能事先设定好从A到B都以某个速度跑，具体的速度要根据路况而定。如果是高速公路，当然要开的快一点。如果遇到学校或者十字路口，高速行驶肯定是要出事故的。交易也一样，大级别走势好的时候，当然要进行大级别操作。否则一个周线级别的上涨，你在30分钟级别的卖点就出清了，这样操作肯定是赚不到钱的。当大级别走势不好，只是在小级别中出现了明确的趋势，如果还要坚持大级别操作，并且制定雄心勃勃的操作计划，结果肯定是被套牢。

一旦选择好级别，剩下的工作就简单了。对于趋势型投资者来说，就是只参与该级别的趋势，回避该级别的盘整与反趋势，直到该级别趋势结束。对于震荡型投资者来说，就是围绕该级别的盘整区间做低买高卖动作，直到该盘整格局被有效破坏。当然，水平高的人，可以选择盘整与趋势通杀，这就要看自己的修为了。

还有一种情况，当你介入某级别走势类型时，由于该级别走势类型的延伸和结束，引发了更大级别走势类型的质变。这个时候，交易者当然还可以继续按照同级别走势类型进行操作，但一旦更大级别的趋势变得十分有利，当然可以换档操作。这样的换档操作起来更简单，而且往往利润更大。

例如图2-2-2中，在向上箭头处介入，准备做一波30分钟的上涨。但当走势走到向下箭头的位置，走势明显破坏了前面的盘整，这个时候交易者该如何操作？实战中，交易者可以选择不退出，等日线级别的上涨走完之后再考虑退出，这样就完成了一次有效的换挡操作。

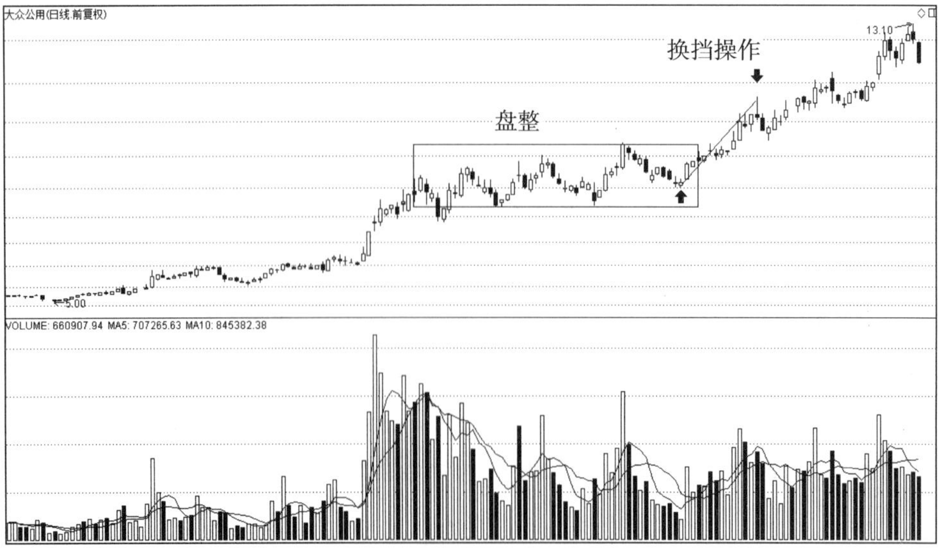

图2-2-2　大众公用（600635）换挡操作示例图

五、级别与资金管理

缠中说禅说："级别的意义其实只有一个，基本只和买卖量有关。日线级别的买卖量当然比1分钟级别的要多多了，可以用更大的量去参与买卖，例如100万股，1000万股，甚至更多。"

由此可见，级别不仅与技术分析相关，还与资金管理息息相关。

大级别安排大资金，小级别安排小资金，这是资金管理的一条重要原则。

为什么？首先是因为小级别走势的买卖点频繁出现，交易者频繁作出买卖决策，往往难以保证长期精确。另外，小级别的买卖点往往都在盘中出现，交易者在盘中往往是凭着情绪化因素作决策，赌博的色彩更浓一些。在市场中长期重仓赌博，是不可能取胜的。

其次是因为小级别的获利空间往往有限，再加上交易者的反应时间，即使判断正确，买卖点之间的利润空间再除去手续费，所获可能微乎其微。以重仓甚至满仓的压力赚取蝇头小利，这是非常不经济的做法。

尤其是在多级别联立的立体操作体系中，根据级别安排资金或者筹码是十分有利的。例如，对于一波大级别的上涨，主力洗盘往往是以小级别的反趋势完成的。如果交易者在小级别的卖点全仓卖出，一旦不能在小级别买点再次回补，就会被洗出局，有可能错过一大波上涨行情。

以小仓位做小级别，把战略性仓位用来做大级别走势，则不会出现这种问题。即便是小级别卖点之后的小级别买点不能及时回补，也有战略性仓位对应大级别走势，不至于错过太多的潜在利润。

交易如同打仗，仓位就是武器库中的武器。轻仓就像弹弓、手枪之类的轻武器，重仓就像导弹或者核武器之类的战略武器。导弹不是用来打鸟的，弹弓也不可能把飞机打下来。

当然，资金管理不仅仅包含仓位控制。在明确某级别对应的资金量或者筹码量的前提下，交易者还应该设计一套严格的分批介入和退出程序，这才是完整的资金管理策略。

第三节　分型及其力度

在确定最低分析级别之后，沿着缠论的逻辑路线，接下来探讨最小级别分析的最基础构件——分型。

一、分型的定义及意义

先给分型下一个准确的定义。

（1）顶分型。三根相邻K线，其中第二根K线的高点是三根K线中最高的，低点也是三根K线中最高的，这种K线形态称为顶分型。如图 2-3-1所示。

图2-3-1　顶分型示意图

（2）底分型。三根相邻K线，其中第二根K线的低点是三根K线中最低的，高点也是三根K线中最低的，这种K线形态称为底分型。如图 2-3-2所示。

图2-3-2　底分型示意图

注意，分型的定义是和K线阴阳无关的，只与每根K线的高低点相关。

分型是缠论的基础。如果说最低级别走势类型是各级别走势类型分析的前提，那么分型就是最小级别走势类型分析的前提。有了最小级别的分型，才能进一步定义出最小级别笔、线段、走势类型，才能定义更高级别的走势类型。

分型可以作为各级别K线完全分类的依据。经过包含处理之后，各个时间周期的K线图表总是可以完全地分类为上升K线、下降K线、顶分型以及底分型等四类，如图 2-3-3所示。

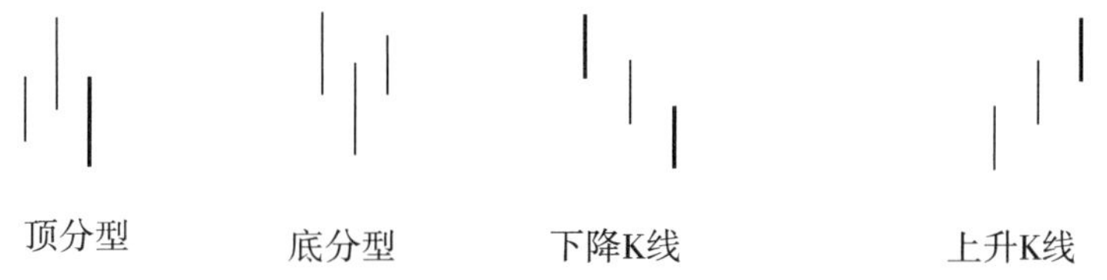

图2-3-3　K线完全分类示意图

顶分型、底分型和顶、底之间是必要而非充分的关系。也就是说，虽然不是所有顶分型都构成顶，也不是所有底分型都构成底，但是所有顶都是顶分型，所有底都是底分型。

技术分析最重要的意义在于分类，以分型作为分类的依据，一样可以打造出一套行之有效的操作系统。

分型与K线理论中所说的反转形态直接相关。一些经典K线组合如吊颈线、乌云盖顶等，极大可能会发展为分型。一些K线组合如早晨之星、黄昏之星等，其本身就是底分型或者顶分型。对于熟悉K线技术的交易者而言，分型具有非常重要的意义，交易者完全可以结合缠论，最大限度地发挥K线技术的威力。如图 2-3-4所示。

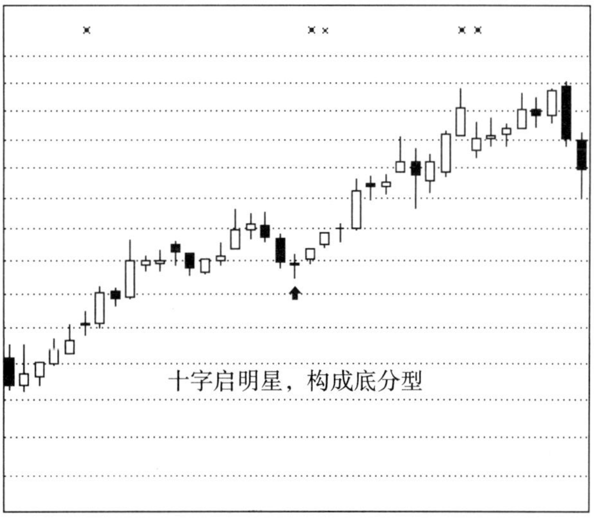

图2-3-4　K线组合与分型示例图

二、K线包含关系及其处理

下面给K线包含关系下一个精确的定义。

两根相邻K线，其中一根K线的高低点完全在另一根K线高低点范围之内，那么这两根K线即为包含关系。

如图2-3-5中，图1、图2、图3、图4中的2号K线和3号K线都是包含关系。

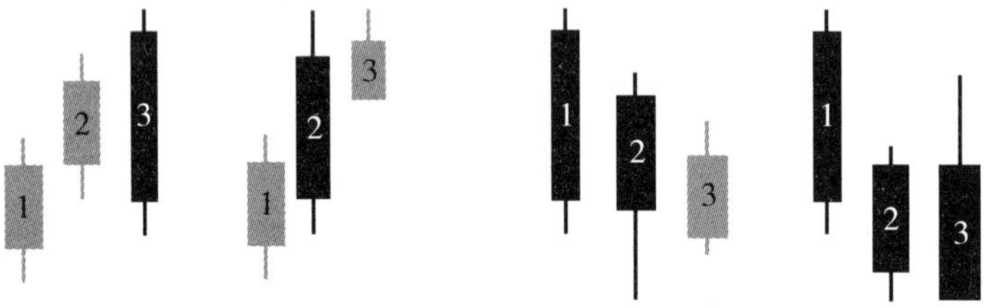

图2-3-5　K线包含关系示意图

K线的包含关系处理，就是将具有包含关系的两根K线合并为一根K线。

在处理K线包含关系的时候，应按照如下原则和步骤操作。

（1）判断K线方向是向上还是向下。

存在包含关系的两根K线，将左边的一根设为第n根K线，右边的设为第n+1根K线。假设第n根K线的高点为g_n，低点为d_n，如果第n根与它之前的一根（也就是第n-1根）不存在包含关系（如果有包含关系，则必须先处理包含关系），根据它们的位置关系，当$g_n \geqslant g_{n-1}$时，K线向上；当$d_n \leqslant d_{n-1}$时，则K线向下。不可能存在$g_n \geqslant g_{n-1}$同时$d_n \leqslant d_{n-1}$的关系。如存在，则说明第n根和第n-1根也是包含关系，则应将第n-1根重设为第n根，先处理这两根K线之间的包含关系。

（2）K线方向向上时，取两根K线高点中的最大值作为合并后新K线的高点，取两根K线低点中的最大值作为合并后新K线的低点。如图2-3-6所示。

（3）K线方向向下时，取两根K线高点中的最小值为合并后新K线的高点，取两根K线低点中的最小值作为合并后新K线的低点。如图2-3-7所示。

（4）如果有多根K线之间存在包含关系，应按时间顺序，先处理最前面两根K线的包含关系，再用合并后的新K线与第三根K线比较。如仍存在包含关系，则继续按以上方法处理，直至这些K线之间不再存在包含关系为止。

经过上面的处理步骤，所有周期K线图表上的所有K线，都可以被处理为没有包含关系的图表。将整个K线完全分类为上升K线、顶分型、下降K线、底分型，就为后面的笔、线段、中枢、走势类型等分析，也为买卖点的把握打下了良好的基础。

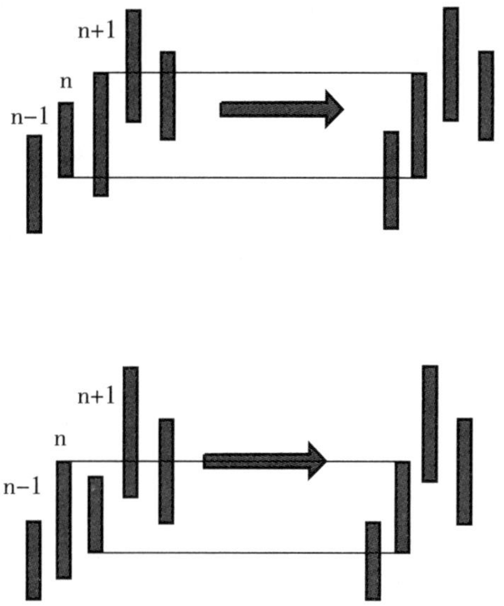

图2-3-6　K线方向向上时的包含关系处理示意图

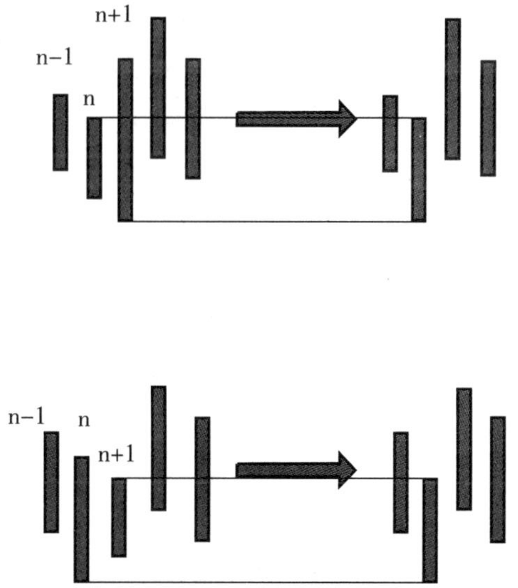

图2-3-7　K线方向向下时的包含关系处理示意图

三、中继分型

先给中继分型一个定义。

所谓中继分型，是指形态上符合分型的定义，但最终不能沿着原来分型的方向形成一笔的那些顶分型或者底分型。

如果前面的分型确定是底分型，那么当其后出现符合顶分型定义的分型，但最终未结束该向上的一笔，那么该顶分型就称作是中继顶分型。如图2-3-8所示。

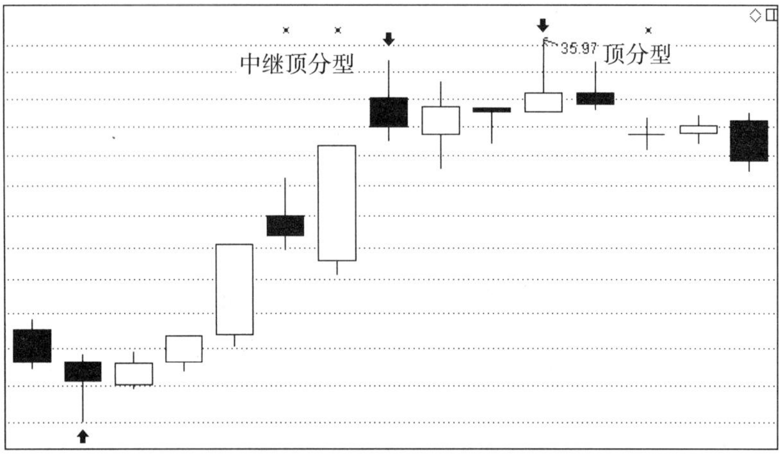

图2-3-8　中继顶分型示例图

如果前面的分型确定是顶分型，那么当其后出现符合底分型定义的分型，但最终却未结束该向下的一笔，那么该底分型就称作中继底分型。如图2-3-9所示。

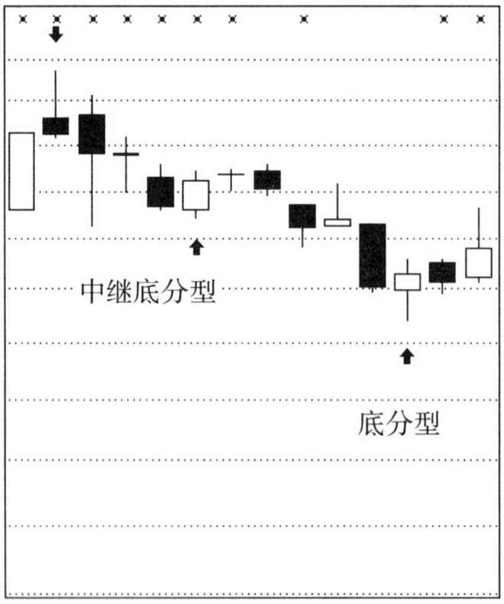

图2-3-9　中继底分型示例图

如果走势都是顶分型和底分型的连接，那么操作就变得无比简单了，交易者只需要在选定操作级别的前提下，底分型买、顶分型卖就可以了。由于中继分型的存在，使得走势的发展存在不确定性，因而正确识别中继分型，对于操作有十分重要的意义。

例如，某级别上涨的一笔中，在一个中继顶分型附近卖出，实际上是被洗出去了；下跌的一笔中，如果在某中继底分型介入，实际上也就是抄底失败了。

如何最大限度地识别中继分型呢？一般来说有以下三种方法。

（1）看该图表MA5均线是否被有效突破。虽然突破MA5均线不一定会形成真正的分型，但如果形成分型，肯定是要突破MA5均线的，因此MA5均线可以作为判断中继分型的依据之一。

（2）看该分型的力度。如果分型力度较强，那么形成真正分型的概率就大，否则极大可能是中继分型。关于这一点，请参看后面的论述。

（3）下降级别，看小级别是否明确开始转势。最精确的做法当然是下降级别，从细部去观察。例如，小级别明显走出上涨转下跌的走势，那么就是确定要形成顶分型了，反之就是底分型。

四、分型的心理依据及力度

“走势反映的是人的贪嗔痴慢疑。如果你能通过走势当下的呈现，观照参与其中的人们的心理呈现，就等于看穿了市场参与者的内心。”如果交易者能够通过走势参透市场交易者的内心，就能在实际交易中做到游刃有余。

交易者的心理不是虚无缥缈的，最终必然会留下痕迹，这痕迹就是市场走势本身。这痕迹，就是缠论技术分析重点解读的内容。分型作为缠论技术分析的基本元件与重要拐点，当然是窥探市场心理活动的有效手段之一。

一个顶分型之所以成立，是因为卖方的分力最终战胜了买方的分力。其中买方的分力有三次努力，卖方的分力有三次阻击。

下面用最标准的已经过包含处理的三根K线模型来说明。

第一根K线创出高点，被卖的分力阻击后出现回落，这个回落出现在第一根K线的上影线部分或者第二根K线的下影线部分。第二根K线出现一个更高的高点，但这个高点显然上冲力度不足，从而至少制造了第二根K线的上影线部分。最后，第三根K线再次继续买的分力的攻击，但这个攻击完全被卖的分力击败，不能成为一个新高点，这就完成了一个顶分型结构。

由上面的分析可知，分型结构经过了三次反复的心理较量过程。在一个顶分型中，看多的情绪经过三次努力，但每次都被做空情绪击落，所以一个顶分型就这样出现了。如同打仗，一鼓作气，再而衰，三而竭。进攻一方力度不足以攻破防守一方的防线，那么自然要被防守一方打败了。

顶分型的出现，意味着市场做多情绪力度不足，被做空情绪打败了。至于进攻一方落败之后会回撤到什么地方，自然是防守一方反击力度不足出现衰减的地方，也就是底分型出现的地方。

对于底分型的分析，反过来理解就是了。

也许有人会问，为什么要进攻三次、防守三次才算？在技术分析中，“三”这个数字是一个神奇数字，也是斐波那契数列中的重要数字。中国传统文化中也有“道生一，一生二，二生三，三生万物”的说法。这或许多少有点儿神秘主义的味道，但却为无数事实证实。

分型是有力度区别的，这种力度区别主要反映在以下两个方面。

（1）以是否存在包含关系作为分类标准。如果一个分型中存在包含关系，是经过包含处理之后出现的分型，只要这个包含关系不出现顶分型中以长阴吃掉前面的K线，或者底分型中以长阳吃掉前面K线的情况，那么这个分型的力度就值得怀疑，反映出市场存在一种观望情绪。

这种包含关系大多在小级别上形成震荡的走势，震荡之后有两个方向选择，其力度显然不如没有包含关系的分型来得激烈。也就是说，分型之后的反转力度较弱。

（2）对于不存在包含关系，或者经过包含处理之后的分型，可以以顶分型为例进行深入探讨，底分型的情况反过来理解就是。

如果第一根K线是长阳线，而第二根、第三根K线都是小阴小阳线，那么这个分型结构的意义就不大。这种顶分型力度最弱，成为真正顶部的可能性很小，绝大多数都是中继分型。如图2-3-10所示。

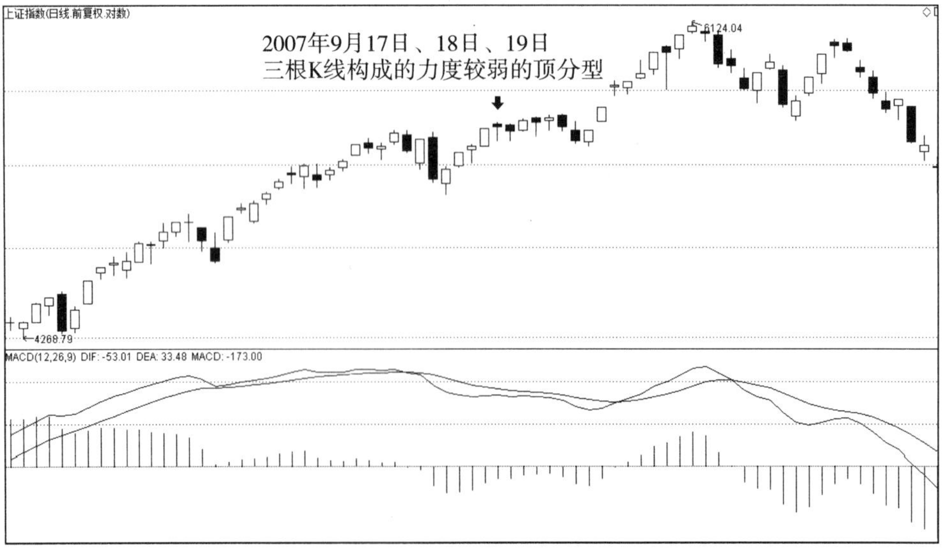

图2-3-10　上证指数2007年9月17日、18日、19日三根K线组成的顶分型

如果第二根K线带有长上影线，甚至就是直接的长阴，而第三根K线不能以阳线收在第二根K线区间的一半之上，那么该顶分型的力度就比较大。如图2-3-11所示。

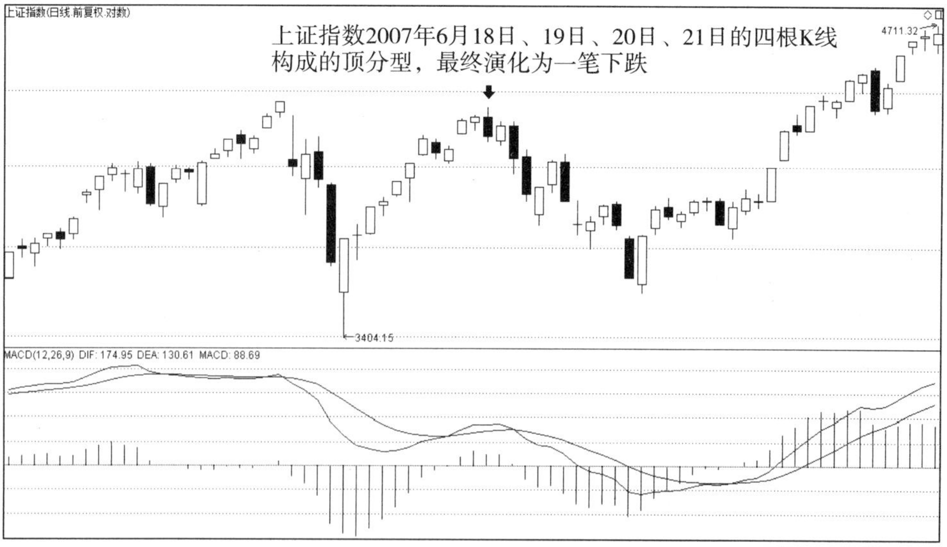

图2-3-11　上证指数2007年6月18日、19日、20日、21日四根K线构成的顶分型

如果第三根K线跌破第一根K线的底，但又不能高收到第一根K线区间的一半之上，那么该顶分型属于力度最强的一种顶分型。这种顶分型有较强的杀伤力，成为短期甚至中期顶部的概率很大。如图2-3-12所示。

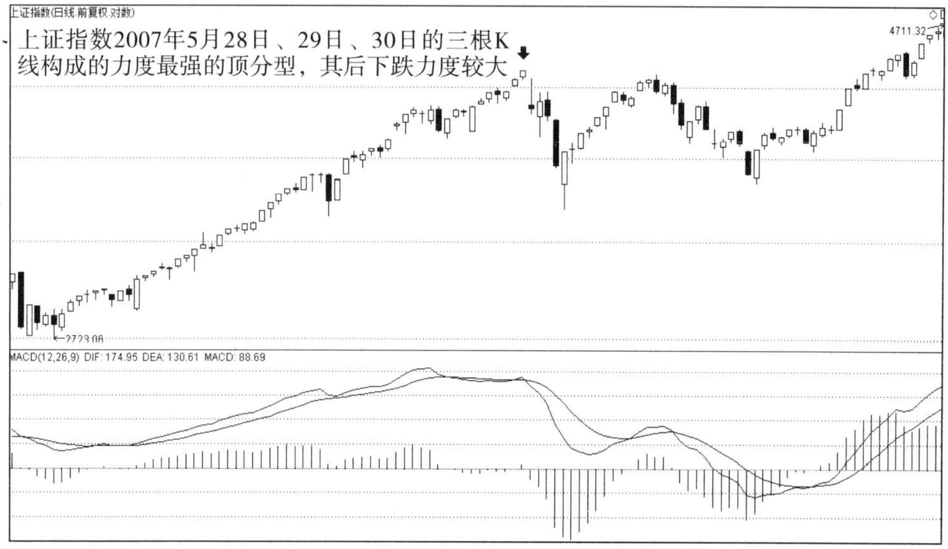

图2-3-12　上证指数2007年5月28日、29日、30日三根K线构成的顶分型

要更加精细地辨别分型的力度，就要下降级别，从更小的级别去看走势如何，以及大级别出现顶分型的时候，小级别走势究竟处于哪个阶段。

五、分型辅助操作

技术分析的核心意义在于分类。趋势理论将市场某级别的走势分为上涨、下跌与盘整三类，并依此制定操作策略：上涨做多，下跌做空，盘整不做或者做震荡。相应地，分型作为对市场进行完全分类的方法之一，当然可以围绕分型来打造自己的操作系统。

利用分型理论，可以将某级别走势完全地分类为底分型、上涨K线、顶分型、下跌K线。利用分型辅助操作，就是在底分型买，在顶分型卖，在二者之间持股或者持币。如果遇到中继分型，可以根据自己的情况决定是否参与次级别的操作。

缠论的操作方法首先着眼于趋势，但是仅仅识别趋势是不够的。高水平的交易者除了能够一眼看穿趋势，还能精确地把握买卖点。举个例子，玩桌球的过程中，大家也能体会到，低手一大片，中手一条线，高手要找的就是那几个点。围绕买卖点操作，通常有止损空间小、利润空间大、等待时间短、浮动筹码多等优点。

分型，对于把握买卖点有重要的意义。按照严格的缠论操作，必须要用区间套方法逐级寻找最精确的买卖点。这种方法一般可以精确到每笔成交，甚至可以在某笔成交完成的时候，就当下地指出那就是最精确的买卖点了。这种方法虽然精确，但操作起来非常复杂，费时费力，而且面对具有较大上升空间的趋势时，也显得没有必要。这个时候，一般以分型作为把握买卖点的依据。

这里采用与区间套方法相反的做法，前提是走势的当下与缠论买卖点基本相符。在实际操作中，首先从大级别上识别分型。对于大级别买点来讲，除非出现分型，否则绝不介入。一旦出现分型，那么立即下降级别，从次级别来确认该分型的有效性。如果该分型明确有效，则表明该分型包含了最精确的买卖点，这个时候就可以利用大买点之后的小买点大举介入了。如图2-3-13所示。

利用分型辅助操作，还要注意止损的问题。对于底分型来讲，当你以该分型为依据介入，那么一旦该分型的底被跌破，就要果断退出。原因很简单，因为以该分型为最低点，一旦该底分型低点被跌破，就表明该底分型被证伪，理应果断退出。

值得注意的是，在有的案例中，底分型的低点会被稍微触及，但随后就创出新高，不过这些只是个案，底分型低点被跌破之后，更大的可能则是价格加速下

图2-3-13 利用分型辅助操作示例图

跌。投资者一旦利用分型辅助操作，就要尽量按照上面的原则做。

对于顶分型，反过来理解就是了。以某顶分型为依据退出，一旦其后顶分型的高点被突破，就要将卖出的筹码补回。

利用分型辅助操作，实战中需要注意的是，要寻找那些力度最强的分型。强者恒强。价格涵盖一切，某股票走势比别的股票强，自然有其理由。纯粹的技术操作者不需要知道理由，遵循“强者恒强”的理念操作即可，只需根据止损点位和自己的风险承受能力来决定自己的仓位。

根据缠论选股法则，交易者最好能看看相关行业以及政策是否在催生新的主题，或者看看该企业的财务报告，看看是否有潜在的利好发生。一旦存在，可以大胆介入。

第四节 笔及其力度

确定某级别图表的分型之后，接下来就是对缠论另一个核心概念“笔”进行阐述与划分了。

一、笔的定义及意义

1. 笔的定义

先给笔下个精确的定义。

排除中继分型之后，两个相邻且方向相反的分型的顶与底相连构成一笔。

如果该对相邻且方向相反的分型的连接方式是顶分型连着底分型，则该笔称为下降笔。反之，如果该对相邻且方向相反的分型的连接方式是底分型连着顶分型，则该笔称为上升笔。如图2-4-1所示。

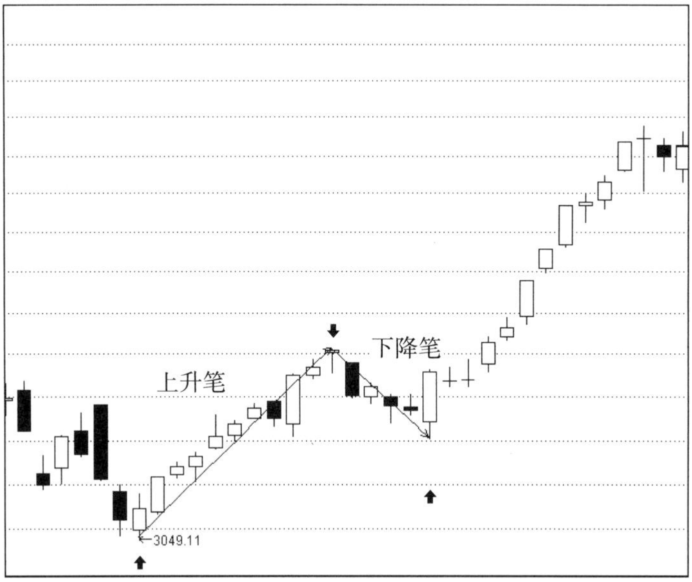

图2-4-1　上升笔与下降笔示例图

笔是高于分型的存在。当交易者确定好自己的最低交易级别之后，接下来的事情就是确定最低级别的走势类型，确认走势类型究竟是趋势还是盘整，是上涨还是下跌。

分型是最低级别走势类型分析的起始条件，有了分型，再进一步就是构造笔，并从笔构造出线段，进而构造出本级别以及各个级别的走势类型。因此，如同分型一样，笔也是缠论的基础。

笔也可以作为某级别图表完全分类的依据。所有级别的所有图表，都可以完全地划分为上升笔与下降笔两类，而且可以明确地说，上升笔之后必然连接着下降笔。反之，下降笔之后必然连接着上升笔。所有级别的所有当下，不是处于上升笔当中，就是处于下降笔当中。由于笔可以作为完全分类的依据，技术分析的核心意义又在于分类，那么同样可以根据笔来打造操作系统。

笔是小级别复杂走势的简单化处理。大级别的一笔，当你下降级别看，比如日线上的一笔，如果下降到30分钟图表周期来看，会看到相应的高低点错综复杂的走势类型。日线上高低点较为复杂的走势类型，上升到周线级别的图表来看时，大多都会发现那是非常简洁的一笔。

实际上，大级别的笔其实是忽略了小级别上的变动，这就为操作提供了便利，原因有以下两点。

（1）人的情绪总是容易受到价格走高走低的影响。当你操作某级别趋势的时候，为了防止情绪受到该级别忽高忽低走势的干扰，可以简单地将级别上升，忽略小级别的波动，只操作大级别的笔。例如，当操作日线趋势时，可以在日线买点介入，之后持股等到周线顶分型出现时卖出。

（2）当大级别走势出现分型的时候，可以下降级别去观察细部，以确认该分型是中继分型还是真正的分型。例如，当周线级别出现顶分型时，如果日线上毫无转势的征兆，就可以明确判断该周线顶分型是一个中继分型，其后应该继续持股，直到周线真正的顶分型走出来时为止。

2. 笔的必然完美原则

笔的必然完美原则包含以下几层意思。

（1）任何笔都要完成。也就是说，任何底分型，前面必然有一个顶分型与之相对应。反之，任何顶分型，后面必然有一个底分型与之对应。这一点对于实战操作具有重要的指导意义。

例如，当你以日线底分型介入某只股票后，要明白之后必然有一个顶分型相对应。当该顶分型出现的时候，可以根据当下的盘面走势以及自己的操作风格，决定是退出还是做差价，或者是继续一路持有。这一点关乎操作的节奏，必须引起重视。

（2）任何笔的完成，必然向相反的方向转化。例如上升笔完成之后，必然转化为反向的下降笔。对于做多的投资者而言，可以在这个反向的下降笔运行期间换成其他品种操作。

一旦一笔完成之后不能转化为反向笔，以上升笔为例，顶分型出现之后，没有出现明显的下降笔，而是出现围绕顶分型反复窄幅波动的走势，这个时候往往预示着要出现大行情。所谓“该跌不跌后市看涨，当涨不涨后市看跌”，就是这个意思。

二、笔的划分原则与步骤

1. 笔的划分原则

关于笔的划分原则，需要强调以下几点。

（1）必须是相邻且相反的分型才能构成一笔。

（2）在笔的定义中，相邻两个分型之间不能有共用的K线。如果有共用的K线，则不符合分型的定义，就不能说两个分型是确定的分型，因而也就不能构成笔。

（3）一笔之中，顶分型的顶必须高于底分型中最低那根K线的区间。或者反过来说，底分型的底必须低于顶分型中最高那根K线的区间。

2. 笔的划分步骤

笔的划分是唯一的。严格按照下面的步骤划分，必定能在图表上划出唯一的笔。

笔的划分步骤如下。

（1）确定所有符合标准的分型。

（2）如果前后两个分型是同一性质的，对于顶，前面的低于后面的，只保留后面的，前面那个可以×掉；对于底，前面的高于后面的，只保留后面的，前面那个可以×掉。不满足上面情况的，例如相等，都可以先保留。

（3）经过上面的处理后，余下的分型如果相邻的是顶和底，那么就可以划为一笔。如果相邻的性质一样，必然有“前顶不低于后顶，前底不高于后底”。在连续的顶后，必然会出现新的底，把其中连续的顶中最先一个和这个新出现的底连在一起，就是新的一笔，中间那些顶都×掉。

在连续的底后，必然会出现一个新的顶。把这些连续底中最先一个和这个新出现的顶连在一起，就是新的一笔，中间的那些底都×掉。

显然，经过上面的三个步骤，所有的笔都可以唯一地划分出来。如图2-4-2所示。

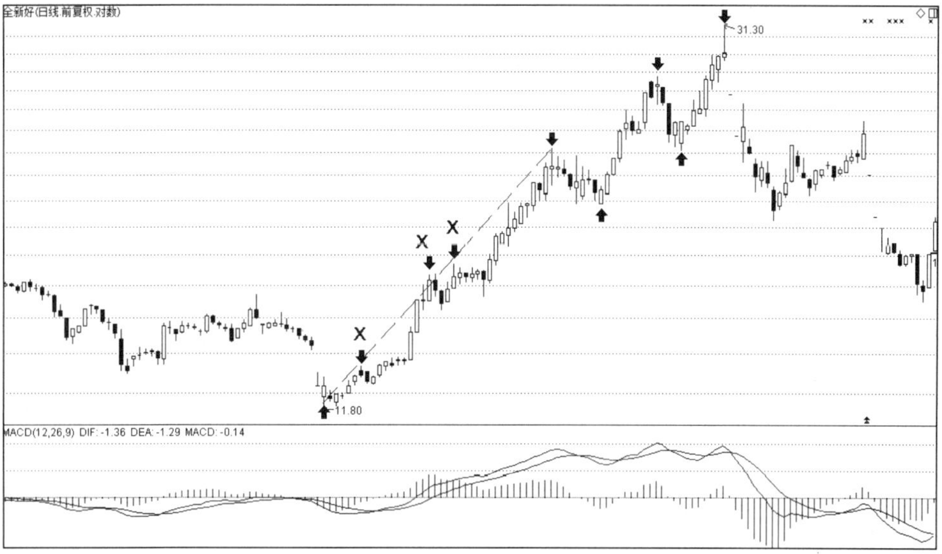

图2–4–2　笔的划分示例图

三、笔的力度

1. 笔的力度与多空力量对比

如同分型一样，笔也是有力度的。笔的方向与力度，共同反映了市场多空双方的力量强弱对比以及力量的悬殊程度。

多空双方力量的强弱对比，直接反映为笔的方向。对于多空双方的强弱对比而言，如果是某级别的上升笔，那么很显然在该级别上多方力量强于空方力量。反之，如果是下降笔，空方的力量在该级别上强于多方的力量。

多空双方力量的悬殊程度，主要反映在笔的力度上。对于力度强的上升笔，可以说多方力量远远强于空方力量。力度强的下降笔，则是空方力量远远强于多方力量的表现。

为了方便描述笔的力度，这里先根据笔的性质对其作另一种分类。首先确定趋势的方向，如果笔的方向与趋势方向一致，则称该笔为推动笔。反之，如果该笔的方向与趋势方向相反，则称该笔为调整笔。至于盘整，则先不考虑。

2. 推动笔的力度

下面以上涨为例，具体讨论这两类笔的力度。对于下跌，反过来理解就是。

首先考虑推动笔。衡量推动笔力度的因素主要有以下四个方面：点位、幅度、斜率、复杂度。

（1）对于点位而言，能突破阻力位的推动笔力度强，不能突破阻力位的推动笔力度弱。一般的技术分析理论，都把突破阻力位作为开仓时机，这其实也是参与力度较强的推动笔的直接体现。

（2）对于幅度而言，幅度大的推动笔力度强，幅度小的推动笔力度弱。具体的操作中，有一种现象叫做“强者恒强”，其中包含的一层意思就是走势强的股票，往往后面易涨难跌，涨幅大，调整极其有限。这种现象就是“幅度大的推动笔力度更强”这一论断的直接体现。

（3）对于斜率而言，斜率大的推动笔力度强，斜率小的推动笔力度弱。实际操作中，往往会看到，有的股票简单地沿着5日均线一直往上冲。一般来讲，这种推动笔的斜率较大，因而力度也比较大。

（4）对于复杂度而言，走势形态较为简单的推动笔力度强，走势形态复杂的推动笔力度弱。在实际走势中，常常看到有的个股从底分型开始连拉光头阳线，而有的股票同样是从底分型启动，但其后的走势往往带有上下影线。二者比较，当然是前者的力度更强。如图2-4-3所示。

图2-4-3　推动笔的力度对比示例图

3. 调整笔的力度

对于调整笔来说，其衡量因素也是这四个因素：点位、幅度、斜率、复杂度。

只是其强度与推动笔刚好反过来。

（1）对于点位而言，跌破支撑位的调整笔力度是最弱的，其后的反抽如果不能站上推动笔的极限位置，那么该调整笔将转化为下跌趋势的推动笔。如果不能跌破支撑位，则调整笔的力度较强。

（2）对于幅度而言，调整笔的幅度越小，其力度越强；幅度越大，则力度越弱。一般技术理论也有描述，例如前面推动笔的30%、50%、60%、100%等位置，就是对调整笔力度的最好描述。

（3）对于斜率而言，斜率越大的调整笔，力度越弱；反之，斜率越小的调整笔，力度越强。特别是有一种股票，突破之后，以一种横向整理的方式进行调整，其后的走势力度往往是非常大的。

（4）对于复杂度而言，与推动笔类似，也是简单的调整笔力度强，复杂的调整笔力度弱。如图2–4–4所示。

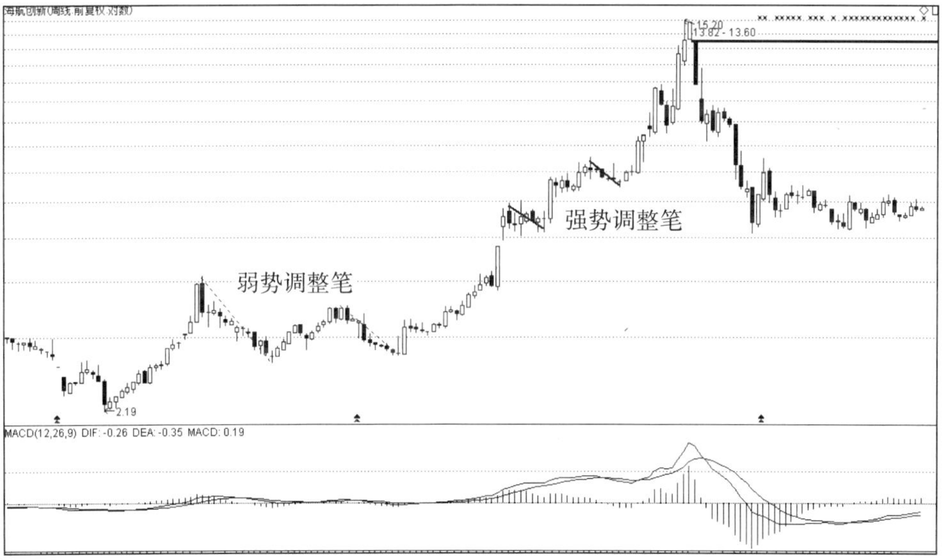

图2–4–4　调整笔的力度示例图

需要注意的是，对于推动笔而言，除了在该推动笔开始的那个分型区间，力度大的推动笔在本级别上操作意义并不大，交易者往往难以在本级别上设置止损、止盈等策略，其主要分析意义在于次级别。对于该类笔，交易者可以下降级别制定交易策略。

对于同级别的操作而言，调整笔就具有非常重要的意义了。某级别上的调整笔结束，往往意味着该级别上新的推动笔开始，交易者可以在此参与做趋势或者波段。

四、笔辅助操作

利用分型可以将任何级别的趋势完全地分类为推动笔和调整笔，那么利用笔的概念，完全可以辅助交易者进行操作。

利用笔辅助操作，交易者首先应该明确当前的走势类型是上涨、下跌还是盘整，这是利用笔辅助操作的前提条件。如果当下级别的走势是上涨，那么交易者就应该做多；如果是下跌，就应该做空。这里要注意，千万不可逆势操作。

从走势图上可以直观地看出来，上涨是由推动笔和调整笔相互交错组合而成的，推动笔之后一般连着调整笔。这里所说的逆势操作，对于上涨而言，就是在上涨途中参与调整笔做空。对于下跌而言，所谓逆势操作，就是在下跌途中参与调整笔做多，只不过这种逆势操作最好不参与。逆势操作熟练了，水平提高了，可以参与，但也要注意控制交易量，切不可重仓甚至满仓参与逆势操作。

利用笔辅助操作，一个大的原则就是：只在推动笔之中或者调整笔结束之后介入，在推动笔结束时退出，或者对调整笔结束的信号判断错误时退出。

所谓在推动笔之中介入，就是当下单位的K线已经离开推动笔开始的位置，但该推动笔并没有结束，后面还有一定的发展空间。在推动笔之中介入，一般要下降级别，根据小级别制定操作策略，之后根据具体情况来决定是否换档操作。

所谓在调整笔结束之后介入，就是一旦调整笔结束的那个分型走出来，就意味着一波新的推动笔即将来临，这时当然可以大胆介入。这里和上一节所说的利用分型辅助操作类似，可以参考前面的章节。

利用笔辅助操作，交易者应该选择力度较强的笔进行操作。对于推动笔而言，力度大的推动笔，其后笔延伸的幅度往往较大，能够获得较为快速而且幅度较大的收益。特别是在市场环境较好的情况下，某些个股的推动笔上涨幅度，往往能够达到50%甚至更大的涨幅。

对于调整笔而言，力度大的调整笔属于典型的强势调整。这种调整的时间短，幅度有限，能够极大地提高资金使用效率。由于这种调整笔结束产生的买卖点是同级别的买卖点，操作者往往不需要频繁地切换级别进行分析与操作，因此是一件既省心又省力的操作。

利用笔来辅助操作，某级别趋势反映在大级别图表上表现为一笔，懒人可以用走势的这种属性来操作。具体来说，对于上涨而言，在某级别买点介入的，交易者可以上升级别，到大级别上观察推动笔何时结束，也就是该推动笔的顶分型何时出现。

如果该顶分型始终不出现，就意味着推动笔没有结束，交易者当然可以持股不动，等待推动笔真正的顶分型出现。当然，途中可能会出现中继分型，操作者可以利用上一节所说的识别中继分型的方法，对中继分型进行过滤。

下跌的情况，反过来理解就是。

同样道理，当你以某级别的笔作为操作的依据时，时间充裕的操作者，当然可以下降级别，从小级别的细部进行观察，从而找到更加精确的买卖点。

上面列举了利用笔辅助操作的几种方法。实际上，技术分析的修炼如同练习功夫，要想成为高手，需要经历从无招到有招再到无招胜有招的过程。以练太极拳为例，没有学过的人是胡打乱缠，一般打不过练过太极拳的人。当你开始学拳，最初一定是练架子，这就是所谓的招式。慢慢地开始学习招式的用法，并在推手中不断校正架子，检验招式的有效性。

当架子练到没有误差，真正掌握了太极拳的运动规律——以丹田为核心，一动全动，节节贯穿之后，对敌之时就不需要思虑各种招法，而是达到了“遭着何处何处击，我亦不知玄又玄”的无招境界了。

学习技术分析同样如此，当你深刻掌握了市场内在的运动规律，那么任何操作都有章法，随便出招都是招式。但在达到无招之前，最好还是先一步一步来，按照招式的要求来做，这样才不至于在练成无招之前就被市场给废了！

第五节　线段及其力度

在最小级别分型和笔之后，沿着缠论的逻辑路线，接下来就是由分型、笔共同组合而成的线段。需要注意的是，线段不仅是缠论递归的基础，从更高级别的图表周期看，对线段开始与结束的判断，构成了缠论形态学的大部分内容。真正把握了缠论形态学的内容，虽然做不到在趋势中抄底逃顶，却可以在操作策略的配合下保证稳定盈利。

一、线段的定义及意义

1. 线段的定义

首先给线段下一个标准的定义。

有相互连接的至少3笔且前3笔无重叠的奇数笔，其开始分型与结束分型高点之间的连线称为线段。

理解线段定义的时候，需要注意以下几点。

（1）线段由笔组成，并且至少是3笔。也就是说，组成线段的笔的数量必须大于等于3且为奇数个，否则就不能成为线段。

（2）既然组成线段的笔的数量一定是奇数，那么从上升笔开始的线段，必然以上升笔结束；从下降笔开始的线段，必然以下降笔结束。

（3）组成线段的前3笔必须有重叠的部分，否则不能成为线段。

由上面的定义，可以对线段做一个完全的分类：如果该线段从上升笔开始，以上升笔结束，则该线段称为上升线段；反之，如果该线段从下降笔开始，以下降笔结束，则该线段称为下降线段。如图2-5-1所示。

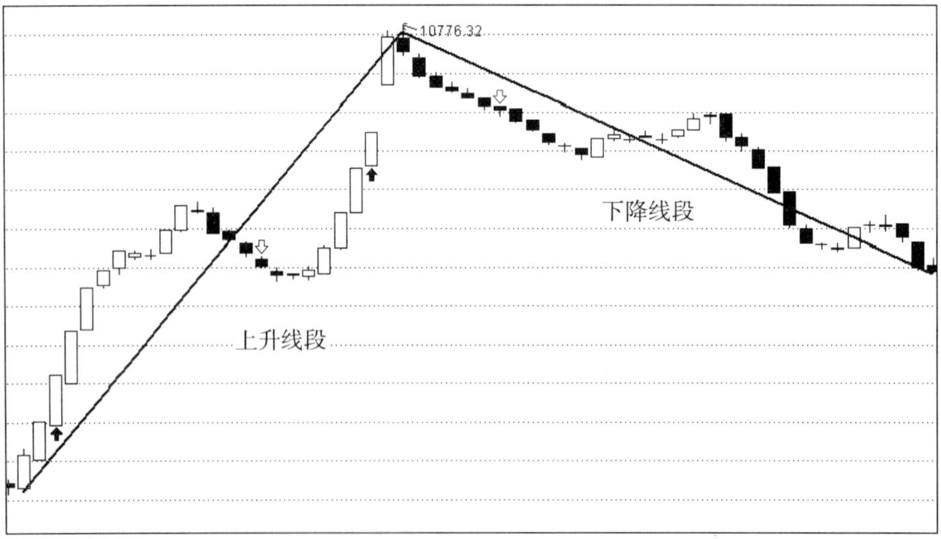

图2-5-1　上升和下降线段示例图

线段是高于分型和笔的存在，其本身由分型、笔等更基本的构件组成，是缠论递归的基础。当交易者确定了最低级别、正确划分分型和笔之后，根据线段的定义以及划分原则，可以将该最低级别唯一地划分为上升线段和下降线段的组合，进而划分为最低级别中枢、走势类型以及更高级别的走势类型。

2. 线段在大级别上的应用

对于一般投资者而言，操作系统不涉及多级别联动，而且操作一般建立在较大级别如日线走势上，因此投资者的分析与操作完全可以建立在日线级别的线段上。例如，在日线级别上升线段做多，下降线段做空。当然，由于线段回避了震荡这一主要的走势类型，因此在大级别上用线段来操作，就不能执行震荡交易策略，使用效果也会打折扣。

3. 线段对于选择标的的意义

如同分型、笔存在力度一样，线段也是有力度的。如果你的操作建立在大级别线段上，那么选择力度强的线段，规避力度较弱的线段，是提高资金利用效率的关键所在。

实战中往往也会看到，有的股票线段走势往往简洁有力，有的股票则百转千回。一般来说，线段简洁有力的品种，中间较少多空双方拉锯，因此取得同等收益耗费的时间更短，应该是主要的交易目标。

4. 线段必然完美

这句话包含以下几层意思。

（1）任何级别的任何图表，都可以完全分类为上升线段与下降线段。

（2）任何线段都将完成，且任何完成的线段，都必然会向反方向转化。

（3）由线段的定义可知，任何线段都至少由3笔构成。

既然线段至少由3笔构成，确定前面线段完成，新线段开启之后的第二笔结束，第三笔开始处的分型，就是有绝对操作意义的时机。

以向上线段为例，前面向下线段结束之后，新的向上线段第二笔调整结束处的底分型，就具有绝对的操作意义，下跌反之。

二、线段的特征序列及分类

1. 线段的特征序列

为了能够正确地划分线段，必须讨论线段的特征序列。讨论线段特征序列的前提，是已经正确划分了分型和笔。

所有的线段都可以划分为两种类型：①从向上笔开始；②从向下笔开始。为简单起见，下面以向上笔开始的线段为例进行说明。

用S代表向上的笔，X代表向下的笔。任何向上一笔开始的线段，都可以用笔的序列表示：$S_1X_1S_2X_2S_3X_3\cdots S_nX_n$。容易证明，任何$S_i$与$S_{i+1}$之间一定有重合区间。考察序列$X_1X_2\cdots X_n$，该序列中$X_i$与$X_{i+1}$之间并不一定有重合区间，因此，这一序列更能代表线段的性质。序列$X_1X_2\cdots X_n$称为以向上笔开始的线段的特征序列，而X_1、X_2、X_n都可以称作特征序列元素。

2. 线段的标准特征序列

考察序列$X_1X_2\cdots X_n$，其中任何相邻的特征序列元素X_i，X_{i+1}之间，存在以下三种相互关系。

（1）两个特征序列元素之间没有交集，也就是说没有相互重合的部分。

（2）前后两个特征序列元素之间有交集，其中一个元素不能包含在另一个元素之中。

（3）前后两个相邻的特征序列元素，其中一个被另一个完全覆盖。

将特征序列元素看作一根K线，对于第一种情况，两个元素之间没有重合的部分可以称作是特征序列缺口。对于第三种情况，称为特征序列元素存在包含关系。对于包含关系，可以用处理K线包含关系的方法进行处理，具体方法参照本章第三节“分型及其力度”的处理方法，此处不再赘述。

对特征序列元素进行包含关系处理之后的特征序列，称为标准特征序列。以后没有特别说明，特征序列都是指标准特征序列。如图2-5-2、图2-5-3、2-5-4所示。

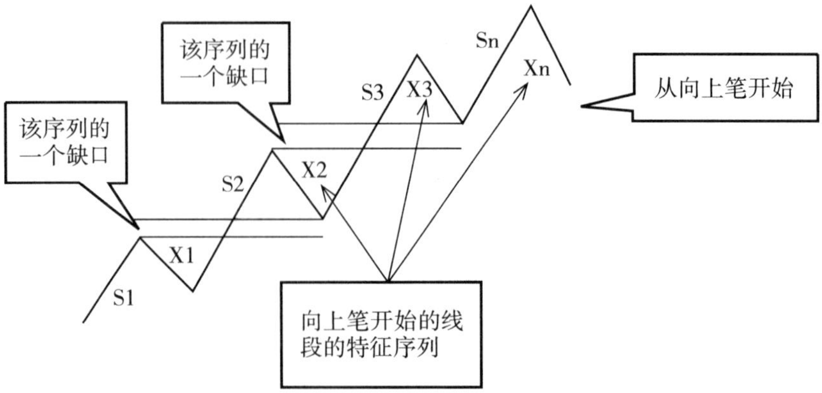

图2-5-2 向上笔开始的线段及其特征序列

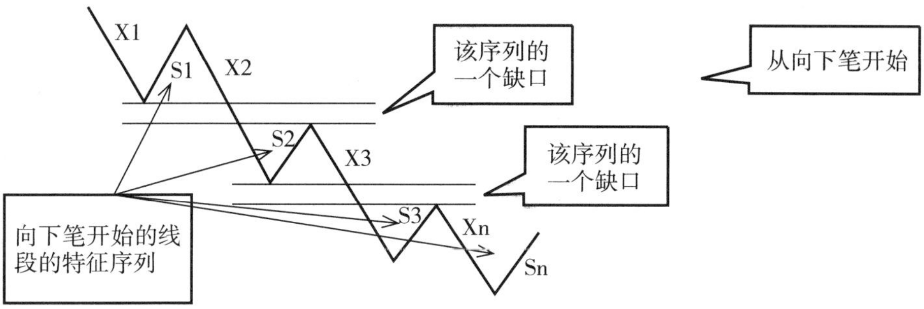

图2-5-3　向下笔开始的线段及其特征序列

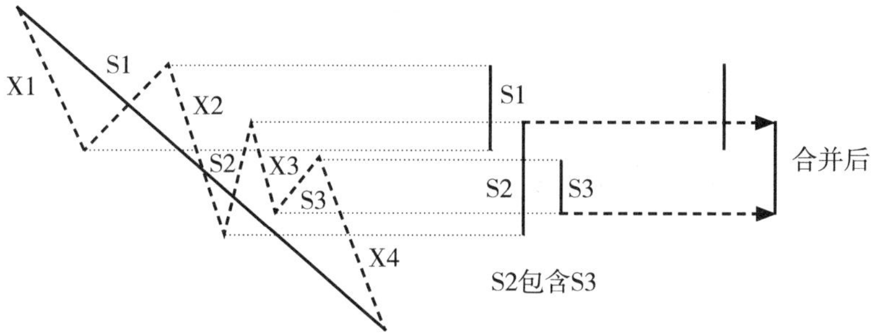

图2-5-4　特征序列的标准化处理示意图

三、线段的划分

1. 线段笔破坏

首先定义一下线段笔破坏的概念。

对于从向上一笔开始的其中的分型构成这样的序列：$d_1g_1d_2g_2d_3g_3\cdots d_ng_n$（其中$d_i$代表第i个底，$g_i$代表第i个顶）。如果找到i和j，j≥i+2，使得$d_j \leqslant g_i$，那么称向上线段被笔破坏。如图2-5-5所示。

对于从向下一笔开始的其中的分型构成这样的序列：$g_1d_1g_2d_2\cdots g_nd_n$（其中$d_i$代表第i个底，$g_i$代表第i个顶）。如果找到i和j，j≥i+2，使得$g_j \geqslant d_i$，那么称向下线段被笔破坏。如图2-5-6所示。

上面是用数学公式来表达笔破坏。实际上所谓的笔破坏，对于以上升笔开始的线段，就是前高被跌破。以下降笔开始的线段，所谓的笔破坏就是前低被升破。再换种说法，判断笔破坏，就是看最后一个特征序列缺口是否被封闭。如果被封闭，就是笔破坏，否则就不是笔破坏。

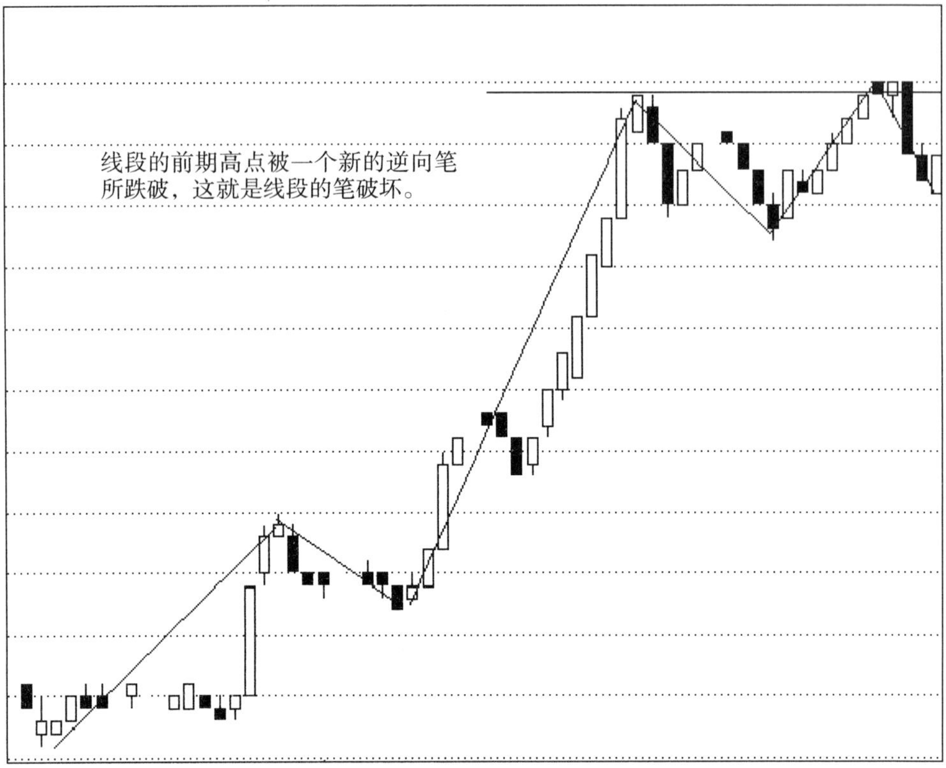

图2-5-5　向上的线段被笔破坏示例图

图2-5-6　向下的线段被笔破坏示例图

2. 线段的分解

缠论线段分解定理：线段被破坏，当且仅当至少被有重叠部分的连续3笔的其中一笔破坏。只要构成有重叠部分的连续3笔，必然会形成一个线段。换言之，线段破坏的充要条件，就是被另一个线段破坏。

对于特征序列，把其中的每一个元素看成是一根K线，如同一般K线图中找分型的方法，参照一般K线图关于顶分型与底分型的定义，可以确定特征序列的顶和底。注意，以向上笔开始的线段的特征序列，只考察顶分型；以向下笔开始的线段，只考察底分型。

线段的分解，以是否出现笔破坏为标志，或者说以是否出现特征序列缺口为标志，可以划分为以下两种情况。

（1）特征序列顶分型中，第一和第二元素间不存在特征序列缺口，那么该线段在该顶分型的高点处结束，该高点是该线段的终点；特征序列底分型中，第一和第二元素间不存在特征序列缺口，那么该线段在该底分型的低点处结束，该低点是该线段的终点。如图2–5–7所示。

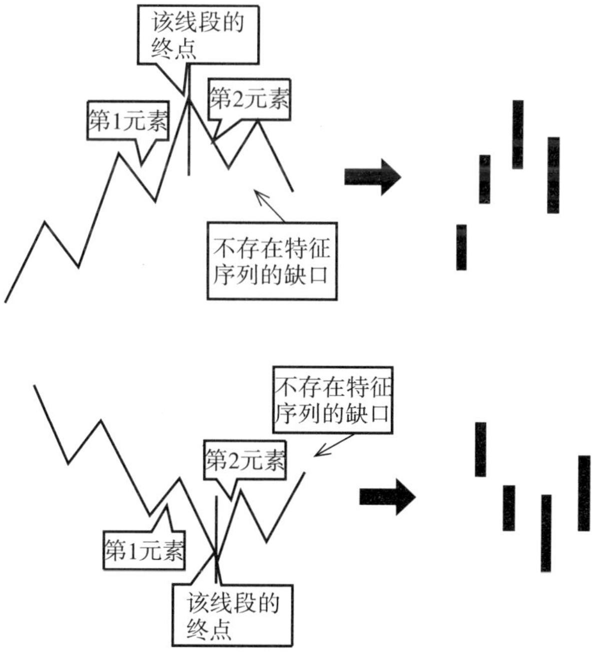

图2–5–7　线段分解第一种情况示意图

（2）特征序列顶分型中，第一和第二元素间存在特征序列缺口，如果从该分型最高点开始的向下一笔开始的序列的特征序列出现底分型，那么该线段在该顶分型的高点处结束，该高点是该线段的终点；特征序列的底分型中，第一和第二元素间存在特征序列缺口，如果从该分型最低点开始的向上一笔开始的序列的特征序列出现顶分型，那么该线段在该底分型的低点处结束，该低点是该线段的终点。如图2-5-8所示。

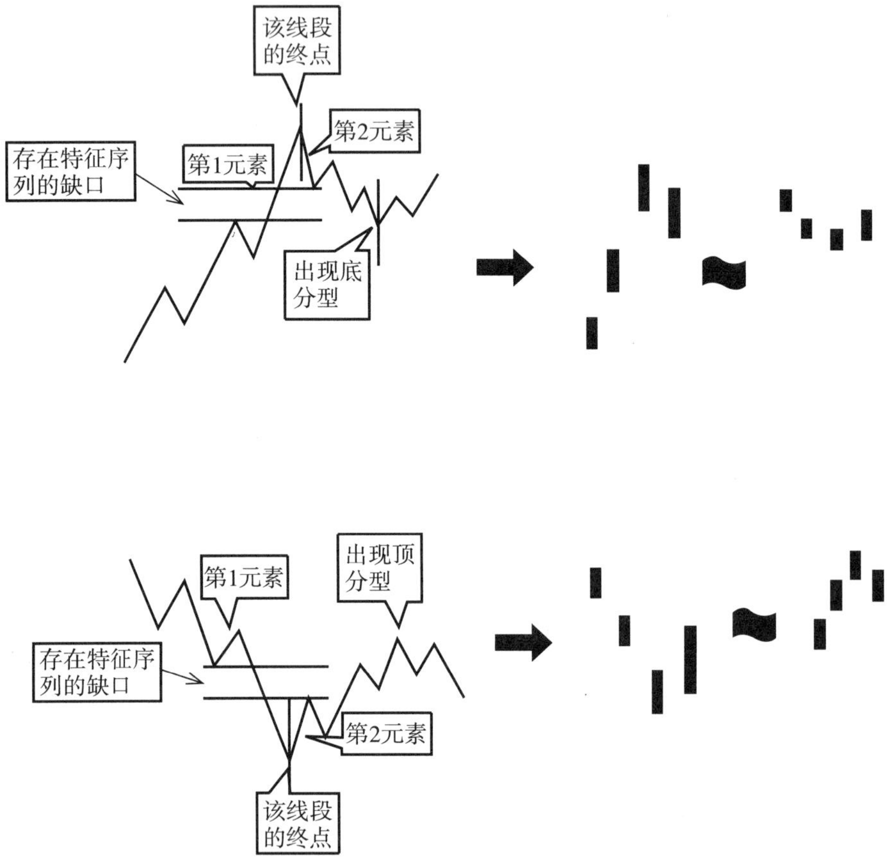

图2-5-8　线段分解第二种情况示意图

需要强调一下，在第二种情况中，后一特征序列不一定封闭前一特征序列相应的缺口，而且第二个序列中的分型，不分第一、第二种情况，只要有分型就可以。

上面两种情况，给出了所有线段划分的标准。显然，出现特征序列的分型是线段结束的前提条件，是把前面“线段破坏的充要条件就是被另一个线段破坏”精确化了。

有了上面的方法，绝大多数线段都可以被正确地划分。当然，还存在一些古怪的线段，相关的划分方法请参考《缠中说禅：教你炒股票》一书，此处不再赘述。

四、线段的力度

如同分型、笔一样，线段也有力度的比较。操作中，一个最直观的结论就是，同样两个向上的线段，有的线段后续涨幅大，涨速快，有的线段则涨幅小，涨速慢。

有的股票，走出向上线段之后，完全不理会大盘的涨跌，即使大盘下跌，一样涨个不停。有的股票走出向上线段之后，即使是大盘上涨，个股走势也表现得犹犹豫豫，裹足不前。对于这些表现，从纯技术方面来分析，最根本的原因就是线段的力度不同。

下面以上升线段为例，介绍几条经验性的总结，下降线段反之思考即是。

（1）线段越简单力度越大。为什么？简单的线段表明多空争夺并不激烈，双方对未来走势的发展意见较为一致，因而其后的走势往往幅度大，力度强。反之，复杂的线段表明多空争夺较为激烈，即使后面有较大的涨跌空间，也要经历反复的争夺。这就如同两个人赛跑，一般情况下，肯定是负重少的人跑得更快，负重多的人跑得慢一些。如图2-5-9所示。

图2-5-9 线段力度对比示例图

（2）线段的回调不出现笔破坏，其后力度较大。所谓出现笔破坏，对于上涨走势来说，就是在上升线段中，调整笔跌破前面主升笔的高点。对于下跌走势来说，就是在下降线段中，调整笔升破前面主升笔的低点。主升笔的高低点，是关键的阻力位与支撑位，有些操作策略将主升笔的突破与跌破作为开仓信号，足见其重要性。

一般来说，出现笔破坏，其后的线段力度较弱；不出现笔破坏，其后的线段力度较强。笔破坏的幅度越大，力度越弱；幅度越小，力度越强。如果是以特征序列元素包含的方式出现笔破坏，力度是最弱的。

特征序列包含，如果是在上涨趋势中，意味着调整笔跌破前低；如果是在下跌趋势中，意味着调整笔升破前高。在道氏理论中，这是趋势反转的信号，在很大概率上有可能引起原线段结束。如图2-5-10所示。

图2-5-10 笔破坏对于线段力度的影响

（3）走出复杂形态的线段力度大。线段绝对不全是规则的波浪运动，其中充满了暗流、漩涡。线段中出现的各种复杂形态，正是这种暗流和漩涡。如果都是规则的波浪运动，那么操作将变得无比简单。正是种种复杂形态的出现，才增加了操作的难度。

所有的复杂形态，无非是多空平衡的产物。多空平衡意味着无方向，特别是波动幅度较小的形态，是没有参与价值的。

任何平衡最终都将被打破，被打破的方向有两个，一是按照原线段的方向继续前进，一是打破原线段，向反方向突破。无论是哪个方向，其后的走势力度都会大大增强，如图2-5-11所示。股谚有云：横有多长，竖有多高。这句话就是对这种力度变化最好的描述。当复杂形态的结束被确认，就构成了最好的操作时机。

图2-5-11　走出复杂形态的线段力度示例图

某级别线段，从更大的图表周期来观察，往往是一笔，因此对于该线段之后的走势，可以用判断笔力度的方法来判断。上节说判断笔力度的几个因素是点位、幅度、斜率、复杂度，在对小级别线段力度的判断中，这一原则同样可以使用。如图2-5-12所示。

图2-5-12　以高级别笔判断小级别线段力度示例图

图2-5-12中，周线主升笔突破了前面的压力位，且调整笔斜率小。底部又出现了力度较大的底分型，当然下面周线图上的一笔也就是日线级别上对应的线段力度较大。

注意，上面只是一些经验总结，并不绝对有效，但具有较大的参考意义。

五、线段辅助操作

1. 从小级别线段观察大级别走势

缠论之所以称为“缠”，其中一个原因就在于此，这也是该理论的优势所在。从小级别线段观察大级别走势，对于大级别的走势可以看得更加清楚。从小级别线段操作大级别走势，对于大级别的买卖点可以把握得更精确，如图2-5-13所示。

从小级别线段观察大级别走势，级别不能无限小。级别越小，越测不准，对操作者的要求也越高。对于这一点，没有充裕时间看盘或者反应速度慢的交易者，尤其应该引起注意。

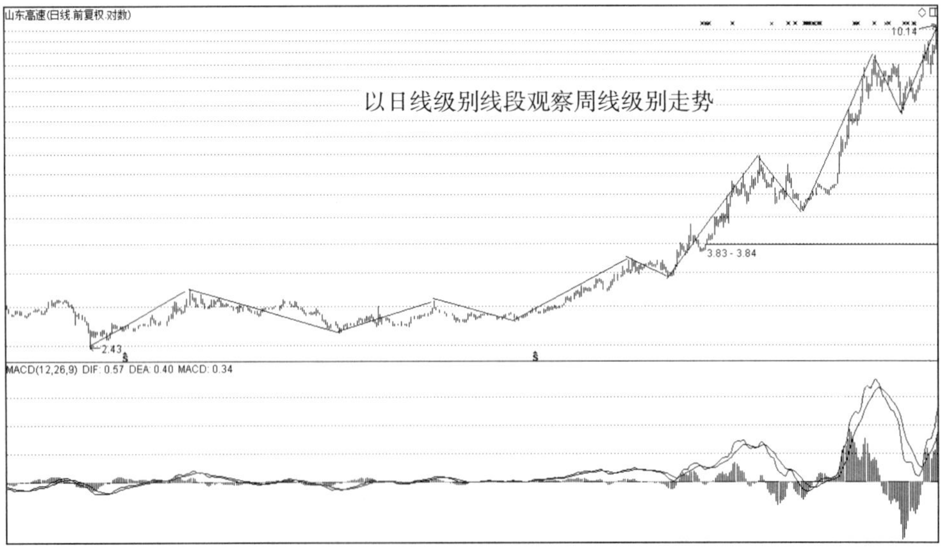

图2-5-13 小级别线段观察大级别走势示例图

2. 线段必完美原则的应用

按照线段的定义，所有线段都至少有3笔。于是，一个自然而然的辅助操作手段就出现了。在上涨线段的第二笔结束位置介入做多，或者在下跌线段的第二笔结束位置开始做空，其后都至少有一笔上涨或者下跌。这样操作是必然盈利的，是由线段的定义所保证的。如图2-5-14所示。

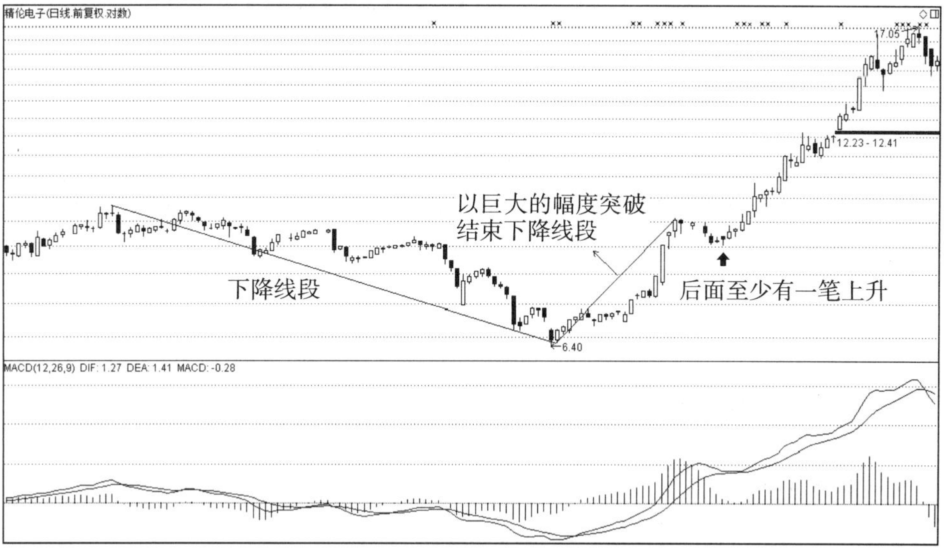

图2-5-14　线段必完美原则辅助操作示例图

这里的关键在于，如何判断前面的线段是否结束，判断方法会用到后面所说的第一类买卖点判断方法。当然，更简单的就是破坏原线段的第一笔力度越大，那么原线段结束的概率越大，选择第一笔破坏力度大的品种，也是一种稳妥的方法。

3. 操作线段力度大的品种

实战中，肯定是介入品种线段的力度越大越好。

判断线段力度的方法，前面的文字已有具体的叙述，概括地说就是三个方面：简单原则，是否笔破坏以及笔破坏的幅度，是否走出复杂形态。

当然，如果既具有上面所说的技术特征，又有基本面的支持，那是再妙不过的事情，这往往意味着快速获利的机会。

第六节　中枢及其形态

沿着缠论的逻辑线路，在最小级别分型、笔、线段之后，就是对中枢的安排。缠论之“缠”，指的是价格重叠区域，买卖双方阵地战区域，这个阵地战的区域就是中枢。

中枢，是缠中说禅的独特发现，也是区别于西方技术分析理论的一个标志，是缠论构建分析与操作体系的基础和关键。

一、中枢的定义及意义

1. 中枢的标准定义

首先，补充一下缠论关于走势类型的定义。

走势类型：上涨、下跌、盘整。

趋势：上涨、下跌。

盘整：在任何级别的任何走势中，某完成的走势类型只包含一个缠中说禅走势中枢，就称为该级别的缠中说禅盘整。

趋势：在任何级别的任何走势中，某完成的走势类型至少包含两个以上依次同向的缠中说禅走势中枢，就称为该级别的缠中说禅趋势。该方向向上就称为上涨，向下就称为下跌。

这里给中枢下一个标准定义：某级别走势类型中，被至少3个连续次级别走势类型重叠的部分，称为本级别中枢。换言之，本级别中枢由至少3个连续次级别走势类型的重叠部分构成。如图2-6-1所示。

上面的定义以数学公式表示就是：次级别的连续3个走势类型A、B、C，高点、低点分别是a_1\$a_2$，$b_1$\$b_2$，$c_1$\$c_2$，则中枢的区间就是［max（$a_2$，$b_2$，$c_2$），min（$a_1$，$b_1$，$c_1$）］。

这里有一个递归的问题，就是次级别不能无限地延伸下去。对于实际操作，应该按照自己的实际情况设定最低级别。例如，如果是上班族，每天只有晚上可以看盘，且只能在早盘委托下单，这就意味着日内是无法操作的，因此至少应该把自己的交易级别建立在日线上。

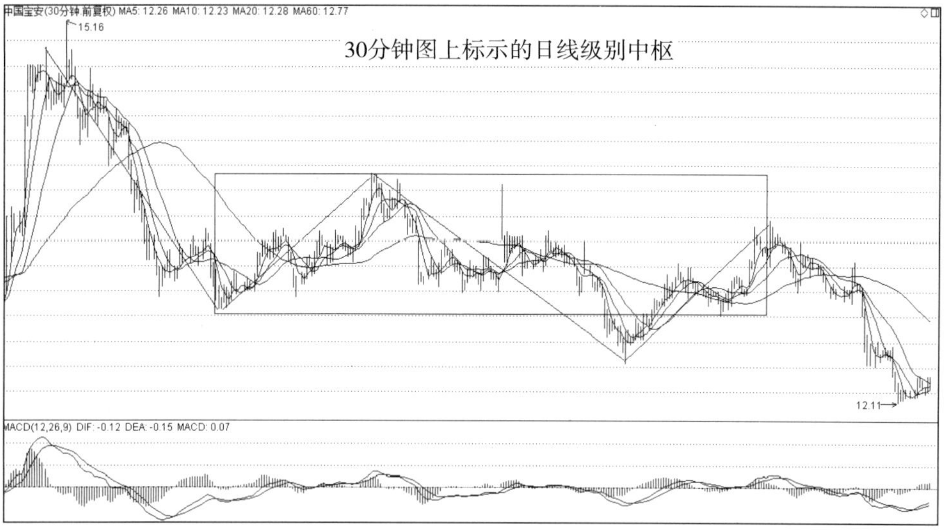

图2-6-1　中国宝安（000009）30分钟图上标示的日线级别中枢

对于有充足看盘时间的交易者，可以根据自己的反应速度，把最低的不可分解的级别设定为1分钟、5分钟级别或者30分钟级别。之后根据前面所说的，用分型、笔、线段来确定最低级别的走势类型，然后再根据走势类型定义中枢。

当然，对中枢也有近似的处理方法。比如某级别中枢，如果交易者是同级别交易或者懒得下降级别，可以用本级别图表上的分笔来代替次级别的走势类型，以分型的极限点位作为次级别走势类型的高低点，如图2-6-2所示。

这样做虽然不太严格，也难以做到精确，但多数情况下，这种方法得出的中枢总是和完全按照定义构建的中枢相吻合。

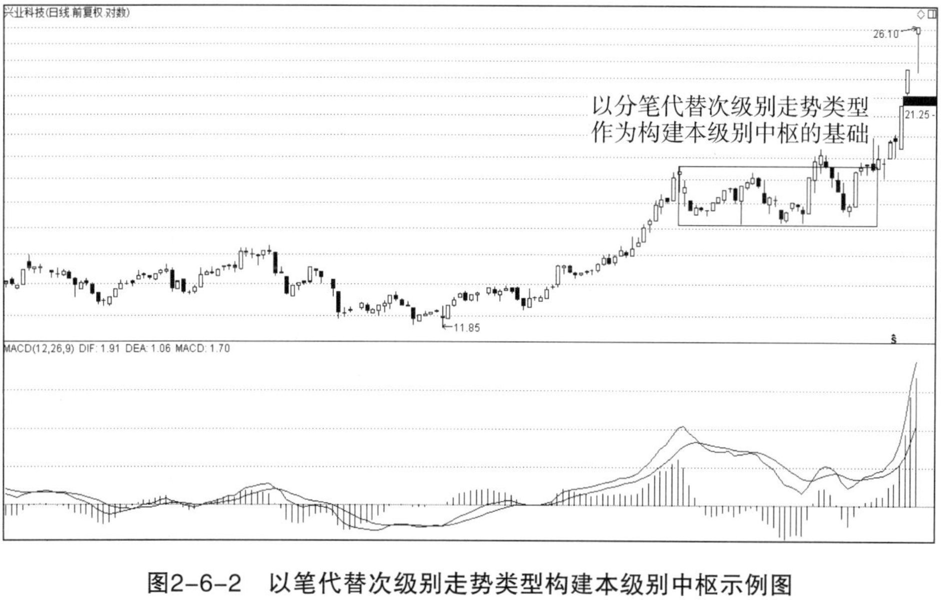

图2-6-2　以笔代替次级别走势类型构建本级别中枢示例图

2. 中枢的意义

中枢在最小级别上用以定义走势类型。在最小级别上，前面已经说过分型、笔、线段等概念，而线段则是构造最小级别中枢的元素。注意，最小级别线段并不等于最小级别走势类型。走势类型至少分为三种：上涨、下跌、盘整。而线段只有两种，即上升线段和下降线段，这与走势类型从数量上相比就是不对等的。

如果线段是走势类型，那么线段就应该有中枢，因为中枢才是定义走势类型的关键。线段内部是没有中枢的，因此线段并不能成为走势类型。最小级别上有了线段构成的中枢，才能定义出本级别的上涨、下跌、盘整，以至于逐级构建高级别的走势类型。

中枢是判断走势级别的标尺。走势级别不是由走势的涨跌幅度决定的，对于一个连续涨停或者连续跌停的股票，虽然涨跌幅度很大，但本质上仍然是最低级别的走势。

走势的级别也不是由走势运行的时间来决定的，一个30分钟级别的走势类型，可能会持续几天、几周，甚至几个月都没什么稀奇的。

走势级别是由中枢来定义的，有什么级别的中枢，才有什么级别的走势类型。例如，说某级别上涨是日线级别的上涨，那么该上涨中必然出现了日线级别的中枢，也就是说30分钟级别上出现至少3个连续走势类型重叠的部分。

中枢是缠论定义走势类型的基础。缠论将走势类型分为趋势和盘整两类，趋势又可以分为上涨与下跌。某级别盘整包含一个该级别中枢，而某级别趋势至少包含两个该级别中枢。如果这些中枢是依此向上的，就称为上涨，反之则称为下跌。

由此可见，任何走势类型都必然包含至少一个中枢。任何级别的任何走势类型，都可以完全地划分为上涨、下跌、盘整三类，因此中枢是分析一切图表的基础，也是走出走势迷宫的出口。

中枢是判断买卖点的逻辑前提。这句话包含三个层面的含义。

（1）判断买卖点首先应判定级别，而级别是由中枢来确定的。

（2）所有中枢都对应着某种程度的震荡，而震荡必然有高低点，于是中枢震荡的高低点就是值得把握的买卖点。特别是对于某些宽幅的中枢震荡，规律性强且震荡幅度较大，如果能够把握，操作中枢震荡所得利润往往比单边趋势更多。

（3）任何走势类型都必然至少包含一个中枢，盘整有一个中枢。类比上节中所说的线段完美原则，盘整走势的第二个次级别走势末尾，就是一个必然的买卖点。趋势有两个以上的中枢，对于第一个中枢，可以类比盘整来把握其买卖点。对于之后的中枢，那么前中枢确认结束的点就是一个必然买卖点。如图2-6-3所示。

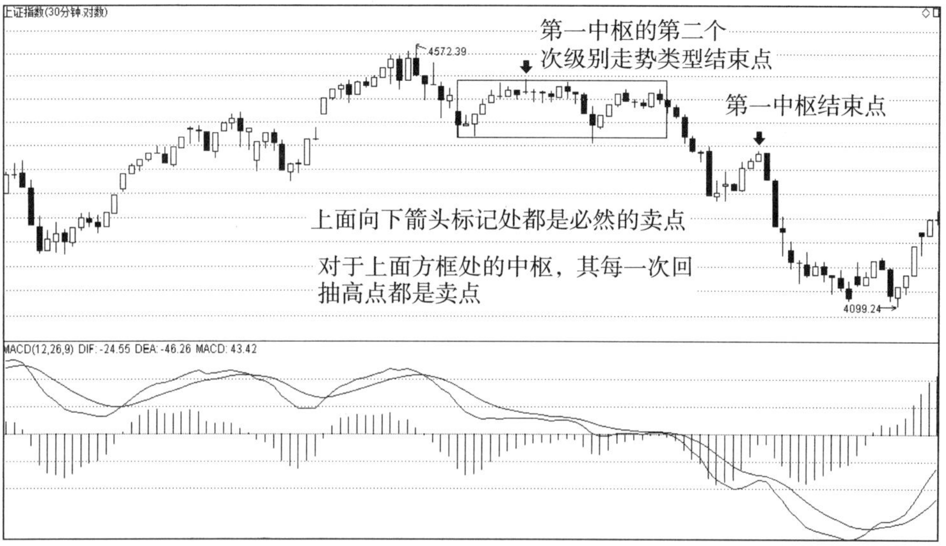

图2-6-3　下跌趋势中的必然卖点示例图

二、中枢的形态与复杂度

1. 中枢的分类

中枢本质上是多空双方的争夺，反映在盘面上，就表现为各种较为复杂的整理形态。这里对中枢进行一下归类。

根据中枢出现的位置，可以将其分为两类：顺势中枢和反转中枢。所谓顺势中枢，就是指趋势延续的中枢。反转中枢，顾名思义，是指趋势结束时的中枢。

中枢可以包括西方技术分析中形态理论所有的典型图表，例如头肩顶、双重顶、三角形态、矩形形态等。当然，并非所有中枢都符合形态理论中的经典图形，除此之外，更多的中枢呈现不规则形态，不过只要符合中枢的定义就没有问题。如图2-6-4、图2-6-5所示。

图2-6-4　顺势和不规则中枢示例图

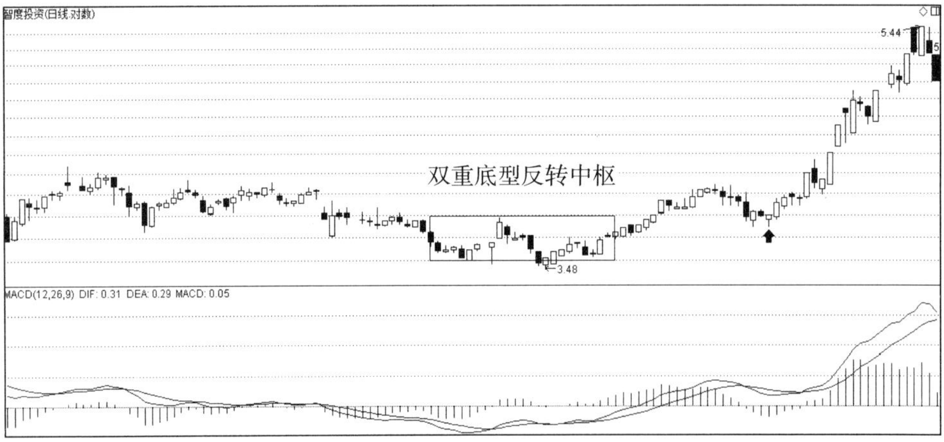

图2-6-5　双重底型反转中枢示例图

2. 中枢的复杂度

中枢的复杂度，反映了多空双方争夺的激烈程度。复杂的中枢一般表现为以下两种形式。

第一种形式是围绕中枢区间宽幅震荡，期间多出现各种假突破与假跌破等。多数趋势交易者都牺牲在这样的中枢之中，具体表现为刚一突破就大幅回调，或者刚一跌破就猛烈反抽，导致趋势投资者无所适从，左右挨巴掌。如图2-6-6所示。

第二种形式表现为长时间的震荡整理，这种震荡整理比较考验人的耐心。对于那些资金来路不明且有使用期限的交易者来说，这种整理方式往往容易将他们赶出场。对于散户而言，由于他们缺乏耐心，也往往在这种中枢上吃亏。这种中枢主力打的是消耗战，其后的走势往往力度极大，从而使出局的交易者后悔不迭。如图2-6-7所示。

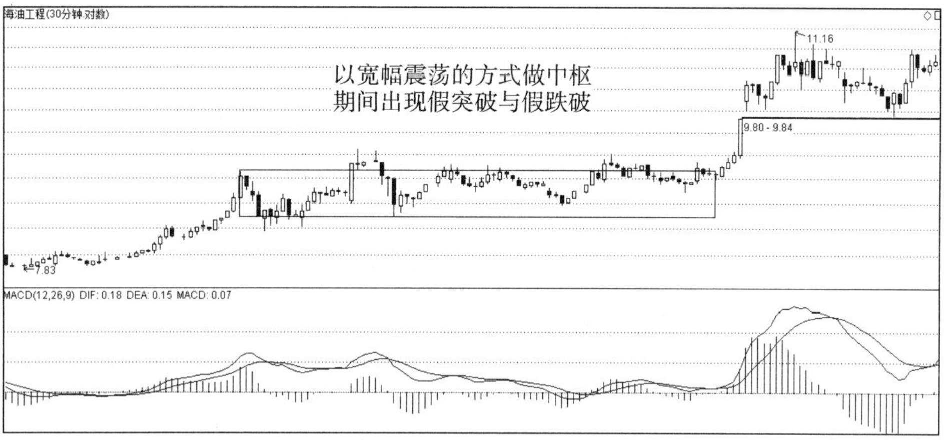

图2-6-6　以宽幅震荡方式整理

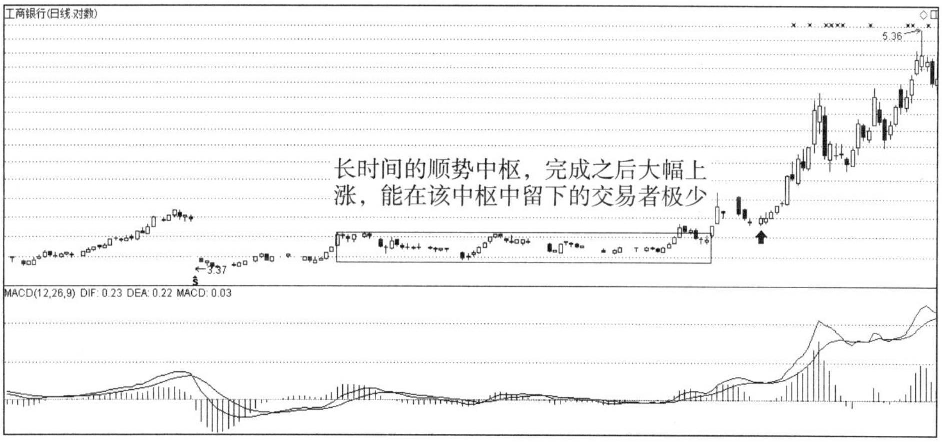

图2-6-7　长时间震荡整理示例图

简单的中枢，大都意味着市场主力高度控盘，反映在盘面上，走势多表现为较规则的中枢调整，最常见的就是上涨中以下—上—下的方式完成中枢，或者下跌中以上—下—上的方式完成中枢。这种走势后期往往会沿着趋势的方向大幅度涨跌，且无须经历长时间震荡的折磨。如图2-6-8所示。

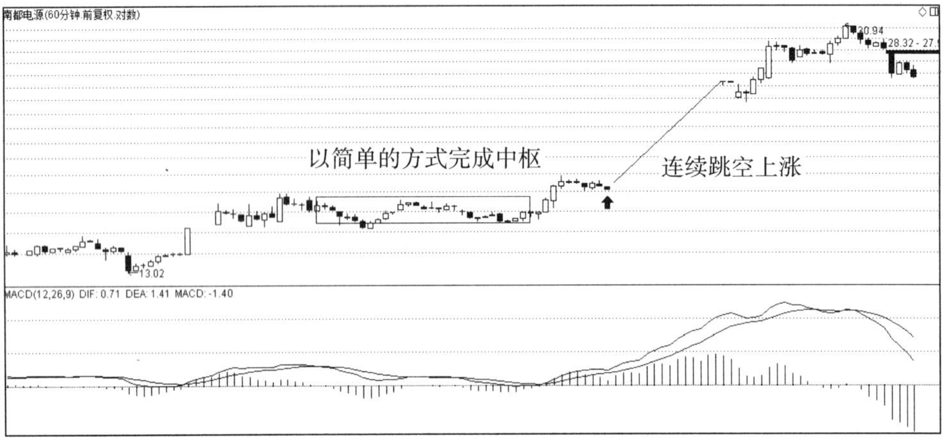

图2-6-8 上涨中以下-上-下的方式完成中枢

3. 中枢完成的方式

无论是哪种中枢，其结束的规则是一样的，就是以次级别走势类型离开中枢，之后的次级别回抽不再进入中枢区间。

中枢完成的方式有三种：趋势+反趋势；趋势+盘整；盘整+反趋势。其中趋势分为上涨与下跌两种，分别代表向上方突破与向下方跌破两种情况。

站在操作的角度来看，最有力的破坏就是趋势+盘整。例如在上涨中，如果一个次级别走势向上突破后，以一个盘整走势进行整理回抽，那么其后的上涨往往比较有力，特别是这种突破发生在底部区间时。如图2-6-9所示。

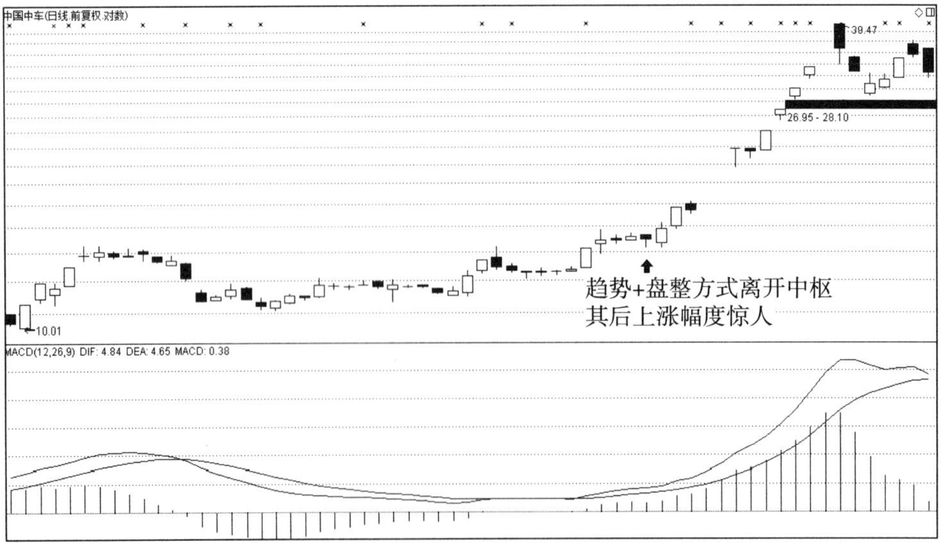

图2-6-9 中国中车（601766）2015年3月日线走势图

三、中枢交替现象

1. 中枢交替的概念和原因

所谓中枢交替现象，指的是同一趋势中的相邻两中枢复杂度往往不一样。譬如，在某级别上涨趋势的相邻两中枢，如果第一中枢简单，那么第二中枢就相对复杂一些；如果第一中枢走出较为复杂的形态，那么第二中枢就相对简单一些。如图2–6–10所示。

图2–6–10　中枢交替原则示例图

为什么中枢会呈现交替的现象？

（1）由于交易者都有提前量，这里所谓的提前量就是指预期，因此经常寻找最近的模本去抄袭，这样就等于在买卖的合力中加了一个提前的变量，从而造成整个结构发生变化。古希腊哲学家赫拉克利特说，“人不能两次踏进同一条河流”。中枢交替本质上由人的群体性心理变化特征造成的。

（2）同一趋势不同推动段的变化速度常常不一样。以上涨为例，一波上涨趋势中，通常有所谓的初升段、主升段等速率或者幅度不同的推动段。不同的上升幅度与速率，其后的调整速度也不一样。

一般来讲，幅度或者速率较大的推动段，需要消化的获利盘更多，因而其后的调整更复杂。幅度或者速率较小的推动段，需要消化的获利盘较少，因而其后的调整较为简单。这也是造成中枢交替现象的重要原因。如图2–6–11所示。

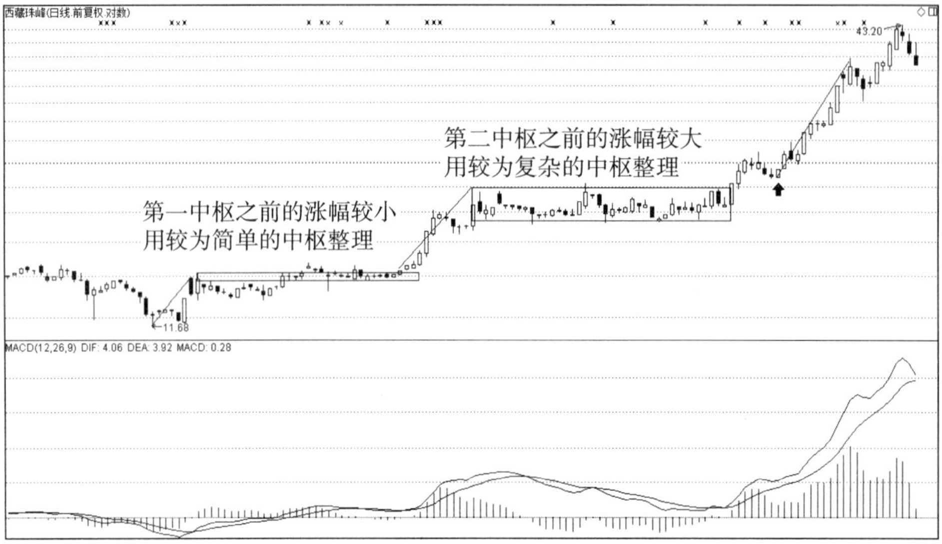

图2-6-11 中枢交替现象原因示例图

2. 中枢交替原则的实战意义

中枢交替原则在实战中有什么指导意义?

（1）从心理层面讲，绝对不能因循守旧。大多数人都在年复一年地过着因循守旧的生活，例如熟悉的工作，熟悉的房子，熟悉的街道等，这让人们在生活中有一种安全感。市场却不是这样的地方，它不会绝对或完全地复制过去的运动方式。

市场运动如同大海，虽然大海年复一年地以潮汐方式运动，但每个波浪之间绝不相同。顶尖的冲浪者都能置身其中，感知波浪的变化，并根据自己的感知驰骋于波浪之间。没有这种当下的感知，恐怕冲浪者早已葬身波涛之中了。

（2）操作中应当尽量避免买入那些暴涨过的股票。理由在于，暴涨过的股票，其后的整理往往以复杂中枢的方式来进行。复杂的中枢，要么浪费交易者的时间，要么浪费波动空间。对于交易者来讲，操作这类股票效率极低。操作中，应当尽量选择那些没有暴涨过且中枢较为简单的股票，这类股票往往主力控盘程度较高，突破中枢后，有更大概率会快速拉升。如图2-6-12所示。

四、中枢辅助操作

1. 中枢震荡的操作

利用中枢辅助操作，首先体现在中枢震荡的操作上。

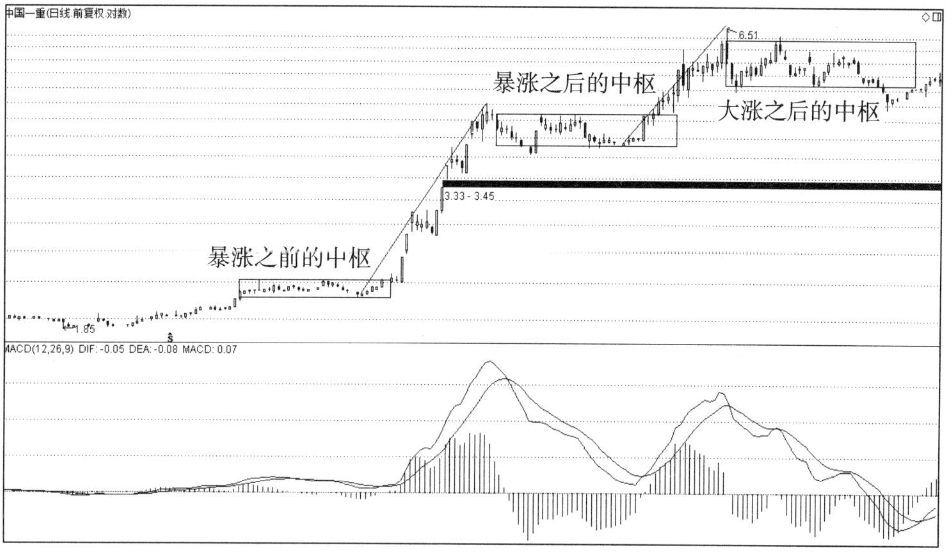

图2-6-12　暴涨前后中枢对比图

中枢，无论是否表现为规则的形态，大都反映一种多空平衡的态势。平衡态势，其高低点区间大致维持在一定的范围内。利用中枢震荡操作，就体现在对这种平衡的把握上。实战中，具体的做法就是在中枢区间低位附近买入，高位附近卖出，从而获得差价利润。如图2-6-13所示。

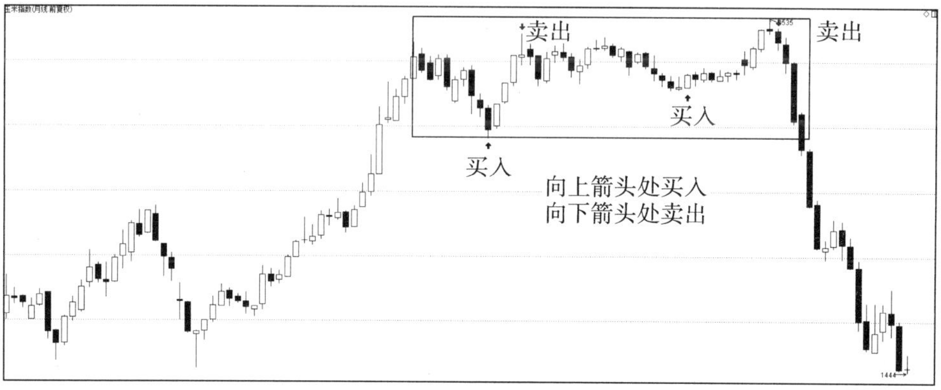

图2-6-13　中枢震荡操作示例图

对于这种操作方法，如果中枢是较规则的形态，可以获得精确的买卖点。例如箱体式中枢，或者三角形中枢，其高低点是显而易见的，也是容易把握的。

如果是不规则的中枢，则追求绝对精确的买卖点就是不可能的，这时候应该追求相对精确。面对不规则的中枢，制定震荡市交易策略是比较困难的，因为所有的假突破与假跌破大都发生在这种中枢形态上。

中枢震荡的操作策略，其前提是中枢震荡的态势得以维持。但所有的平衡最终都将被打破，一旦这种态势被打破，则应退出这种操作模式。

另外需要注意的是，操作中枢震荡最好在中枢震荡的早期介入操作。中枢震荡的时间越长，其距离灭亡的时间就越近，相应的操作稳定性和安全性就越差。

2. 中枢新生的操作

中枢如同生命体一样，必然要经历生、住、坏、灭的过程。任何中枢都将完成，也就是说，任何中枢都必然会出现次级别突破中枢之后次级别回抽不再进入中枢的情况，这个时候就代表着新的中枢要出现了。根据中枢至少有3个次级别走势的定义，那么原中枢的结束点就是稳固的买卖点。如图2-6-14所示。

图2-6-14　中枢新生操作示例图

特别需要注意的是，操作中枢新生，最好是在趋势中第一中枢结束的时候进行。虽然趋势中可能有无数个中枢，理论上说任何一个中枢的结束点都可以去操作，但绝大多数情况下，趋势走出两中枢之后就结束的可能性更大。

第二中枢之后的中枢，演变为反转中枢的可能性急剧增加，相对来讲操作风险也急剧增加，其操作意义较小。如图2-6-15所示。

3. 利用中枢降低成本

如果是在大级别建仓，操作大级别趋势，利用中枢震荡降低成本的必要性就很大了。

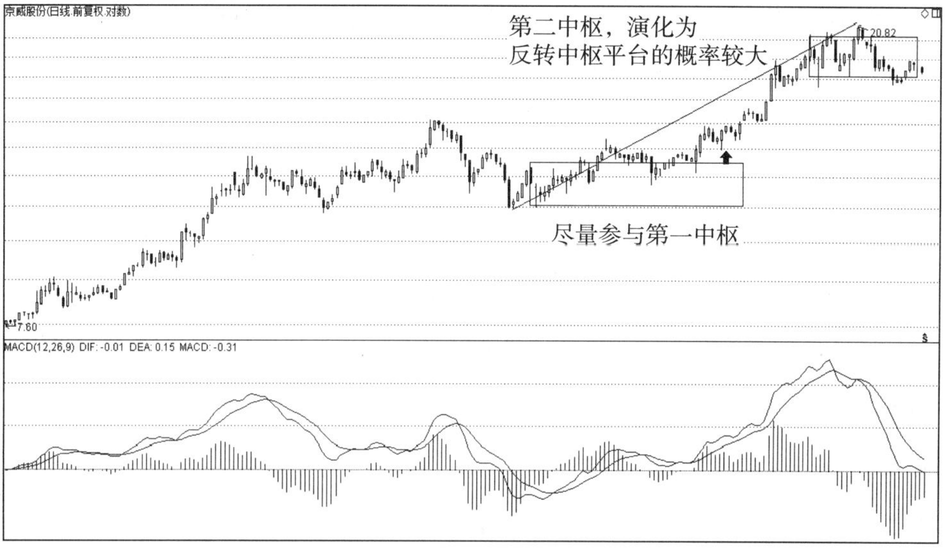

图2-6-15　第一中枢的震荡买卖点与其结束的买卖点示例图

首先，大级别的调整往往持续时间较长。例如周线级别的调整，往往要花费几周甚至几个月的时间。有这些时间，当然可以在次级别来来回回地做几次。

其次，大级别的调整往往空间较大。无论什么样的资金规模，较大幅度的资金回撤都是无法容忍的，当然也没有必要去容忍。利用中枢震荡降低成本，本质上就是长线专注于某只股票，然后利用中短线指标打短差。做的短差越多，短线盈利越大，相应地建仓成本就越低，抗风险能力就越强。这样一直做到趋势的末端，将拥有长期捂股无法比拟的优势。

采用这种操作方法，其一要注意控制好资金量，只要大级别趋势没有走坏，基本的筹码就绝对不能丢。其二，要注意控制操作级别，不是所有短差都可以做，也不是所有短差都适合所有人操作。太小的级别，对于一般水平的交易者是极难把握的，往往一个短差下去，就把筹码给弄丢了。

4. 务求简单

曾做出惊世一单的美国著名期货大家斯坦利·克罗，在其书中提出这么一个“KISS原则”（Keep it simple, stupid，意为保持简单和直接），并将之作为自己交易的座右铭。这里所谓的简单有多重含义，包括只按照图表进行分析，只按照图表提供的信号进行操作等。

简单原则，从中枢的角度看，对于操作中枢震荡来讲，就是尽量选择那些规则的中枢进行操作。从中枢新生的角度来看，就是尽量选择那些走出中枢且中枢较为简单的品种操作。

简单就是力量，简单就是美。简单往往意味着市场主力高度控盘，其后往往有快速或者大幅度的波动收益。如图2-6-16、图2-6-17所示。

图2-6-16　规则中枢示例图

图2-6-17　简单中枢开启大幅、快速上涨

第七节　走势类型与买卖点

对于单一品种的交易来说，最重要的因素无非三个：级别、走势类型、买卖点。首先根据自己的交易风格与市场情况确定交易级别。其次，判断该品种该级别是什么走势类型，当下处于走势类型的什么位置。再次，等待买卖点出现，买点买入，卖点卖出。

三个要素之中，级别是可以事先确认的。如果市场整体强度较好，遇到2006年到2007年A股那样的大行情，那么毫无疑问应该大级别操作。反之，如果市场强度较差，例如从2007年到2008年的大调整行情，则应该小级别操作或者不操作。

如果整体市场强度处于均衡态势，例如从2012年到2014年A股行情走势，则应当根据自己的交易品种确定操作级别。一旦确定级别，剩下的就是判断走势类型，等待买卖点出现了。如图2-7-1所示。

走势类型与买卖点二者的关系中，走势类型是基础，买卖点则是走势类型在多空双方合力作用下派生的价位。用缠中说禅的话讲就是：走势类型是不患的，而买卖点是不患之患。因此，讨论走势类型和买卖点，其重要性非比寻常。

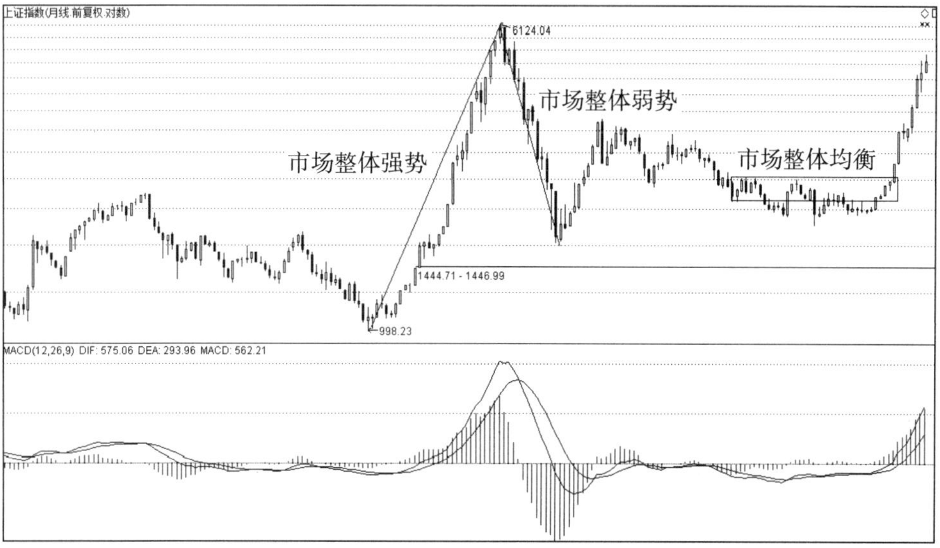

图2-7-1　市场强度强势、弱势、均衡示例图

一、走势类型的定义及对比分析

1. 走势类型的定义

前面多次提到，走势类型可以完全地划分为趋势和盘整，而趋势又可以分为上涨和下跌。这个结论不是从天上掉下来的，而是从无数事例与图形中总结出来的，适合于地球上所有以价格标记的一切事物。

对于技术分析来讲，该结论是第一条公理，其重要性如同“两点之间成一直线”这个结论之于欧氏几何一般。如果怀疑这个公理，就将坠入随机漫步理论①的误区。如果随机漫步理论成立，就不可能有人从市场中赚钱，而这显然是不符合事实的。

从上面的推理，可知走势类型存在。

那么如何定义走势类型呢？先来看看西方技术理论对走势类型的定义。

上涨：最近一个高点比前一高点高，且最近一个低点比前一低点高。

下跌：最近一个高点比前一高点低，且最近一个低点比前一低点低。

盘整：最近一个高点比前一高点高，且最近一个低点比前一低点低；或者最近一个高点比前一高点低，且最近一个低点比前一低点高。

再来看缠论对于走势类型的定义。

上涨：在任何级别的任何走势中，某完成的走势类型有两个以上同级别中枢，且中枢区间依次升高，就称为该级别的上涨。

下跌：在任何级别的任何走势中，某完成的走势类型有两个以上同级别中枢，且中枢区间依次降低，就称为该级别的下跌。

盘整：在任何级别的任何走势中，某完成的走势类型只包含一个同级别中枢，就称为该级别的盘整。

对比两种走势类型的定义方法，可以发现其间有以下不同之处。

（1）西方技术分析理论的定义缺失级别的概念，而缠论级别的定义则旗帜鲜明。首先必须明确的是，所有走势类型都建立在一定周期的图表上，例如日线上

① 随机漫步理论（Random Walk Theory）认为，证券价格的波动是随机的，就像一个在广场上行走的人一样，价格下一步将走向哪里，是没有规律的。证券市场中，价格的走向受到多方面因素的影响。一件不起眼的小事，就可能对市场产生巨大的影响。从长时间的价格走势图上也可以看出，价格上下起伏的机会差不多是均等的。

的盘整，在30分钟级别上可能就是上涨或下跌。

图表周期是判断走势类型的前提，图表周期的选择，与上面所说交易系统的选择是一致的，与交易者的资金、性格、操作风格等相关。

（2）按照西方技术分析理论的定义，一浪比一浪高是上涨，一浪比一浪低就是下跌，那么顺其自然的逻辑，就是突破前高的时候买入，跌破前低的时候卖出。实际上，但凡有些交易经验的人都知道，这种依据高低点突破与跌破指导交易是非常不可靠的，交易者常常陷入刚一追进就不得不止损，或者刚一退出市场就立刻大涨这种尴尬的境地，而这所谓的高低点，也成了市场主力诱多或者诱空的工具。

即便西方技术分析理论专门引进了所谓的有效突破概念（突破3%的幅度，或者突破后维持3天以上的时间），但这种有效突破常常不那么有效。况且这种方法只适合日线级别判断突破是否有效，如果是60分钟或者周线级别，该以什么作为有效突破的判断标准呢？缠论提出的中枢理论，则很好地解决了这个问题。

（3）缠论走势类型的关键构件——中枢，由次级别走势类型重叠而成。这种分析方法，使得交易者自然而然地在操作过程中至少兼顾到本级别和次级别两个层次的走势，从而使所有分析与操作呈现出立体的特征。

我们知道，任何事物的生住坏灭都是从小的变化开始的。例如，水果腐烂总是先从内部开始，一个政治联盟的灭亡总是始于其内部矛盾，走势类型当然也不例外。缠论观察的层次多，得出的结论更可靠，也更精确。这一点从缠中说禅在2007年上证指数接近6124点时直接指出牛市即将结束，就可见其威力。

当然，西方技术分析理论诞生上百年并能不断流行，自然有其独到的优点。

西方技术分析理论针对性更强。实践中，特别是趋势较为明显的时候，走势反映在图表上往往呈现出一浪高过一浪，或者一浪低过一浪的形态，但这只是特例。纵观世界证券市场发展史，趋势明显的市场所占比例很小，震荡在整个走势中的占比要远远超过西方技术分析理论定义的特征明显的趋势。缠论的定义适用性更广，可以真正做到多空通杀，牛熊通杀，是一种大一统的技术分析理论。

西方技术分析理论简单易学，缠论的定义则较为复杂，深奥难懂。绝大多数交易者学习技术分析理论，都是从西方技术理论开始的，而大多数人读缠论的相关文章，都反映其深奥难懂。

其实这也很容易理解，学习西方技术分析理论就像练习拳击，拳击练好了，能打败从来没有练习过拳击的身体羸弱者。学习缠论则像是修炼上乘武功，如九阴真经，修炼过程固然是难，但一旦学成，其威力绝非普通的散打或者拳击可以比拟。就算不能学精，只练得一招半式，那也是九阴白骨爪的威力了。

2. 背驰

在深入分析具体走势类型之前，先补充两个概念，其一是背驰，其二是盘整背驰。

背驰是判断趋势力度的一种方法，它是指趋势力度衰减，不足以支撑趋势创出新高或者新低价位，而现实却与之相反，不断出现新高或者新低的一种技术形态。如图2–7–2所示。

图2–7–2　上涨趋势顶背驰示例图

对于趋势来讲，趋势力度是支撑趋势价位变化的内在因素。如同日常生活中用手托起一只铁球，当然是向上托举的力量越大，铁球被举得越高。对于趋势来讲，正常情况下，其内在动力越大，价格走势越凌厉。一旦出现趋势力度减小而价格却不断创出新高或者新低，就是一种不健康的市场走势，是一种病态的特征，意味着趋势已经是强弩之末了。“强弩之末势不能穿鲁缟”，其内在含义正是如此。

必须明白，没有趋势，没有背驰。盘整中是不可能出现背驰的，背驰必须出现在趋势之中。趋势必然有至少两个中枢，也就是说，至少两个中枢之后才有可能出现背驰，而且背驰必定有其级别。1分钟图上的背驰显然和日线级别的背驰是不一样的，因此谈及背驰，必须带上级别的限定语。

3. 背驰判断方法

趋势分为两种，上涨和下跌。背驰自然地也分为两类，顶背驰和底背驰。所谓顶背驰，就是在上涨中出现的背驰，底背驰则是在下跌中出现的背驰。

判断背驰有两个因素：趋势力度与价格的新高与新低。这两个因素之中，价格很容易判断，可以直观地从盘面上看出来。趋势力度则不是那么明显，一般来讲需要借助均线、MACD指标来判断。

判断趋势力度，相比较的两段必须是趋势中相邻的推动段。对于上涨趋势来讲，就是趋势中上涨的部分。对于下跌趋势来说，则是趋势中下跌的部分。

当然，有的背驰可以直接从K线图上反映出来，但这需要交易者不断积累经验，努力提高自己的盘感。这里先简单说说利用均线和MACD指标判断趋势力度的方法。简单起见，统一在日线图上说明。

（1）均线判断法。

选择5日均线和10日均线作为判断系统。在这个均线系统中，根据两条均线的位置关系，可以将走势类型进行基本的分类。对于短期均线在上，长期均线在下的，可以定义为上涨；长期均线在上，短期均线在下的，可以定义为下跌。想赚钱，首先要确定当下的走势类型是上涨还是下跌。

在基本分类的基础上，根据短期均线相对于长期均线的强弱，可以把相应的关系进行一个完全分类：弱收敛、强收敛、交叉缠绕。

弱收敛：短期均线略略走平后继续按原趋势运行下去。

强收敛：短期均线靠近长期均线但不跌破或升破，然后按原趋势继续运行下去。

交叉缠绕：短期均线跌破或升破长期均线甚至反复出现缠绕，如胶似漆。

所谓趋势力度，是指两条均线系统前一收敛或者缠绕结束与后一收敛缠绕开始，由短期均线与长期均线相交所形成的面积。在前后两个同向趋势中，当趋势力度比上一次缠中说禅趋势力度弱，就形成了背驰。

按照这个定义判断趋势力度是最稳妥的办法，缺点是必须等到均线再次收敛或者缠绕之后才能作出判断，但这个时候走势离真正的转折点已经有一段距离了。如何解决这个问题？可以看低一级别的图表。按照这种办法，从中找出相应的转折点，这和真正的转折点基本没有太大的距离。如图2–7–3所示。

图2-7-3　缠中说禅趋势力度以及背驰示例图

（2）MACD指标判断法。

用MACD指标判断背驰，首先要有两段同向的趋势。同向趋势之间一定有一个盘整或反向趋势连接，把这三段分别称为A、B、C段。显然B的中枢级别比A段、C段的中枢级别都要大，否则A、B、C就连成一个大的趋势或大的中枢了。A段之前，一定是和B同级别或更大级别的一个中枢，而且不可能是一个和A逆向的趋势，否则这三段就在一个大的中枢里了。如图2-7-4所示。

图2-7-4　时代出版（600551）2014年1月前后日线级别背驰判断

用MACD指标判断背驰的前提是，A段、B段、C段在一个大的趋势里，其中A之前已经有一个中枢。B是这个大趋势的另一个中枢，这个中枢一般会把MACD指标的黄白线（也就是DIFF和DEA）回拉到0轴附近。而C段的走势类型完成时，对应的MACD指标红绿柱面积（向上看红柱子，向下看绿柱子）比A段对应的红绿柱子面积要小，这时候就构成标准的背驰。

4. 盘整背驰

背驰是判断趋势力度的方法，盘整背驰则是判断盘整走势内部也就是次级别走势力度的方法。判断盘整背驰的方法主要适用于盘整形态以及中枢震荡。

盘整背驰，其内在含义就是一个次级别的走势类型试图摆脱震荡区间的吸引力，从而打破多空均衡的态势，但由于其力度不够，从而又被吸引着重回震荡区间。

举个例子就很容易明白。中枢也好，盘整也罢，其区间就像一个星体，比如说地球。地球本身对其上面所有的物体都是有重力作用的，现在地球上的一个物体想摆脱地球重力的影响冲到太阳系去，唯一的实现办法就是像火箭一样，达到第二宇宙速度。如果达不到这样的速度，无论如何努力，最终还是要掉到地面上来。该物体如果要逃离太阳的引力，冲到银河系去，则必须达到第三宇宙速度。对于走势也是如此，如果摆脱震荡区间的力度过小，则免不了重新回到中枢里面去。

对于一个震荡区间，如果次级别向上突破力度衰减，就是盘整顶背驰。反之，如果次级别向下突破力度衰减，就是盘整底背驰。

前面说过，对于形态较为规则的盘整或者中枢，技术分析没有必要过于复杂，因为那些经典形态就是最好的操作指南。对于不规则的中枢，判断盘整背驰则应该下降到次级别去考察，判断方法可以参考MACD指标判断背驰的方法。如图2-7-5所示。

利用盘整背驰进行操作，正确的节奏应该是盘整底背驰买入，盘整顶背驰卖出。实际上绝大多数人都不能正确地按照这个节奏操作，其原因主要有以下两个方面。

（1）心态问题。有的人总是在盘整的过程中高位不敢卖，怕一卖就出现突破；低位不敢买，怕一买就跌破被套。这种人大都不是活在当下的，而是活在自己的想象当中。

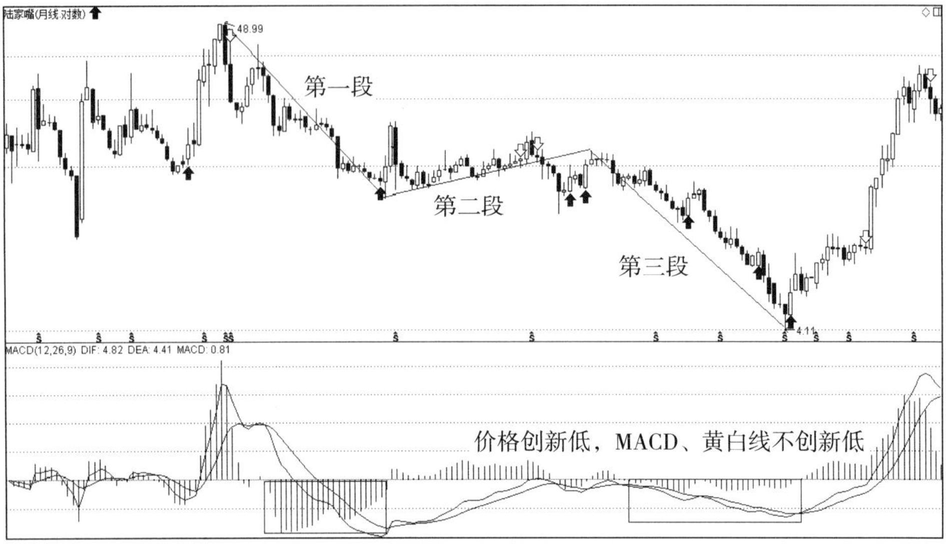

图2-7-5　MACD指标揭示的趋势背驰示例图

盘整的当下是什么？就是上上下下来回波动。只要这个格局不被打破，波动就会持续。只要这个当下不坏，那还有什么可怕的。况且即使你一操作这个格局就被破坏了，其后也会有买卖点让你重新上车或下车，有什么可担心的？

当然也存在这种情况，就是均衡状态被打破之后重新出现买卖点，交易者却忙乎别的股票去了，从而错过了买卖点。这其实不是技术层面的问题，而是交易风格的问题。

这里再次强调，买股票不是买白菜，所有的交易目标必须从基本面和技术面等方面精挑细选，之后就要长期关注。交易中，真正的机会总是一闪而过，如果你不专注，那么就对不起你之前的精挑细选。

（2）顽固坚持所谓的突破买入，跌破卖出。拜西方技术分析理论所赐，这种做法并不算错，但要分清场合。如果市场整体强度特别好，或者是遇到主升段，那么突破买入的策略是不错的。但大多数情况下，突破买入的成功率很低。

追突破总是意味着短期内被套，如果心理承受能力较强，抗得住短期被套，那么或许有解套甚至大涨的一天。如果心理承受能力较弱，就会一直沉沦在“突破—买入—回调—止损”这个圈子里恶性循环，更有甚者诱多被套，长时间站在高岗上。如图2-7-6所示。

从逻辑上说，任何大涨必然要经历突破，任何大跌也必然经历跌破，但是反过来就不一定成立了。也就是说，突破之于大涨，跌破之于大跌，只是必要非充分条件。

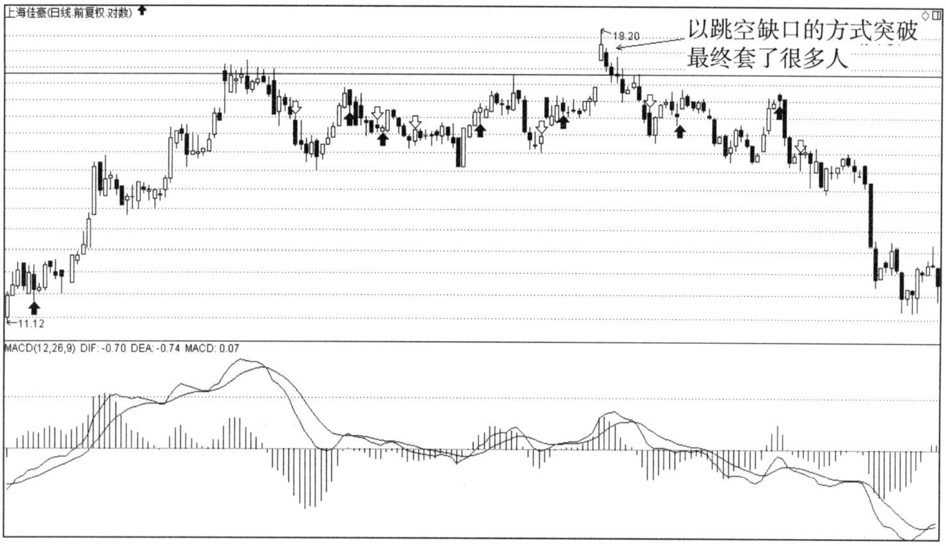

图2-7-6　跳空突破构成诱多陷阱示例图

举个例子，你去街头找异性消费，在你的印象中，那些穿着怪诞、浓妆艳抹的女生是你的消费对象。实际上，如果你上去搭讪，对方可能会抽你耳刮子，因为有这种穿着癖好的可能是非主流，也可能是杀马特①。

二、趋势

趋势交易是一切成功的交易者自觉或不自觉地遵循的法则。所谓自觉的趋势交易者，包括斯坦利·克罗、约翰·墨菲等，他们都明确指出趋势以及按照趋势操作的重要性。

所谓不自觉的趋势交易者，如巴菲特等，虽然他们并不标榜趋势投资，但其行为则暗合趋势交易的本质。其实巴菲特所谓的价值投资，本质上是在前一波大级别下跌趋势接近尾声的时候买入，在本次大级别趋势接近尾声的时候卖出。

趋势分为上涨和下跌，上涨和下跌遵循镜像原则。这里以上涨为例讲解趋势，下跌反过来理解就是。

---

① 杀马特一词源于英文单词 smart，可以译为时尚的，聪明的。杀马特源于 20 世纪 70 年代的朋克 (Punk) 文化，代表的是一种另类甚至是怪诞的青年形象。在中国正式发展始于 2008 年，是日本视觉系和欧美摇滚的结合体，该群体喜欢并盲目模仿日本视觉系摇滚乐队的衣服和头发等，留着五颜六色的长发，画着很浓的妆，穿一些很个性的服装，戴着稀奇古怪的首饰，喜欢自拍，或在网吧的摄像头前做些奇怪的动作。看不惯的网友们将他们称为“山寨系”“脑残族”。

由缠论对于趋势的定义可以推知，某级别趋势由该级别中枢、中枢连接段以及买卖点三部分构成，中枢前面已有重点介绍，这里重点讲解中枢连接段和买卖点。

三、中枢连接段

所谓中枢连接段，是指某级别趋势中两个相邻中枢之间的连接部分。

按照缠论关于趋势的定义，趋势至少由两个中枢构成。由于走势是连续的，那么前一中枢结束和后一中枢开始之间的部分，就是中枢连接段。如图2-7-7所示。

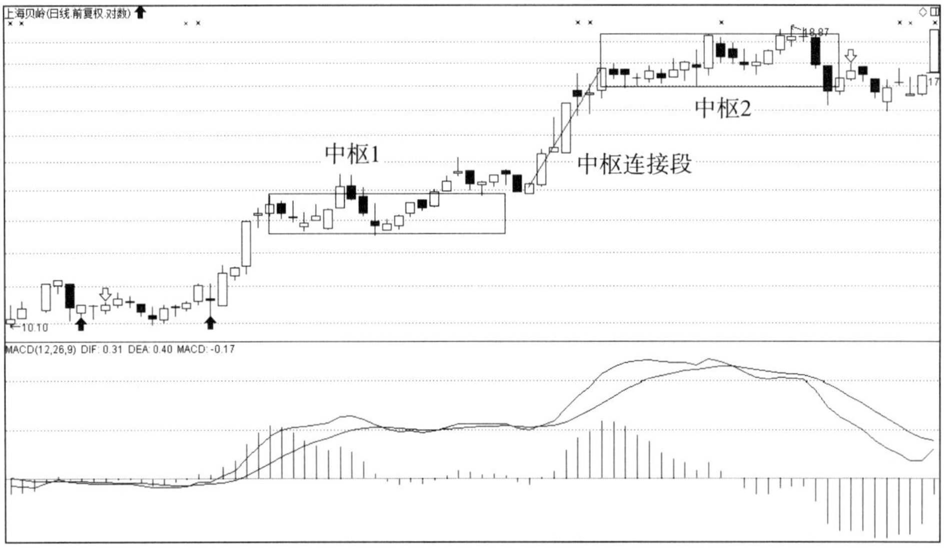

图2-7-7 中枢连接段示例图

中枢连接段往往是某级别某段趋势中最有价值的一段，其原因是前一中枢结束，洗盘结束，筹码集中度较高，市场主力拉升意愿强烈，因此中枢连接段往往涨跌幅度大，所用时间短，操作好了可以使交易者获得快速且稳定的收益。

某级别趋势中，连接两个同级别走势中枢的，必然是次级别以下级别的走势类型。如果连接两个中枢的走势类型是本级别的，那么无论是趋势还是盘整，都至少要有一个本级别的中枢，这和该连接段位于该级别两个中枢之间的前提是矛盾的。

某级别趋势中，中枢连接段不必然是趋势，任何走势类型都有可能，最极端的情况是连续跳空后形成新的同级别走势中枢。如图2-7-8所示。

某级别趋势中，中枢连接段也不一定是次级别的，只要是次级别以下级别即可，例如跳空缺口，就属于最低级别。如果图表是日线、周线，就不会是次级别了。

某级别趋势中，往往中枢连接段走势类型的级别越低，其力度越大。这也就是为什么缺口在分析中有比较强的技术含义的理论依据所在。

由上面的分析可知，如果交易者操作中枢连接段，就必须下降级别去操作。具体下降到什么级别，要根据情况而定。一般原则是应该下降到能看清该级别中枢的图表周期去操作，这样操作才有根基。

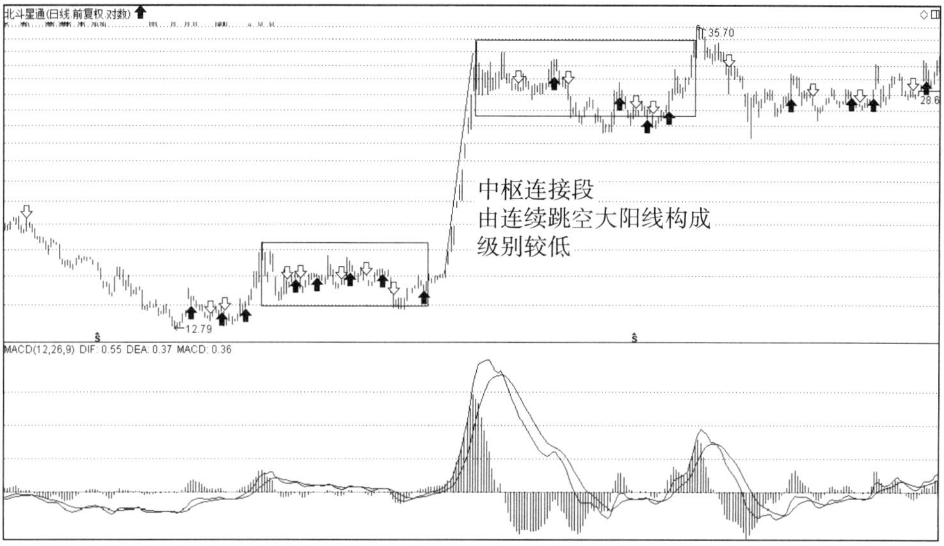

图2-7-8　级别较低的中枢连接段示例图

由上面的分析可知，中枢连接段的级别越低，其后走势幅度越大，速度也越快，极端情况是买卖点附近出现跳空缺口。在市场强度较强的情况下，买卖点附近一旦出现跳空缺口，常常意味着要出现较大幅度的上涨了。如图2-7-9所示。

图2-7-9　缺口的技术意义示例图

四、买卖点

1. 买卖点是操作的枢纽

投机大师杰西·利弗莫尔曾经说：

> 不管在什么时候，我都有耐心等待市场到达我称为“关键点”的那个位置。只有到了这个时候，我才开始进场交易。在我的操作中，只要我是这样做的，就总能赚到钱。因为我是在一个趋势刚开始的心理时刻开始交易的，不用担心亏钱，原因很简单，我恰好是在我个人的原则告诉我立刻采取行动的时候果断跟进入场的，因此我要做的就是坐着不动，静观市场按照它的行情发展。我知道，如果我这样做了，市场本身的表现会在恰当的时机给我发出让我获利平仓的信号。

这段话深刻地揭示了所谓“关键点”在整个投机过程中的重要性。这个所谓的关键点，就是我们所说的买卖点。

买卖点是划分走势类型的关键点，是操作的根基所在。就像人体关节对于人本身的重要性一样。人的身体按照颈、髋等分为上、中、下三节。同样道理，根据不同的买卖点，可以将某级别整个走势类型划分为上涨、盘整、下跌。

对于下肢来讲，可以根据膝、踝等分为足、小腿、大腿等。对于一个趋势来讲，根据趋势内部的买卖点，可以将之划分为中枢、中枢连接段、背驰段等。

买卖点关系到整个操作的节奏。对于单一品种的投资标的来讲，正确的操作节奏应该是买点买，卖点卖。缠论的买点总是在下跌中形成，卖点总是在上涨中形成，这是最自然的节奏。

如同呼吸的吐纳节奏，该吐的时候呼气，该纳的时候吸气。反之，如果在该呼气的时候吸气，不仅吸不进空气，如果长期坚持该呼气的时候吸气，久而久之甚至可能发生二氧化碳中毒。如果在该吸气的时候呼气，那么过不了多久就会因缺氧而死亡。

呼吸的节奏不需要学习，人人都能掌握。为什么经过反复学习，交易的节奏大家还是不能掌握呢？根本原因就是人性的贪婪和恐惧。

买点总是在下跌中出现的，当买点出现的时候，是恐惧阻止了你买入。卖点总是在上涨中形成，当卖点出现的时候，是贪婪阻止了你卖出。

缠论将买卖点分为三类，分别命名为第一、第二、第三类买卖点，如图2-7-10所示。下面分述之。

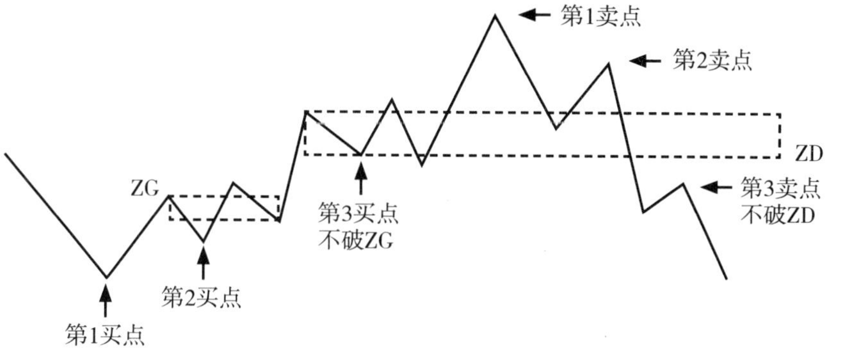

图2-7-10　三类买卖点示意图

2. 第一类买卖点

第一类买卖点是走势类型变化的分界点，即前一趋势结束、后一走势类型开始的转折点。

注意上面的说法，必须是前一趋势的结束点，才是第一类买卖点。具体来说，下跌的结束点是第一类买点。反之，上涨的结束点是第一类卖点。如图2-7-11所示。

图2-7-11　第一类买卖点示例图

盘整结束是不可能有第一类买卖点的，因为盘整结束必然以盘整区间的结束为标志。具体来说，盘整结束点是后面将要说到的第三类买卖点。

前趋势结束之后，新的走势类型可能是趋势，也可能是盘整，因此上面的定义不能说“第一类买卖点就是前一趋势结束，后一趋势开始的转折点”，严格地说是“后一走势类型开始的转折点”。

第一类买卖点最大的标志就是背驰。关于背驰，前面有定义和判断方法，此处不再赘述。对于标准的趋势而言，背驰是趋势结束的标志，因此一般情况下利用背驰来判断走势类型的结束点。

对于任何趋势而言，必然知道前面有一个结束点在对应着。因此，在上涨趋势买点介入的交易者，可以心安理得地持有，等待顶背驰出现后再退出。在下跌趋势退出的，也应该静等对应的底背驰出现后再次介入。

走势并非总是那么标准，也就是说，趋势的结束并不都是由背驰构成的。一般来讲，趋势以三种可能的方式结束。

（1）以背驰结束，这是最标准的走法。

（2）以最后一个中枢的盘整背驰结束。这种结束方法与第一种的不同之处在于，第一种背驰，最后一个中枢必然首先沿着趋势方向结束，然后再进入背驰段。这种方式最后一个中枢震荡的最高点（对于下跌来说就是最低点），就是趋势的转折点。

（3）以小级别趋势结束，从而结束大级别趋势。这种方式往往发生在暴涨暴跌之后，或者趋势冲顶、赶底的时候。从本级别看，趋势并没有出现背驰，仅仅是小级别的背驰引发了大级别的转折。

前趋势结束之后，也就是第一类买卖点出现之后，走势究竟是转化为趋势还是盘整，要具体问题具体分析。

对于个股来讲，首先要关注整体的市场强度。如果整体市场强度配合，那么趋势结束之后，转化为反趋势的可能性较大；如果整体市场强度不配合，则转化为盘整的可能性较大。

其次，要看第一类买卖点出现之后，第一个次级别走势类型的走势力度如何。如果该次级别走势类型较为疲软，仅仅回到原趋势最后一个中枢之中，那么其后走势转化为盘整的概率较大。

如果该次级别走势类型走势较为凌厉，例如，对于下跌结束之后的第一类买点，其后的第一个次级别走势类型凌厉地突破原下跌最后一个中枢，那么其后转化为反趋势的概率较大，反之较易转化为盘整。

对于上涨的第一类卖点分析，反过来思考就是。

值得注意的是，对于第一类买卖点，把握起来难度最大。所谓把握第一类买卖点，其本质就是抄底和逃顶。抄底逃顶对于投资者充满诱惑，想想看，能在最低处买进，最高处卖出，这相当于做完了整个趋势，当然是一件值得庆贺的事情。

抄底逃顶需要较高的水平才能实现，需要综合基本面、技术面、心理面等多方面因素，还需要有较大的信息量和较高的信息分析水平。对于个人投资者来讲，做到这一点极其困难。特别是，趋势都有维持其自身的特性，因此有过抄底逃顶经验的操作者，都应该深有体会，那就是抄底大部分都是抄在半山腰，逃顶大部分都是逃在半途。

缠中说禅曾在其文中特别强调：

> 散户就当好散户，别整天想着抄底、逃顶，底都让你抄了，顶都让你逃了，不是散户的人吃什么去呀？散户，一定要等趋势明确再介入或退出，这样会少走很多弯路。

对于一般投资者来说，可以不参与第一类买卖点，而仅仅把第一类买卖点当作划分走势类型的关节点，进而明白自己当下处于什么走势类型中，然后从整体上制定操作策略。

尽量参与远离中枢的第一类买卖点。

3. 第二类买卖点

第二类买卖点是指第一类买卖点开始的第二个次级别走势类型的结束点。具体来说，第二类买点就是第一类买点开始的第二个次级别回调的结束点，第二类卖点就是第一类卖点开始的第二个次级别回抽的结束点。如图2–7–12所示。

第二类买卖点，站在中枢形成的角度上讲，其意义就是原趋势结束，新的走势类型展开。新的走势类型必然有一个中枢，否则便不能称作走势类型。根据中枢的定义，任何中枢都必然至少由3个次级别走势类型构成，因此，第二类买卖点就是第二个次级别走势类型结束，第三个次级别走势类型开始的那个点位。

从时间的角度看，第二类买卖点必然是在第一类买卖点之后出现的。首先，第一类买卖点确认前趋势结束。趋势不结束，新的走势类型不开始，是不可能有第二类买卖点出现的。如果有买卖点，也只能是原趋势中枢震荡的买卖点。因此说，原趋势的破坏或者第一类买卖点的出现，是第二类买卖点可能出现的逻辑前提。

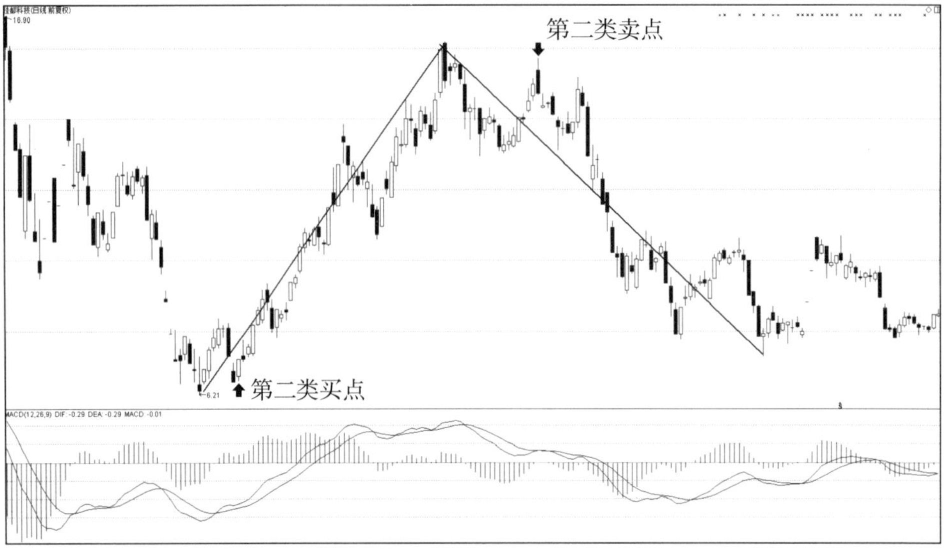

图2-7-12　第二类买卖点示例图

从空间角度看，第二类买卖点相对于第一类买卖点有几种位置关系。以上涨为例，下跌反之。正常情况下，第二类买点的位置应该高于第一类买点，也就是说高于前趋势的最低点。这种走势力度适中，不强不弱。当走势较弱的时候，第二类买点的位置可能低于第一类买点，这种情况表明走势力度较弱，其后下跌转盘整的概率比较大。

最强的走势是第一类买点之后的第一个次级别上升突破前下跌趋势最后一个中枢的高点，其后回抽不再进入中枢之中。这种走势后市上涨的力度往往比较大，但也不是绝对的，毕竟还有所谓的“过犹不及”的情况。

如果第一类买点之后的第一个次级别走势特别凌厉，上涨幅度大且速度快，那么即使后面的回抽不再进入前下跌趋势的最后一个中枢，其后的上涨力度往往也比较有限。因为前期上涨中获利盘比较大，往往需要较长的时间或者较大的空间才能充分消化获利盘。

从走势类型组合的角度看，出现第一类买卖点到出现第二类买卖点，期间要经过两个次级别走势类型。这里以上涨为例，下跌反之。这两个次级别走势类型的组合可能有三种方式：上涨+盘整，上涨+下跌，盘整+下跌。

如果第一类买点之后的走势类型是盘整，则表明该走势较弱，可以不予考虑。如果是上涨，那么当第二个走势类型以盘整的方式完成，其后的走势力度往往最强。如果是以下跌的方式进行，那么其后的走势力度会比较弱。关于这一点，可以和第一、第二类买点的空间关系结合起来分析，具体的应用需要交易者在操作中仔细揣摩。

4. 第三类买卖点

第三类买卖点是指在某级别中枢震荡过程中，如果一个次级别走势类型突破该区间，其后的第二个次级别走势类型不再进入中枢区间，则该第二个走势类型的极限点称作第三类买卖点。如图2-7-13所示。

图2-7-13　第三类买卖点示例图

第三类买卖点代表中枢结束。具体来讲，第三类买点就是次级别走势类型向上突破中枢，其后的回调不再回到中枢区间。第三类卖点就是次级别走势类型向下跌破中枢，其后的回抽不再回到中枢区间。

从时间角度看，在同级别趋势中，第一、第二、第三类买卖点必然是顺次出现的。以买点为例，第一类买点代表前下跌结束，第二类买点代表新走势类型第一中枢开始，第三类买点代表新趋势第一中枢结束。第二、第三类买卖点之间是中枢震荡，这时候是不会有该级别的买卖点的，因此，如果参与其中的买卖，用的都是低级别的买卖点。

从空间的角度看，同级别趋势中，第一类买点与第二类买点是前后出现的，不可能产生重合。第一类与第三类买点，一个在中枢之下，一个在中枢之上，也不可能产生重合。只有第二类买点与第三类买点是有可能重合的，这种情况就是前面所说的第一个次级别上涨就突破前下跌趋势最后一个中枢的高点，之后次级别回调不再回到原中枢。这种情况，其后的走势力度往往是最大的。另外，一个趋势确定后，不可能再有第一类与第二类买卖点，只可能有第三类买卖点。

对于第三类买卖点，有一种比较特殊的情况，就是第三类买卖点远离中枢的情况。一般情况下，第三类买卖点距离前中枢都不会太远。但如果次级别走势力度特别强劲，往往一波次级别趋势突破之后，就开始新的中枢震荡。这个强劲的次级别走势类型，就成了中枢的连接段，这种情况下出现的第三类买卖点，往往操作意义并不大。如图2-7-14、图2-7-15所示。

图2-7-14　第三类卖点远离中枢的情况

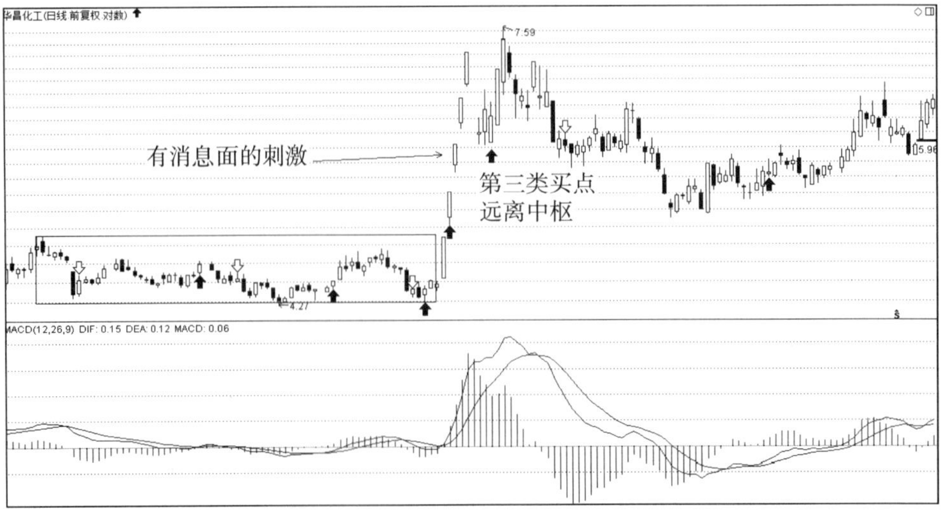

图2-7-15　第三类买点远离中枢的情况

出现这种情况，就没必要硬等第三类买点，而是下降级别，从小级别的买卖点入手，从而把握该中枢连接段。注意，也只有在这种情况下，突破买入的操作方法才是最有效的。当然，这种情况不常出现，需要结合市场强度、具体走势、基本面和消息面的情况综合把握。

五、盘整

1. 盘整、区间震荡以及中枢的区别

按照定义，某级别盘整是独立于该级别上涨和下跌之外的第三种走势类型。虽然在大多数情况下，盘整和一般所说的区间震荡以及中枢有某些相似的地方，但其本质意义是有区别的。

缠论中的盘整和一般所说的区间震荡概念不是一回事。所谓区间震荡，指的是价格围绕某区间做上下波动。缠论中的盘整，只要符合其定义就行。以指数为例，只要中间只有一个中枢，在极限情况下，从10000点跌到0也可以是一个盘整。

盘整和中枢也不是一个概念。盘整是一个完整的走势类型，而中枢是走势类型的构成元素。缠中说禅以如下比喻说明了这一点："中枢如果是苹果，那么盘整就是只有一个苹果的苹果树，而趋势就是可以有两个以上直到无穷个苹果的苹果树。你说苹果和苹果树是一个概念吗？"

另外，也不要认为盘整的力度就一定比趋势弱，其盈利空间就一定比趋势小。有些盘整，第一段就杀得天昏地暗，后面一段即使力度没有第一段力量强，两者加起来也可以超越所谓的趋势了。缠中说禅比喻说明道："只有1个苹果的苹果树，难道一定比有100个苹果的苹果树矮？显然不是的。"

2. 盘整的买卖点

某级别盘整的买卖点，包含该级别第一类买卖点、第二类买卖点以及中枢震荡买卖点三类。第一、第二类买卖点在趋势部分有过详细的说明，这里再简单回顾一下。

对于第一类买卖点而言，理解起来很简单，由于走势类型的连接中不允许盘整+盘整的方式存在，那么某级别盘整走势类型之前，必然对应着该级别的上涨或者下跌。无论上涨和下跌都是趋势，因此必然存在第一类买卖点。这个第一类买卖点，就是趋势向盘整的转化点。

对于第二类买卖点，由于盘整中存在一个中枢，也就意味着至少存在从第一类

买卖点开始的三个次级别走势类型。从第一类买卖点开始的第二个次级别走势类型的结束点，就是第二类买卖点。这是一个必然的买卖点，因为必然存在着第三个次级别走势类型可以让你获利了结。

中枢震荡的买卖点，就是围绕中枢产生的本级别的高低点。对于中枢震荡买卖点的把握，要区别对待。如图2–7–16所示。

图2–7–16　盘整及其买卖点示例图

如果次级别走势类型不能突破或者跌破中枢区间，那么对于这种买卖点的把握就是必然的。在中枢区间上方必然产生卖点，在中枢区间下方必然产生买点，以后至少应该有一波次级别的回调或者回抽。

如果次级别走势类型可以突破或者跌破中枢区间，但却出现了盘整背驰，那么极大概率也是要再度回抽或者回调进入中枢区间的，这就对应了操作中绝大多数假突破或者假跌破的情况。

需要特别注意的是，假突破或者假跌破从根本上来讲是一种陷阱。对于这种陷阱的操作尤其要注意，如果操作正确，其利润空间往往非常可观。

有一种情况比较特殊，就是盘整背驰转化为第三类买卖点的情况，也就是说中枢区间被突破并且出现了盘整背驰的现象，但其后的回抽或者回跌不能再次回到中枢区间，从而宣告盘整走势类型完成。

这种情况出现的概率比较小，因此操作上还是应该按照中枢震荡买卖点去买点买，卖点卖。一旦出现盘整走势类型结束的情况，按照趋势中第三类买卖点的法则进行操作就是了。

六、走势类型的连接

任何级别的走势都可以划分为盘整、上涨、下跌三类，换句话说，任何级别的任何走势类型都可以看作是三种走势类型的连接。既然如此，那么自然而然地任何走势都将完成，否则如何完整地划分为三种走势类型？

首先规定，在划分走势类型的过程中，不允许同级别盘整+盘整的方式存在。因为盘整+盘整还是盘整，可以继续按照盘整的类型分析和操作。

同一级别走势类型的连接方式，无非以下几种。

陷阱式：上涨+下跌，下跌+上涨。

反转式：上涨+盘整+下跌，下跌+盘整+上涨。

中继式：上涨+盘整+上涨，下跌+盘整+下跌。

如图2-7-17、图2-7-18、图2-7-19所示。

站在多头角度，走势类型的连接方式中，只有“下跌+上涨”“下跌+盘整+上涨”以及“上涨+盘整+上涨”三种模式值得介入。

有人可能会说，难道上涨趋势就不值得介入吗？上涨趋势当然是值得介入的。但是，任何上涨趋势都至少有两个中枢，而当两个中枢走出来之后，上涨随时面临结束的可能，也就是说，你的收益与风险之比降低了。在走势类型转折点介入，则不存在这样的问题。

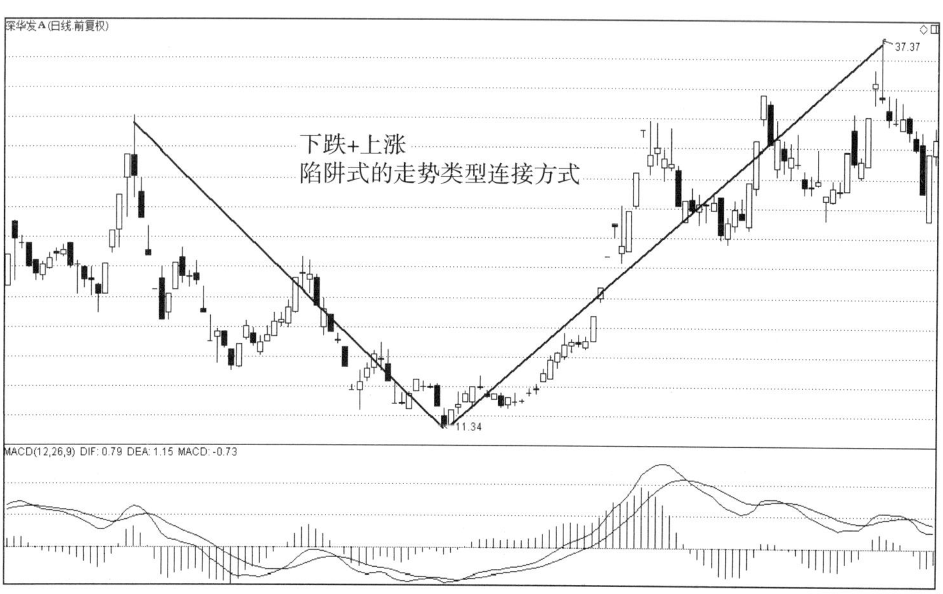

图2-7-17　陷阱式走势类型连接方式

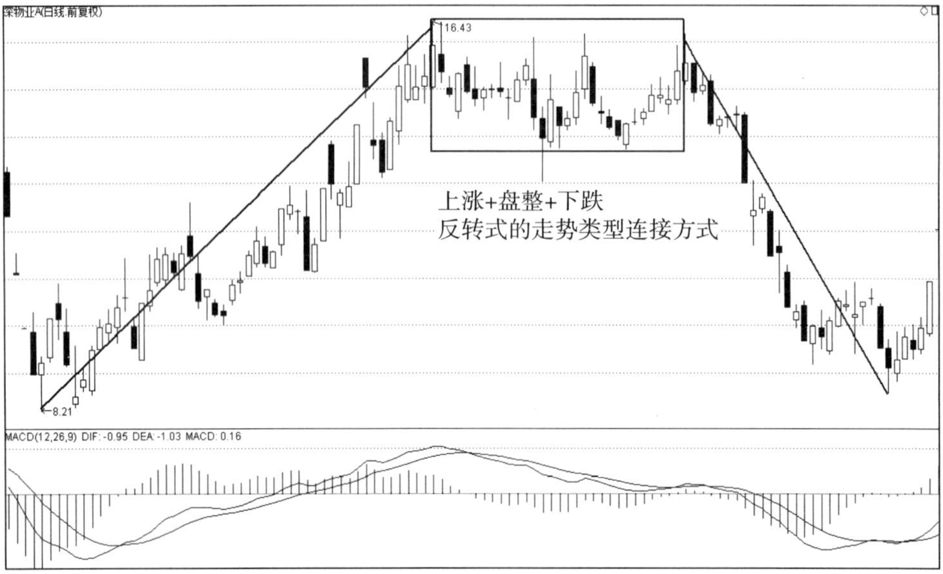

图2-7-18　反转式走势类型连接方式

图2-7-19　中继式走势类型连接方式

（1）对于同级别下跌的转折，存在盘整与上涨两种可能性。如果是盘整，交易者可在中枢震荡的买卖点退出。一旦是上涨，那么你的建仓成本就是最低的，回报自然就是最高的。在这种情况下，当上涨结束，顶背驰来临的时候，你就可以以极低的成本砸盘，这种操作当然是最好的。

（2）对于“下跌+上涨”的情况而言，第三类买点就是最完备的介入点。这是由市场逻辑所保证的必然买点，也是风险最小、回报最大的买点。

（3）对于“下跌+盘整+上涨”模式，从高级别上看，这种走势本质上是一个盘整。也就是说，当放大操作级别后，可以以盘整的策略应对。实际操作中，更精确的买点是该模式之中盘整结束之后的第三类买点。

为什么不在盘整中就介入？这是因为盘整总是有维持自身的特性。也就是说，你不知道盘整要盘多久。有的盘整一走就是几周、几个月甚至几年，考虑到资金利用效率，一般不介入盘整的操作。

另外，盘整结束之后，走势有两种转化模式，可能转为上涨，也可能转为下跌。在盘整的第三类买点介入，就可以有效规避“下跌+盘整+下跌”这种走势连接方式。

（4）对于“上涨+盘整+上涨”这种模式而言，最好的操作是在第一轮上涨就介入，第一轮上涨结束之后的盘整则回避，待该盘整向上走出第三类买点之后再次介入。从更高级别的角度看，这种模式中的盘整就是大级别的调整与整固过程。

对于大级上涨，一个操作原则就是回避大级别调整，这样可以有效提高资金利用效率。当然，这是对中小资金而言的。

对于特大规模的资金来说，如果全部按照第三类买卖点操作，显然是不现实的。超大规模资金，首先考虑的不是资金使用效率，而是盈利的稳定性，因此即使是大级别的调整，往往也是可以忍受的。

需要注意的是，在上面的操作模式中，应该坚持波段操作原则。原因很简单，走势一般是从小级别逐步发展成大级别的，因而相应的操作也要从小级别开始，逐步往大级别过渡。实战中，交易者要根据具体情况决定操作级别，同时考虑是否需要切换级别。

例如，某30分钟级别的上涨强力突破日线级别中枢，这个时候就要考虑将操作级别从30分钟切换到日线级别上来，因为其后的调整往往十分有限，空间很小，继续按照原级别操作显得不合时宜。

当然也可以不切换，坚持按照30分钟级别操作。这样做会特别累，而且对于分析能力不是特别高的交易者来说，在一波日线级别上涨中很容易把筹码做丢，这是得不偿失的事情。

第八节　走势必完美

“走势必完美”，这是缠论的精髓所在。不了解这个精髓，就无法对市场各级别走势类型进行完全分类，也就不能自如地运用缠论进行操作。

该论述美则美矣，也有其不足之处。不足之处在于其过于抽象，属于玄之又玄的语言，如不能对缠论有整体把握，则难以对之有充分的理解。

这里引述《缠中说禅：教你炒股票》一书中关于走势必完美的相关论述，并对之进行分析与讲解，进而得出较为具体的便于理解的结论。

一、缠论对“走势必完美”的论述

（1）缠中说禅技术分析基本原理一：任何级别的任何走势类型终要完成。用更简练的话说，就是“走势终完美”。这个原理的重要性在于把实践中总结出来的、很难实用的、静态的“所有级别的走势都能分解成趋势与盘整”，转化成动态的、可以实用的“走势类型终要完成”。

（2）“走势终完美”，而走势“不患”地可以分解成趋势与盘整。换言之，“趋势终完美，盘整也终完美”。

（3）“走势终完美”这句话有两个不可分割的方面：任何走势，无论是趋势还是盘整，在图形上最终都要完成。另一方面，某种类型的走势完成以后，就会转化为其他类型的走势，这就是“不患”而有其位次。在技术分析里，不同的位次构成不同的走势类型，各种位次以无位次而位次。如何在不同的位次之间灵活运动，是实际操作中最困难的部分，也是技术分析最核心的问题之一。

（4）第二类买点和第一类买点是紧密相连的，因为出现第一类买点后，必然只会出现盘整与上涨两种走势类型，而第一类买点出现后的第二段次级别走势低点就构成第二类买点。根据走势必完美原则，其后必然有第三段向上的次级别走势出现，因此该买点也是绝对安全的。

（5）站在特大型牛市的角度观察，中国就从来没有出现过熊市。大家打开上海证券交易所的年线图可以看到，从1992年到2005年，一个完美的年线级别中枢的三段次级别走势完成，时间刚好是13年，一个完美的时间之窗。

站在年线的角度，中国股市真正的大牛市才刚开始，因为该区间在998到1558点的中枢是中国股市的第一个年线中枢。站在年线级别的角度看，在下一个年线级别中枢确立之前，中国股市的调整只可能出现一个季线级别的调整。第一个出现的季线级别调整，只要指数不重新跌回1558点，就将构成中国股市年线级别上的第三类买点。如图2-8-1所示。

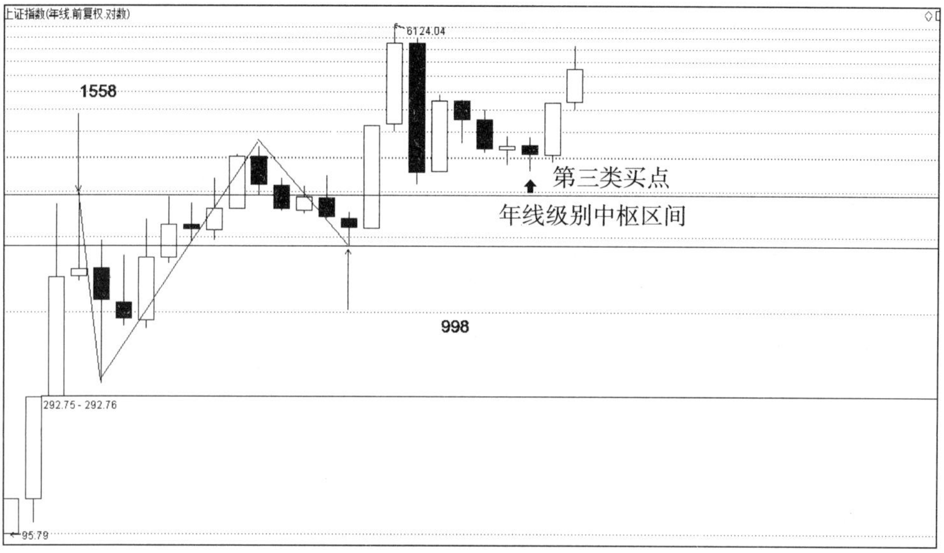

图2-8-1　上证指数[998，1558]区间中枢分析图

由此可见，本ID的理论是可以站在如此宏观的视角上判断大趋势的。目前中国股市没有任何可担心的地方，即使出现调整，最多就是季线级别的，其后反而构成第三类买点。今后十几年中国股市的辉煌，用本ID走势必完美的原则能够看得一清二楚。

（6）2007年1月12日14:35到16日9:45构成A段，16日9:45到16日13:30构成B段，16日13:30到17日13:05构成C段。其中B段制造了MACD指标黄白线对0轴的回拉，C段与A段构成背驰。对C段进行更仔细的分析，9:35的第一根红柱子，由于并没有创新高，所以不构成背驰。

10:40的第二根红柱子，由于这时候C段还没有形成一个中枢，根据走势必完美原则，C段肯定还没有完成，所以要继续运行下去。13:05出现第三根红柱子，这时候把三根红柱子的面积加起来，也没有A段两个红柱子的面积之和大，显然背驰了，所以要走人。如图2-8-2所示。

图2-8-2　2007年1月17日上证指数5分钟K线走势图

（7）在操作反弹的过程中，怎样才能达到效率最高？一个可以被理论保证的方法就是：在第一次抄底时，最好买那些当下位置离最后一个中枢的DD=min（d_n）幅度最大的所谓超跌股票。本章的定理（背驰之后的次级别走势必然至少与围绕最后一个中枢形成的高低点有交集）保证了，反弹一定达到DD=min（d_n）之上，然后在反弹第1波的次级别背驰后出掉。如果这个位置还不能达到最后一个中枢，那么就可以放弃该股票了。当然，可能有例外情况发生，但发生意外的可能性很小。

之后在反弹第一次的次级别回试后买入那些反弹能达到最后一个中枢的股票，而且最好是突破该中枢且回试后能站稳的股票。根据走势必完美原则，一定还有一个次级别向上的走势类型。如果这个走势类型出现盘整背驰，那么就要出掉。如果不出现，那就意味着你买到了一个V型反转的股票，其后的力度当然不会小。

（8）有一种应用，就是关于走势的当下判断。当下判断，其基础在于采取的分解方式。例如，一个按5分钟分解的操作角度，与一个按30分钟分解的操作角度，在同一时间看到的走势意义是不同的。更重要的是，在5分钟分解中完成的走势，在30分钟却不一定完成。例如A+B，A、B都是5分钟的走势类型，那么A+B走势，对于30分钟的分解就是未完成的，因为一个完整的走势类型必须至少有3段次级别的走势类型。

根据走势必完美的原则，未完成的走势必须完成。也就是说，在不同的分解角度，可以在当下看到不同级别的未完成走势根据走势必完美原则产生的运动。

（9）分型是否随时可以修改？答案是否定的。图形一旦完成，就不能修改了。分型可修改，证明图形没有完成。如图2-8-3所示，当第二个向上箭头处的分型出现后，前面3个分型的取舍就是唯一的。这个分型的可修改性，反而是一个对走势判断极为有利的性质。例如，第二个向下箭头走出来后，这个图形未完成的性质就是百分之百确定了，但所有图形必然完成，走势必完美。

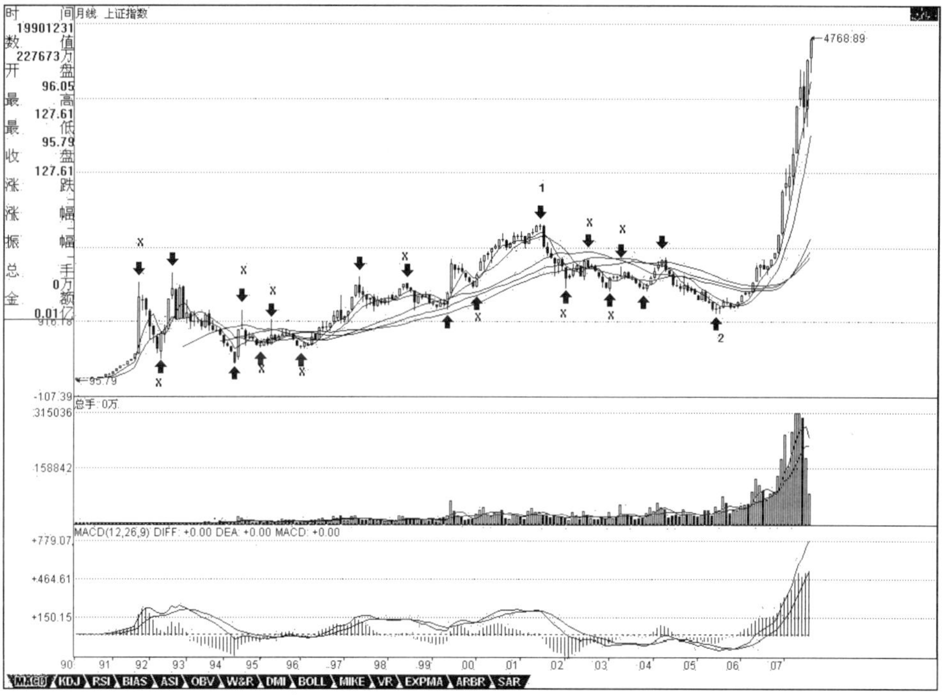

图2-8-3　上证指数分型结构图

如何才能完美？在理论的框架下只有极少的可能，而这些可能就成为综合判断的关键条件。然后根据各级别图形的未完成性质，就可以使得走势的边界条件极端明确与狭小，这对具体操作是极为有利的。

注意，这与概率无关，是百分之百纯理论所保证的，最终依据的就是本ID理论最早反复强调的走势必完美原则。其实，本ID理论的关键不是什么中枢、走势类型，而是走势必完美，这才是本ID理论的核心。但要真正理解这个关键，可不是看字面意思就能明白的。

（10）分型、走势类型的本质就是自相似性。同样，走势必完美的本质也是自相似性。分型，在1分钟级别是这样的结构，在年线上也是这样的结构。在不同的级别上，虽然级别不同，但结构是一样的，这就是自相似性。走势类型也一样。

正因为走势具有自相似性，所以走势才是可以理解的，才是可以把握的。如果没有自相似性，那么走势必然不可理解，无法把握。要把握走势，本质上就是把握其自相似性。

（11）如果你是抄一个1分钟级别的底，后面最坏有一个1分钟的盘整。连这个盘整的格局都没有走势必完美，也就是最基本的3个线段都没有形成你就跑掉，不给震出来才怪。

（12）所谓走势必完美，就是本ID给出的分型、笔、线段、不同级别走势类型所对应的递归函数，它们能将行情的任何走势唯一地分解。唯一分解定理，在现代数学理论的任何分支中都是核心问题。一个具备唯一分解定理的理论都是强有力的。

例如，在解决费马猜想时用到分圆域的问题，但分圆域没有唯一分解定理，唯一分解并不总是能成立。这样只能引进理想数，使得在理想数的角度能让唯一分解定理成立，从而展开了代数数论一个全新的篇章。

本ID理论最牛的地方，就是把仿佛毫无头绪的股票走势给出了唯一分解定理，也就是走势必完美。这等于引进理想数，使得代数数论升堂入室一样牛。有了走势必完美，就可以把一切关于走势的理论包含其中。本ID的理论之所以可以包含所有其他理论并指出其不足的地方，就在于本ID的理论解决了最根本的理论问题：唯一分解。

（13）如果是单纯地唯一分解，并不能显示本ID理论真正的厉害之处。走势必完美对应的是一种最特殊、最强有力的唯一分解。看似毫无规律的市场走势，竟然有这样完美的整体结构，这才是最牛的地方。正因为本ID的理论揭示了看似毫无规律的市场走势有如此完美的整体规律，所以才有了其后一系列的操作可能。这才是走势必完美真正关键的地方。

（14）如果市场走势没有本ID所揭示的整体结构，那么区间套是不会存在的，也就没有操作的意义了。因此，区间套的方法就是走势必完美的一个重要应用。有了区间套，买卖点的精确定位才有可能。也就是说，走势必完美的存在导致了买卖点可以精确定位，这显然是操作中最牛的一种方式了。

（15）由于走势必完美，所以走势就是可以完全分类的。所有的分类都有明确的界限，这样任何走势都在可控的范围内。这种可控并不需要任何人的预测或干预，而是当下直接地显现的。你只需要根据这当下的显示，根据自己的操作原则操作就可以了。

二、走势类型完美

由上面缠中说禅对于“走势必完美”的论述，可以归纳其内在意义，主要包含以下几个方面。

（1）任何级别走势都可以完美地划分为趋势和盘整。

（2）任何走势类型都必然要完成。换言之，就是趋势必然完成，盘整也必然完成。

（3）任何走势类型完成之后，都必然向其他两种走势类型之一转化。具体来讲，上涨完成，就将转化为盘整或者下跌；盘整结束之后，将转化为上涨或者下跌；下跌结束之后，将转化为盘整或者上涨。

（4）任何级别任何走势类型都必然至少包含一个中枢。由于中枢都至少由三段次级别走势类型构成，这就等于说，任何走势类型都必然至少包含三段次级别走势类型。

（5）缠论的构件必然完美，换言之，分型、笔、线段、中枢等都将完成。线段必然至少有三笔。

（6）走势必完美的本质是自相似性，也就是说级别不同，但任何级别的走势类型以及连接方式都是相似的。之所以如此，是因为各个级别对应的操作者的贪嗔痴慢疑是一样的。自相似性正是区间套方法（对买卖点进行精确定位的方法）的根本依据。

（7）走势必完美的关键意义，在于利用缠论给出的分型、笔、线段、不同级别走势类型所对应的递归函数，将行情的任何走势进行唯一的、最强力的分解。

三、三类买卖点的完备性

由于走势终完美，那么缠论关于同级别走势类型三类买卖点的分析就是完备的。三类买卖点的依据及其内在逻辑关系，前面多有阐述，这里不妨再温习一下。交易者只有对三类买卖点的完备性及其依据有了根本的了解，才能在使用过程中不生疑心。

买卖点稍纵即逝，一旦临盘起疑，当断不断，那么其后必然是反受其乱。错过一个买卖点，就要等到下个买卖点，期间必然经历时间或者空间的折磨。

三类买卖点都是100%安全的买卖点，该买卖点一旦确认，市场必然发生转折。市场交易不能完全建筑在或然之上，而这必然性就是交易中唯一值得信赖的港湾。

必然性体现在什么地方呢？

由前面关于中枢的分析可知，在走势中的任何一个点，必然面临两种可能：走势类型的延续或转折。换言之，对于一个必然的买点，必须满足以下两种情况之一：一个向上的延续或一个由下往上的转折。

对于延续的情况，只能是在一个上升过程中产生，否则就无所谓延续了。对于上升延续中产生的买点，必然有一个中枢在前面存在着。对于转折，被转折的前一段走势类型只能是下跌与盘整。无论下跌还是盘整，买点之前都必然有一个走势中枢存在。归纳起来，无论前面的走势是什么情况，都唯一对应着一个中枢存在之后走势的延续或转折。这个分析对卖点同样有效。

所有买卖点都必然对应着与该级别最靠近的一个中枢。对于买点来说，该中枢下产生的买点必然对应着转折，中枢上产生的买点必然对应着延续。

中枢有三种情况：延续、扩张与新生。如果是中枢延续，那么在中枢之上是不可能有买点的，因为中枢延续必然要求所有中枢之上的走势都必然转折向下，在这种情况下，只可能有卖点。

中枢扩张或新生，在中枢之上都会存在买点，这类买点就是第三类买点。也就是说，第三类买点是在中枢扩张或新生中产生的。中枢扩张导致一个更大级别的中枢，而中枢新生则形成一个上涨趋势，这就是第三类买点后必然出现的两种情况。

对于更大级别中枢的情况，肯定没有马上出现一个上涨趋势这种走势诱人，所以对于交易者来说，如何尽量避免第一种情况是最大的问题。但无论是哪种情况，只要符合第三类买点的条件，其后都必然盈利，这才是问题的关键。

对于中枢之下形成的买点，如果该中枢位于上涨的走势类型中，那么在中枢之下并不必然形成买点。中枢之下的买点，只可能存在于下跌与盘整的走势类型中。换言之，一个上涨趋势确定后，不可能再有第一类买点与第二类买点，只可能有第三类买点。

对于盘整的情况，其中枢的扩张与新生，都不能保证该买点出现后能产生必然向上的转折，因为其扩张与新生是完全可以向下发展的。对于中枢延续的情况，中枢形成后随时都可以打破而结束延续，也不必然有向上的转折，所以在盘整的情况下，中枢之下也不必然产生买点。因此，只有在下跌确立后的中枢下方才可能出现买点，也就是第一类买点。

第二类买点和第一类买点是紧密相连的，因为出现第一类买点后，必然只会出现盘整与上涨的走势类型。第一类买点出现后的第二段次级别走势低点，就构成第二类买点。根据走势必完美的原则，其后必然有第三段向上的次级别走势出现，因此该买点也是绝对安全的。

第二类买点不必然出现在中枢之上或之下。中枢下方出现的，其后的力度就值得怀疑了，出现扩张性中枢的可能性极大。在中枢中出现的，出现中枢扩张与新生的机会对半。在中枢之上出现，中枢新生的机会就很大了。但无论哪种情况，盈利是必然的。

显然，第一类买点与第二类买点是前后出现的，不可能产生重合。而第一类与第三类买点，一个在中枢之下，一个在中枢之上，也不可能产生重合。只有第二类买点与第三类买点有可能重合，这种情况就是：第一类买点出现之后，一个次级别的走势凌厉地直接上破前面下跌的最后一个中枢，然后在其上产生一个次级别的回抽不触及该中枢，这时候就会出现第二类买点与第三类买点重合的情况。

虽然理论上没有任何必然的理由确定第二、第三类买点重合后，一定不会构成中枢的级别扩张，但实际上，一旦出现这种情况，一个大级别的上涨往往就会出现。

由上面的分析可知，市场必然产生盈利的买卖点，只有第一、第二、第三类买卖点。市场中的任何上涨与下跌，都必然从三类买卖点中的某一类开始和结束。换言之，市场走势完全由这样的线段构成，线段的端点是某级别三类买卖点中的某一类。除此之外的其他买卖点操作，也可能会产生盈利，但没有逻辑保证，具有较大的或然性。

这里需要特别强调的是，所谓的绝对安全，就意味着要做到绝对精确。绝对精确客观上是存在的，但主观上则很难把握。如果能做到绝对精确当然最好，如果做不到，围绕这个绝对安全的买卖点有一个比较合适的波动范围，等绝对安全的买卖点比较明确了，再介入也无关紧要。具体的范围是多少，要视市场强度、走势力度、级别以及个人的风险承受度来定。

例如，如果市场强度特别大，那么这个合理波动范围就应该适当放宽。如果个股走势力度特别强，比如说出现了第二、第三类买点重合的情况，由于其后通常会大幅上涨，因此该波动范围也可以适当放宽。大级别的波动范围可以放宽，例如日线上可以放到5%甚至10%，而30分钟甚至更小的级别，波动范围就应该更小。如果个人风险承受度较好，或者预定的参与仓位较轻，也可以将波动范围适当放宽。

这种做法本质上是用空间赌大势，牺牲一定的空间来追求大势的稳固性，这在交易中当然是可取的。

第九节　缠论资金管理策略

下面引述《缠中说禅：教你炒股票》中的资金管理策略，并从中总结出缠论资金管理策略的一般原则，从而启发交易者构建适合自己的资金管理策略。

“投入资金买进一只股票之前，必须有仔细、充分的准备。这就如同军队打仗，不准备好怎么可能赢？在基本面、技术面等方面都研究好了以后，介入就要坚决，一次性买入。如果你连一次性买入的信心都没有，证明你根本没有准备好，那就一股都不要买。”

“一个最简单又最有效的资金管理方法，就是当股票成本为0以前，努力把成本变为0；当成本变成0以后，就要尽可能多地挣股票，直到股票见到历史性大顶，也就是至少出现月线以上的卖点。最坏的习惯，就是随着股票的不断上涨而不断加仓，这样一定会出问题。买股票，宁愿不断跌不断买，也绝对不往上加码。”

“买入以后，如果你技术过关，马上上涨是很正常的。如果你没有这水平，股票下跌了，除非你买入的理由没有了，技术上出现严重的形态，否则一股都不能抛，而且可以用部分机动资金去弄点儿短差（注意，针对买入的每只股票，都要留部分机动资金，例如1/10），让成本降下来。但每次短差一定不能增加股票的数量，这样成本才有可能真正降下来。有些人喜欢越买越多，倒金字塔式地加仓，这其实不是什么好习惯。这只股票该买多少，该占总体资金多大的比例，一开始就应该研究好，投入以后就不能再增加。”

“股票开始上涨以后，一定要找机会把股票的成本变成0。除了途中利用小级别不断做短差之外，还要在股票达到1倍升幅附近，找一个大级别的卖点出掉一半，把成本降为0。这样，原来投入的资金就全部收回来了。有人可能要说，如果那只股票以后还要上涨10倍呢？这没有问题，当股票成本为0以后，就要开始挣股票。也就是利用每一次短差的机会，上面抛了的股票，下面全部都补回来，这样股票就会越来越多，而成本还是0。这么做，这只股票就算再上涨100倍也不怕，价格越涨你的股票越多，而成本永远为0，这才是最可怕的吸血。庄家、基金无论如何洗盘，都只能使你的股票越来越多，而你的成本却是0。然后等待一个超大级别的卖点，一次性把他砸死，把那些庄家、基金都给毁了。成本为0的股票，在历史大顶上砸起来是最爽的。”

“上面就是资金管理中针对每只股票的最大原则。按照这个原则，你不仅可以得到最安全的操作，而且可以赢得最大的利润。特别是到了挣股票的阶段。一般一只股票，盘整都会占整个走势一半以上的时间。如果一只股票在上涨之后出现大型盘整，只要超大级别卖点没出现，这个盘整会让你不仅把抛掉的股票全部挣回来，而且比底部时持有的数量还要多。一旦该股票再次启动，你就会拥有比底部还多但成本为0的股票，这才是最大的黑马，也是最大的利器。一个合理的持仓结构，就是拥有的0成本股票越来越多，一直到大级别上涨结束前，才把所有股票全部清仓。收回的资金就可以不断增加参与的股票种类，把这个程序不断地继续下去。这样，针对某只股票的操作资金不会增加，特别是对大资金而言，不会经常被迫去当庄家，或钱太多，买了没人敢进来。这样也就不会增加操作的难度，只是操作的股票种类越来越多，而成本却都是0。这样才是资金管理最稳固的基础。”

从上面的论述中，不难总结出缠论资金管理策略在股市中应用的基本原则。

（1）操作大级别趋势。

（2）在该大级别趋势的第一、第二、第三类买点介入。

（3）在介入之前作充分的研究，安排好针对每个品种的资金量。介入要果决，一次性买够，否则就一股也不买。

（4）每个品种都准备一定的机动资金。

（5）介入之后，如果被套了，除非趋势出现明显逆转，否则一股都不卖。

（6）充分利用各级别的中枢震荡做差价，降低成本。

（7）用于做差价的资金量根据级别而定，大级别安排较大资金量，小级别安排较小资金量。

（8）找机会在盈利幅度达到1倍的时候，将成本变为0。

（9）在成本为0之前，中枢震荡的操作方法是：在高位抛出多少股，就在低位回补多少股。

（10）成本为0之后，中枢震荡的操作方法是：在高位抛出多少资金的股票，在低位就回补多少资金的股票。

（11）如果有能力，可以把握市场轮动的节奏，利用市场中级调整换股操作，提高资金利用率。

（12）在大级别趋势的第一、第二类卖点平仓。

交易者需要特别注意，缠论资金管理策略是在大牛市背景下提出的。实际交易中，类似2007年、2015年那样的大牛市，一般七八年才能见到一次，市场更多的时间是在盘整。操作者切不可一味地以大牛市的资金管理策略来对待所有市场走势，而应根据不同的市场强度，制定灵活的资金管理策略。

如果是较为猛烈的趋势，交易者当然可以采用类似的资金管理策略。一旦走势面临震荡，那么使用上面的资金管理策略显然就不合时宜了，交易者千万不可犯刻舟求剑的毛病。这就如同开车上路，如果是高速公路，当然应该加速行驶，应该在买卖点重仓甚至满仓操作。如果是泥泞不堪的羊肠小道，开那么高的速度，随时都会有翻车的危险，这个时候当然要控制速度，控制仓位。

另外，缠论的资金管理策略，更多是针对大资金制定的资金管理策略。小资金往往追求快速盈利，因此在整个趋势运行过程中，如果操作水平较高，可以避开某些品种中枢震荡的部分，只做中枢移动部分，以期达到快速积累资金的目的。

不同于小资金的操作方法，大资金往往更在乎长期、稳定的盈利。他们的操作风格较为稳健，会在趋势底部区间对操作的品种进行反复调研。一旦标的明确，便会对操作品种反复操作，期望做完操作品种的整个趋势过程，从而达到稳定盈利的目标。

第3章

K线分析技术

第一节 K线技术基础知识

以史为镜，可以知兴替。前面详细介绍了缠论的核心理念，结合K线技术使用缠论，将会极大提高操作者判断的准确性与盈利的稳定性。这里有必要花一些时间，了解一下日本蜡烛图技术即K线技术的相关知识。

一、K线技术起源

K线技术源于18世纪的日本。在日本的技术分析先驱中，最早同时也最著名的，是一位传奇性人物，名叫本间宗久。

本间宗久生于享保九年（1724年或1729年），卒于享和三年（1803年），是日本江户时代的米商。晚年时期本间宗久曾被任命为财务资政等职务，不过这种典型的“商而优则仕”的头衔，在本间宗久荣耀的一生中不值一提。本间宗久流传后世的主要原因，是因为他创立了K线分析技术，以及充满传奇色彩的“酒田战法”。

本间宗久出生在日本出羽国庄内（今山形县庄内市），幼名加藤吉作。23岁时，过继给当时的酒田豪族本间家作为养子。从家族事业中独立出来的本间宗久，首先在大坂的堂岛米市中获取了暴利。之后，本间宗久转往江户的藏前米市，同样也获利不菲，名震当时日本的两大米市，被时人称为“相场之神”。时谚更有：“酒田晴，堂岛阴，江户藏前雨纷纷”的说法，意思是说当酒田的稻米赶上好年成的时候，堂岛大米交易所的价格就下跌，江户的大米价格将暴跌，这充分说明了本间宗久在当时日本米市呼风唤雨的情形。

本间宗久的巨大成功，为本间家的富可敌国打下了基础。日本第二次世界大战战败后，实行农地改革之前，本间家可能是日本最大的地主。本间宗久被普遍认为是日本价格技术分析领域的先驱人物，其一生颇具传奇色彩。

本间宗久主要活跃在18世纪中后叶。在详细介绍本间宗久的生平之前，先大致了解一下本间宗久当时所处的历史背景，这有益于加深对日本蜡烛图技术的理解。

从1467年足利义政时期的应仁之乱，到1615年德川家康灭丰臣氏，在近一个半世纪的时间里，日本一直处于连绵不断的战乱之中。各地大名不断相互征伐，争夺领地，这段历史被称为日本的“战国时代”。

在“战国时代”的最后几十年，先后出现了3位杰出的历史人物，使日本在17世纪初得以统一。这3位历史人物分别是——织田信长、丰臣秀吉和德川家康。他们的经世之才以及伟大成就，在日本历史甚至是民间传说中都备受称颂。

织田信长开创了安土时代，丰臣秀吉开创了桃山时代，德川家康开创了江户时代——他们依次推进了日本逐步走向统一的历史进程。安土、桃山时代之后，从1615年到1867年，德川家康及其后人一直掌控着日本的政权，这一历史时期又被称为德川幕府时期。

史蒂夫·尼森所著的《日本蜡烛图技术》一书中曾经提到过，日本蜡烛图形态有很多是基于军事背景命名的，如反击线、白色三兵、三川形态等。蜡烛图技术诞生的18世纪，距离这场席卷整个日本的战乱不过百年历史。据此推测，那个战乱的时代在百年之后仍然影响着人们的思维和语言习惯。

在德川幕府的封建中央集权统治下，日本度过了一段相对稳定的和平年代，社会经济从长期战乱中得到了恢复，农业生产日益发展。更重要的是，国内的商业活动有了较为宽松的环境，逐步繁荣起来。截至17世纪，日本已经初步形成了一个全国性的市场体系，取代了过去那些相互隔绝的地方小市场。这个统一、集中的大市场的诞生，大大增强了商品的流动性，为本间宗久登上历史舞台创造了优越的条件，也为蜡烛图技术的诞生提供了实践环境。

在丰臣氏的桃山时代，丰臣秀吉一直将大阪作为自己的权力中心，大力扶持大阪的发展，因此也使大阪成为日本的一个商业活动中心。在当时的历史条件下，陆地运输不但缓慢，安全性差，而且成本较高。作为政治中心的大阪，同时具有便利的港口地理优势，顺理成章地成为全国重要的物资集散地。当各地物资供应出现不平衡时，大阪能够及时调剂余缺，从而为市场价格的稳定作出了巨大的贡献。大阪既拥有庞大的物资仓库，也拥有巨额财富，因此逐渐演变成当时日本最大的商业和金融中心。

对很多大阪居民来说，生活一直沉浸在追逐利润的欲望之中。当时的日本社会由四种等级森严的阶层组成，自上而下分别为武士、农民、工匠和商人。直到18世纪，得益于巨大财富对政治的影响，商人阶层才终于打破了这种社会壁垒，成为名利场中的上流人士。据说甚至到了今天，在大阪当地人们之间，一种传统的问候语依然是“今天你发财了没有”。

当时大阪的淀屋，是丰臣秀吉的军需物资供应商。淀屋的初代当主——淀屋常安，在大米的运输、分配以及制订大米价格方面具有非凡的才能。淀屋家在大米市场的地位之重要，以至于日本第一家大米交易所就是从这里萌芽的，淀屋常安本人也坐拥巨额财富。从结果看来，淀屋可能富可敌国，功高盖主。

宝永二年（1705年），幕府（当时的征夷大将军是德川家第五代将军——德川纲吉）宣布，淀屋（当时是第五代当主——淀屋广当）享受的穷奢极欲的豪华生活同卑贱的社会地位不相称，将淀屋的所有财产抄没充公。

实际上，随着商人们手中的财富不断增长，他们中间有些人的势力也日益膨胀，幕府对此心怀戒惧。早在1642年，就有官员与商人相互勾结，企图操纵大米市场。执政者对他们进行了严厉的处罚，商人的子女被处死，商人本人遭流放，财产全部被剥夺。

17世纪下半叶，起源于淀渥的大米交易市场终于发展成大阪的一个独立机构——堂岛大米会所。在这间交易所里，商人们制定大米的等级标准，通过讨价还价厘定大米的价格。截至1710年之前，这间交易所一直进行的是大米实物交易。1710年之后，堂岛大米会所开始收授大米仓库收据（即大米仓单）。大米仓库收据称为“大米库券”，它们可能是世界上最早出现的期货合约。

大米生意的经纪业务，形成了大阪经济繁荣的基础之一，当时大阪的大米交易商总数大约在1300人以上。那一时期，由于没有可靠的货币标准，大米成了事实上的交换媒介。如果某位大名需要资金，就把富余的大米运抵大阪，将这些大米用他的户头储存在大阪的仓库中，他将得到相应的大米库券作为这批大米的收据。然后，他就可以随心所欲地决定卖出这些大米库券的时机。实际上，当时许多大名在财政上都周转不灵，他们也常常将下一熟的大米税收（大名收取的捐税用大米的形式支付，通常这些大米占农民收成的40%～60%）提前作为大米库券卖出去。在某些情况下，他们甚至可以通过这种方式把未来数年的大米收成抵押出去。

大米库券交易非常活跃。这种大米库券是凭未来的大米收成提前卖出的，因此成为世界上最早的期货合约。从事这类大米库券交易的堂岛大米会所，也就成为世界上第一间期货交易所。大米库券又称为“空米”库券，“空米”的意思是说它不是具体的实物大米。

当时的大米期货交易盛行到何种程度呢？为了帮助大家形成一个清晰的印象，

请看下面一组数字：1749年，大阪总共有110000包（当时大米是用“包”作计量单位的）的空米库券在市面上交易，然而当年全日本的实物大米也只不过30000包。

就是在这样的社会背景下，鼎鼎大名的“市场之神”——本间宗久登上了历史舞台。本间宗久成年后，过继到本间家，本间家是酒田当地的一个豪族。1750年，本间宗久接手掌管本间家的生意，在东日本大米集散地酒田（位于上川河口，港口城市，也是17世纪日本重要的大米产地及商业中心）的大米交易市场开始他的大米交易事业。

本间宗久在他的著作中曾写道：“两羽（酒田所在的出羽，分为羽前和羽后）之地，良田沃野绵亘数十里，自古以出产大米闻名于世，又是酒田大米市场所在地。为了大米交易，这里云集了四方商贾。停泊在港口的运米帆船，经常可见如林的桅杆。我的事业就是从买卖大米开始的。” 可能是基于这个原因，本间宗久的价格分析方法被后人称为“酒田战法”。

分家时，基于本间宗久对本间家的贡献，在三兄弟中获得了最大的一份财产。之后本间宗久自立门户，身揣雄厚资本，进入了当时日本最大的大米交易市场——大阪堂岛大米会所，投身于大米期货交易。

在大阪进行大米交易的同时，本间宗久委托自己哥哥将大量大米由酒田港装船运出。这些运米船只沿日本海西下，在能登半岛登陆，再经福井县的敦贺、小浜、大津运至京都，卖掉大米。

本间宗久以大阪和京都两地的大米交易所为舞台，以期货和现货两个市场的优势，完成了对关西大米市场的合围。

本间家拥有面积庞大的稻米种植基地，年收入25万石大米。由于在大米现货上的雄厚实力，本间家成为当时大米市场中不能回避的一个存在。不过本间宗久并不满足，他逐年记录了天气情况与大米产量的相关信息。为了更深入地了解大米市场中的逻辑关系，本间宗久还深入研究了大米价格的历史记录，并且一直追溯到了淀屋时期。同时，本间宗久还创立了一套自己的通讯系统——从大阪至酒田，每隔一定距离便设立一个中转站，安排人员在约定的时间登上屋顶，挥舞小旗，接力棒式地传递信息。

本间宗久稳定了大阪的大米市场之后，将眼光转向了江户（现东京）的大米市场。当时江户地区在幕府的庇护下，无论经济实力还是物资流通都大大超过了大阪，大米交易市场就有神田、浅草、深川、永岛街和通三丁等5处。在江户，本间宗久投入了大规模的交易活动，凭借自己对大米市场深刻的研究，发挥天才交易大师的全部才能，迅速积聚了巨大的财富。据说，他曾经有连续100笔盈利交易的惊人记录。

在获得了巨大的财富和荣誉后，晚年的本间宗久在江户根岸建造了一座豪宅，过着悠然自得的生活，因此他也有"江户本间"或"根岸本间"的称号，后遁入佛门。本间宗久逝世于享和三年（1803年），享年78岁。

人们普遍认为，本间宗久在大米市场上采用的交易策略，后来逐步演化成为现代的日本蜡烛图技术。本间宗久的著作主要有《风林火山》《宗久翁秘录》《三猿金泉录》等，这些著作经过两百多年来东洋人的精心研究，后来辗转编辑成较现代的《酒田战法》，也就是大家常说的K线技术分析理论。酒田战法历经两个多世纪的发展，是技术分析先驱们的研究精髓。目前，K线技术分析已成为证券和期货业者的入门分析工具。

这里摘录一段《三猿金泉录》的内容，读者可以一窥两百多年前本间宗久的交易智慧。

（1）经过60年的日夜工作之后，我终于逐渐了解了稻米价格的走势。

（2）当每个人都看空行情时，已经酝酿价格上涨的契机。每个人都看多行情，则构成价格下跌的原因。

（3）《三猿金泉录》要求我们在交易过程中，要像我们熟知的三只猴子那样，做到非礼勿视、非礼勿听、非礼勿言，这样才能够取得成功。

（4）如果希望了解市场，应该向市场请教。只有这样，你才能成为市场上的猎鲸者。

图3-1-1　三只猴子

二、K线的时间周期

K线首先有一个时间的概念，K线存在的最基本前提就是时间周期。

理论上，任何一个时间段，都可以被用来作为一个K线的时间周期单位，例如1日、3日、5日，甚至3分钟、5分钟等。根据不同的时间周期，可以画出相应的K线。

一般软件系统中常用的周期通常有1分钟、5分钟、15分钟、30分钟、60分钟、1天、1周、1月、1年等。相应地，就有1分钟K线、5分钟K线、15分钟K线、30分钟K线、60分钟K线、日K线、周K线、月K线、年K线等。

不同的软件系统，查看各周期K线的方法也有不同。这里以通达信交易系统为例，说明如何调出各周期的K线。其他交易软件的调用方法，读者可以自行研究。

在通达信股票交易软件中，K线周期一般分为默认周期与自定义周期两种模式。默认的时间周期主要有1分钟、5分钟、10分钟、15分钟、30分钟、60分钟、1日、1周、1月、1季、1年等。其中分钟级别的K线调用方法，是在K线走势图中键入“M+分钟数”，见图3-1-2。

譬如，调用1分钟K线，就是键入M1，5分钟K线就是M5，60分钟K线就是M60。在键盘上输入“day”，可以调用日K线，输入“week”调用周K线，输入“month”调用月K线，输入“season”调用季K线，输入“year”调用年K线。

图3-1-2 分钟级别K线调用方法

对于自定义周期的K线，其设置方法如图3-1-3所示。按住“ctrl+D”，调出系统设置页面。点击标签为“周期”的选项卡，首先选定“基本分析周期”。例如，如果你想设置3日K线，那么“基本分析周期”就是日线，之后选择“分析周期倍数”。对于3日K线而言，就是“3”。最后点击“增加周期”按钮，相应的周期就设置好了。

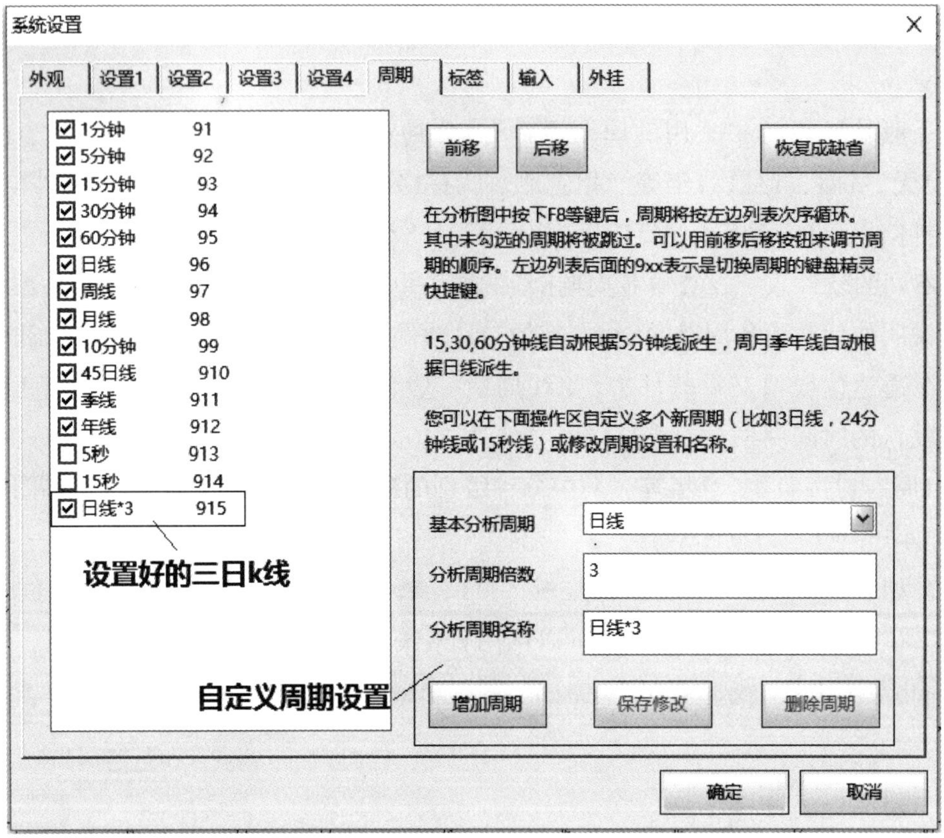

图3-1-3　通达信系统自定义K线周期的设置方法

需要特别强调的是，由于K线走势的各个级别是同构的，也就是说任何时间周期上的走势都可以完整地划分为趋势与盘整，趋势又可以划分为上涨与下跌。更主要的是，几乎所有的操作者都是按照软件系统中设置的常用K线周期来操作的，因此这些周期更能反映市场参与各方情绪的变化以及合力的方向，过于个性化的K线周期设置通常来说意义不大。对于一般操作者而言，可以选择软件默认的K线周期，如1分钟、5分钟、30分钟、日线、周线等，用于构建自己的操作系统。

不同周期的K线，以及基于该周期K线的走势类型，其意义是不尽相同的。这里借用道氏理论的比喻来描述这种意义。

道氏理论将趋势分为三种类型：基本趋势、次级趋势、小趋势。

基本趋势是大规模的上下运动，通常持续几年或更长时间，并导致股价出现较大幅度的增值或贬值。基本趋势向上，就是通常所谓的牛市；基本趋势向下，就是通常所谓的熊市。基本趋势一般建立在月K线级别以上的K线之上，或者说用月K线及以上级别的K线描述这种基本的趋势运动。

道氏理论用大海的运动来类比股市的运动，基本趋势就像潮汐。我们可以把一个牛市类比为涨潮，它将水面一步一步地推向海岸，直到最后达到一个水位高点并开始反转。接下来则是落潮或退潮，可以比做熊市。这种以月K线描述的基本趋势是确定的、稳固的，其涨跌幅度也是最大的。

次级趋势是价格沿基本趋势方向演进中产生的重要回撤，可以是在一个牛市中发生的中等规模的下跌或“回调”，也可以是在一个熊市中发生的中等规模的上涨或“反弹”。正常情况下，它们持续数周时间到数月不等。次级趋势一般建立在日K线以及周K线级别之上，或者说一般用日K线或者周K线来描述这种次级别的趋势运动。

对于基本的潮汐运动而言，每一波涨潮的过程中有回撤，落潮的过程中有上冲，这些回撤或者上冲就是次级趋势。这种以日K线、周K线描述的次级趋势较为确定，也较为稳固，其幅度虽然没有基本趋势大，但也相当可观。这种次级趋势是交易者的利润之源。

小趋势是非常简短的价格波动，从道氏理论角度来看，它们合起来构成中等趋势。一个中等规模的价格运动，无论是次级趋势还是次级趋势之间的基本趋势，都是由一连串的小趋势组成的。小趋势是上述三种趋势中唯一可被人为操纵的趋势，基本趋势与次级趋势则难以被操纵。小趋势一般建立在日K线以下周期的K线之上，或者说一般用日K线以下级别的K线，如60分钟、30分钟K线等来描述这种小趋势。

在每一波潮汐或者波浪运行的过程中，海面一直不断地被小波浪、涟漪及风冲击着，它们有的与波浪趋势相同，有的相反，有的则横向穿行，就像市场中每日都在进行的无关紧要的小趋势。这些日线级别以下的K线描述的趋势变化快，幅度较小，极难把握，也极容易被操控。大多数交易者都在这种日常波动的漩涡之中追涨杀跌，不能自拔。

利用不同周期K线观察走势，就如同利用不同倍数的放大镜观察事物。放大镜不同，即便对于同一事物，得到的观测结果也是不一样的。例如，对于一朵花，如果你用高倍显微镜观察，看到的无非是一些细胞而已。如果站在远处观察，即便能够看到花朵存在，花的美丽也是难以感受到的。只有用肉眼观察，才能看到花是花。

不同时间周期的K线，是观察走势的工具。什么时候用什么周期的K线去观察和操作什么样的走势类型，这是对操作者极大的考验。只有统筹各个级别的走势类型，并在此基础上进行综合判断，才能作出最有利的决策。

三、单根K线的画法及意义

任何周期的单根K线都由4个要素构成，即开盘价、收盘价、最高价、最低价。其中，开盘价与收盘价之间的价差决定K线的实体，最高价决定K线的上影线，最低价则决定K线的下影线。

如果某K线收盘价高于开盘价，则该K线称为阳线，在通用的行情软件分析系统中用红色表示。如果某K线收盘价低于开盘价，则该K线称为阴线，在行情分析系统中用绿色表示。绝大多数情况下，K线都可以完全分类为阴线和阳线，因此K线也称作阴阳线。如图3-1-4所示。

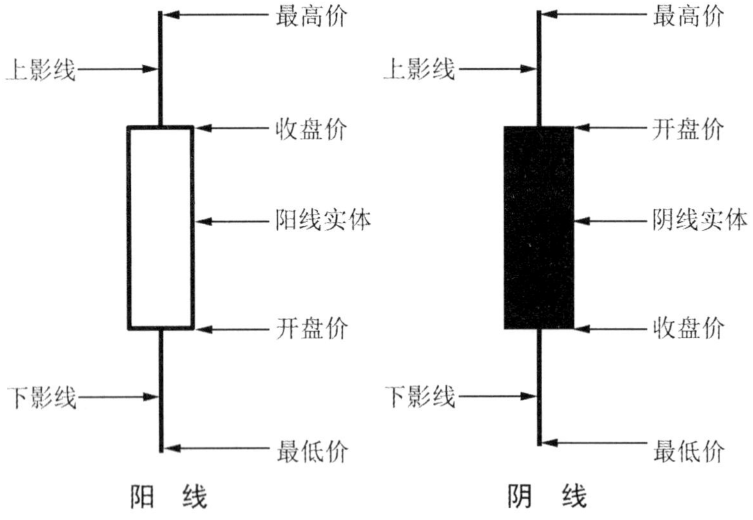

图3-1-4　单根K线画法

1.K线实体

一般情况下，K线实体大小代表内在的涨跌动力。对于阳线来讲，实体越大，代表上涨的动力越大。对于阴线而言，实体越大，表明下跌动力越大。但这也不是绝对的，需要将K线放到整体市场走势类型中去考察。

普遍流行的技术分析方法是，根据实体的幅度将K线分为小阴线、小阳线、中阴线、中阳线和大阴线、大阳线。小阴线和小阳线的波动范围一般在0.6%～1.5%之间，中阴线和中阳线的波动范围一般在1.5%～3.5%，大阴线和大阳线的波动范围在3.5%以上。

2.K 线影线

一般情况下，朝着趋势的方向影线越长，越不利于趋势的发展。例如，在一波上涨趋势中，上影线越长，越不利于上涨趋势的发展，长上影线通常意味着走势要回调或者反转。

在一波下跌趋势中，下影线越长，越不利于下跌趋势的发展，长下影线通常意味着下跌趋势要出现回抽，或者下跌趋势结束。

同样，这种情况也不是必然的，操作者要结合具体的趋势阶段来综合判断。例如，一根带长上影线的K线出现在某级别上涨的背驰段，就要高度防范趋势反转的可能性。如果该K线出现在中枢连接段，其意义不大，通常是上涨过程中的洗盘。

3. 单根 K 线基本形态

根据单根K线的开盘价、收盘价、最高价、最低价等四个要素及其相互之间的关系，可以将单根K线划分为12种最基本的形态。K线形态千差万别，但所有形态都是由这12种基本形态转化而来的。为方便起见，统一以日K线为例进行说明。

（1）光头光脚大阳线。

以最低价开盘，以最高价收盘。
表示涨势强烈，市场呈现一边倒的态势。
实体有长中短之分，实体越长，表明涨势越强烈。

图3–1–5　光头光脚大阳线

（2）光头光脚大阴线。

以最高价开盘，最低价收盘。
表示跌势强烈，市场呈现恐慌情绪。
实体有长中短之分，实体越长，跌势越强。

图3–1–6　光头光脚大阴线

（3）光头阳线。

多空激烈交锋，价格先跌后涨，多头占优。
下影线越长，表明多头力量越大。

图3-1-7　光头阳线

（4）光头阴线。

多空交锋空头占优，但由于下方有支撑，跌势企稳。
下影线越长，表明下方多头支撑力越强。

图3-1-8　光头阴线

（5）光脚阳线。

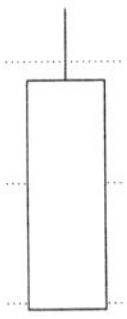

多头总体占优，但上涨之后受到空头抵抗，后市可能下跌。
上影线越长，则上方空头阻力越大。

图3-1-9　光脚阳线

（6）光脚阴线。

股价先涨后跌，空头占优，后市回拉整理的概率较大。
上影线越长，上方空头阻力越强。

图3-1-10　光脚阴线

（7）阳线。

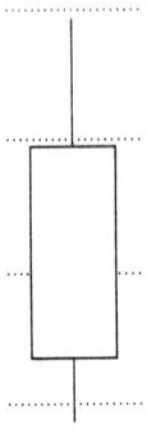

多空争夺激烈，多方胜于空方。
上影线越长，上方空头压力越大。
下影线越长，下方多头抵抗力越强。
实体的长度与多方力量正相关。

图3-1-11　阳线

（8）阴线。

多空激烈交锋，空方占优。
上影线越长，空方力量越大。
下影线越长，多方力量越大。
实体的长度与空头力量正相关。

图3-1-12　阴线

（9）十字线。

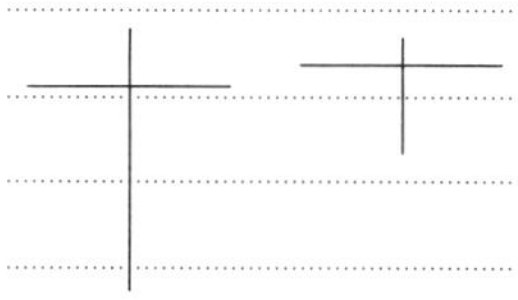

十字线表示多空双方暂时处于平衡态势。
此类K线实体可以是小阴线或者小阳线。

图3-1-13　十字线

（10）T字线。

此类K线的实体可以是小阴线或者小阳线。
表明下方支撑力较大，空方力量不足。
一般下影线越长，表明买方力量越强。

图3-1-14　T 字线

（11）倒T字线。

该类K线表示卖方力量极强。
上影线越长，卖方力量越大。
该类K线的实体可以是小阴线或者小阳线。

图3-1-15　倒 T 字线

（12）一字线。

这是极端的K线类型，表示多头极强或者空头极强。
也有可能是极端冷门的品种，市场成交异常冷清。

图3-1-16　一字线

四、常见K线组合及释意

K线组合是指由一根或者一根以上的K线构成的经典K线形态。这些K线形态反复出现，并且其出现在很大概率上揭示了后市价格走势的方向。譬如说，出现A类K线组合，预示后市大概率将会持续现在的趋势。出现B类K线组合，预示后市大概率结束当前的走势类型。利用K线组合进行操作，其本质就是利用这种可能性来获利。

注意，上面用到“大概率”三字，是因为K线分析的基础是已经发生的历史事件，只能用来预测后市行情发展的方向。所有的预测都是在赌博，都是在下注，赌后市将会按照当下已经出现的K线组合揭示的方向发展。但是任何赌博都不可能百分之百获胜，也就是说，不能百分之百确认出现某种K线类型，后市就必然上涨或者下跌。

下面列举一些典型K线组合，以便让大家对K线组合有一个直观的认识。在后面的讲解中，将结合缠论详细阐述K线形态的使用方法。

K线理论将经典的K线组合分为持续形态和反转形态，下面分别论述。

1. 上涨持续形态

（1）向上跳空缺口。

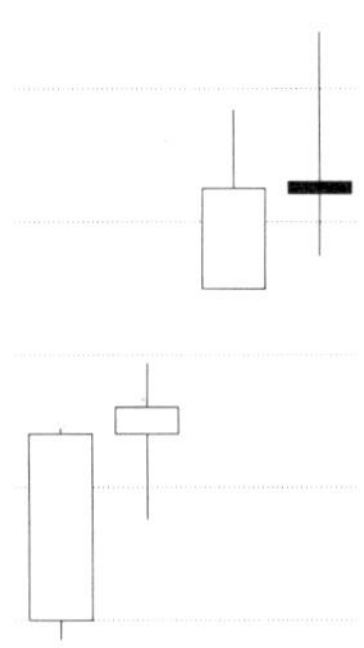

图3-1-17　向上跳空缺口

价格大幅上涨中，有一段价格区间没有任何交易，在图表上显示为一个真空区域，表明多方力道极强。

缺口一般可以分为普通缺口、突破性缺口、持续性缺口与衰竭性缺口。出现缺口后，价格经过一段时间的运行，重新回到缺口部分并填满，称为缺口回补。并非所有缺口都会被回补。

（2）向上跳空（上涨）并列阴阳线。

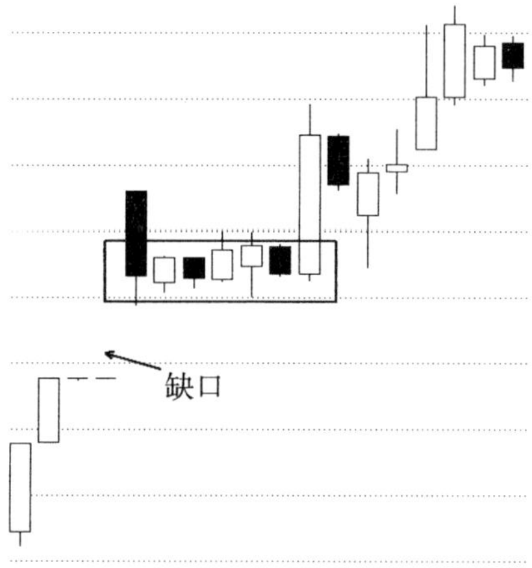

图3-1-18　向上跳空（上涨）并列阴阳线

市场处于上升趋势中，且出现了力度较大的跳空缺口。在这个缺口之上，出现了连续的并列K线，这些K线或为阴线，或为阳线，但波动区间一般都不大，且不能回补缺口。如果缺口被回补，则看涨意味减弱。

这是典型的上涨持续形态，大都意味着后市走势强劲。如果没有跳空缺口，并列阴阳线在前一根大阳线上方运行，这种形态称为上涨并列阴阳线，同样具有上涨持续形态的意味。

（3）高价位跳空突破。

图3-1-19　高价位跳空突破

市场处于上涨趋势中，且出现了一定程度的震荡整理态势。之后价格以跳空缺口的方式突破震荡整理区间，并且当日K线以上涨报收，这种形态称为高价位跳空突破，是典型的上涨持续形态。

一般来讲，缺口幅度越大，后市走势越强。

（4）上升三法。

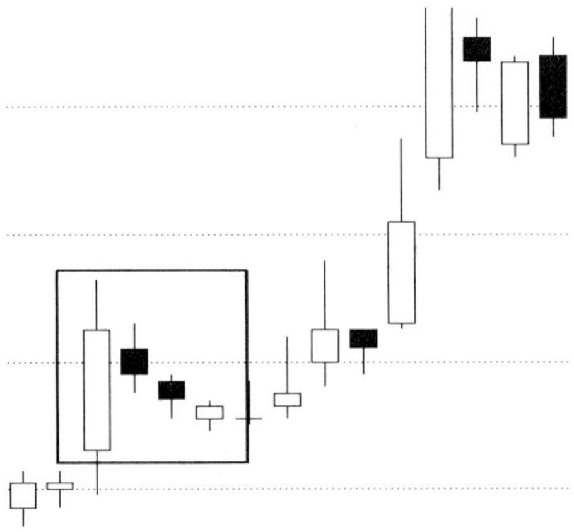

图3-1-20　上升三法

市场处于上涨趋势之中，第一根大阳线是最好的标志。大阳线之后，市场出现规则的强势调整，表现为一系列实体较小的阴阳线。这些阴阳线的标准数量是3根，最好能够处于第一根大阳线的范围之内。之后价格见底回升，重拾上涨趋势。

上升三法是较为强势的上涨持续形态，表示多方经过短暂蓄势之后重回升势。

（5）看涨分手线。

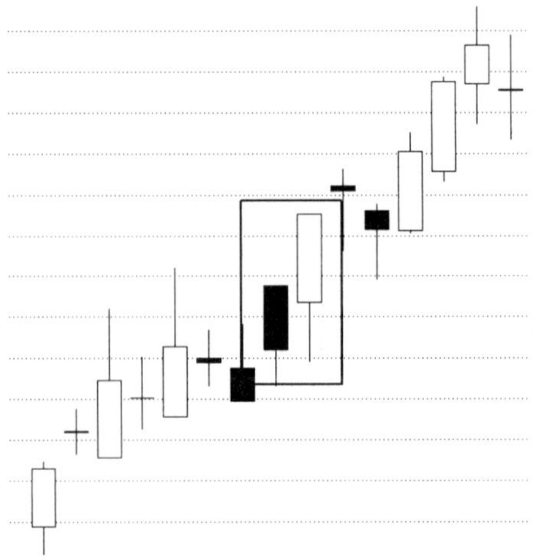

图3-1-21　看涨分手线

市场处于上涨态势之中，突然出现一根高开低走的大阴线。第二根阳线的开盘价与前一根阴线的开盘价相近，且以阳线报收。

这是上涨持续形态，表明多方力度强劲。

2. 下跌持续形态

（1）向下跳空缺口。

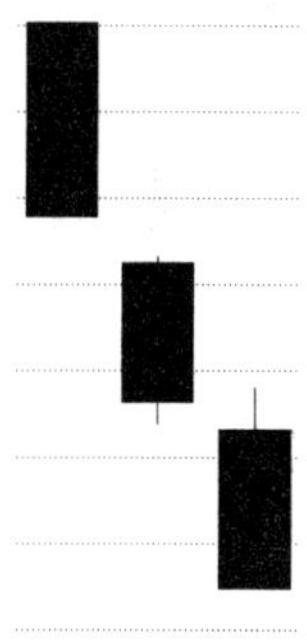

图3-1-22　向下跳空缺口

价格下跌过程中，有一段价格区间没有任何交易，显示在图表上是一个向下跳空缺口。这种缺口一般表明空方力道极强。

（2）向下跳空（下跌）并列阴阳线。

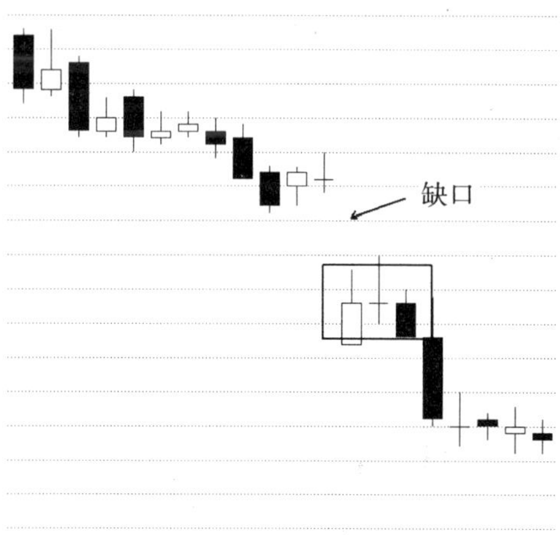

图3-1-23　向下跳空（下跌）并列阴阳线

市场处于下跌趋势中，且出现了力度较大的跳空缺口。在这个缺口之下，出现了连续的并列K线，这些K线或为阴线，或为阳线，但波动区间一般都不大，且不能回补缺口。如果缺口被回补，则看跌意味减弱。

这是典型的下跌持续形态，大都意味着下跌将持续。如果没有跳空缺口，并列阴阳线在前一根大阴线的下方运行，这种形态称为下跌并列阴阳线，同样具有下跌持续的意味。

（3）低价位跳空突破。

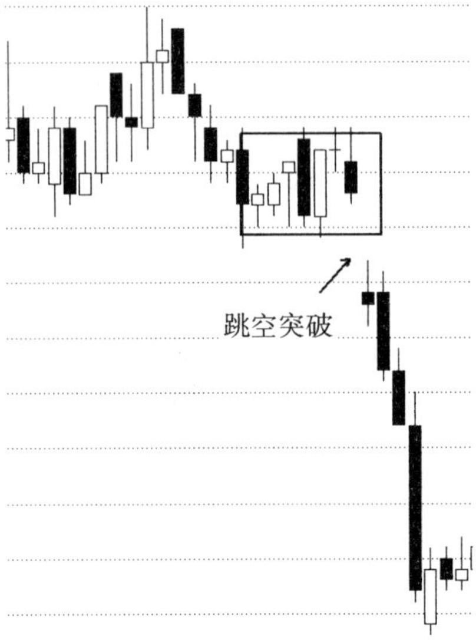

图3-1-24　低价位跳空突破

市场处于下跌趋势中，且出现了一定程度的震荡整理态势。之后价格以跳空缺口的方式向下突破震荡整理区间，并且当日K线以下跌报收，这种形态称为低价位跳空突破，是典型的下跌持续形态。

一般来讲，缺口幅度越大，后市走势越强。

（4）下降三法。

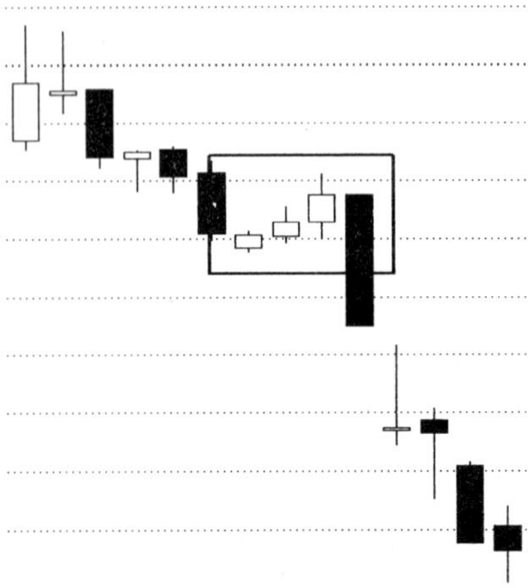

图3-1-25　下降三法

市场处于下跌之中，且出现了一根实体巨大的阴线。大阴线之后，市场出现规则的强势调整，表现为一系列实体较小的阴阳线。这些阴阳线的标准数目是3根，最好能够处于第一根大阴线的范围之内。之后价格见顶回落，重拾下跌趋势。

下降三法是较为强势的下跌持续形态，表明空方经过短暂的调整之后，市场重回跌势。

（5）看跌分手线。

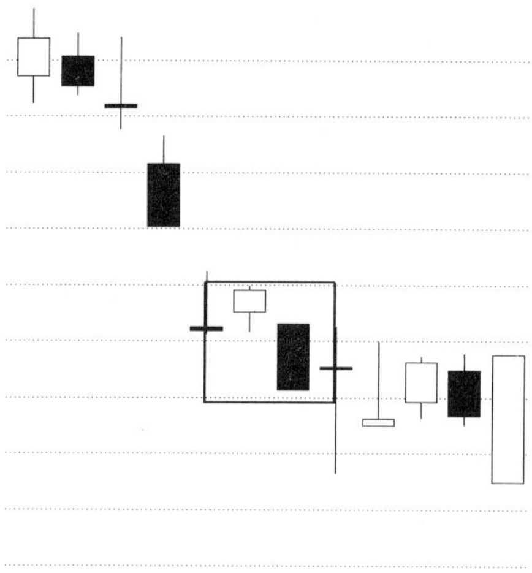

图3-1-26　看跌分手线

市场处于下跌态势之中，突然出现一根逆势的阳线。第二根K线以阴线报收，且开盘价与前一根阳线的开盘价相近。

这是下跌持续形态，表明空方力度强劲。

3. 顶部反转形态

（1）高位锤子线。

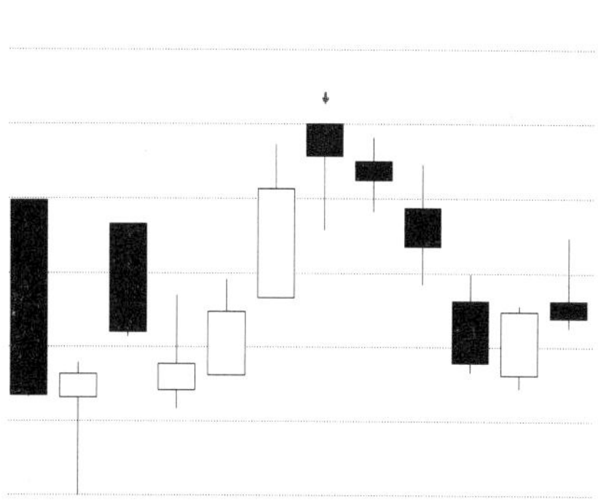

图3-1-27　高位锤子线

该K线形态的实体处于整个价格区间的上端，具有一根长长的下影线。一般没有上影线，或者即使有上影线，其长度也极短。

这种K线形态如果出现在趋势或者波段的高位，具有典型的顶部反转意味。其下影线越长，反转意味越大。如果该K线与前一根K线之间有缺口，且实体极短，下影线较长，则称为吊颈线，其顶部反转意义极大。

（2）高位倒锤子线。

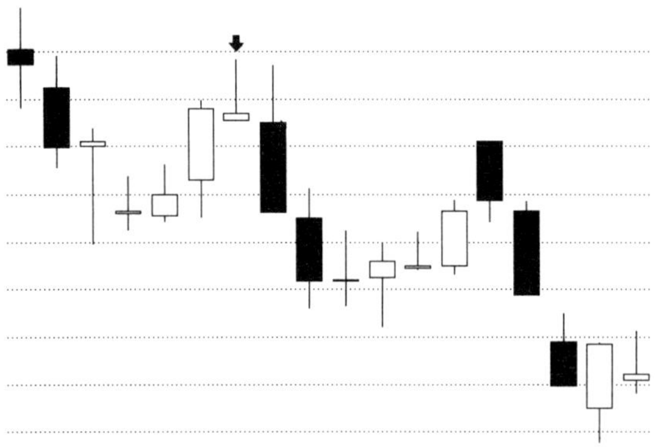

图3-1-28　高位倒锤子线

该形态的特征是K线实体比较短，且处于整个K线的底部区间，上影线相对比较长。该形态出现在趋势或者波段的高位区间，则具有浓厚的顶部反转意味。

该形态的上影线相对于实体的幅度越大，其反转意义也越大，这时候该K线形态也常称作射击之星。实体的颜色无关紧要，不过一般而言，阴线的看跌意义大于阳线的看跌意义。

（3）看跌捉腰带线。

图3-1-29　看跌捉腰带线

看跌捉腰带线是一根高开低走的光头大阴线，或者有上影线，但上影线小到可以忽略不计的程度。该K线形态如果处于上涨趋势或者波段的末端，具有极其强烈的顶部反转意味。

对于这类K线而言，阴线实体幅度越大，其反转的意味也越大。如果后市价格重新回升到该K线最高价格之上，则表明多方力量重新聚集，后市看跌存疑。

（4）看跌反击线。

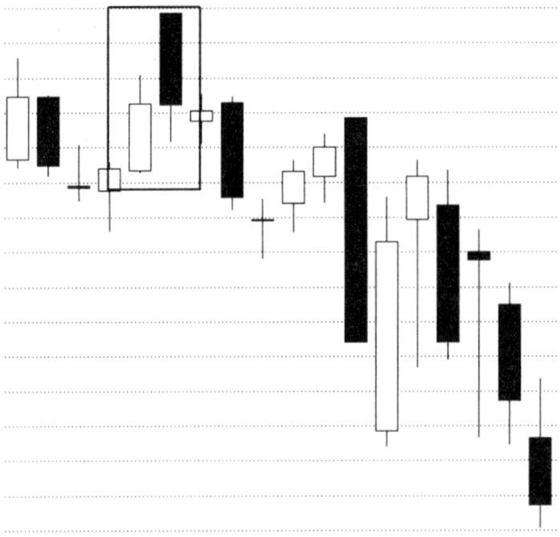

图3-1-30　看跌反击线

看跌反击线也称看跌约会线，由两根颜色相反，收盘价格大概相同的K线组成。如果该K线形态出现在上涨趋势或者波段的高位，便具有顶部反转的意味。

（5）乌云盖顶。

图3-1-31　乌云盖顶

乌云盖顶形态有两根颜色相反的K线，第一根阳线力度较大，第二根阴线开盘延续之前的上涨走势跳空高开，但收盘却收出大阴线，且该阴线深入到前一根阳线的一半以下。一般来讲，阴线切入阳线实体的幅度越大，后市看跌意味越强。

该K线组合出现在上涨趋势或者波段的高位，则是显著的顶部反转形态。

（6）看跌吞没形态

图3-1-32　看跌吞没形态

看跌吞没形态由两根K线组成，第二根K线的实体部分完全覆盖第一根K线的实体部分。构成看跌吞没形态的两根K线必须颜色相反，且第一根K线是阳线，第二根K线是阴线。如果第一根K线是一个十字星或者小阴小阳线，则该条件可以放宽。

该形态如果出现在上涨趋势或者波段的高位，则构成强烈的顶部反转K线组合。如果第一根K线的上下影线也被吞没，那么反转意味加强。第二根K线实体的幅度越大，则该顶部反转K线组合力度也越大。

（7）看跌孕线（十字孕线）形态。

看跌孕线形态由两根K线组成，其中第一根K线是中阳线或者长阳线，第二根

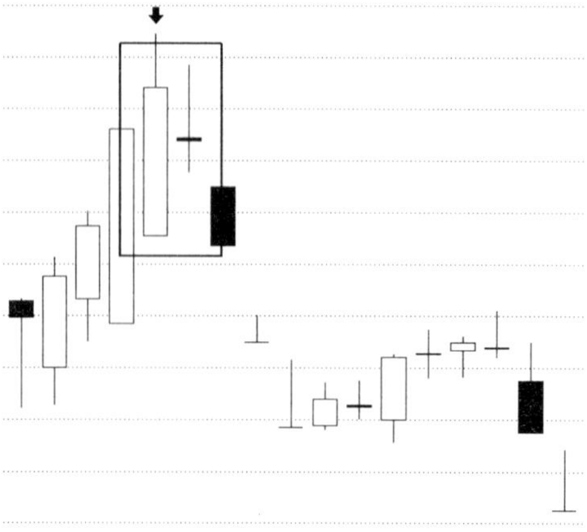

图3-1-33　看跌孕线（十字孕线）形态

K线是一根小阴线或者小阳线，且实体部分完全被第一根K线覆盖。如果第二根K线是一根十字线，则该K线组合称为看跌十字孕线。

一般来讲，看跌孕线形态反转意义并不是十分强烈，但如果发生在上涨趋势的背驰段，或者在上涨波段末端，次级别呈现较为明显的走势类型转化特征，交易者需要高度警惕。

（8）黄昏（十字）星。

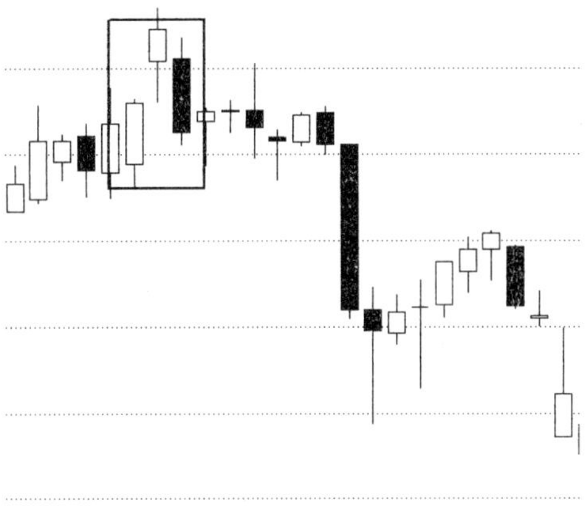

图3-1-34　黄昏（十字）星

市场之前处于上涨趋势或者波段的顶部区域，第一根K线是一根中阳线或者长阳线，第二根K线是一根小阴线或者小阳线，且创出新高。第三根K线以中阴线或者长阴线报收，其实体深入第一根阳线实体之内。

这是典型的顶部反转形态，且符合顶分型的定义。一般来讲，第三根K线深入第一根K线实体的幅度越深，其顶部反转意味越强烈。如果第二根K线是一根十字线，则该形态称作黄昏十字星。

（9）看跌弃婴形态。

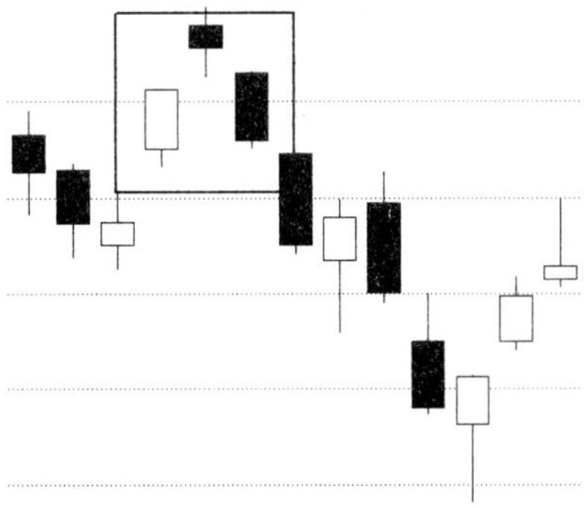

图3-1-35　看跌弃婴形态

看跌弃婴形态是黄昏星形态的变形，如果第二根K线与第一根、第三根K线之间均有缺口，则该形态称作看跌弃婴形态。

出现看跌弃婴形态，其顶部反转的概率更大。

（10）三只乌鸦。

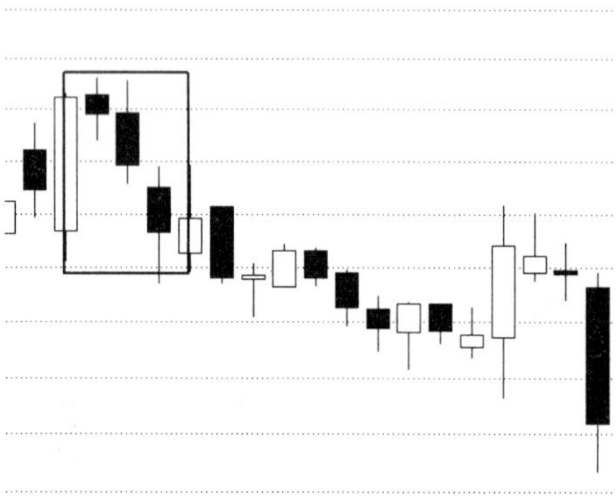

图3-1-36　三只乌鸦

某级别上涨趋势或者波段末端出现连续三根阴线，且该连续三根阴线的每一根K线开盘价都比前一根低，收盘价也低于前一根阴线的收盘价。该形态理想的状态是第一根阴线实体位于前一根阳线的最高点之下。

这是典型的顶部反转形态，即所谓的"一鼓作气，再而衰，三而竭"。这种形态中，多头三次攻击都不能攻破空头防线，表明市场抛压严重。

（11）平顶形态。

图3-1-37　平顶形态

该形态由具有相同水平最高价的两根或者多根K线组成。平顶形态既可以由相邻的K线组成，也可以由相隔较近的K线构成。

该形态的意义在于，市场在同一价位附近受到阻击，该位置就成为明显的上涨阻力线，因而具有顶部反转的意味。

4. 底部反转形态

（1）低位锤子线。

图3-1-38　低位锤子线

该形态与高位锤子线一致，如果出现在下跌趋势或者波段的低位，表明空方遇到多头强烈的阻击，从而收出了较长的下影线。

该形态具有强烈的底部反转意味。一般来讲，下影线长度越长，其后反转的力度也越强。如果实体极短，下影线较长，也被称为探水竹竿。

（2）低位倒锤子线。

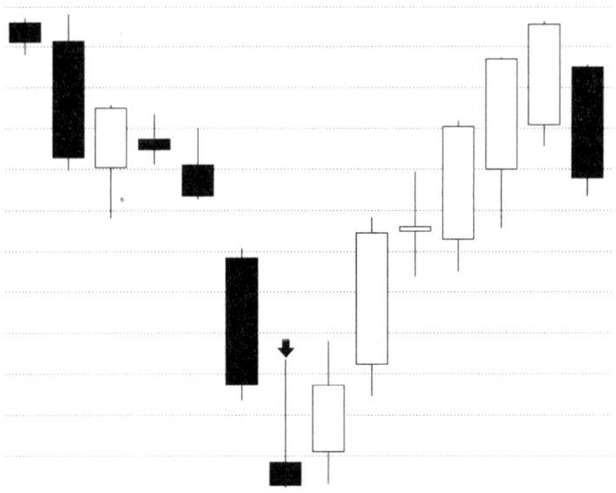

图3-1-39　低位倒锤子线

该形态与高位倒锤子线类似，如果出现在下跌趋势或波段的低位，具有底部反转的意味。

如果实体极短，上影线极长，该形态也称为墓碑线，意味着像墓碑一样，标志之前的下跌走势死亡。

（3）看涨捉腰带线。

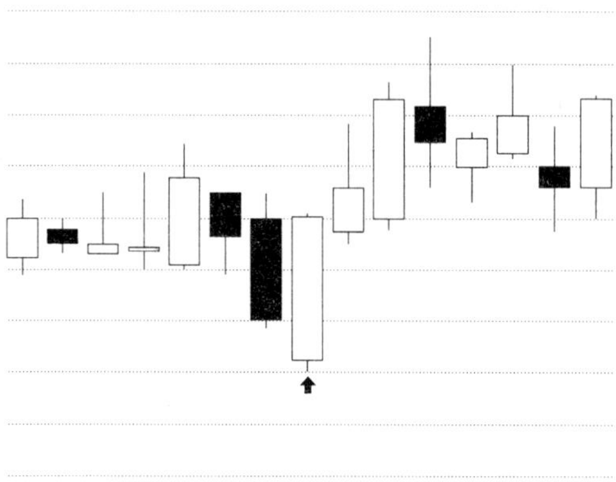

图3-1-40　看涨捉腰带线

看涨捉腰带线，是一根低开高走的光脚大阳线，或者有下影线但下影线小到可以忽略不计的程度。如果该K线形态处于下跌趋势或者波段的末端，便具有极其强烈的底部反转意义。

对于这类K线而言，实体幅度越大，其反转的意味也越大。如果后市价格重新回到该K线的最低价格之下，则表明空方力量重新集聚，后市看涨存疑。

（4）看涨反击线。

图3-1-41　看涨反击线

看涨反击线也称看涨约会线，由两根颜色相反，收盘价格大概相同的K线组成。如果该K线形态出现在下跌趋势或者波段的低位，便具有底部反转的意味。

（5）曙光初现。

图3-1-42 曙光初现

曙光初现形态有两根颜色相反的K线，第一根阴线是一根坚挺的K线，且力度较大。第二根阳线开盘延续之前的下跌跳空低开，但收盘却收出大阳线，且该阳线深入到前一根阴线的一半以上。

一般来讲，阳线切入阴线实体的幅度越大，后市看涨意味越大。该K线组合发生在下跌趋势或者波段的低位，是显著的底部反转形态。

（6）看涨吞没形态。

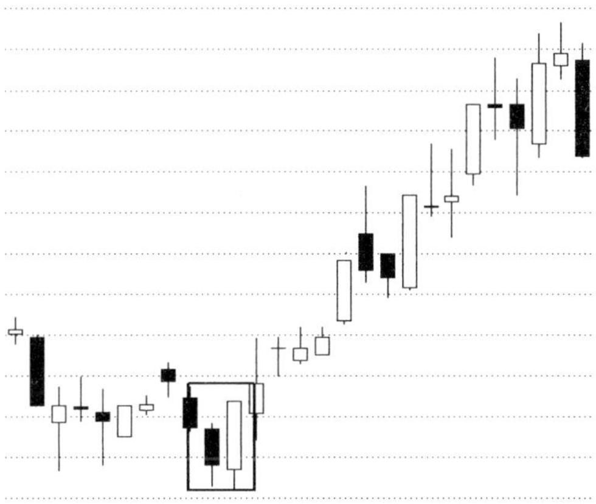

图3-1-43 看涨吞没形态

看涨吞没形态由两根K线组成，第二根K线的实体部分完全覆盖第一根K线的实体部分。构成看涨吞没形态的两根K线必须颜色相反，且第一根是阴线，第二根是阳线。如果第一根K线是一个十字星或者小阴小阳线，则该条件可以放宽。

该形态如果发生在下跌趋势或者波段的低位，则构成强烈的底部反转K线组合。如果第一根K线的上下影线也被吞没，那么反转意味加强。第二根K线实体的幅度越大，该底部K线组合的反转力度也越大。

（7）看涨孕线（十字孕线）形态。

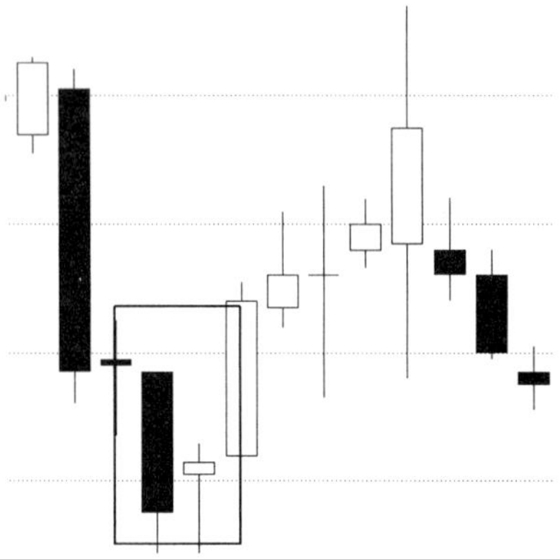

图3-1-44 看涨孕线（十字孕线）形态

看涨孕线形态由两根K线组成，其中第一根K线是中阴线或者长阴线，第二根K线是一根小阴线或者小阳线，且实体部分完全被第一根K线覆盖。如果第二根K线是一根十字线，则该K线组合称为看涨十字孕线。

一般来讲，看涨孕线形态反转意味不是十分强烈，但如果发生在下跌趋势的背驰段，或者在下跌波段的末端，次级别呈现较为明显的走势类型转化特征，则需要引起高度重视。

（8）（十字）启明星。

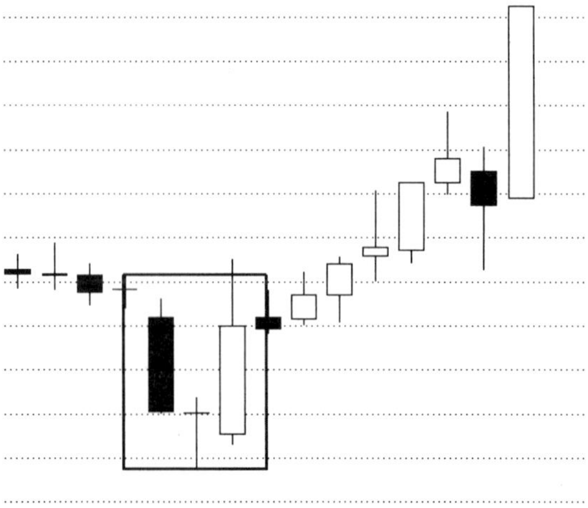

图3-1-45 （十字）启明星

市场之前处于下跌趋势或者波段的底部区域，第一根K线是一根中阴线或者长阴线，第二根K线是一根小阴线或者小阳线，且创出新低。第三根K线以中阳线或者长阳线报收，其实体深入第一根阴线的实体之内。这是典型的底部反转形态，且符合底分型的定义。

一般来讲，第三根K线深入第一根K线实体的幅度越深，其底部反转意味越强烈。如果第二根K线是一根十字线，则该形态称作十字启明星。

（9）看涨弃婴形态。

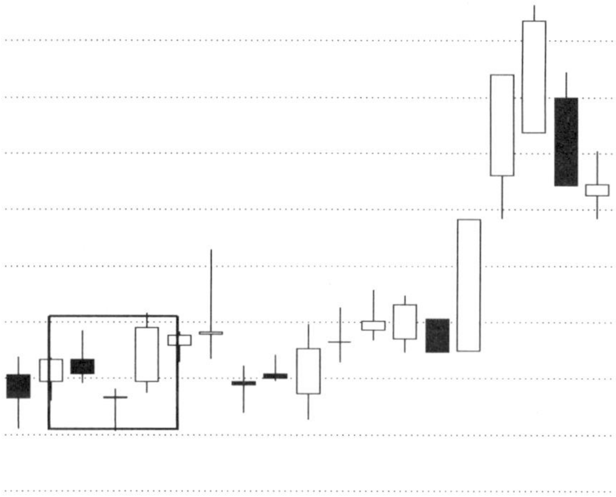

图3–1–46　看涨弃婴形态

看涨弃婴形态是启明星形态的变形，如果第二根K线与第一根、第三根K线之间均有缺口，则该形态称作看涨弃婴形态。

看涨弃婴形态的底部反转意味更加强烈。

（10）底部红三兵。

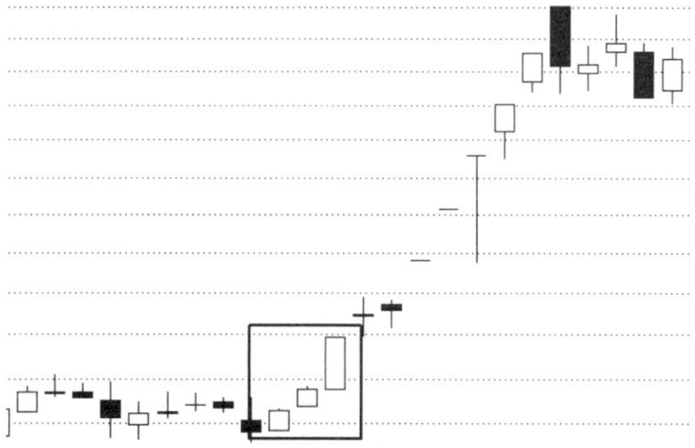

图3–1–47　底部红三兵

市场处于上涨的初期，出现连续三根逐渐放大的中阳线，且每根阳线的开盘价均高于前一根K线的收盘价。

这是典型的底部反转形态，不过需要注意的是，如果K线幅度过大，需要警惕短期出现调整。如果第二、第三根K线实体幅度逐次减小，那么该底部反转形态看涨意味减弱，交易者需要警惕后市面临调整。

（11）平底形态。

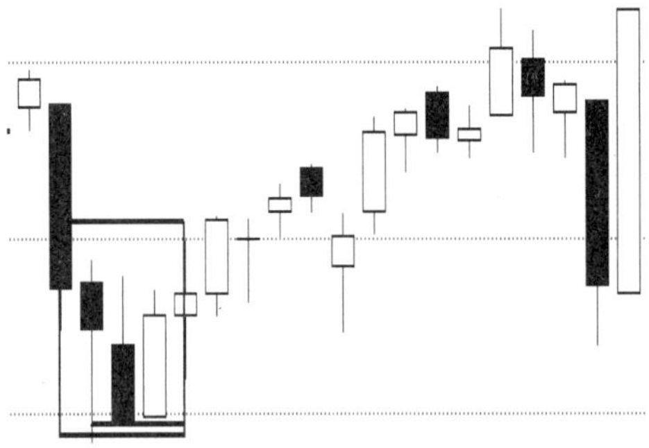

图3-1-48　平底形态

该形态由具有相同水平最低价的两根或者多根K线组成。平底形态既可以由相邻的K线组成，也可以由相隔较近的K线构成。

该形态的意义在于，市场在同一价位附近受到支撑，该位置就成为明显的下跌支撑线，因而具有底部反转形态的意味。

五、K线理论对市场的划分

K线理论将市场划分为筑底阶段、上升阶段、构筑头部、下降阶段等四个阶段。

1. 筑底阶段

股价经过一轮下跌之后，跌势将趋缓并转为横盘振荡。筑底的时间长短取决于政策、资金、市场信心等多方面因素，一般而言，这个时间都比较漫长，股谚有“筑底需三月，筑顶只三天”的说法。

这里所说的底部，并不一定是真正的底部，筑底也有失败的可能。如果筑底不成功，价格将跌破前低，开启新一轮猛烈的跌势。这个时候，前期认为是底部的地方，则成为大跌之后的技术性反弹压力位。

2. 上升阶段

本间宗久把这个阶段比喻成人生的四个过程。

（1）幼儿期。这个时期就如同幼儿学步，前进缓慢，而且一遇到害怕的情况就马上退回到母亲身边。就像上涨趋势的开始阶段，上升幅度不大，速度缓慢，稍微遇到阻力就马上回撤。

（2）青年期。犹如体力充沛的年轻人“冲劲十足”，拼命往前冲，而且跑得远，跳得高。虽然没有什么耐力，但是遇到困难，只要稍作休息，经过简单的回档整理之后，就能马上再度发动新一轮上攻。

（3）中年期。这个时期人的体力已经走下坡路，但人生目标明确，稳定性也比较好。人到中年难免趋向保守，如同上涨行情的末升段，走势稳健缓慢，回档幅度不大，但方向相当清楚。

（4）老年期。人到老年，盛极而衰，终于走到了强弩之末，用尽最后一丝力气也无力回天，宣告上升阶段结束。

3. 构筑头部

这个阶段是“上升阶段的老年期”行情。行情企图向上再度推升，但多头用尽力气，也没办法突破前一波高点。最后向下突破颈线，完成头部，进入“下跌阶段”的过渡过程。

本间宗久认为头部横向构筑面积越大，代表下跌累积的动能越多，下跌的幅度也越大。这就如同拿一桶水往下倒，水桶越大，装的水越多，水往下的冲力就越大。

4. 下降阶段

该阶段和上升阶段的道理一样，只是方向相反。

六、K 线理论心法

相传本间宗久晚年著有《风林火山》一书，对市场操作的心法做了高度概括和阐述。他将操作归结为十二个字：疾如风，徐如林，掠如火，不动如山。

这种说法源自中国兵家典籍《孙子兵法》。《孙子兵法》中描述军争之法，有这样几句总结：“故其疾如风，其徐如林，侵掠如火，不动如山，难知如阴，动如雷震。掠乡分众，廓地分利，悬权而动。先知迂直之计者胜，此军争之法也。”

结合市场操作，十二字操作心法的意义大致如下。

疾如风：行情要反转或破位，感觉不对头时，要赶快处置目前的部位。

徐如林：盘整时步调放缓，高出低进。

掠如火：单边连续走势一路追杀，绝不犹豫手软。抱牢赚钱的部位，只追加，不平仓。

不动如山：很多时候走势不明，勉强进场不但难以获利，还必须承受极大的风险，不如退场观望。

第二节　K线技术的优缺点

一、K线技术的优点

从本间宗久开始，一直到现代许多投资大师，很多人因为正确使用K线技术而在市场上获得巨大成功。

据说，本间宗久使用其开创的K线理论，曾在日本大米市场上有过连续100笔盈利的惊人记录。连续100笔盈利，也就是说，在相对的时间之内，其盈利比率是100%！

大家可以计算一下，以1万元本金起家，每次盈利10%，看看连续100笔盈利之后，你的本金会滚动为多少。无怪乎本间宗久对当时的日本大米市场有那么大的影响力，无怪乎其本人坐拥那么多的财富，无怪乎他被人称为“相场之神”，也无怪乎他开创的K线理论能够流芳后世且长久不衰！

缠中说禅在理论构建以及实盘操作过程中，同样常常用到K线理论。缠论的基础构件与逻辑起点——分型，就其表现上看，也是一种典型的反转形态——所谓底分型，就是K线技术定义的底部反转形态；顶分型，就是K线技术定义的顶部反转形态；大部分中继分型，往往表现为K线技术定义的持续形态。

缠中说禅在其实盘分析文字里，曾有不少相关的描述。例如，在“教你炒股票”第47课“2007年4月19日行情分析”一文中，他曾写道：“实际走势，在该第二波的分笔背驰（看1分钟图14:43的MACD指标红绿柱子，该K线还是所谓的早晨之星）后，大盘出现大幅度回拉，这其实是理论百分之百保证的事情。”（参看作者整理出版的《缠中说禅：教你炒股票（配图校注版）》一书）

从中可以看出，K线理论对缠论的构建以及缠中说禅的实盘操作具有极大的指导意义。正是以K线理论为基础，融会贯通了多种操作理论，才使其完成了“0成本投入，在短短十数年内积累了数十亿巨额财富”，使其构建了前无古人的股市操作理论——缠论。

当然，成功者与其本身具有的特质密切相关。除此之外，也与他们使用K线技术这一有效的技术分析工具有密切的关系。K线理论紧紧抓住某级别操作中最关键的要素——走势类型与买卖点，这一点值得所有技术分析爱好者和交易者学习。

走势类型决定了交易的方向。交易方向如同出行的方向，如果从北京出发去南极，那么必须向南走，否则就是南辕北辙了。现实中，按照走势类型的方向建立头寸，即便不能立刻盈利，甚至短期被套，只要趋势方向不变，只要不爆仓，就有更大的概率扳回来甚至大幅盈利。一旦交易的方向与走势类型方向相反，那么唯一的解决方法就是快速离开，否则只能越陷越深。

前面讲到，K线技术将市场分为筑底阶段、上升阶段、构筑头部、下降阶段这四个阶段，这是个虽非绝对精确但却相对有效的划分。根据这种划分，大概可以知道市场所处的位置以及交易的方向。

最简单且省心的方法，就是舍掉筑底阶段和筑顶阶段，只在上升阶段确认开始的时候建立多头头寸，在下降阶段确认开始的时候建立空头头寸。沿着这种思路走下去，交易的问题就演变成了“如何抓住趋势确认开始的那根K线或者那个K线组合，并沿着趋势的方向建立头寸”这个问题了。

买卖点决定了交易的时机。同样是上面的比喻，如果从北京出发去南极，仅仅知道往南走是远远不够的。只往南走，有可能一辈子也到达不了南极。出发前要选择最优路径，利用最优路径，可以用最少的资源办最多的事情。这个最优路径，在交易中就表现在买卖点上。

美联储前任主席格林斯潘曾经说过，“泡沫只有在破灭后才知道是泡沫”。同样，对于趋势而言，只有趋势走出来了才叫趋势。否则，即便前一走势类型非常明确地结束了，后面依然面临两种可能性。

例如，前下跌结束，后面可能是上涨，也可能是盘整。如果是上涨，即使买点不够精确也是没有问题的，毕竟大势所趋，后市必然一浪高过一浪。一旦是盘整这种多空通杀的行情，如果不追求较为精确的买卖点，而是以趋势的眼光做盘整，最终要么浪费时间，要么就是止损。

前面提到过，K线形态可以分为持续形态和反转形态，反转形态又可以分为顶部反转和底部反转两类。按照K线理论，顶部反转形态就是下跌趋势开始后、下跌趋势结束前建立空头头寸的位置，也就是卖点。底部反转形态，就是上涨趋势开始后、上涨趋势结束前建立多头头寸的位置。这些位置都是目标利润最大、风险最小的黄金点位。

从上面的分析可以看到，通过K线理论，交易的问题都可以转化为“如何抓住趋势确认开始的那根K线或者K线组合，沿着趋势的方向并在最有利的位置建立仓位”这个问题上来。

二、K线技术的不足

虽然许多人因为K线分析理论获利，但是有更多的人因为K线分析理论亏损。但凡参与投机市场的人，或者想靠交易为生的人，大都认真研究过K线分析理论。可是，书读了一箩筐，花费了很多金钱，到头来却依然难以摆脱亏损的命运，导致整体市场长期维持“一赚二平七亏损”的局面，问题究竟出在哪里呢？

其实，根本原因主要有两个方面。

首先，现有书籍未能完全揭示出本间宗久理论的全貌，或者说市面上流行的K线分析图书，在理论上以及应用中存在很多问题。本间宗久所著的几本书籍基本上已经失传，现在市面上普遍流行的版本，多是后人假托本间宗久之名所作，有片面之失也就不足为奇了。

其次，操作者对理论的理解存在误差。这个问题是多方面原因造成的。

（1）市面上流行的技术分析类图书良莠不齐，自然会引起学习者理解上的误差。

（2）操作者的学习心态存在问题。操作者参与投机市场，大都是抱着快速致富的心理来的。带着这种心态学习理论，总是希望速成，缺乏持之以恒的精神，是很难做好一件事情的。

（3）学习者自身禀赋存在差异。有的人就是为投机而生的，其盘感特别好，对买卖点的把握特别精准，往往能够快速积累起巨大的财富。有的人只有在市场中历经沧桑，才能悟出交易的本质。还有一些人，同样的错误会犯无数次，且始终不能改正。自身禀赋无法更改，有些人天生就不适合在差价领域生存，还是离开比较好。心态有问题的人，要好好提升自己的格局。格局大了，有些问题就会豁然开朗。

本书主要从技术理论方面阐述K线理论存在的不足，以及交易者使用K线理论在操作过程中常犯的错误。从技术分析的角度来讲，现在流行的K线理论，不足之处主要体现在以下几个方面。

1.K 线理论缺乏对级别的精确定义

从交易级别的角度看，K线理论缺乏对级别的精确定义。

前面的文章提到，级别是走势类型分析的前提，也是制定交易策略的前提。级别对于操作的重要性，就像空气之于人类生存的重要性一样。在操作中，即便级别不明晰，也可能会有运气好的时候，也可能会有获利单。但是长期来看，这种好运气不具有可持续性，而且更多的人会为这种假象付出惨痛的代价。

传统K线理论对交易级别的讨论明显不足，或者说没有给予足够的重视，导致K线理论学习者在操作中忽视级别，甚至根本不知级别为何物。认识不足导致操作一团乱麻，不能实现稳定盈利也就不足为奇了。

级别是什么？按照之前的定义，“所谓级别，是从自己定义的最小K线周期入手，按照分型、笔、线段、走势中枢、中枢延伸、中枢扩展、走势类型的定义等规则自然生长出来的对于走势的分类方法”。

K线理论有K线周期的说法，但这和严格的级别划分是不一样的。严格的级别划分是离不开K线周期的，但这只局限在最小级别上。最小级别以上，完全可以用递归的方法构建出更大的级别以及基于该更大级别之上的走势类型。

K线理论中的时间周期，只是对级别的一种近似。这种近似在行情较为平稳且不要求精确的情况下是没有问题的，一旦遇到暴涨暴跌走势，按照K线时间周期进行走势分类，往往会滞后很多。

按照标准的级别划分方法，最牛的划分是什么？就是交易者可以操作的最低级别，以此构建出四层甚至五层级别出来。对于常规操作来讲，一般三层级别就足够应付较为复杂的走势了。有了级别划分，市场的一举一动就全在你的掌握之中了。

2.K 线缺乏对走势类型的完全划分

从走势类型的角度看，K线理论没有对走势类型进行严格定义，也就不能对某级别走势类型进行完全的划分。

前面曾多次强调，某级别走势类型可以分为趋势和盘整，趋势又可以分为上涨和下跌。在两种走势类型中，趋势最为重要，因而也最具有分析意义。

所有成功的交易者，无论是否承认，其操作行为本质上都是成功的趋势交易。巴菲特也不例外，他操作的是大级别的趋势，特点是幅度特别大，周期特别长，走势特别稳固。那些所谓的超短线高手，同样也是趋势交易者，他们操作的是特别小的级别上的趋势，通过小级别上连续小额盈利达到积少成多的目的。

对于操作者而言，如何定义趋势，是分析与操作中第一重要的问题。没有趋势的定义妄谈趋势操作，显然是荒谬的行为。

在K线理论中，并未对趋势进行精确的定义。这就会对一些不明就里的学习者产生一定的误导，仿佛技术分析的全部就是那些K线组合，仿佛掌握了几种典型的持续形态和反转形态，就真正掌握了操作的精髓，这是一种极其片面并必然导致失败的认识。

首先，典型的K线形态只是经验总结的产物。在实际市场中，完全满足K线组合形态的情况很少见，固守所谓的经典形态，可能会错过很多买卖机会。

其次，从K线使用原理上看，K线理论通常情况下只能作为战术手段，不能对整个走势作战略性判断。战略性判断涉及基本面以及比价关系等因素，最终反映为较大级别的走势类型。

在实际操作中，单纯依据K线理论是不行的，必须把K线理论和其他技术分析流派对趋势的定义结合起来使用，才能最大限度地发挥K线理论的威力。

对于趋势的定义，一般有两种方法，西方技术分析理论提供的方法以及缠论提供的方法。关于这两种方法的对比，前面已有较为详细的论述。本书主要从缠论定义趋势的视角来观察K线理论。以缠论来把握趋势，以K线理论来把握买卖点，这种尝试在技术分析历史上尚属第一次，对作者而言也非常具有挑战性。

3.K 线理论买卖点不具有必然性

从买卖点角度看，K线理论定义的买卖点并非是必然的买卖点。也就是说，K线理论定义的买卖点失败的概率更大。K线理论定义的买卖点往往不精确，特别是在走势剧烈波动的情况下，其发出的买卖信号往往距离真正的高低点有较大的距离，非常不利于成本的管控。

所谓必然的买卖点，就是百分之百安全的买卖点。这个点出现之后，走势必然发生转折，没有任何模糊或者需要分辨的情况。

缠论的三类买卖点是必然的。前面多次强调，这里再说一次，以便让读者对这三类买卖点的必然性有更加深入的认识。

第一类买卖点，就是趋势的转折点。任何走势类型必将结束，所以这个买卖点是必然的。第一类买卖点最大的特征是背驰，然而并非有了背驰趋势就必然向相反方向转化，这一点必须引起注意。

第二类买卖点，是指前趋势结束，后走势类型的第二个次级别走势类型的结束点，或者说第三个次级别走势类型的开始点。这个买卖点的必然性由走势必完美原则所保证。

第三类买卖点是指趋势中标志本级别中枢结束的点。趋势中，任何中枢都将结束，不存在永远处于震荡中的中枢，因此第三类买卖点也是必然的。

这三类买卖点是被逻辑所保证的，都是必然的买卖点。买卖点的完备性不等于操作的完备性，虽然三类买卖点都是必然的，但买卖点出现后不可能自动完成买卖交易，最终的交易行为是交易者完成的。相同的工具在不同的人手中，就有了完全不同的结果。

K线理论提供的买卖点，则没有这种逻辑保证的必然性。这种由经验总结出来的买卖点，具有很大的或然性。K线揭示的买卖点的命中率，常常和市场强度有较大的关系。如果市场强度好，其命中率就高，反之命中率则较低。

当然，有一类K线组合，其揭示的买卖点也是必然的，那就是包含三类买卖点的K线组合。这类K线组合，就是在K线理论结合缠论的分析研判和交易过程中需要重点把握的。

对于市场交易而言，不能完全建筑在或然性之上，市场的必然性是交易中唯一值得信赖的港湾。包含必然买卖点的K线组合，其表现较为直观，更加容易识别和把握，因此是本书讨论的重点。

另外需要注意的是，虽然有些K线组合出现且包含了某级别的必然买卖点，但是也并不一定特别值得去把握。一般来讲，K线组合发出的信号都有一定的滞后性。

实践中会出现这样一种情况，就是当这类买卖点信号发出来之后，价格往往离真正的买卖点已经有一段距离了。交易者如果按照该信号参与交易，后面将面临较大幅度或者较长时间的震荡洗盘。这种情况也是K线理论在应用过程中面对的不足之处，交易者应该特别注意。

4.K 线形态容易出现骗线

K线形态极易被大资金操控，从而发出误导性信号。

中小散户一般都使用流行的分析技术来指导操盘，这些流行的分析技术中，就包含一些经典的K线形态。对于大资金来讲，这种市面上流行的分析技术，早已经被玩烂了。大资金深知散户心理活动的轨迹，深知制造何种形态能顺利达到洗盘或者悄悄出货的目的，于是利用自己的资金优势，制造出种种陷阱，诱导散户往陷阱里面跳。

例如，对于常见的支撑位，常常看到某些股票跌破之后就迅速拉回，令卖出者追悔莫及。对于常见的阻力位，常常看到某些股票升破阻力位之后，马上转为断崖式跌落，从而套牢一大批追高者。这些都是典型的利用技术形态制造陷阱的手法。

利用K线形态制造陷阱，在市场中也屡见不鲜。读者朋友可以翻看一下历史走势，看一看所谓顶部反转形态的吊颈线出现之后价格快速拉升的例子，或者作为底部反转形态的早晨之星出现之后股价继续滑落的例子是不是很多。

当然，对于股市操纵而言，市值越大，控盘需要的资金量也越大，因而对于某些大市值股票而言，操纵起来是很困难的。对于某些中小盘个股来说，由于市值小，操纵需要的资金量也相对较小，股市操纵往往发生在这些股票中，投资者需要特别注意。

K线形态标识的买卖点往往频繁出现，如果完全按照K线形态提供的买卖点操作，这与趋势操作的精神是相违背的。趋势操作的精髓在于，一旦某级别趋势确定，就一直持股或者持币，直到趋势结束。频繁出现反转形态，会让交易者在趋势之中频繁地买进卖出，从而丧失趋势利润。

当然，趋势操作并不拒绝波段操作，但这首先需要较高的技术要求，其次需要极快的反应速度与应变能力。如果你能在大级别与小级别走势类型之间顺畅地切换，自然没有问题。问题在于，很多人往往没有纵揽全局的能力，却总是做着只有绝顶高手才能做的事情。这种情况本质上是贪心作怪，妄图抓住所有的细微波动，妄图在最短时间内积聚起巨额财富。

做交易，最大的敌人往往是自己。不能自知，不能自控，无论多大的本金，或者曾经取得过多大的浮盈，到头来总归是一场空。

5.K 线理论缺失资金管理策略

利用K线理论，无法制定出完善的资金管理策略。

资金管理是投机市场非常重要但却极易被忽视的一个问题。很多人都一厢情愿地认为，只要有高超的技术，资金管理无所谓。这些人即便有较高的技术，即便资金能够积累到较大的体量，如果不注重资金管理，也很难做到持续稳定地增长。

资金管理和级别密切相关。资金管理中的一个基本原则，就是小级别安排小资金参与，大级别用重仓甚至满仓全力追逐。K线理论由于缺乏对级别的精确定义，自然不可能基于级别制定恰当的资金管理策略。

缺少基于级别的资金管理策略，将导致操作混乱。混乱的结果就是跟不上市场节奏，该获取的大利润获取不到，不断将本该是极小的损失变成大额的损失。

通过上面的分析可以看到，一方面，K线理论具有方便、直观、易用等较为鲜明的优势，可以很好地辅助操作。另一方面，其对级别的划分、走势类型与买卖点的判断等方面，存在某些先天缺陷。

这些不足之处，一般的技术图书中是看不到的，究其原因，要么作者本身不明白，要么作者明白却不告诉大家。这些不足之处，直接或者间接导致了交易者的亏损。

通过上面的分析，可以得到这样的启发：如果能找到一种方法，既能吸取K线理论的精华，又能弥补其不足之处，那么对于操作者来讲是具有极大价值的。本书将把K线理论融入到缠论的操作体系当中去，一方面用缠论划分级别，把握各级别的走势类型，另一方面用K线分析技术来把握某级别的买卖点，帮助交易者识别并验证买卖点信号，有效过滤掉K线形态的杂音，最终把技术分析的威力发挥到极致水平。

第4章

缠论K线分析技术

第一节　标的选择系统

缠论K线分析技术，是指以缠论为基础，综合K线分析技术，以“波段—趋势”操作理念为出发点建立的一套分析与操作体系。

所谓以缠论为基础，首先是说，该体系将建立相互独立的几个子系统来综合选择投资标的。其次，该体系的技术分析建立在级别、中枢、走势类型、买卖点的基础之上。

所谓综合了K线分析技术，是指分析中将借助K线组合来选择买卖时机，并以走势多级别联动的特性来验证K线组合的有效性，锚定K线组合发出的有效买卖点，过滤无效的买卖点。

所谓“波段—趋势”操作理念，是指该体系从大级别波段出发，操作次级别趋势，从而使得交易者能够充分利用大级别趋势，尽可能在一波行情中达到“利润相对最大化”的目标。

为什么说“利润相对最大化”？“利润绝对最大化”是无法达到的。例如，一波周线级别的上涨，要想达到利润绝对最大化，就意味着你要充分把握5分钟甚至1分钟级别上的上涨，并回避每一个下跌。从长时期来看，这是无法做到的，而且也没必要。

“有所为，有所不为。”操作自己能够把握的级别，这一点非常重要。“多则惑，简则明。”对于一般投资者来讲，级别越多，越容易迷惑。迷惑就容易犯错，从而把整个操作节奏都搞乱了。缠中说禅曾经讲过：“没有节奏，只有死！”

本章从以下五个方面对缠论K线分析技术进行阐述：标的选择系统、选择级别、走势类型及转化、买卖点分析、资金管理。

在“教你炒股票”系列文章中，缠中说禅以基本面、技术面、比价关系三个子系统作为综合选股系统。实践证明，该综合选股系统是有效的，能够大大提高所选品种的成功率。

在建立“缠论K线分析技术”标的选择系统之前，首先回顾一下缠论关于这三个子系统的描述。

一、基本面

1. 基本面要素

缠论对基本面的论述较为零散，这里摘取最为主要的内容，以便窥其门径。

可以选择基本面构成一个分类的程序，但这个基本面不是单指公司盈利之类的财务指标，而是像本ID在前面所说的：中国国航（601111）李总当兵出身，不会让自己的股票长期跌破发行价，这样很没面子。还有认沽权证基本不会让兑现等，这才是更重要的基本面。基本面需要对市场的参与者、对人性有更多的了解才可能精通。

2005年人民币放开后，有一次和他们一起玩，偶然聊起股票。当时给他们的意见是，由于资源价格的全球化升势及人民币升值，国内实业将会出现很大的困难。虚拟市场由于对资本具有吸纳作用，今后将大有改观，很可能会出现一个至少是大X浪级别的行情，因此劝他们分出一部分资金到资本市场来。

因为这两年一直有很多外资基金进来接触，要收购中国快速消费品企业，还有就是一些大的周期性行业将面临重组，就让他们去关注这两类股票和权证。

就像2006年4月份本ID在五粮液（000858）、包钢股份（600010）认购权证上的布局。为什么选择它们而不是别的？道理很简单，因为它们既有认购权证又有认沽权证。对于企业来说，除非行情特别不好，一般是不会让认沽权证兑现的。因为不兑现，认沽权证就是一张空头支票，而兑现是要掏真金白银的。对既有认购又有认沽的权证来说，认沽权证和认购权证行权价之间的差价，就是认购权证最安全的底线。对于五粮液、包钢认购权证，这个底线分别是1.02元和0.43元。本ID当时分别在1元多和4毛多买进它们，是不是和去银行提款一样安全？

由上面的描述可知，所谓基本面分析，至少应包含以下几方面的因素：国际政治经济情况，国内宏观经济情况，产业政策及其走向，公司情况，市场参与者以及人性的了解等。如果能够对以上情况了如指掌，那么在选择标的的过程中，当然胜算极大。

但是，对于一般散户而言，上述基本面信息一般不了解，或者说需要经过比较深入的学习和思考，需要比较灵通的信息网络才能通达。例如上面所说的“一直有很多外资基金进来接触，要收购中国的快速消费品企业”，以及“中国国航（601111）李总当兵出身，不会让自己的股票长期跌破发行价”等基本面信息，在信息极度不对称的前提下，个人操作者是无法得知的。

散户对于上述基本面信息，或者根本不知道，或者一知半解，实战中不仅难以起到正向作用，反而经常起到反作用。对于散户而言，想要精通所谓基本面，最好的方法就是补课，深入了解国际、国内、行业等宏观经济走向，深入分析市场参与者及其人性，广泛搜集上市公司信息。一旦投资者能够深入了解，不光对操作，甚至对社会、对人生的了解和感悟都会得到极大的升华，但这可能需要一个较长的周期。那么是否有更加快速便捷的或者退而求其次的方法呢？

2. 以市场强度替代基本面分析

技术分析理论有三大假设前提：市场行为包容消化一切，价格以趋势方式演变，历史会重演。其中最重要的一条是“市场行为包容消化一切”。奠定现代技术分析理论基础的道氏理论，也开宗明义地强调：股票价格平均指数反映了市场的一切变化。

既然基本面因素普遍反映到了价格平均指数之中，当然可以用该指数走势来部分或者暂时地代替基本面分析，这就是所谓的“市场强度”。

市场强度是从缠论基本面分析中衍生出来的指标，可以作为综合选股系统中一个独立的子系统。这里所说的市场强度就是指价格平均指数——对于A股市场来讲，就是上证综指、深证成指、中小板指数、创业板指数等。

3. 使用市场强度的关键要素

用市场强度作为标的选择子系统中的一个因素的时候，必须要注意级别不能太小。一般来说，市场运动分为基本运动、次级折返运动、日常波动三个层次。所谓的基本运动，反映了国际国内宏观经济走向，其走势具有相对稳定性，持续时间一般在数个月至数年，通常在1年以上，是市场中最基本的趋势。

日常波动主要决定于消息面以及市场短期心理变化情况，这种短期的消息或者市场心理变化难以捉摸，经常彼此矛盾，一般不能反映基本面的变化。日常波动杂乱无章，变化频繁，难以把握，持续时间一般为数天至数个星期甚至更短的时间。

次级折返运动往往反映相对稳定的基本面变化，如产业政策、行业情况以及公司信息等。次级折返运动介于基本运动和日常波动之间，是逆于基本运动的中级走势，持续时间一般为数个星期至数月。

使用市场强度作为标的选择子系统的一个因素的时候，这种运动至少应该是次级折返运动或者市场基本运动，反映在盘面上，该级别往往是周线或者月线级别。当然，在某些特定情况下，持续时间久且较为强烈的日线级别走势，也在考虑的范围之内。

使用市场强度作为标的选择子系统之一的时候，还应注意各个主要市场的走势必须相互验证。如果各个平均指数之间不能表现出这种相互验证的特性，则该基本面变化往往是值得怀疑的。

平均指数之所以表现出相互验证的特性，主要基于以下两个原因。

首先，在经济一体化的今天，各种行业之间必然是相互联系的，很少有哪个行业或者企业能够在宏观经济大势之外独善其身。像国内外宏观经济形势这样的基本面变化，必然像阳光一般照遍山河大地，因此绝大多数行业都会受到这种基本面的影响，使得平均指数之间表现出相互验证的特性。

其次，市场中存在板块轮动效应。在市场上，任何较大级别的上涨行情，都是由领涨板块带动的。领涨板块的爆发，往往是由该板块的龙头股激发的。在上涨行情初期，市场往往由这些领涨板块的快速上涨激发起人气。随着领涨板块龙头股价格不断走高，市场热度被调动起来，就会不断有新的资金涌入。

增量资金往往有恐高心理，一般不会追逐那些领涨板块或者龙头股，而是涌入到领涨板块的二线股或者其他一些还没有出现大幅上涨的板块或者股票当中。这种效应不断发酵，最终会引起市场普涨行情，直至市场出现大级别的顶背驰或者盘整背驰。下跌行情也是同样道理，领跌板块中的领跌股先开始下跌，继而传导到其他板块和其他股票，直到形成平均指数大级别的底背驰或者盘整背驰。由于这种板块轮动效应的存在，必然导致平均指数相互验证。

需要特别提醒的是，缠论是在市场整体牛市的前提下诞生的。缠中说禅曾在“教你炒股票”系列文章中说道：“2001年6月到2005年6月之间，本ID就从未看过股票。本ID是严重反对人民币升值的，但到2005年6月，本ID知道有些事情不是人力所能改变的，天要下雨，娘要嫁人，随他去吧。所以2005年6月开始，本ID时隔4年后开始重新看股票。”

2005年6月份，上证指数见到了998点，这也是那波一直上涨到6124点的牛市的起点。那波牛市的主要原因正如缠中说禅所说，“只要有点金融常识的人都知道，本币的历史性升值所带来历史性牛市曾被太多国家所经历。本ID只知道，一旦人民币升值，国有股流通，股市将大涨。”

2005年6月的基本面情况，也反映到了当时上证指数周线图上，有兴趣的读者可以自行翻阅验证。

对于那些不太熟悉基本面的投资者来说，可以将相互验证的、平均指数大级别技术走势作为缠论K线分析技术的子系统之一，从而构建综合标的选择系统。

二、比价关系

1. 比价关系的内涵

缠中说禅对于比价关系的论述并不系统，只是零星散见于“教你炒股票”108课以及某些答疑之中。这里首先列出“教你炒股票”系列文章中对比价关系的论述，之后将以这些论述为基础，从缠论主要思想出发，系统推断比价关系的内涵。

> 任何一只股票都不是独立的，在整个股票市场中，大家都处在一定的比价关系中。这个比价关系的变动，也可以构成一个买卖系统。这个买卖系统是和市场资金流向相关的，一切与市场资金相关的系统，都不能与之独立。
>
> 对于散户来说，最终能战胜市场、获得超越市场回报的，只有在乘法原则下的技术面操作。技术面是三个独立系统里的一个，而另外两个，例如比价关系与基本面，可以配合决定你的介入种类。但当介入到一个品种后，技术面在操作上就起着决定性的作用。为什么？因为其他的面，变化频率都没有技术面高。像基本面，其变化是有一定的稳定性的，不可能天天都是奇点、断裂点。比价关系也一样，一种比价确立后，就基本保持稳定了，不可能天天都变化。这种变化少的系统，不需要花太多精力去研究，而技术面显然不同。
>
> 一个最合理的投资方案。
>
> 一、用最大的比例，例如70%，投在龙头企业中（可能是两家），然后把其他30%分配在最有成长性的企业中（可能是两三家）。注意，在实际操作中，如果龙头企业已经在基本面上显示必然败落，那当然就选择最好的替代者，依次类推。

二、只要这个行业顺序不变，那么这个投资比例就不变，除非基本面出现明显的行业地位改变的迹象。一旦发生这种情况，就按等市值换股。当然，如果技术面把握得好，完全可以在较大级别卖点卖掉被超越的企业，在其后的买点再介入新的龙头企业。

三、这就是本ID理论的独门武器了，充分利用可操作的中枢震荡（例如日线、周线等），把所有投资成本变为0，然后不断增加可持有的筹码。注意，这些筹码可能是新的有成长价值或被低估的公司。

四、没有第四，如果一定要说，就是密切关注比价关系，从比价关系中发现其中低估的品种。这里的比价关系，就是市值与行业地位的关系。

以上这个策略，就是基本面、比价关系与技术面三个独立系统完美的组合。

在答疑中，缠中说禅也有一些关于比价关系的论述。

网友问：所谓的市场比价系统，是不是指市场当下的热门。比如前一阶段炒银行股、大盘股，现在炒二线蓝筹和非蓝筹，是不是这个意思？

缠中说禅答：不是，市场个股之间有比价关系，这是市场的整体结构。要把握这一点，必须对市场的总体结构有所把握，其中比价关系的变动是最重要的。

散户千万别买中国联通（600050），否则后果自负。除非你是以中线的心态持有，能等到中国移动回归的那一天，否则根本没必要买中国联通。一种通过所谓预期消息拉升同行业同板块同概念的选股方法，这就是比价关系选股。

目前，4元以下的非ST三线股基本没有了，前段说对5元上下的股票发动最残酷的进攻，很快也没有进攻对象了。三线股的行情已经进入值得反思的阶段，除了真有题材与业绩支持的，其他的已经进入短线压力阶段，可以持有等待卖点，但已经没必要追高介入，特别是那些业绩特别差的。三线股上台阶后，其他股票就会显示其内在价值。板块轮动结束后，三线垃圾股的价格上来了，那么比价关系下其他的优质潜力股就意味着低估，就意味着又有了炒作的理由。

从上面的分析中，可以给比价关系下一个定义：所谓比价关系，是指同一个市场不同阶段中，在同一时间点不同板块、不同个股之间的价格对比，或者不同市场之间在同一时间点上的价值对比。

在同一市场内，比价主要分为三种类型，一是不同板块之间的价格对比，二是同板块不同个股之间的价格对比，三是不同板块不同个股之间的价格对比。当然，也可以将视野放大，将比价关系的概念扩展，在全球不同市场之间做比价。例如，将英国股市与德国股市乃至菲律宾股市之间进行比价分析，这就是不同市场之间的比价关系。

从比价关系的定义可以看到以下几点。

（1）用于比价的品种之间必须具有可比性。很显然，上证指数和个股之间是无法进行比价的，这是个体和总体之间的关系。花瓣之间可以做对比，但将花瓣和一朵花之间做对比显然是不合适的。股票市场与现货黄金市场也是难以进行比价的，因为它们的属性不同。黄金与美元指数这两种负相关的品种之间，更是无法进行比价。

（2）用以对比的板块或者个股可以是多个，至少是两个，否则无法进行对比。标的本身的当下走势是无法和历史走势做比价的。不同的当下，所处的环境不一样，一般情况下不能进行比价分析。

例如，2007年前后钢铁类股票和2016年钢铁类股票的走势是无法进行对比的，因为这两个时间段国内外宏观经济环境以及行业环境完全不可同日而语。同样道理，互联网泡沫时代的网络科技类股票和现在已经回归理性的该类股票，也是无法进行比价分析的，否则就是典型的“刻舟求剑”做法。

从表现上看，比价效应导致的最直接结果就是板块轮动，热点扩散。这一点可以用市场上流传的“猪槽理论”来做形象的说明。

美国一位投资大师给自己的投资秘诀打了个比方。

> 一个猪槽同一时间只能容纳几头猪吃食，选到的股票就像在猪槽前争抢吃食的猪。等一头猪差不多吃饱了，也就是说股票价格没有涨升空间后，就该离开了。这时另一头饥饿的猪——股票价格有充分上涨空间的猪就挤了进来。

他将这个秘诀戏称为“猪槽理论”。

实际上，这个所谓的猪槽理论有一个隐含的前提，那就是“猪槽里有食料”。一个没有足够食料的猪槽，是不会吸引足够的猪去进食的。

其次，所有的猪都是好猪，不是病猪或者生命垂危的猪。那些猪应当早已被人工选择出去了，或者说即便没有被选择出去，也没有能力在猪槽里的食物吃完之前挤进去。

投资者利用所谓的“猪槽理论”进行投资，一方面要密切关注猪槽里食料的变化情况，判断猪槽里的食料何时被填满，何时被消耗殆尽。另一方面要观察各猪的位置以及情绪，看看下一头挤到猪槽旁边的猪究竟是哪一头。

需要强调的是，市场中长期趋势性变化是利用比价系统的前提。没有这种中长期的趋势性变化，研究比价关系没有什么实际的操作价值。为什么呢？

（1）如果市场处于盘整之中，虽然也可以进行比价，但其实是无意义的。盘整意味着散乱，意味着无迹可寻，意味着不可预测。以规律性、有迹可循、可测量的眼光来对待不可预测的市场，这是逻辑前提错误。采用这种做法，无论你多么努力，都是无法成功的，只能让自己越来越疲惫，进而怀疑理论的有效性，最终变成随机漫步理论的追随者。

（2）这种趋势性变化必须是中长期的，不能是短期的。这里所谓的短期，主要是指日线以下的趋势性变化。

从走势的绝对分类来看，任何级别都可以划分为趋势与盘整两类走势类型。日线以下级别的上涨中，也存在着热点轮动的效应，但是这个热点轮动是极难把握的，或者说是难以长期把握的。“常在河边走，哪有不湿鞋？”人的精力、体力、注意力以及反应速度和个人情绪等，往往会有一定的变化曲线，如果在你落入低谷的时候做反几次，往往会出现得不偿失的结果。

出现比价效应的根本原因，是在市场出现中长期趋势性变化的时间周期内，投资标的的相对无限性与市场资金的相对有限性之间的矛盾。市场资金是活跃的，其嗅觉也是最敏锐的。在一波中长期趋势性运动开始的时候，大量资金往往最先涌入那些最开始呈现出潜力的品种中来。或者说，大量资金涌入的地方，往往最先表现出趋势性。当该品种或者该类品种的潜力被充分挖掘之后，资金总要寻找新的投资标的，于是新的热点被挖掘出来，新的概念被创造出来，随之相关品种的趋势性上涨也逐渐展开……这种运动会一直持续到整个市场趋势性变化的末端。

从市场趋势性变化的内因来看，出现中长期的趋势性变化，往往是经济基本面出现了整体向好的迹象。反过来也可以说，只有经济基本面出现了整体向好的迹象，市场才可能出现趋势性的变化。

一般来讲，作为实体经济的晴雨表，市场都会领先于实体经济的。在实体经济发展过程中，各产业的发展往往不是同步的，而是表现出一种传递性。这种传递性映射到市场上，就会出现比价效应，从而不断重复“均衡—不均衡—均衡”的循环往复变化过程。

利用比价系统，最主要的目的是在整体市场格局呈现中长期趋势性变化的情况下，发现估值较低的市场、板块或者个股，从而选择介入最有潜力的品种。

例如中长期上涨过程中，周线级别上涨格局不变的情况下，一个品种或者板块日线级别上涨结束的时候退出，在其他品种或者板块日线级别上涨开始的时候或者上涨过程中介入。或者在中长期下跌的过程中，在周线级别下跌格局不变的情况下，一个品种或者板块日线级别下跌结束的时候回补，在其他品种或者板块日线级别下跌开始的时候或者下跌的过程中卖出。或者在全球整体经济格局处于中长期趋势性变化的过程中，利用不同国家股市涨跌的不同步性，在不同的时间买入或者卖出不同的品种。利用这种轮动操作，借助不同市场、板块以及个股之间的轮动效应来做高抛低吸操作，可以实现利润相对最大化的目标。

2. 利用比价关系选择标的的方法

如何利用比价关系选择介入的品种呢?

（1）利用比价关系选股，第一步是要确定市场大级别走向是否是趋势性变化。这一步的目的是确定“猪槽”里是否有足够的食料，以及能否保证源源不断的食料供应。

市场大级别的走向反映在技术面上，首先是大盘的中长期走势类型，这个中长期至少是周线级别以上，这是板块轮动的土壤。没有中长期的趋势性运动，市场就没有足够的时间与空间出现充分的轮动效应。反之，正是板块轮动效应的存在，才导致了市场中长期的趋势性上涨。如果没有充分的板块轮动，市场也很难出现中长期趋势性上涨所需要的时间以及空间。

市场是否出现中长期趋势性变化，可以用前面说的基本面方法进行判断。当然也可以使用缠论的分析方法，对市场周线以上级别的走势类型进行完全分类，进而把握中长期走势类型及其转折点。

（2）利用比价关系进行选股，第二步是要去掉那些没有什么上涨空间的板块或者品种。这一步的目的是要排除掉那些体质较弱的病猪或者生命垂危的猪，确保选中的猪都是健康的，有足够能力挤到猪槽前面进食的。

有些行业发展空间是有限的，这种行业的企业注定没有季线甚至月线以上级别的中枢上移，除非企业转型。应当远离那些注定没有周线甚至月线以上级别中枢上移的行业，这些行业的企业，最终都是某级别的中枢震荡。

一波牛市，假如大部分股票都要翻倍，那么首先要去掉那些不能翻倍的个股。这就涉及基本面分析与整个世界经济的综合判断，这个分析判断是至关重要的。当然，如果你实在不擅长此道，那么就分散资金，买入不同板块的不同个股。例如，选择三个或者五个不同板块的不同品种标的，这样你押中优质股票，避开那些没有上涨空间的股票的概率就会变大，不至于一旦选择错误，踏空整个牛市。

当然，这里分散不能是无限度的，以免过犹不及。如果你只有10万元资金，却要选择20只标的进行投资，显然是无法取得超额回报的。风险管理理论强调分散风险，把鸡蛋放到不同的篮子里，但这个分散是有限度的。过分分散也会让你疲于应对。

（3）如果前两个步骤都做完了，第三步就是针对个股的比价关系进行选股或者换股操作了。这一步，用猪槽理论作比喻，就是要观察各猪的位置情况以及情绪，看看下一头挤到猪槽旁边的猪究竟会是哪一头。

这里详细介绍一下观察的方法。

一般情况下，在一波趋势性运动中，走势的级别与均线系统通常会有一个大致的对应关系。根据趋势的定义，一个趋势往往包含两个以上逐次向上或者向下的中枢。根据经验，某级别趋势中，这些中枢对应的支撑或者压制均线大致都是相同的。如果对应的支撑或者压制均线不一样，那么走势的级别就值得怀疑了。

图4-1-1是上证指数2014年10月到2015年4月期间的走势图。从图上可以看到，日线级别上涨受到20日均线的支撑。一旦20日均线被跌破，标志着日线级别的上涨结束，该级别的调整开始。周线级别的上涨，则非常明显地受到60日均线的有力支撑。

由于趋势具有上述特性，因此可以利用均线系统判断不同品种之间的比价关系。注意，在最小分析级别之上的任何级别走势类型，都是大级别套小级别的，因为这里必须是均线系统，单条均线的意义不大。

均线系统一定要根据实际走势来设置，也就是选定的均线系统参数，一定要和实际已有的走势相吻合，这个道理和选择分析级别是一样的。理论上，可以选择任何级别作为分析级别的，但有的级别往往能够更清晰地描述走势，因此要根据具体情况量体裁衣。

图4-1-1 上证指数2014年10月到2015年4月的日K线走势图

如图4-1-2所示，上证指数。在2014年7月到2015年6月一年多的上涨行情中，大家可以选择5日、10日、20日、60日均线构成的均线系统，这个均线系统与价格走势是特别吻合的。

图4-1-2 上证指数2014年7月到2015年6月的日K线走势图

前面曾反复强调过，技术分析的核心思想是分类。级别、走势类型都是不同的分类方法，而强弱也是一种分类的方法。下面以上涨为例来解释这个问题。

再次提醒，只有走势出现中长期趋势性运动的时候，分析比价关系才有意义。这个中长期的趋势性运动，对于上涨来讲，其均线系统一定在总体上是多头排列的。对于下跌来说，均线系统一定在总体上是空头排列的。

以上面的案例来说明，在图4-1-2中，利用5日、10日、20日、60日均线组成均线系统，用以衡量大盘走势。注意，大盘只是个平均数，个股之间肯定是有强弱差异的。利用上面所说的均线系统，可以将市场所有股票的强弱分为五类。为方便起见，这里以P来代表个股价格，以MA来代表均线。

第五类：P>MA5。

第四类：MA5>P>MA10。

第三类：MA10>P>MA20。

第二类：MA20>P>MA60。

第一类：MA60>P。

从上面的分类可以看出，个股强度从上到下依次递减。经过前面的第一步以及第二步，基本确定了市场整体处于中长期趋势性上涨，并且排除了那些上涨空间有限的品种。那么剩下的股票，一般来讲，在牛市结束的时候都会有相当的涨幅，这是比价关系运用的基础。

通常来说，个股从较弱的类别向较强的类别发展，都要经历一个反复折腾的过程，这个折腾的时间为轮动操作提供了可操作的空间。在强势股票小级别涨势开始疲弱的时候卖出，在次强势或者次次强势买力开始展现的时候买入，如此循环往复，轮动操作即可。

上面说的是对个股利用比价关系进行轮动操作。对于板块而言，有两种轮动方法。一是将板块指数看做个股来进行比价，操作方法与个股的操作方法类似。另一种方法是将板块内所有股票的类别数相加，而后取其平均数，并将这个平均数作为板块强弱的分类指标，从中发现板块轮动的痕迹。

上面是综合选股系统中比价关系子系统的定义、内涵、外延以及具体的操作方法。这个比价关系，可以作为缠论K线分析技术综合选股系统的一个子系统加以应用。

三、技术面

“教你炒股票”通篇主要以技术理论的构建与实证分析为主，先来看几段论述。

> 技术指标都是由价量的输入而来的，因而都不是独立的，只需要选择任意一个技术指标构成一个买卖程序就可以。对于水平高点儿的人来说，

一个带均线和成交量的K线图，比任何技术指标都有意义。

实际上，缠论分析技术最主要的工具就是K线图，其主要的分析思路是完全分类。关于完全分类，主要有两个维度。

第一个维度是级别。所谓级别，是指从最低层面的分笔成交入手，按照缠论的走势中枢、中枢延伸、中枢扩展、走势类型的定义等规则自然生长出来的对于走势的分类方法。

第二个维度是走势类型。走势类型是建立在级别之上的，将某级别走势完全地划分为上涨、盘整以及下跌三种类型，并研究这三种类型的内在结构与转化方式。

缠论分析技术主要以均线系统、成交量、MACD、布林线等四类技术指标作为完全分类级别以及各级别走势类型的辅助方法。“教你炒股票”系列文章中，对均线系统、MACD指标以及布林线指标有较为详尽的论述，而对成交量指标所述不多，但也有一定的涉及，此处不再赘述。

在缠论K线分析系统中，仍然将技术面分析作为标的选择系统的一个子系统。不过，缠论K线分析系统的不同之处在于，本书将传统的K线组合分析技术融于对走势类型的转化以及买卖点的分析判断之中，试图在实战操作中简化缠论，力图使对K线技术有一定研究的投资者能够学有所用。

技术分析这个子系统贯穿对平均指数的分析以及具体的投资操作全过程，特别是对于没有什么消息来源的中小散户来讲，从量价关系也即多空博弈的轨迹上获得的信息是最为重要的。

四、总结

综上所述，缠论K线分析技术综合选股系统包含以下三个方面内容。

（1）市场强度。

（2）比价关系。

（3）技术面。

第一个子系统决定是否介入以及介入的方向，第二个子系统辅助选择品种。一旦介入到一个品种后，技术面在操作上就起着决定性的作用。为什么？因为第一、第二个子系统的变化频率都比较低。

第一个子系统，一旦一个中长期趋势性运动开启，至少都要持续几个月，长则几年的时间。一种比价关系确立后，可以保证一段时间的稳定性。技术面显然不同，交易者可以充分利用自己可以把握的波动来降低成本，提高资金使用效率。

第二节　选择级别

为什么要选择级别？因为级别是走势类型分析的前提。再次重申，没有级别就没有走势类型。趋势或者盘整前面必然有级别的限定语，这个限定语或是明确的，或是隐含的，但都是存在的，只是有人用而不知，有人知而不用，有人既知且用。

须知，所有的盈利都来自于对某级别走势类型的顺应。例如，对于上涨，就是看多做多；对于下跌，就是看空做空；对于盘整，就是非多非空，亦多亦空，高抛低吸，或者不操作。这就是所谓的大道至简，顺势而为。

如何选择级别呢？在缠论K线分析技术中，选取相邻的三个级别，以三级别联立的方法辅助判断与操作。这个判断与操作包含三部分：级别一上做波段；级别二上做趋势；级别三上验证级别二的买卖点，并寻找更优的买卖点。

一、级别一

缠论K线分析技术将周线级别作为级别一，并在级别一上波段操作。级别一是走势分析和操作的基础，对其走势类型的分析与判断是顺势操作的前提，决定了操作的方向。

为何选择周线级别作为分析与操作的基础呢？因为这个级别一的走势最能够反映基本面的情况，是最稳固的趋势，任何市场操纵都无法改变这个级别的趋势。另外，顺应这个级别操作，是获取大利润的基础。月线太长，日线太短，选取周线作为操作的基本趋势，周线介于日线和月线之间，比较符合中庸之道。

市场上大多数人的操作，或有意或无意，都陷入日线以下的级别中去了。这些人总是抱着快速致富的心态进入市场，幻想天天涨停，罔顾最基本的趋势，天天满仓，日日换股。这种投资心态是极端有问题的，首先应当矫正这种错误的心态。

操作者应该明确级别一的走势类型是上涨、盘整还是下跌，级别一的走势类型决定操作的方向。

如果级别一的走势类型是上涨，那就只做多头买入操作，在波段或者趋势结束的时候平多头仓位，永远不逆级别一的走势类型开仓。

如果级别一的走势类型是下跌，那就只开空单，在波段或者趋势结束的时候平空单，在级别一的下跌结束之前绝对不开多单。

如果级别一的走势类型是盘整或者中枢震荡，那么就在盘整或者中枢震荡区间的上方做空，回落时平空转多。或者在盘整或中枢震荡区间的下方买入，高位时平多转空，直到该盘整或中枢震荡结束。

注意，对于趋势中的中枢而言，其操作也应当以大趋势的方向为准则。例如，上涨中只做中枢震荡的买点，下跌中只做中枢震荡的卖点。

以上就是顺势操作的最大原则。根据上面的原则操作，就是真正的顺势操作，赚大钱的秘籍全在于此。

正确判断级别一的走势类型，是顺势操作的基础。关于走势类型的定义及判断方法，前面已经讲解了很多，不是很清楚的朋友可以回头翻看。

也许会有人说，股票市场上，周线级别趋势性的行情往往周期很长，其大级别的买卖点极其有限，错过三类买卖点，难道就不操作了吗？没有能力把握级别一的第一、第二、第三类买卖点的，只要趋势不出现明显的技术迹象，完全可以在趋势回调结束，新的推动段开始的时候介入。

对于趋势操作而言，三类买卖点是最重要的，因为那是趋势真正的顶部或者底部；对于波段操作而言，正因为趋势持续时间长，所以有的是介入机会，只需要在调整结束的时候介入，做完一个大级别波段即可。

图4-2-1是上证指数的周线级别走势图，看看有多少个周级别的买点可以供你介入？图中向上箭头处都是好的波段买点。对于大资金来讲，最好能够在第一、第二、第三类买点介入。小资金能够快进快出，在哪种买点介入就无所谓了。

也许有人说，股票市场周线级别的下跌往往会持续很长时间，那么这期间就不操作了吗？这有什么好奇怪的！缠中说禅曾经从2001年一直到2005年四年内没看过股票。如果你是专注于股票市场的操作者，且股票市场周线级别处于下跌趋势中，那么即便这种趋势持续十年八年，也应坚持原则，不做任何与趋势相反的事情。

图4-2-1　上证指数周线走势图

持有这种看法的人，一般是A股市场造就的死多头。这些投资者总想买股票，总是被股市中快速致富的大饼牵着鼻子走，忽略了逆势操作可能带来的巨大风险。其实既能做多又能做空的市场很多，只要掌握了投资技术，只要是存在非完全绝对趋同交易的价格充分有效市场，哪个市场不能去逍遥一番？

也许有人会说，一波持续好几年的周线级别趋势，如果不结束就一直拿着吗？当然，如果你的资金不紧张，那么最简单的策略就是一直持有，直到这个趋势结束。美国投机家杰西·利弗莫尔曾经说过，赚大钱的原因不仅在于能看对，更重要的是在看对的前提下能够安坐不动。

安坐不动说起来容易，做起来是最难的，要求交易者能够看透金钱的本质，甚至坐看大幅度的利润回吐而不为所动。专注于趋势，这需要极其深厚的戒定慧功夫。

当然，技术高的交易者可以利用波段打短差提高效率，但绝对不能丢失筹码。在趋势运行的过程中，趋势越推进，你的筹码越少，这显然是不合格的操作。

二、级别二

缠论K线分析技术将日线级别作为级别二，并在级别二上做趋势。为什么选择日线级别？选择日线级别作为操作的主战场有哪些优势呢？

（1）周线级别由日线级别构成。

由缠论对趋势的定义可以看到，周线级别的中枢由三个次级别走势类型，也就是日线级别走势类型叠加而成。周线级别某走势类型有一个周线中枢，该走势类型为盘整；周线级别某走势类型包含两个以上的中枢，则该走势类型为趋势。由此可以看出，分析日线级别是对周线级别走势类型进行分析的基础。

一般来讲，大级别走势类型重要的阻力与支撑位，构成次级别走势类型的边界。大级别走势类型的改变，往往由次级别走势类型的突变产生。因此将日线级别作为级别二，就显得非常重要了。

注意，这里所说的周线、日线级别，可以用K线的图表周期来替代严格的级别分析。缠论中所指的级别，是按照从低到高逐步迭代产生的，前面曾对级别与时间周期有过相应的讨论。

由于缠论级别与图表周期具有很大程度的相似性，而且利用图表周期代替级别分析更加简单直观，更符合交易者的操作习惯，因此在走势不太强烈，对精度要求不是太高的情况下，可以用图表周期来代替级别分析，这是没有什么大问题的。

（2）在一波周线级别的趋势中，一波日线级别的反趋势，其变化空间的幅度足够大。

通常一波周线级别的趋势，往往既不会直线上升，也不会直线跌落，而是呈现进三步、退两步的情况。如图4-2-2所示。

图4-2-2　周线级别趋势中的大幅回调

在当前趋势继续发展之前，市场通常先要对已经形成的上涨进程或下跌进程作出一定程度的回撤。技术分析中，比较常见的是38%、50%、62%、100%的回撤幅度。上面的数字源于斐波那契数列。关于斐波那契数列，后面还有更详细的论述，这里先按下不表。

统计规律表明，上面的回撤水平，通常构成一波趋势中的重要阻力位或者支撑位。对于一波周线级别趋势的推动段来讲，常见比例的回撤往往幅度巨大，如果在开始回撤的时候减仓，在回撤结束的时候回补，能够显著提高资金的利用效率。

（3）日线级别的趋势，更容易被普通投资者把握。

普通投资者大部分都是上班族，平时只有下班时间才有充分的时间看盘，因此以日K线作为观察单位，是最为合适的划分。经常有交易者因为交易影响工作或者生活，有的因为上班时间炒股而被炒鱿鱼，有的甚至因为开车的时候炒股引发车祸，付出了生命的代价。其实，这完全是不理解交易，不理解操作级别的缘故。说是炒股，又何尝有股可炒？炒股大部分时间应该是等待，应该是按兵不动，而不是频繁地看股票，不时被贪婪和恐惧所控制。

日线交易者不必为日内或者小时线的频繁波动心惊肉跳，大多数时候可以等待日K线走完再分析和决策，那种日内单边大涨或者大跌的行情并不常见。

普通投资者的反应速度，对理论的掌握程度往往有限，如果在特别短的周期内操作，出错的概率非常大。出错了，一方面是盈亏问题，更大的问题是容易把操作节奏搞乱，把交易者的内心搞乱。

卡尼曼在《思考，快与慢》一书中提出，人类大脑存在两套思考方式：快思考和慢思考。快思考的运行是无意识的，非常快速，不怎么费脑力，人们完全感觉不到，完全处于自主控制状态，属于一种应激性的反应。慢思考的运行是有意识的，相当缓慢。慢思考方式需要集中注意力，详细审慎地推敲，即所谓的深思熟虑。

人们大部分时间都是处于在一种熟悉的简单环境中，只需要快思考系统，就能迅速准确地作出反应，对周围事物作出短期预测非常精准，遇到问题时的第一反应既快速又正确。但是遇到不熟悉的环境，遇到复杂的事物，需要解决复杂的问题，这时快思考经常习惯性地把复杂的问题简单化，犯下大错。

对于普通投资者而言，证券市场就是这种不熟悉的环境。面对这个环境，如果交易者用快思考来分析、决策、操作，就极易犯错。普通投资者在日线以下级别的操作，大都是在无意识的支配下完成的，缺乏深思熟虑，犯错误就在所难免了。用日线级别交易，交易者可以深思熟虑，进而制定最合适的操作策略。

由于以上种种原因，缠论K线分析技术将日线级别作为交易的主战场，这也是交易者最大的利润来源。

对于级别二的操作，应当顺应级别一的走势类型，并做完完整的趋势。按照缠论对走势类型的定义，任何级别的走势类型都可以完全地划分为盘整与趋势，趋势可以分为上涨与下跌两种类型。无论上涨还是下跌，其内部结构又可以分解为中枢震荡、中枢移动以及背驰段三部分。这里不妨结合级别一的走势类型，对该级别走势中各个部分的级别二上的操作分析一下。

假设级别一是趋势，如果当下处于趋势的中枢移动段，那么对于级别二的操作，必须与级别一的趋势方向一致。中枢移动段往往是趋势中最猛烈的部分，在中枢移动段做反，其后果是灾难性的。如图4-2-3所示。

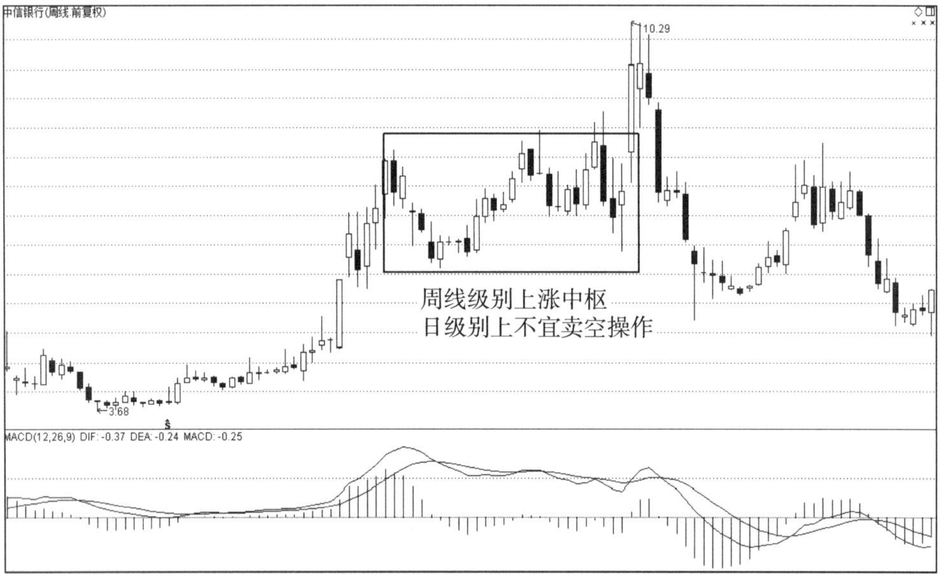

图4-2-3　中枢震荡的次级别操作示例图

如果当下处于趋势中的中枢震荡段，原则上，对于级别二的操作也应当与级别一趋势的方向相一致。为什么？因为中枢沿着趋势方向变化的概率更大。

鉴于周线级别的趋势大多数呈现两中枢上涨的态势，因此第二个中枢之后，中枢震荡沿着趋势方向变盘的可能性就小很多了，此时对于这个原则可以放松。但是谁也不能保证级别一只有两个中枢，理论上讲可能有三个、四个甚至更多，因此对于和级别一趋势方向相反的级别二的操作，一定要慎之又慎。

如果当下处于级别一趋势中的背驰段，这意味着级别一的趋势即将结束，这时候可以逐步平掉顺势仓位。注意，一定不能在背驰段加仓。一旦趋势进入背驰段，仓位只能降低，不能增加。

背驰段往往是最后的疯狂阶段，但往往是这最后的疯狂，才会吸引大批普通投资者飞蛾扑火。当然，这里所说的背驰段，并不一定必然出现在趋势中，趋势可能在剧烈冲顶之后，以小级别背驰来结束，可能以最后一个中枢的盘整背驰结束，也可能对最后一个中枢直接形成第三类买卖点结束。

对于小转大方式结束的，第一类买卖点难以把握，一般可以把握第二类买卖点。对于以盘整背驰或者中枢的第三类买卖点结束的，都可以归入中枢震荡的操作中去。如图4–2–4所示。

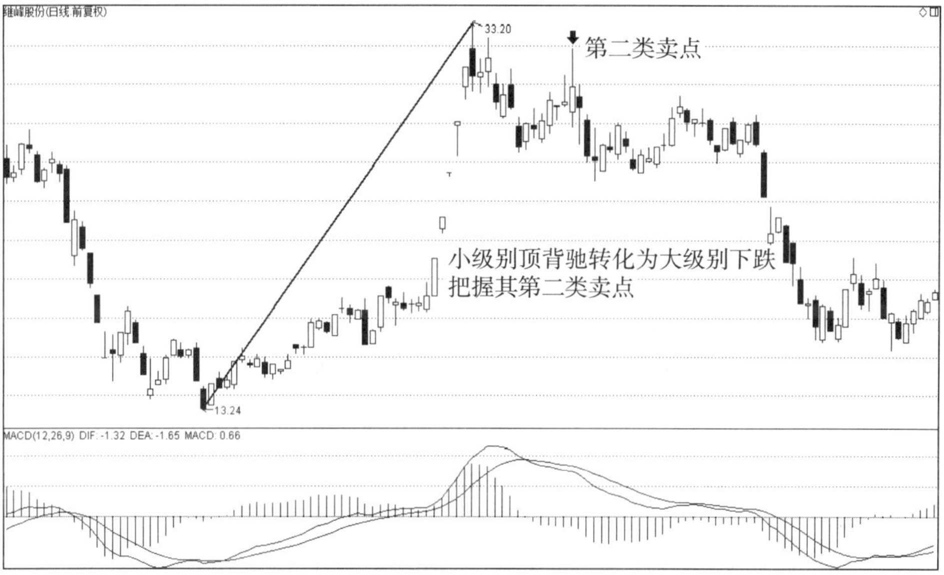

图4–2–4　小级别背驰导致大级别转折的操作方法

假设级别一是一个盘整的走势类型，那么对于级别二，既可以在低位做多，也可以在高位做空，两头操作，两头获利。盘整本身就是无方向的，而且其向上或者向下变盘的概率相等，因此可以放心大胆地操作。

这里一定要注意，要把盘整和趋势中的中枢分清楚。盘整，是与上涨、下跌同等的走势类型，只有在上涨或者下跌结束之后出现。中枢则是走势类型的基本构成部分，趋势中的中枢大多是对走势的一种调整，其后趋势延续的概率更大。

三、级别三

缠论K线分析技术将日线级别之下的某级别作为级别三，并在级别三上验证级别二的买卖点，以把握更加有利的位置。

1. 级别三要能刻画当下走势

为什么说以日线级别之下的某级别，而不明确地指明图表周期，如15分钟、30分钟、60分钟等？主要目的是为了让投资者寻找到最能刻画当下走势的级别三。

缠论K线分析技术是写给大多数普通投资者的，目的是让读者更容易理解，更容易操作，若严格按照缠论层层递归的方法操作，难免归于复杂。况且，无论如何选择级别，最终都要落到不同时间周期的图表中去。因此，以相关图表周期来代替严格的级别分析，虽非万全之法，但对于普通投资者而言，用起来的确会方便一些。

所谓最能刻画当下走势的级别三，就是在某周期图表上最能显示出走势的规律性。规律性比较复杂，同一张图表，在有经验的投资者看来，也许和市场初学者完全不一样。对于规律性，投资者一定要多看图表，多对同级别走势类型进行划分，长此以往，就能形成“一眼望穿”的那种直觉。

这里不妨对所谓的规律性举几个简单的例子。

（1）级别三的走势类型非常明显地按照走出多中枢按顺序排列的上涨或者下跌趋势。

如图4–2–5的走势中，60分钟K线图明显地形成了多中枢上涨的格局，从而呈现出明显的规律性，因此交易者可将该60分钟K线图作为级别三。

（2）级别三的走势类型非常明显地被某条均线压制。

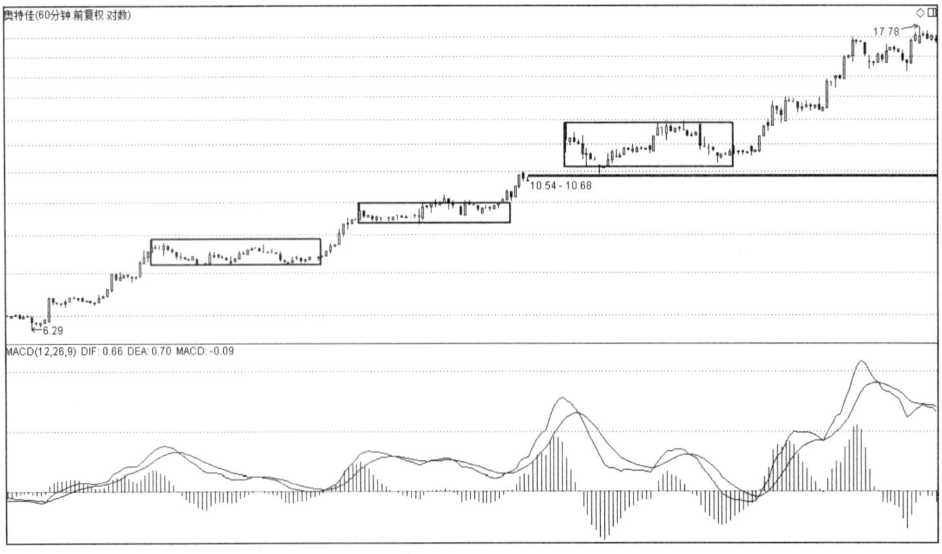

图4–2–5 奥特佳（002239）2015年2月至5月的60分钟K线走势图

如图4-2-6所示，图中走势明显受制于MA60均线，从而显示出特别的规律性，这条压制均线在指数走势中就显得特别重要，交易者可以将该15分钟K线图作为分析指数的级别三。一旦该压制均线被突破，就要特别注意该走势类型的变化。

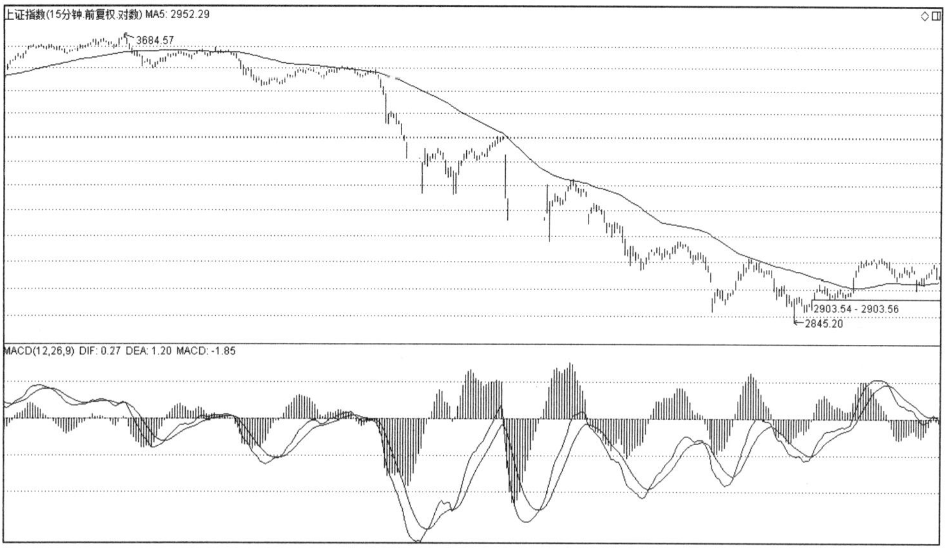

图4-2-6　上证指数2016年1月的15分钟K线走势图

（3）两条均线构成的均线系统，其中短期均线长期精确地被长期均线压制。

如图4-2-7所示，该15分钟走势图中，MA10均线长期被MA20均线精确压制，从而显示出一种规律性。投资者可以将该15分钟图表作为分析该品种的级别三，一旦短期均线突破长期均线，就应该特别注意该走势类型的转化。

图4-2-7　帝龙新材（002247）2016年1月上旬的15分钟K线走势图

（4）其他一些规律性，就是一些典型的形态，如矩形、三角形、旗形等。

如图4-2-8所示，该15分钟走势图中，股价非常明显地在阻力线与支撑线之间来回震荡，因此投资者可以将该级别作为级别三，用以验证级别二上的买卖点。一旦该区间被大力击穿，如阻力线被缺口击穿，那么就应该特别注意级别二上相应的买卖点。

图4-2-8　滨江集团（002244）2016年1月上旬的15分钟K线图

（5）还有一个常用的规律性，级别二的走势越猛烈，越应该观察小级别走势，所选级别三的周期也应该越小，例如15分钟甚至5分钟走势。一旦该小级别趋势结束，走势将有极大可能步入长时间的调整，或者直接结束之前的趋势。如果趋势不是特别猛烈，通常选择的级别三图表周期应该大一些，例如30分钟甚至60分钟走势，这样不至于被特别小的震荡或者回调清洗出局。

如图4-2-9所示，日线走势特别猛烈，这时候应选择小周期，例如5分钟周期作为级别三，并在该周期上验证级别二买卖点的有效性。

上面只是简单举几个例子，类似的规律性还有很多，而且这些规律性不是一成不变的，而是随着市场的发展不断变化的。选择最合适的图表进行分析操作，这是非常考验投资者功夫的事情。

2. 用级别三验证级别二买卖点的有效性

利用级别三验证级别二的买卖点，主要用来判断和验证级别二上买卖点的有效性。普通投资者由于对基本面的把握不到位，对技术面理解不深刻，往往会被级

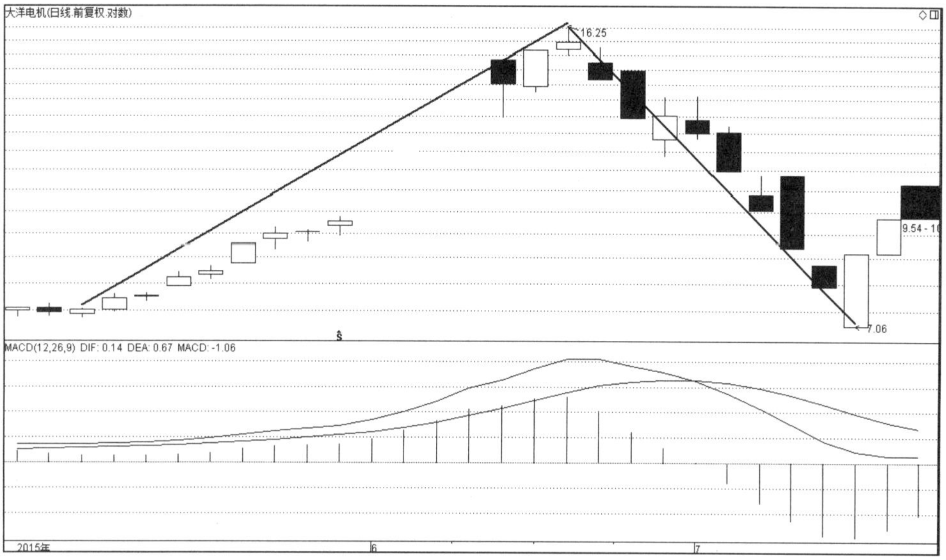

图4-2-9　大洋电机（002249）2015年3月至7月的日K线走势图

别二上频繁出现的买卖信号干扰，从而频繁出现过早上车被套或者过早下车踏空等情况。

注意，一些技术派人士之所以难以长久成功，就是因为他们无法避免杂波的干扰。当然，并不是说他们没有验证的手段，但传统的验证手段如利用成交量进行验证，利用时间周期或者百分比回撤进行验证，更多地是一种主观上的经验。

从级别三走势类型及其转化的角度来验证级别二买卖点的有效性更加可靠。由于次级别上一种走势类型完成，必然会转化为另一种走势类型，那么如果级别二上出现了买卖点，而且级别三上确认之前的走势类型完成，则必然向另外两种走势类型转化。

利用级别三来验证级别二的买卖点，可以让交易者把握更加有利的买卖点。对于级别二的上涨而言，可以用小级别级别三的回调做多；对于级别二的卖点而言，可以利用级别三的回抽做空，这些一般都是更加有利的买卖点。

当然，利用小级别走势类型及其转化来验证级别二买卖点的有效性，并不排斥其他验证手段。传统的验证手段如成交量、阻力线与支撑线、百分比回撤等，都可以用来做综合验证。

上面就是缠论K线分析技术中三级别联立的操作方法，这个方法说到底就是一句话：级别一上做波段，级别二上做趋势，级别三上验证级别二的买卖点并把握更优的买卖点。

对于具体的级别，缠论K线分析技术一般推荐周线、日线以及日线之下的某个图表周期，如15分钟、30分钟、60分钟周期等，作为相互关联的三个级别，其优势上面进行了一定的分析。利用这三个级别，投资者一定可以做到“赚时多赚，亏时少亏”，进而达到长期稳定盈利的目标。

四、三重联动的操作原则

原则上，这三个级别是不允许改变的。如果交易者性子急，难耐长时间的持股或者持币，或者资金量极小但技术却极高，想利用小级别快速积累利润，可以将上面的三重级别向下平移，比如以日线、30分钟线、5分钟线作为联立的三重级别。

有些交易者资金量特别大，而且特别有耐心，亦可将上面的三重级别上移，例如以月线、周线以及日线作为联立的三重级别。

注意，级别可以进行向上或者向下平移，但操作原则是不变的。这一点投资者要特别注意，不能因为级别的移动而改变了操作原则。

《黄帝阴符经》中说：“天发杀机，移星易宿；地发杀机，龙蛇起陆；人发杀机，天地反覆；天人合发，万化定基。”中国古代也反复强调“天时、地利、人和”的重要性。

可以作个类比，如果以“天、地、人”这个系统来类比缠论K线分析技术描述的三级别联立操作，级别一的走势类型就是天，级别二就是地，级别三就是人。按照三级别联立的方式操作，就是“立天之道，以定人也”。

将天时、地利、人和三者结合起来，综合分析和操作，对投资者而言是极大的福利。

第三节　走势类型及转化分析

走势类型是交易中的一个核心问题，几乎所有技术分析书籍都在讨论它。本书前面的章节中对这个问题也有过相关的讨论，这里不妨拿出来，再做一次细致的梳理。

一、走势类型决定操作方向

之所以讨论走势类型，目的在于对市场进行分类。分类的目的在于让交易者明确当下的市场是什么，自己应该干什么。对走势的分类关乎两个最根本的事情：一是当下市场是否值得介入交易；二是一旦介入交易，如何选择交易方向。

以交易为生的交易者，绝对不是把交易当作上班一样勤勤恳恳地工作，时刻都有买卖的冲动。其实这是很多刚入门的交易者最容易犯的错误，他们废寝忘食、夜以继日地研究市场，最终结果却总是输多赢少。交易最讲究张弛有度，该张时拉满弓弦，该弛时一眼不看。

一旦交易者决定开始交易，交易方向正确与否，就直接关系到投资者在市场中的生与死。顺着市场的方向交易，就是顺势而为。有些人以区区几万元的资本入市，最终却获得十倍乃至百倍的回报。逆着市场的方向交易，结果只能是南辕北辙，即便是强如美国最著名的投资家利弗莫尔，也曾在一次次逆势交易中血本无归。

关于走势类型，首先必须明确走势类型分为趋势和盘整，而趋势又分为上涨和下跌。这一条可以认为是一切技术分析的第一公理。什么是公理？就像欧几里得几何里面两点之间的连线必然是直线，三角形内角之和必然是180度，在地球上把一个铁球抛上天空，结果必然会落地一样。

如果连这些都表示怀疑，就会陷入随机漫步的理论中去，一切技术分析都无法展开讨论，市场也会变得不可操作。有了这一条公理，就使得对走势的分类成为可能，接下来才能进一步决定是否交易，如何交易。

说到随机漫步，这里顺便提一句，通常所谓的随机漫步，主要是指一种杂乱的、无规律的、难以把握的状态。从纯学术的角度讲，随机漫步理论是和趋势理论相对立的存在。与随机漫步理论相反，趋势理论认为走势是有规律的、可分析的，也是可以把握的。

在实际的市场走势中，走势的趋势性和随机性是对立统一的。随机漫步理论虽然不是常态的存在，但在某些特定场景下，如在盘整或者中枢震荡的时候，走势往往会呈现随机漫步的特征。

一般来讲，成功的交易者，无论其是否承认这一点，他们大都是趋势交易者。所谓趋势交易者，通常选择避开走势杂乱的、无规律的、难以把握的和不可分析的随机漫步部分，选择那些有规律的、可分析的、易于把握的趋势性部分进行操作。

但是，投资者必须承认市场走势的随机性，也就是市场中不可知、不可测、不可操作的部分存在，否则就会陷入唯趋势论，这也是极度危险的。唯趋势论将会使投资者在市场随机漫步所导致的暂时性挫折中不断怀疑、否定自己的交易体系，进而陷入不可知论的悲观状态。

二、定义走势类型的方法

那么如何定义走势类型呢？首先必须明确的是，对于客观的交易者来讲，必须从走势本身定义走势类型，不能从所谓的“基本面”“消息面”来定义。关于这一点，“教你炒股票”系列文章中曾有非常深入的描述。

> 市场价格是否完全反映所有信息，可以随意假定。但无论何种假定，都和实际的交易关系不大。交易中，你唯一需要明确的就是，无论市场价格是否完全反映信息，你都必须以市场的价格交易，而且你的交易也将构成市场价格。
>
> 对于交易来说，除了价格一无所有（成交量可以看成是在一个最低的时间段内，按该价格重复成交形成的交易单位）。这一切和市场价格是否反映所有信息毫无关系，因为所有价格都是当下的。如果当下的信息没有被市场反映，那么就是没被市场当下反映的信息。
>
> 至于信息会不会被另一个时间的价格反映，那是另外的事情了。站在纯交易的角度来说，价格只有当下，当下只有价格。除了价格与依据时间延伸出来的走势类型，市场任何其他东西都是可以忽略不计的。

（1）传统西方技术分析理论提出的方法。

上涨：最近一个高点比前一高点高，且最近一个低点比前一低点高。

下跌：最近一个高点比前一高点低，且最近一个低点比前一低点低。

盘整：最近一个高点比前一高点高，且最近一个低点比前一低点低；或者最近一个高点比前一高点低，且最近一个低点比前一低点高。如图4-3-1所示。

在上面的定义中，其实涉及两个级别的走势。一是当下的分析级别，二是构成本级别走势的次级别推动段和调整段。

必须注意的是，上面所说的高低点，必须是经过均线系统过滤的高低点。为什么？因为在走势中，一般同级别走势对应的压制均线往往是相同的。如果一个高点或者低点甚至都不能让该级别走势的压制均线走平，那么几乎可以肯定地判断，这个高低点只是小级别的产物，在本级别的趋势上不具有任何操作价值。如图4–3–2、图4–3–3所示。

图4–3–1　西方技术分析理论定义的走势类型

图4–3–2　西方技术分析理论描述的有效高点

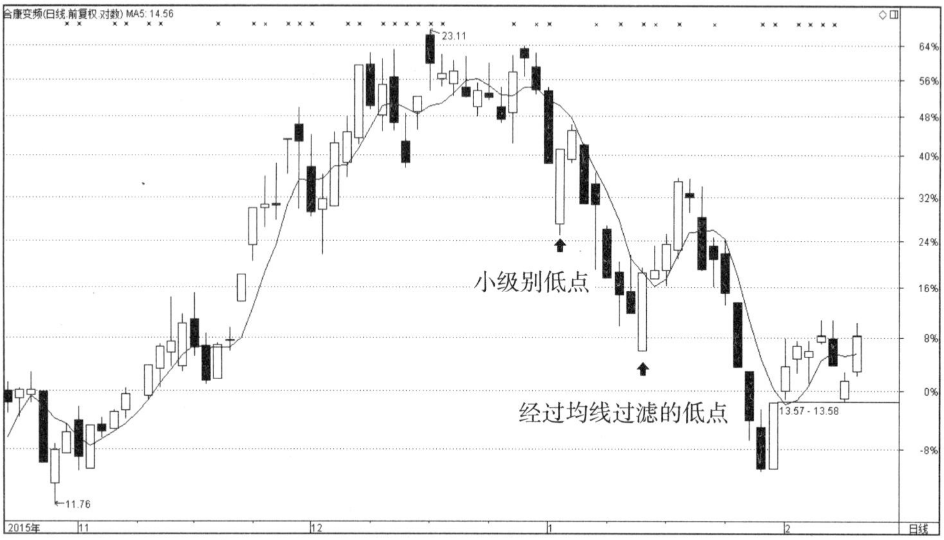

图4-3-3　西方技术分析理论描述的有效低点

（2）缠论对走势类型的定义方法，如图4-3-4所示。

上涨：在任何级别的任何走势中，某完成的走势类型有两个以上同级别中枢，且中枢区间依次升高，就称为该级别的上涨。

下跌：在任何级别的任何走势中，某完成的走势类型有两个以上同级别中枢，且中枢区间依次降低，就称为该级别的下跌。

盘整：在任何级别的任何走势中，某完成的走势类型只包含一个同级别中枢，就称为该级别的盘整。

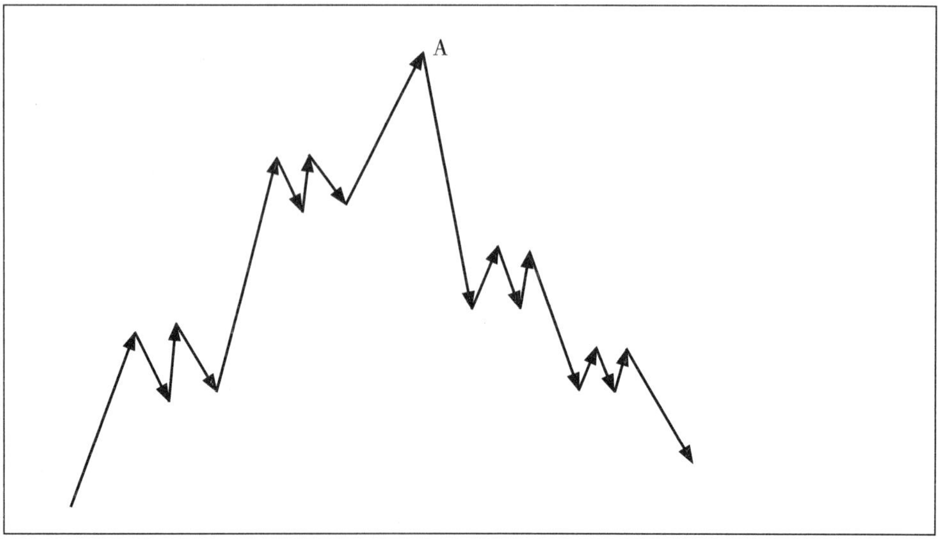

图4-3-4　缠论定义的上涨与下跌

缠论对于走势类型的定义，涉及两个级别——本级别和次级别。不同的是，缠论中的次级别，需要在低级别的图表周期中严格按照走势类型的定义去观察并确认。

为方便起见，我们也可以用经过均线过滤的西方技术分析理论中所说的高低点的连线来定义这个次级别，并在此基础上定义中枢，这样交易者便不会陷入多重级别联立、缠而又缠的困难境地了，也能极大地简化操作的难度。

打个比方，解一元一次方程比解二元一次方程组的困难要小多了。当然，这样做会损失一定的精确性，不过在较大级别，如缠论K线分析技术操作体系中倡导的日线、周线级别趋势中，这些精确性倒是无关紧要了。

（3）技术指标定义走势类型的方法。

上面两种定义趋势的方法，是目前技术分析领域对走势类型进行定义的基本手段。当然，还有用技术指标定义走势类型的方法，比如利用均线、MACD等趋势性指标对走势类型进行定义。

技术指标大都是通过量价关系计算出来的，因而相对于K线判断方法而言，这些方法都具有一定的滞后性。

以MA5均线与MA10均线构成的均线系统为例，如图4-3-5所示，均线系统发出的趋势转折信号，距离真正的趋势转折点已经有了24%的上涨空间。

另外，单一技术指标发出的买卖信号往往准确率较低，需要配合K线系统作综合判断。

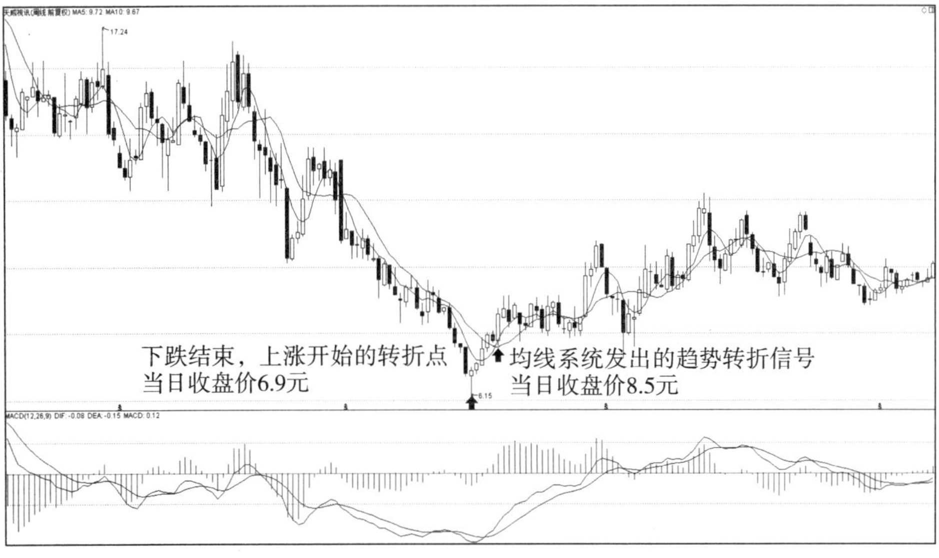

图4-3-5　均线系统的滞后性示例图

以常用的RSI指标构成的买卖系统为例，如图4-3-6所示，图中向上箭头处均为RSI指标系统发出的买入信号。在图中所示的走势周期内，该买卖系统一共发出了4次买入信号，而真正引起较大幅度上涨的，只有最后那一次。也就是说，该买卖系统的成功率只有区区25%。

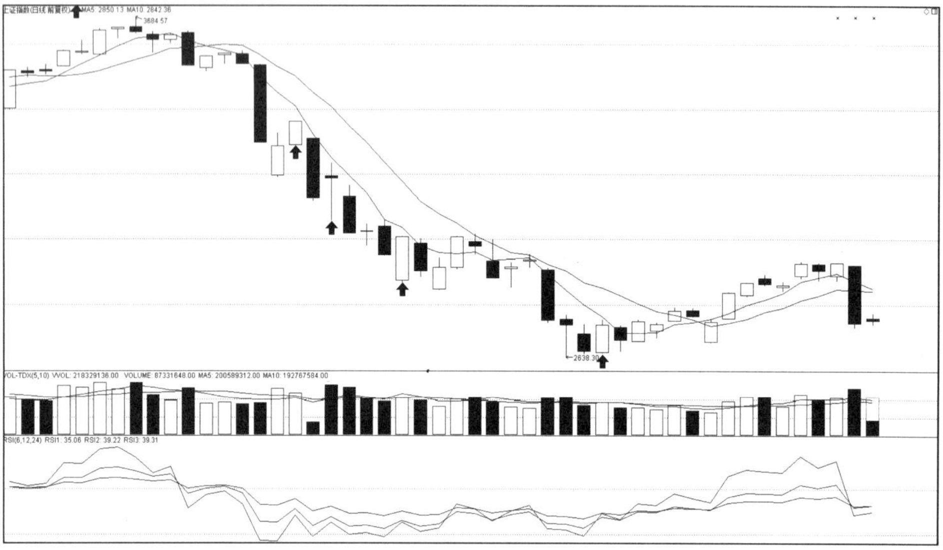

图4-3-6　RSI交易系统发出的买卖信号

由于技术指标的性质及其具有的特性，因此一般不用技术指标，而是用市场价格走势本身即K线来判断走势类型。但是，不以技术指标来判断走势类型，并非说完全不用技术指标或者利用技术指标就不能盈利。技术指标在以价格走势本身确定的走势类型的框架下，才能发挥最大的威力。

另外，技术指标又可以分为趋势性指标以及盘整性指标，分别用于在趋势或者盘整中寻找买卖点。实际上，投资者经常乱用指标，往往拿到一个指标，就试图将之用到所有的走势类型上，结果自然是错误百出。

关于各种技术指标的定义、性质以及用法，是另一个专门的话题，这里不详细阐述，在以后的专题中有时会涉及。

关于两种走势类型的定义方法，细心的读者不难发现，在缠论的标准模型中，对于趋势的定义，其实是将中继性的、持续时间较短的盘整整合到趋势中去了。这个看似小的调整，对于操作来讲却具有非常重要的意义。

（1）在大级别的趋势中，过滤虚假信号能够让你安心拿住筹码。大级别的趋势绝对不是一帆风顺的，不可能是直上直下的，而是要在趋势发展的过程中不断地休整、蓄势。在休整与蓄势之后，开启新一波的涨跌。

蓄势通常以两种方式来进行，一是次级别的反趋势，再者就是小级别的盘整，这种盘整反映在盘面上，就是本级别的中枢，如图4–3–7所示。中枢，或者说小级别的盘整，常常具有随机漫步的特征，这种随机漫步会在盘面上发出一些虚假的信号。

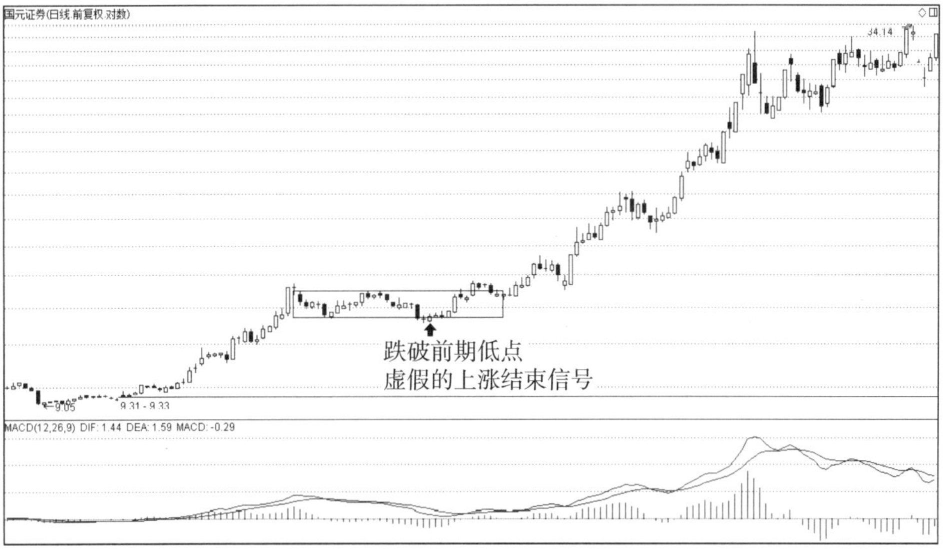

图4–3–7 中枢过滤虚假卖点示例图

例如，通常认为，在上涨过程中，跌破前低表明上涨结束；在下跌过程中，突破前高表明下跌结束。随机漫步的盘整则常常出现刚一跌破就快速回抽，或者刚一突破就快速回调，从而将交易者引入歧途，误认为趋势结束，从而过早平掉自己的仓位。以中枢的视角去定义趋势，就不会因为对趋势的误判而过早下车。

（2）对于技术水平较高的投资者而言，在大级别趋势中，出现中枢震荡就是做短差的天堂，投资者可以在高位抛出，而后在低位回补，从而提高资金使用效率。

注意，没有中枢，是绝对不可以做短差的。没有中枢，就意味着中枢的移动，这在趋势中往往是利润最为丰厚的部分。在这种情况下乱做波段，更大的可能是高位卖掉的，低位补不回来，或者低位买进的，高位抛不出去。

对于中枢震荡而言，最简单的操作就是保持仓位不动。有些中枢波动幅度往往特别大，有些中枢持续时间比较长，更重要的是，有些中枢往往会成为趋势的转折区间。因此，参与这种中枢震荡操作，就显得十分有必要了。参与中枢震荡不仅可以显著提高资金利用效率，甚至可以躲过反趋势的风险。

如图4–3–8所示，持续两个月的中枢震荡，最高振幅达到30%，并且中枢之后直接形成了第三类卖点。

图4-3-8　幅度较大且持续时间较长的中枢震荡之后形成第三类卖点

其次，具有当下操作的意义。上面所说的两种对趋势的定义，归根到底都是走势发展的具体模式。任何走势类型，在没有走出来之前，没有人知道这个走势究竟是趋势还是盘整，也不可能知道趋势或者盘整究竟会以何种方式去走。交易者最多能够知道当下是处于中枢震荡之中，还是中枢连接段；是第一中枢还是第二中枢，抑或第N中枢；是处于背驰段还是盘整背驰段。即便是出现背驰之后，也不能确定走势究竟会走出反趋势还是中枢扩展。

对于趋势以及盘整，根本不能将之模式化。高级别走势是由次级别走势的发展逐次生长出来的，在实际操作过程中，投机者应该根据走势当下的发展情况制定策略，并灵活机动地调整策略。

就像战争，你不可能在红军刚到达延安的时候，就断定他们必定能够解放全中国。你也不能在辽沈战役打赢之后，就跳过淮海、平津战役，直接百万雄师过大江。饭要一口一口吃，仗要一场一场地打。抛开当下去谈全局，无异于纸上谈兵。

三、走势类型的相互转化

说完走势类型，下面继续谈谈走势类型之间相互转化的问题。这个问题可以分为两部分来探讨，一是同级别走势类型之间如何切换，二是如何确认同一级别当下走势类型结束，新的走势类型开始。

先说第一个问题，也就是同级别走势类型之间切换的问题。由于同级别走势类型只有三种，那么可以对走势类型切换的方法进行枚举，切换方式便一目了然了。无论你采用何种方式定义走势类型，都不妨碍这种切换的方法。

对于上涨而言，其转化的方式无外乎三种。

（1）上涨+盘整+下跌。

（2）上涨+盘整+上涨。

（3）上涨+下跌。

同理，对于下跌而言，其转化方式也有三种。

（1）下跌+盘整+上涨。

（2）下跌+盘整+下跌。

（3）下跌+上涨。

对于盘整而言，其转化方式有两种。

（1）盘整+下跌。

（2）盘整+上涨。

再说第二个问题，就是如何判断同一级别当下走势类型结束的问题。还是回到走势类型的定义上去看，先说说西方技术分析理论定义的走势类型。

对于趋势，前面说过，在西方技术分析理论中，所谓上涨，是最近一个高点比前一高点高，且最近一个低点比前一低点高；所谓下跌，是最近一个高点比前一高点低，且最近一个低点比前一低点低。以上涨为例，下跌的情况反过来就是。

实际上，对于上涨的定义，可以转化为下面的逻辑命题。

最近一个高点比前一高点高，同时最近一个低点比前一低点高。

所谓上涨结束，就是对上面的逻辑命题求其否命题，下面以感叹号来表示这个否命题。

上涨结束=！（最近一个高点比前一高点高并且最近一个低点比前一低点高）=（！最近一个高点比前一高点高）或者（！最近一个低点比前一低点高）。

为了方便理解，下面将逻辑公式转化为文字描述。所谓上涨结束，就是指最近一个高点不高于前一高点，或者最近一个低点不高于前面一个低点。也就是说，一波上涨趋势中，如果一个次级别的上涨不能突破前一高点，或者一个次级别的下跌跌破了前面一个低点，就表明上涨趋势结束了。

将上面的推理代入到下跌过程中，可以得到：在一波下跌趋势中，一个次级别的下跌不能跌破前一低点，或者一个次级别的上涨突破了前面一个高点，就表明下跌结束了。

注意，对于上涨而言，如果一波次级别上涨不能创新高，或者一波次级别下跌跌破前期低点，那么从逻辑上讲趋势已经结束了。但是从走势类型转化的角度来看，上涨完了不一定就是下跌，之后可能陷入盘整。

如果一波次级别上涨不能创新高，同时之后的一波次级别走势不能创出新低；或者一波次级别下跌跌破前期低点，同时之后的一波次级别走势再次突破前期高点，那么这个上涨结束之后就陷入了盘整状态。盘整之后，走势可能演变成下跌，但也完全有可能重新开始一段新的上涨。如果某段趋势结束之后，走势陷入盘整状态，走出盘整之后又沿着之前趋势的方向前进，那么这个盘整区间，从缠论的角度来看，就是一个趋势中的中枢。

对于盘整而言，如果一个次级别走势突破盘整区间之后，之后的回试不再进入原盘整区间，则表明盘整结束，一波新的趋势开启。实际中，常常会出现盘整结束点远离盘整区间的情况。也就是说，一波次级别强力的上涨或者下跌以非常大的力度突破盘整区间，且上涨或者下跌的幅度均特别大，之后的次级别回调虽然不能回到盘整区间，标志着盘整结束，但该盘整结束的确认点远离盘整区间。这时候如果固守第三类买卖点，则会错失趋势中利润最为丰厚且快速的一段，这种情况下的第三类买卖点，往往不再具有太大的参与价值。

一般快速的涨跌之后，其后的调整要么幅度非常大，要么周期非常长。不过，这种情况并非经常出现，并且其出现必有土壤。投资者万不可一看到突破，不等盘整结束的确认信号就快速建仓，唯恐错失利润最为丰厚的一段，这其实是投资者脑子中的幻相，大多数情况下并不会出现。

前面说过，盘整结束点远离盘整区间的情况，其出现必有土壤。下面可以归纳出几个经验性的总结，让投资者尽可能地把握这种情况。

（1）周期较长且振幅非常小的盘整的有效突破。“蓄之既久，其发必速。”这种盘整被突破之后，往往会出现快速上涨或者下跌的情况。如图4-3-9所示。

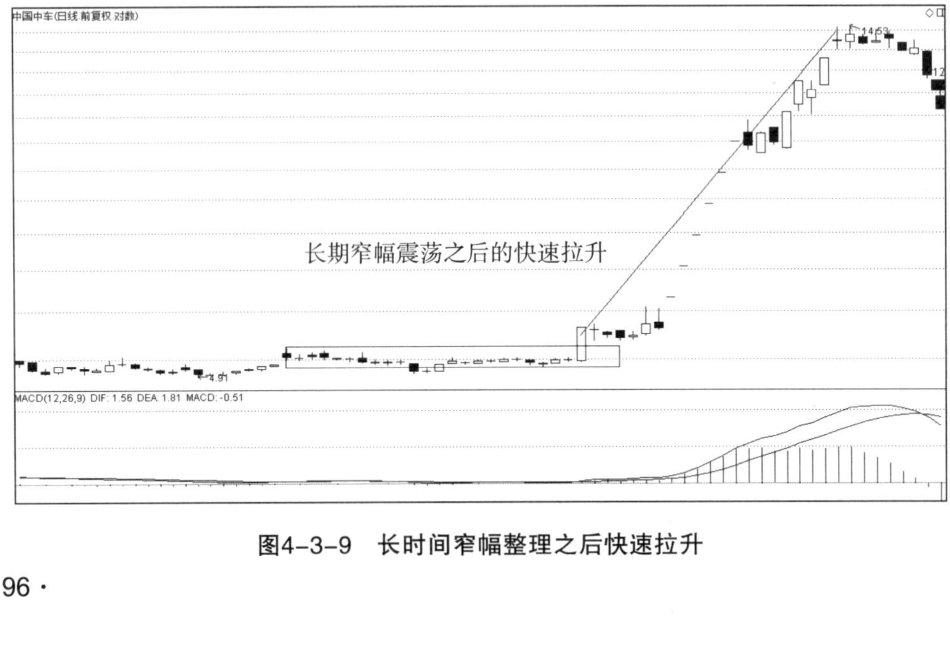

图4-3-9　长时间窄幅整理之后快速拉升

（2）市场整体强度较好或者较差的情况。这种情况往往由市场整体极度贪婪或者恐惧的情绪带动，之后出现快速上涨或者下跌。如图4-3-10所示。

图4-3-10　市场强度转弱引发个股断崖式下跌

（3）有突发的利好或者利空消息。在基本面因素的刺激下，市场往往呈现快速涨跌的情况。如图4-3-11所示。

图4-3-11　极端宽松货币政策刺激下的快速上涨

（4）出现诱多或诱空陷阱之后，往往呈现快速涨跌。中枢震荡中的陷阱，往往表现为跌破或者升破关键位置。陷阱会清洗市场上大部分的不坚定者，从而为快速涨跌打下良好的基础。如图4-3-12所示。

图4-3-12 中枢震荡陷阱之后的快速拉升

下面再来看看缠论走势类型定义之下的走势类型转化问题。同样，先回到缠论中对走势类型的定义，在该定义之下来看这个问题。

缠论中的趋势定义：在任何级别的任何走势中，某完成的走势类型包含两个以上依次同向的缠中说禅走势中枢，就称为该级别的缠中说禅趋势。该方向向上称为上涨，向下称为下跌。

从上面的定义可知，趋势的转折至少在两个中枢之后才会发生。趋势转折的内因，是趋势力度不断衰减。当价格不断创出新高或者新低，趋势力度却不断衰减的时候，就可能发生趋势的逆转，这种逆转反映在盘面上就是"背驰"。

缠论所有的买卖点从根本上来说都是背驰点，只是级别不同而已。"教你炒股票"系列文章中关于背驰的论述比较多，本书前面也介绍了不少，但有些人估计还是云山雾罩，不明就里。

这里再就背驰的关键点详细讲解一下。其实关于背驰，只要把握下面的几点就不难判断。

（1）没有趋势没有背驰。趋势是判断背驰的前提条件，盘整中是没有背驰的。

（2）某级别的背驰比较的是前后两个趋势推动段的力度。这个推动段必须是中枢结束之后的推动段，中枢不结束，那么走势还是在中枢震荡之中，是没有趋势的推动段可言的。严格来讲，中枢的结束，趋势推动段的开始，最大的标志就是第三类买卖点。如果出现第三类买卖点远离中枢的情况，那么也可以认为是出现了趋势的推动段。

（3）必须是该次级别推动段明确结束，这样才可以相互比较。推动段不结束，是不能进行力度比较的，因为推动段完全可以持续更久，使得背驰段本身被否定。但两中枢之后的推动段，都可以当作背驰段看。一旦推动段结束，盘面上出现了背驰，就做出平仓或者减仓的动作，直到这个背驰被否定掉。注意，这只是一种假定，实际情况可能并不背驰，继续上涨。

（4）出现背驰之后，走势至少将回到前一中枢的中枢区间。“教你炒股票”系列文章中曾讲到，背驰之后可能会出现三种情况：该趋势最后一个中枢的中枢扩展，这是最好的情况；比该级别更大级别的盘整，这是次好的情况；该级别以上级别的反趋势，这是最差的情况。一旦出现背驰，不用惶恐或担心趋势延续怎么办，而是应该果断降低仓位。后面即使出现趋势延续，也有的是机会去回补。

对背驰的把握，可以利用均线系统或者MACD指标进行辅助判断。这个问题前面多有讲解，此处不再赘述。

缠论中的趋势转折还有两种情况，一是最后一个中枢的盘整背驰引发转折，二是小级别背驰引发大级别转折。

对于盘整背驰引发的转折，其实按照中枢震荡操作法则就完全可以应付。当然，不盘整背驰也有可能引发转折，这种情况就是最后一个中枢直接下来，形成反向的第三类买卖点。具体来说，就是上涨中的最后一个中枢直接形成第三类卖点，或者下跌中的最后一个中枢直接形成第三类买点。这些情况都有可能出现，所以说理论是模式化的，而走势是当下的。操作的关键不在于用模式去套走势，而是根据走势的发展情况当下地操作。

对于小级别背驰引发的大级别转折，注意，这个小级别的走势一般来讲是相当猛烈的，即出现急涨急跌的情况。操作中，这种情况要重点关注，一旦出现急涨急跌的情况，就要密切关注小级别的走势。一旦小级别走势出现背驰现象，就要准备做出减仓、平仓甚至逆向开仓的动作了。

一般来说，急涨之后要么是急跌，要么是长时间的盘整。急跌的情况也是一样。出现了暴利，一定不要过分贪婪，先拿了再说。

缠论对盘整的定义：在任何级别的任何走势中，某完成的走势类型只包含一个缠中说禅走势中枢，就称为该级别的缠中说禅盘整。

从上面的定义可知，盘整结束就等于该中枢结束，而中枢结束就形成第三类买卖点。所谓的第三类买卖点，就是一个次级别突破盘整区间，之后的次级别回抽不能再次回到盘整区间，就构成了第三类买卖点。

对盘整走势类型转化的把握，关键在于规避第三类买卖点远离中枢的情况。上面说了几种出现这种第三类买卖点远离中枢的可能条件，这是技术上的应对方法。当然，投资者也可以用仓位管理的方法来应对这种情况，一旦出现所谓的大力突破，比如向上突破，可以买进，但要控制好仓位。这样可以保证一旦出现快速上涨，不至于完全踏空，可以在标准第三类买点出现之后再补入剩余的仓位。

一旦该突破是假突破，走势再度陷入中枢震荡状态，甚至震荡之后转为下跌，交易者也不至于有太大的亏损。如果是技术好的人，你的介入点可能是次级别上的买点，这样操作就更加有依托了。

缠论包含形态学与动力学两部分，是动力学与形态学的融合。任何涉及背驰的概念，都是动力学的范围，背驰是动力学的基本点之一。另外，中枢、趋势力度等，也属于动力学的范畴。

西方技术分析理论对走势类型及其转化的描述，其实是属于形态学的内容。学好形态学，基本上就可以应付市场中大多数的情况了。只是单用形态学，第一类买卖点就无法抓住，对于中枢震荡，也就不能用盘整背驰的方法去判断了。

第四节　选择买卖点

一、三类买卖点

在前面的分析中多次说到一波次级别的走势结束或者一波次级别下跌的开启等。缠论的三类买卖点中，只有次级别明确结束，才能确认买卖点出现。例如，第一类买卖点就是趋势进入背驰段，并且作为背驰段的次级别走势结束；第二类买卖点就是第一类买卖点之后的对最后一个中枢的回拉，第一个与回拉反向的不创新高或新低或者创出新高或新低之后却出现盘整背驰的中枢同级别离开的结束点；第三类买卖点是一个次级别走势类型突破中枢，之后的次级别回抽结束，并且不回到前一中枢区间。

由此可知，虽然次级别的结束点不一定包含在三类买卖点之中，但三类买卖点必然是次级别的结束点。因此，能够准确把握次级别的结束点，或者说新的次级别的开始点，就显得尤为重要。自然地会有人问，如何判断一波次级别走势类型的开启点或者结束点呢？

最为精确的方法就是下降级别，去观察该次级别的内部结构，观察次级别走势类型的转化，进而用区间套的方法层层迭代，进行精确定位。只要技术水平高，就一定能够把握到最为精确的次级别走势类型的结束点。

这种方法足够精确，但并不适合绝大多数投资者。

首先，这种方法过于繁琐。对于不能完全掌握并灵活运用动力学内容的投资者来讲，这是一个非常大的考验，交易者一不小心就会判断错误。一旦错误判断导致错误的操作，想要扭转过来是非常困难的，这将打乱整体的操作节奏。

其次，这种方法需要下降一个甚至数个级别，在不同级别之间频繁切换。对于投资者来讲，这是一个极大的挑战。对于走势而言，级别越小越测不准。对于交易者而言，时间周期越短，造成的精神压力越大，出错的概率也越大。即便能够每次都做对，在强压和高频交易中，也极容易对投资者的身心构成伤害。这就是为什么极为优秀的短线交易者常常随身带着速效救心丸，以长线著称的巴菲特却能长期屹立不倒的根本原因。

二、以高级别 K 线组合把握低级别买卖点

有没有什么比较简单的方法，让交易者不用下降级别，直接在本级别上观察，就能把握该次级别的开始点或者结束点呢？

缠论K线分析技术提倡用高一级别的K线组合，配合该级别的均线系统等技术指标来综合把握次级别走势类型的结束点，并用次级别走势类型的转化关系，验证高一级别K线组合发出的买卖信号的有效性，进而综合把握交易者操作级别上的三类买卖点。

“教你炒股票”系列文章之中，有一部分内容对K线组合进行了描述，遗憾的是，文章只涉及分型这个最为基础的K线组合，未对K线组合的各种反转形态与持续形态进行深入阐述，这不能不说是一个极大的遗憾。

缠中说禅说过：缠论不废万法。K线理论对于投资这门功夫来讲是基本功。人人都想去练乾坤大挪移功夫，但如果基本的马步都扎不好，即便一本《乾坤大挪移心法》摆到你面前，你也无法练好。反之，能练好乾坤大挪移，一定是基本功非常扎实。更重要的是，绝大多数交易者都对K线技术有过涉猎，因而将之融到缠论中去，能够使投资者的分析与操作事半功倍。

传统K线理论对K线组合的描述比较细致，但大都不能将之放到整体的走势类型及其转化之中，并配合买卖点来进行阐述，因而失之于格局。没有大的格局，永远不会有赚大钱的机会。在市场中，如果你赚不到大钱，那么早晚有一天会亏光，除非你能早早退出市场。

实际上，一旦投资者参与到资本市场，不亏光本金是基本上回不去的。亏了不甘心，赢了还觉得能够持续盈利。一旦被套就装死，即便是割肉了，等市场新的高潮来临之际，又会不顾曾经发过的誓言，筹集资金再度入市，这是市场众生的真实写照。

对于传统K线理论而言，一直难以解决K线组合买卖信号的有效性问题。买卖信号真真假假，依据该理论进行操作的投资者，也在这虚虚实实中沉浮。关于K线组合的书籍汗牛充栋，无数人宣称其发明的K线组合非常有效。实际上，这些说法大多都是马后炮，不具有当下的品质。也就是说，他们的分析结论都是根据静态的K线图总结出来的，说起来头头是道，用起来就会错误百出。

本书将传统K线理论整合到缠论中去，以缠论为基础，结合K线组合把握买卖点，这契合缠论"不废万法"的品质。

将K线理论融入缠论中，是对K线理论格局的升华。K线组合只有在走势类型这个基础上使用，才能产生最大的威力，脱离最基本的走势类型去探讨K线组合毫无意义。

在操作趋势的过程中，缠论曾反复论证，只有三类买卖点才能必然产生盈利，其他买卖点产生的盈利则是或然的。将K线组合和三类买卖点结合起来，能够最大限度地保证操作者对买卖点判断的准确率。一方面，三类买卖点必然包含在反转K线组合之中。例如，对于买点而言，必然包含于底分型之中；对于卖点而言，必然包含于顶分型之中。另一方面，从构成K线组合的次级别走势类型转化的角度来判断K线组合的有效性，可以极大地提高K线组合的可靠性，并且可以利用次级别波动的特征，更好地把握买卖点。

相对于缠论追求买卖点绝对精确的精神，缠论K线分析技术则更注重买卖点的正确性。本理论提倡在买卖点正确的前提下，尽可能追求更加有利的价格。这样虽然可能会损失一定的利润空间，但通过本方法获得的买卖点，其虚假买卖信号更少，命中率更高。

本理论面向更广大的普通投资者，并非针对极少数长中短线通吃的天才。大多数投资者在运用缠论的过程中，往往陷入缠而又缠、焦头烂额的境地。出现这种情况，一个根本的原因在于同时兼顾的级别太多，远远超出了一般投资者的能力范围。

成功者应该做自己能做的事情，而不应该一厢情愿地做自己想做的事情。对于本理论而言，级别止于智者。本理论是对缠论一定程度上的简化，试图控制交易者的分析级别，从而解决缠而又缠的问题。

三、利用K线把握三类买卖点的方法

如何利用K线组合来把握三类买卖点呢？

首先必须明确一点，所有的买点都是第一类买点，所有的卖点都是第一类卖点，只不过级别不同而已。例如，对于日线级别的上涨而言，第二、第三类买卖点是日线级别以下某级别的第一类买卖点。因此，对买卖点的把握，只需要掌握好第一类买卖点的判断方法即可。对于第二、第三类买卖点，只要切换级别，在小级别上运用第一类买卖点的判断方法即可把握。

其次，所有的买点都是在下跌中形成的，所有的卖点都是在上涨中形成的，这就是操作的节奏。买点只出现在下跌中，没有任何品种值得追涨，追涨更大的概率是被套。同样，没有任何品种值得杀跌，反复杀跌，账户资金将在一次次止损中不断减少。

交易者最不好的习惯就是追涨杀跌。即使你搞不懂什么是买点卖点，至少有一点是必须懂的，那就是不能追涨杀跌。就算是第三类买卖点，也是在回调与反弹中形成的，哪里需要追涨杀跌？市场节奏只有一个：买点买，卖点卖。但是能遵守这个节奏的人少之又少。

是什么阻止了交易者倾听市场的节奏？是贪婪与恐惧两种情绪。买点，总在下跌中形成，但恐惧阻止了你买入；卖点，总是在上涨中形成，但贪婪阻止了你卖出。一个被贪婪与恐惧支配的人，在市场中唯一的命运就是死。当然，这里的下跌、上涨是相对的，只有在总体的走势类型中判断才是有效的。那种一看到下跌就以为买点到来，一看到上涨就开始卖出的人，是犯了机械主义的错误。

关于这一点，采用右侧交易理念，用K线组合把握有效的买卖点，是相对较好的方法。

如何结合K线组合来把握缠论的第一类买卖点？

对于某级别的第一类买卖点，应当以高一级别的反转K线组合来判断。具体来说，对于日线级别趋势的第一类买点，可以利用周线级别的底部反转K线组合来把握，用日线级别的走势类型及转化来验证该第一类买点的有效性。对于日线级别趋势的第一类卖点来讲，可以利用周线级别的顶部反转K线组合来把握，用日线级别走势类型及其转化来验证该第一类卖点的有效性。一旦该第一类买卖点被确定是有效的，那么交易者就可以立即着手做买入或者卖出的操作了。当然，也可以少量资金介入，之后等待小级别上出现更优秀的价位，再大规模介入。这就涉及资金管理以及左侧或者右侧交易的策略问题了。

换言之，如果你要抄一个日线级别趋势的底部，那么根本不用看日线级别的走势图，只看周线级别的走势图就够了。只要周线级别上不出现底部反转K线组合，就绝对不会出现日线级别的第一类买点。一旦周线级别走势图上出现了底部反转K线组合，那么极大可能一波新的日线级别上涨的第一类买点已经包含其中了。这时候应该下降级别，去看看前面的日线级别下跌是否出现了明显的走势类型转化的情况，是否出现了明显的背驰或者盘整背驰，或者出现急跌之后小级别背驰转为大级别反弹的情况。如果有，那么该日线级别上涨的第一类买点确认，投资者可以考虑买入做多了。如图4-4-1、图4-4-2所示。卖点的情况反之就是。

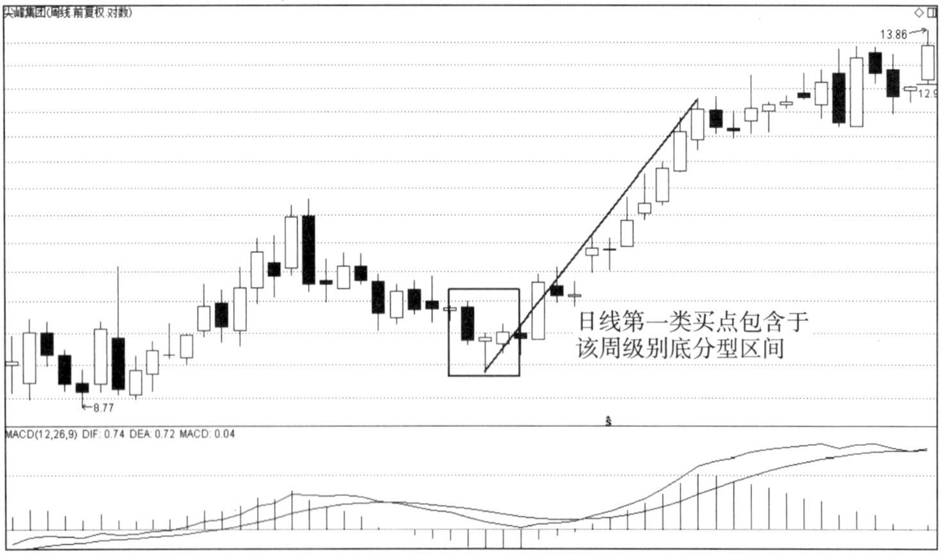

图4-4-1　利用周级别底分型把握日级别上涨第一类买点

利用上面的方法把握第一类买卖点，还有一个极大的好处，就是可以极大地减少交易者的看盘频率。对于买点而言，只要周线级别不出现底部反转K线组合，交易者就可以一直休息，该工作的工作，该做生意的做生意，一点不影响日常工作和生活。

图4-4-2　周线底分型对应的日线走势图

减少看盘频率，可以极大地减少交易者的焦虑感。有过多年交易经验的人都应该清楚，有的时候这种焦虑感会严重影响交易者的判断力，导致该买的时候不敢买，不该买的时候又急切地希望入市赚钱，导致忽略了大级别的市场格局。

利用上面的方法把握第一类买卖点，会让交易者在选股的时候有一种后发优势。打个比方，在武侠小说的武术流派中，不同于大多数武术套路所谓的先发制人、唯快不破的精神，武当派则强调后发制人，就是等待对手先出招，然后观察对手的出招情况，自己再拆招应对。在近现代武林中，涌现了不少太极拳高手，如孙式太极拳的创立者孙禄堂，便是公认的近现代武林第一高手。

将这种后发制人的思想运用于选择第一类买卖点，具体而言，就是选那些周线级别出现了力度更大的底部反转K线形态的品种。反转的力度越大，标志着越多的人看好该品种，也就意味着该品种可能是后市上涨的领涨品种，其后的趋势力度也越强。

也许有人会说，利用上面的方法来把握第一类买卖点，可能会出现一个问题，如果包含日线级别趋势第一类买卖点的周反转K线组合力度特别大，例如对于买点而言，等该周线级别底部反转K线组合完成之后，日线级别的第一段可能已经走了很大的幅度。对于投资者而言，涨幅特别大的品种最好不要参与，日线级别趋势第一段就初选已有巨大涨幅的品种，之后往往会陷入较大幅度的回跌或者较长时间的调整，第二波上涨通常会出现盘整背驰的情况。

为了避免上述问题，投资者最好选择那种反转力度较强但第一段上涨幅度不是特别大的品种。虽然这种品种被发现的时候，价位距离真正的底部会有一定的距离，但这个不必担心。按照理论，对于日线级别的趋势而言，第二类买点是必然出现的。对于第一段涨幅不是特别巨大的品种而言，第二类买点大多数情况下距离真正的底部不会太远。特别是对于大级别的趋势而言，底部往往都是反复冲击形成的，大多数情况下，按照第二类买点建仓，其成本大多距离真正的底部相差无几。

需要注意的是，上面所说的顶部反转K线组合以及底部反转K线组合，其实是包含传统K线理论中的持续形态的。也就是说，顶部反转K线组合包含下跌持续形态，底部反转K线组合则包含上涨持续形态。

为什么没有将它们明确划分出来？大家知道，任何一段趋势中，都包含次级别趋势、反趋势以及盘整三种形态。次级别趋势或者反趋势结束，往往表现为明显的反转K线组合。对于次级别盘整的结束，则往往表现为K线组合中所说的持续形态。次级别反趋势或者次级别的盘整，都是对趋势的纠正，那么当然可以将反趋势或者盘整的结束都统一命名为反转K线组合。不过，这只是名相上的划分，交易者没有必要过于执着。

上面将如何把握第一类买卖点的方法说了，对于第二、第三类买卖点，只要按照上面把握第一类买卖点的方法，将之运用到操作的级别上即可。具体来说，如果你是一个日线级别的趋势操作者，对于该级别第一类买卖点的把握，要到周线上去寻找底部或者顶部反转K线组合，而对于第二、第三类买卖点，则需要在日线级别的走势图上去观察。

以上就是缠论K线分析技术关于寻找买卖点的方法。对于大多数投资者而言，一定要等待反转K线组合完全走出来，才能明确买卖点信号。对于经验丰富或者有较多看盘时间的交易者而言，可以在该反转K线组合没有完全走出来之前就大胆介入。

例如，对于A股交易者而言，下午3:00收盘，交易者往往在当日最后半个小时的交易时段内，就可以凭经验大概知道当天会收出什么样的K线，从而确定是否会形成反转K线组合。这也是收盘前半个小时内价格波动往往来得较为猛烈的主要原因之一。

第五节　左侧交易与右侧交易

对交易者而言，市场中存在两种基本的交易策略：左侧交易和右侧交易。在投机生意中，每一个交易者都会面临这个策略选择的问题。那么究竟是左侧交易策略更有效，还是右侧交易策略更好？

具有一定投资经验和水平的投资者，可能会更进一步想到：什么情况下适合左侧交易，什么情况下适合右侧交易？如果交易者能够明白两种交易策略的本质，并且能够结合自己的资金情况、交易风格等进行正确选择的话，就更容易在市场中取得成功。

一、两种交易策略的定义

先来看图4-5-1，以便对左侧交易与右侧交易有个直观的印象。这里以买入程序为例，卖出程序反过来就是。

这里有必要对左侧交易和右侧交易下个定义，这样有助于交易者从根本上对这两种策略进行思考。

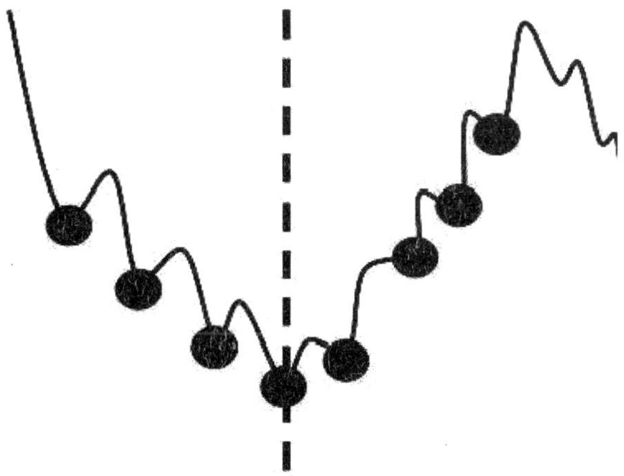

图4-5-1　左侧交易与右侧交易示意图

（1）左侧交易：在某级别趋势未结束且主观判断接近结束点之前，提前建立与趋势方向相反的头寸，并期望在即将到来的反趋势中获利。如图4-5-2所示。

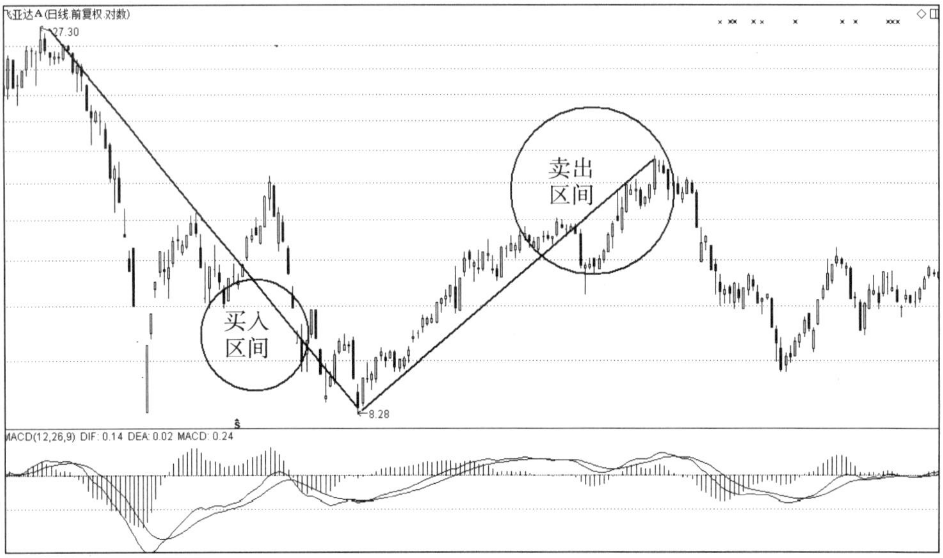

图4-5-2　左侧交易示例图

（2）右侧交易：在某级别趋势出现明确的转折信号之后，建立与趋势方向相同的头寸，预期趋势将延续，并期望在趋势延续的过程中获利。如图4-5-3所示。

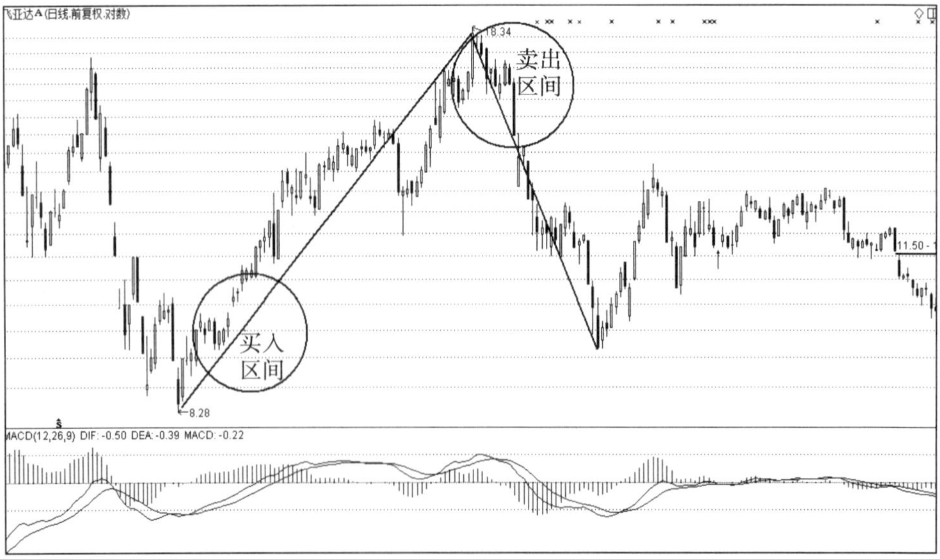

图4-5-3　右侧交易示例图

二、两种交易策略的关键点

关于两种交易策略，有几个关键点需要注意。

（1）必须明确操作级别。从缠论的角度讲，没有级别就没有走势类型。这一点非常重要，前面已经反复说到。交易者进入市场进行操作，首先要选择的就是交易级别。从两种交易策略的角度看，大级别的右侧可能是小级别的左侧，大级别的左侧也可能是小级别的右侧。不明确操作级别，两种交易策略就无从谈起。

（2）必须能够当下判断走势类型。投资者必须明白当下的走势类型是趋势还是盘整。如果是趋势的话，到底是上涨还是下跌。一般情况下，简单的均线就可以判断走势类型。例如，《缠中说禅：教你炒股票》一书中所讲的以MA5、MA10两条均线组合来判断走势类型，短期均线长期运行在长期均线之上的，就是上涨；短期均线长期运行在长期均线之下的，就是下跌；短期均线与长期均线反复交叉缠绕的，就是盘整或者中枢震荡。如图4-5-4所示。走势类型的判断非常简单，但凡学习过技术分析的交易者，都可以很容易地从盘面上看懂走势类型。

图4-5-4　利用均线系统判断走势类型

（3）走势类型转折的信号。如果不能判断走势类型的转折，那就无所谓左右之分了。不同的分析理论会得到不同的结论，即使是同一种理论，不同的交易者也会得出不同的结论。例如，在缠论中，一般以背驰作为趋势转折的信号，有的交易理论则以趋势线或者颈线位的突破作为走势类型转折的信号。对于背驰判断而言，有的人可以当下判断，有的人则总是判断错误。

实际上，关于走势类型转折的判断并没有一种定式，背驰、颈线位、标志性K线以及标志性的笔，都可以作为走势类型转折的信号。对于交易者而言，能够第一时间发现并采取行动，这才是交易的关键。能够判断走势类型转折，是理解左侧交易和右侧交易之间区别的核心所在。

关于走势类型转折，前面有较多的论述，读者可以翻看一下。

（4）两种交易策略，从同级别的角度看，结合趋势与买卖点的情况，又可以分为趋势的左侧、右侧交易以及买卖点的左侧、右侧交易。趋势的左侧、右侧交易，前面的定义说得很明白。对于买卖点而言，明确的买卖点信号出现之前所做的操作，就是左侧交易，反之就是右侧交易。

大级别有效的买卖点，在小级别上必然对应着走势类型的转折。因此，关于买卖点的左侧、右侧交易，在次级别的角度看，与趋势的左侧、右侧交易是一回事，只不过需要切换级别而已。

三、两种交易策略对比分析

1. 左侧交易的优缺点

左侧交易有其特定的优势。如果行情符合交易者的预期，往往会获得非常有利的持仓成本。对于那些非常突然且力度极大的转折而言，左侧交易往往能够通过提前布局，把握这种爆发式的行情。

左侧交易策略也存在一些不可回避的问题。其实说到底，左侧交易法本质上是一种测顶或者测底的交易思路。预测顶底，可能会出现预测失败的情况。一旦预测失败，就会承受较大的浮亏。即便预测成功，由于趋势在底部往往运行较长的时间，也可能会使得那些没有耐心的交易者长期备受煎熬。

左侧交易法要求交易者基本面的功夫高一些。那些成功的左侧交易者，大都是基本面分析大师，例如巴菲特、索罗斯等人。他们对基本面以及市场哲学有独到的见解，且目光如炬。另外，这些人的资金量一般都比较大。特别大的资金量，如果是在右侧交易的话，容易对市场产生极大的冲击，从而拉高自己的买入成本。因而对基本面更加熟悉的大资金，往往选择越跌越买的左侧交易法。

2. 右侧交易的优缺点

右侧交易法的优势则更加明显。右侧交易更注重捕捉买卖信号，是客观而非主观预测的交易方法。右侧交易要求交易者在趋势明显转折或者明确出现买卖点之后再进行操作，这极大地回避了趋势持续下跌造成的逆势操作风险，也极大地回避了买卖点迟迟不出现、市场突然发生转折的风险，因而成功率比较高。右侧交易法如果操作得当，能够踩准市场的节奏，那么同等时间内收益率是远非左侧交易法可比的。

同样，右侧交易法也存在一些难以回避的问题。对于突然转折的情况而言，往往买卖信号发出的比较迟，这会让右侧交易者在持仓成本上有一定的劣势。另外，右侧交易法对技术的要求比较高。例如，何为明确的趋势转折信号，何为明确的买卖点信号，这都需要交易者反复学习，并在实践中加以检验。如果不能准确捕捉买卖信号，那么失败的概率同样比较高。

右侧交易法除了对技术的要求较高之外，还要求交易者必须有足够的耐心和定力。交易者必须等到出现明确且符合自己交易体系的趋势转折信号或者买卖信号，才能进场执行操作。右侧交易法还要求交易者必须具有非常强大的执行力，看到交易信号要果断操作，不能错失战机。

实际上，这两种交易策略本质上并没有优劣之分。打个比方，两种交易方法都是从市场上获利的武器，都可以用来杀人。只不过一个是刀，一个是剑，它们分别适合于不同的使用者。力气大，内功深厚，走刚猛路线的人，可能用势大力沉的刀更顺手。那些身形轻巧，走轻灵路线的交易者，可能更适合用剑。当然，如果你功夫练到了一定程度，到了无招胜有招的境界，就是拿根烧火棍，也可以成为杀人利器。

从缠论K线分析技术的角度看，本书面向的对象是资金量不会大到影响市场走势的交易者。另外，本书更倾向于技术面分析，更希望交易者在符合交易原则的前提下，尽可能地提高自己的收益率，因而，本书更倾向于右侧交易策略。

四、交易策略的选择

本书强调右侧交易策略，其基本的操作策略有两个关键点。

第一，对于趋势而言，要尽可能把握第二、第三类买卖点。追求第一类买卖点，本质上是在测顶或者测底，这和左侧交易法没有什么本质的区别。第二、第三类买卖点，这是趋势明确之后的且被逻辑保证的买卖点，因而操作起来更加稳定。

第二，对于买卖点而言，一定要等当下的反转K线组合走完或者基本走完再作决策。当下K线或者K线组合没有走完，买卖信号就不能确认。走势在小级别上更是不可预测的，有可能上午还是大阳线，下午就变成了大阴线。这种情况在股票市场上非常常见，并不是什么新鲜事。

以上两个关键点，对于一般的交易者而言，坚守右侧交易法则就可以了。有一些进阶的交易者会问：什么情况下适合左侧交易，什么情况下适合右侧交易？如果交易者能够想到这个问题，说明已经有了一定的交易经验和水平。下面就进一步探讨这个问题。

走势类型分为上涨、盘整与下跌三类。交易策略的选择，也应当结合这三种走势类型分别讨论。

（1）盘整中的交易策略。

对于趋势中的中枢，其大概的形态和盘整没有太大差别，只是盘整的级别不同而已。因此，如果交易者要做中枢震荡的操作，可以按照盘整的方式来统一对待。

如果是窄幅盘整，也就是说盘整区间比较小，应该采用左侧交易的方法。这是因为盘整幅度比较小，如果采用右侧交易法，那么极大可能的情况就是，当右侧信号走出来的时候，价格已经到了盘整的顶部或者底部。

例如，对于窄幅盘整中的卖点，明确的顶部反转信号走出来的时候，价格可能已经距离盘整底部不远了，这样其实就等于错过了一次做差价的机会。

当然，左侧交易法有可能面对盘整突然被突破的情况。遇到这种走势其实也没有关系，如果盘整被突破，那么就在第一次次级别回调的时候，将卖出的股票补回来就是了。当然，如果突破的力度特别强，就需要在突破的时候补回来，这样做其实并不会损失多少利润。如图4-5-5所示。

图4-5-5　窄幅震荡中的左侧交易法

如果走势是宽幅震荡，就意味着震荡的区间比较大，明确的底部反转信号与顶部反转信号之间有较大的利润空间，这种情况可以采用右侧交易的方法。特别是对于持续时间较长的震荡，越往后顺势突破的概率越大，这个时候更适宜采用右侧交易法。如图4–5–6所示。

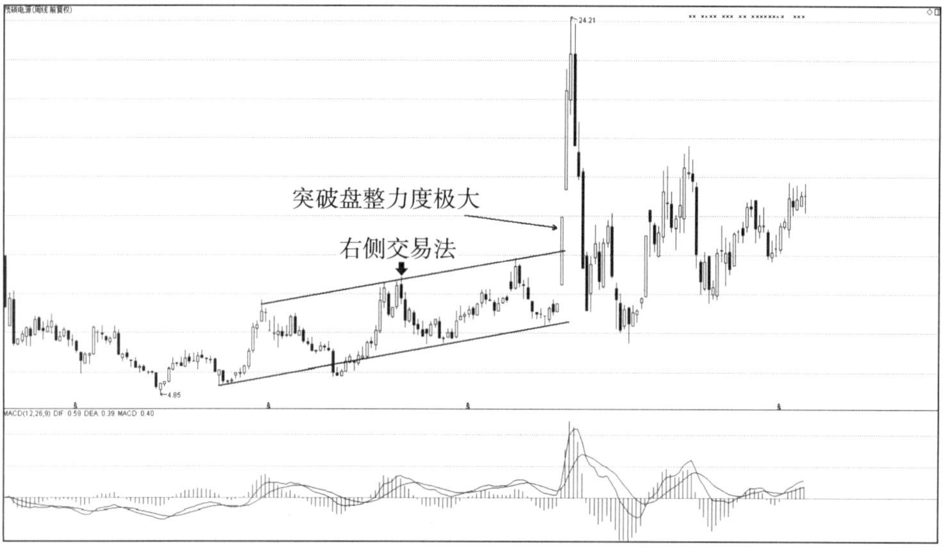

图4–5–6　宽幅震荡中的右侧交易法

（2）下跌转上涨的交易策略。

如果走势是下跌中的转折，交易者要介入做多，那么一般应该采用右侧交易的方法，等待明确的下跌反转信号出现再进行交易。为什么这样说呢？

一方面，对于下跌趋势而言，趋势一旦形成不会轻易改变。盲目地进行左侧交易，试图测底，更大的可能性是被套在半山腰上。

另一方面，即便是下跌转上涨，新的上涨走势也会经过长期、反复的做底过程。特别是大级别的底部，往往需要更长的时间，通过反复震荡来构筑底部，此时采用右侧交易法，并不会距离真正的底部太远。如图4–5–7所示。

下跌转折中采用右侧交易并不是绝对的，对于那些下跌趋势背驰段的末端而且跌势凶猛的走势而言，也可以采取左侧交易和右侧交易相结合的方法。一般来讲，末端极其凶猛的下跌，都会造成抛盘恐慌性地杀出。筹码松动之后，即便走势不能立即反转，往往也会迎来幅度极大的报复性反弹，这种反弹本身就非常具有参与价值。如图4–5–8所示。

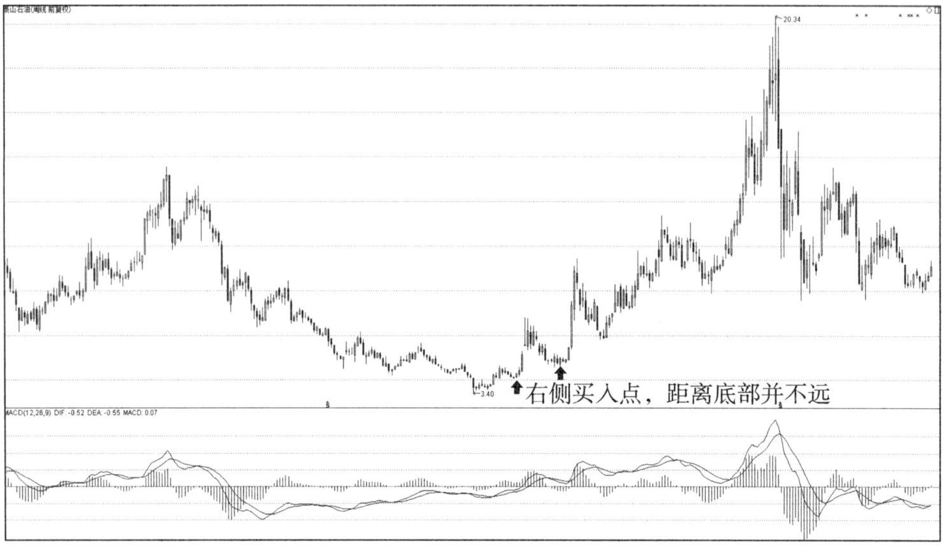

图4-5-7　下跌转折中的右侧交易法

图4-5-8　剧烈下跌之后的左侧+右侧交易法

（3）上涨转下跌的交易策略。

对于上涨转下跌的走势而言，上面的情况反过来就是了。只不过一般情况下，下跌转上涨的过程比较慢，而上涨转下跌的过程往往比较快。股谚有“筑底需三月，筑顶只三天”的说法，说的就是这个意思。这里同样给出两个图例，以便交易者看得更加直观一些。如图4-5-9、图4-5-10所示。

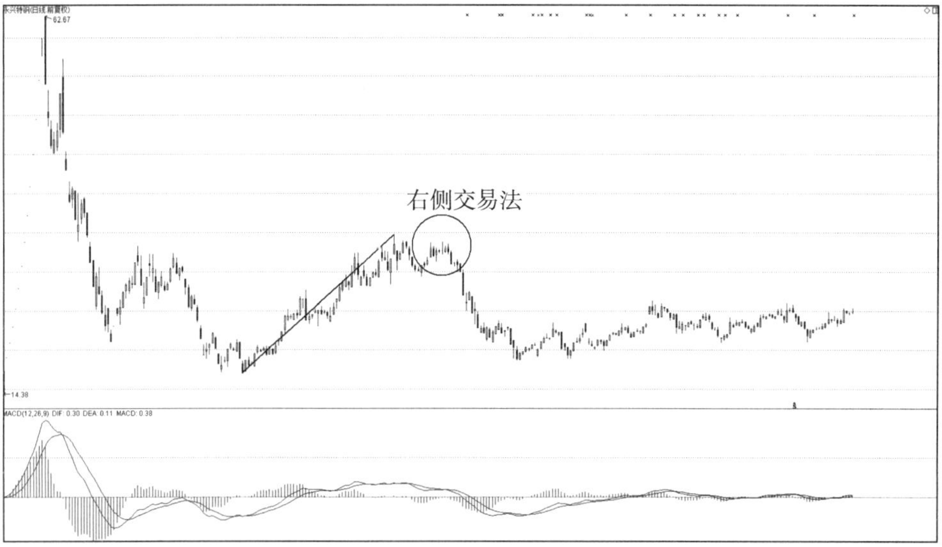

图4-5-9　上涨转折中的右侧交易法

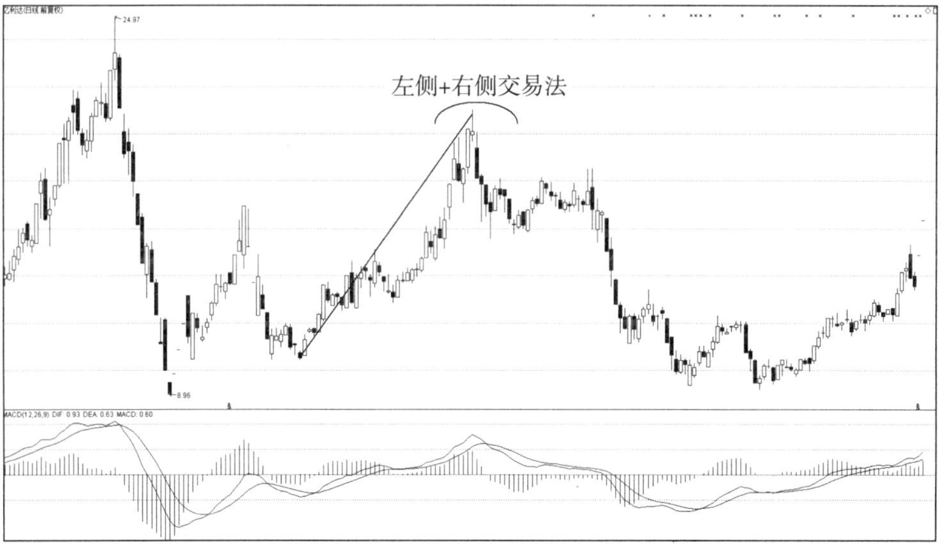

图4-5-10　剧烈上涨之后的左侧+右侧交易法

上面说的是不同走势类型中两种交易策略的选择问题。对于买卖点而言，实际上可以下降级别，从小级别走势类型转化的角度，再结合具体的走势情况，确定选择右侧还是左侧交易，这里不再赘述。

第六节 止损与止盈

一、止损与止盈的本质

止损与止盈其实是一个问题，就是介入之后何时退出的问题。抛开资金面以及其他主观因素，单纯从走势的角度讲，止损和止盈本质上就是投机品种是否还在可以操作的范围内。

虽然二者本质上是相同的，但也有不同之处。这个不同之处体现在以下三个方面。

（1）止损是亏钱退出，止盈则是盈利退出。

（2）止损是介入之初即被验证交易者对于走势的判断是错误的，从而主动加以防护的程序。当然也有被动的止损，这种情况一般是指交易者由于方向判断错误，出现了巨大的亏损，为了防止长期套牢甚至爆仓的情况发生，不得不大幅认亏出局。这种被动式的止损，不在本书讨论范围之内。

止盈则是介入后，盘面发展符合交易者的判断。但随着时间的推移，市场情况发生了变化，或者说盘面发展达到了交易者的预期，因而需要操作上作出相应的变化。

（3）止损的目的是防止亏损进一步扩大，止盈的目的则是为了保住胜利果实，防止利润被吞噬。

虽然止损和止盈本质上是相同的，但由于大家习惯将止损与止盈划分得比较具体，因此这里就这两个主题分别进行探讨。

二、止损操作

1. 为什么要止损

止损，是投机世界永恒的话题。为什么？因为只要是投机活动，就有可能犯错。投机本质上是对未来的预测，而所有的预测都面临失败的可能。因而只要有投机活动存在，就必然存在止损。

从纯交易的角度讲，这种对未来预测的失败大概可以分为三类。

（1）对走势类型判断错误。

（2）对买卖点判断失败。

（3）对买卖点以及走势类型的判断都正确，但走势突然发生了转折。

走势类型判断错误，例如预测未来将会上涨，但买入的时候市场还在走下跌趋势，下跌中买入必然会招致失败，如图4-6-1所示。这种失败通过学习技术分析，可以尽量避免。

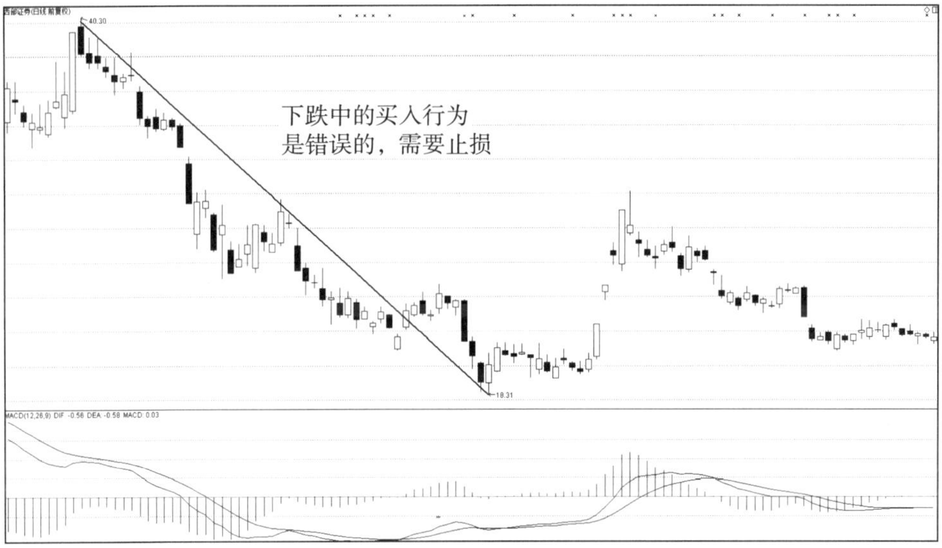

图4-6-1　对走势类型判断错误

买卖点判断错误，例如在上涨趋势中，交易者在认为的买点入市了，实际上这个买点并不成立，走势后面持续回调，之后才跌出了真正的买点。这种判断失误如果不是采用杠杆操作，只要趋势不变，一般不会带来严重的后果，但如果采用保证金交易，那么同样会遇到大麻烦。如图4-6-2所示。

还有一种失败的可能性，就是走势突然发生变盘的情况。如图4-6-3所示，市场正在走一个盘整的走势类型，并且出现了中枢震荡的买点。但你介入的时候，盘整突然结束，走势突然从可以操作变成不能操作了。这种失败一方面需要对当下走势进行正确的判断，另一方面需要交易者提高当下的应变能力。

对于交易者而言，能否及时止损，是关乎能否在市场中长期生存的大问题。假如交易者对趋势方向判断错误，或者介入的时候趋势突然转向了，如果不能及时止损的话，就会面临重大亏损。假如交易者使用较大杠杆进行操作的话，即便趋势判断正确，但由于买卖点错误，也会遭受巨大的损失。这种严重的亏损，一次就足以将交易者彻底踢出投机市场。

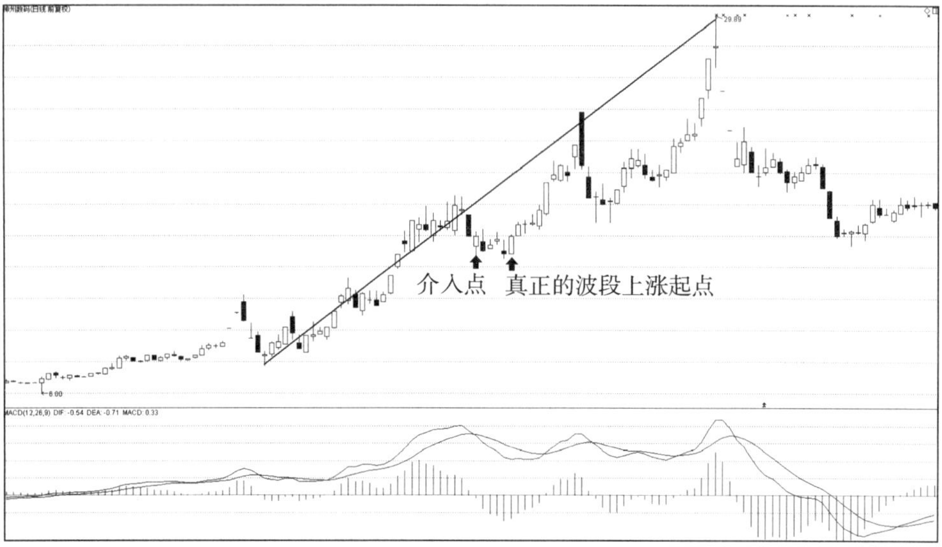

图4-6-2　对买卖点判断失误

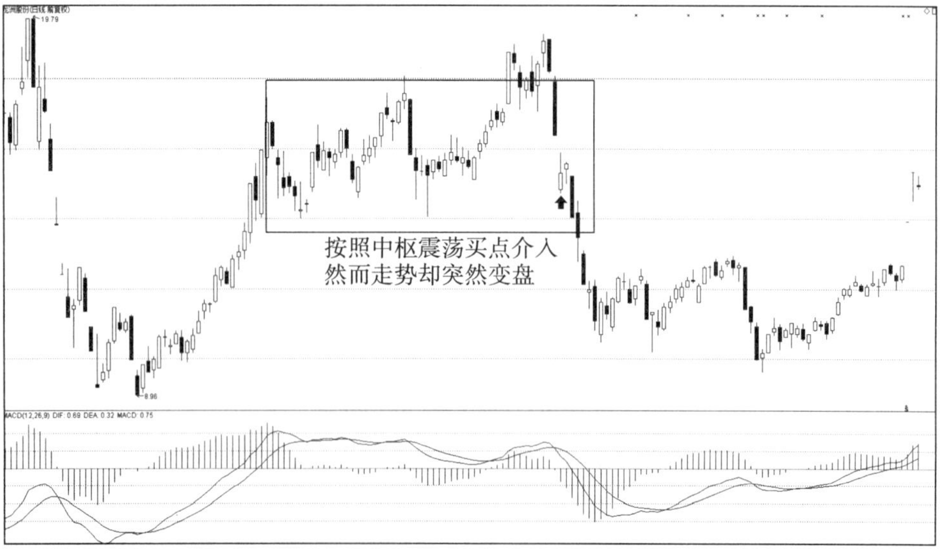

图4-6-3　走势突然转折导致操作失败

投资如同打仗，人类几千年的发展历史中，真正能够百战百胜的将军有几人？即便是那些不败将军，如白起、韩信等，最后的结局也没有好到哪里去。反观那些搞游击战术的，奉行“打得赢就打，打不赢就跑”的原则，最后反而能够得天下。你死我活的战场尚且如此，何况是投机市场呢？

2. 止损之难

止损非常重要，但也非常难办。大多数人都不知该如何设置止损位，即所谓“不会”止损。有些交易者通过系统的学习与体悟，知道了一些止损的方法，也容易犯能知而不能行的毛病，即所谓“不能”止损。

不会止损，设定的止损位会频繁地被证明失败。即价格达到止损价后，很快就被拉了回来。连续出现止损错误，不仅会让交易者的账户逐渐缩水，更容易使交易者动摇止损的信心，引发更严重的后果。

连续止损错误之后，人们的潜意识里会想：“如果不止损，也就不会有这些损失了。”于是在下一笔交易里，交易者就不再止损。如果反复验证错误，但依然坚持止损，最终账户也会被频繁的止损吞噬。

止损，绝对不是一种机械的操作，并非像有些图书通常所讲的那样，跌多大比例或者跌破某价位就止损。止损是一种动态的、系统的操作艺术，它不仅和盘面走势相关，也和交易者的操作系统相关。

一些交易者看不懂盘面走势，这种情况下不会止损也可以理解。但大多数交易者没有自己的交易系统，这种人看似明白了止损，但只是对止损概念有一点儿非常肤浅的理解，一旦落实到具体的操作上，就会手忙脚乱。

不能止损，表现为交易者不愿面对自己的失败，从而任亏损幅度不断扩大。不能止损有两方面的原因。

一是交易者心理方面的原因。有些交易者哪怕是亏损一分钱都会心疼得要命，这种人是不适合在投机市场上生存的，还是另找出路为好。

二是由于亏损幅度过大造成的。大多数人面对小额止损是可以做到的，一旦亏损的幅度比较大，就难以下手了。止损，说白了就是割肉，试问谁愿意从自己身上割下一块肉来？亏损幅度过大导致止损难以执行，这也属于人之常情。

亏损幅度过大，问题其实还是出在自己的交易系统以及仓位管控上。有些人习惯在突破的时候买入，跌破的时候卖出。对于某些特殊情况，比如假突破之后的破位下行，下跌往往是一个波段的幅度，不能止损也是可以理解的。更有一些人一入场就满仓操作，从来不愿意浪费一颗子弹。一旦满仓被套，亏损幅度往往很大，难以止损同样也可以理解。

3. 止损的“术”与“道”

前面曾经提到，止损是一项动态的、系统的艺术。从艺术和技术类比的角度，可以帮助大家更好地理解止损。

比如写字，懂得字体的写法并不足以让你成为书法家。会写字，只能证明你学会了写字之“术”。真正的书法家，写出来的字体往往具有无法言传的美感，这才是书法之“道”。

再比如唱歌，人人都能到KTV高歌一曲。但是会唱歌只能说明你有一定的歌唱之“术”，真正能站在艺术殿堂上唱歌，才算是掌握了歌唱之“道”。

止损无定法。《道德经》讲，“道可道，非常道”。如果有方法，那只是“术”。懂得所有方法，但能忘掉所有方法，从而能在不同的时间、不同的空间做到因势利导，实事求是，这才是止损之“道”。《金刚经》讲，“见诸相非相，则见如来”。对于交易者而言，什么时候能够见止损非止损，才算入了一些门道。

虽然止损无定法，但还是有一些大致的原则需要遵守。注意，下面说的只是止损的“术”，真正的道是无可言说的。对于尚未能见到止损之“道”的人而言，懂得一些止损术也是非常重要的。这就如同作国画，如果连毛笔怎么拿都不会，色彩的轻重、对比关系更是一无所知，想成为画家只能是空想。掌握一些止损之“术”，至少可以让你在市场中活得更长久一些。时间久了，说不定哪天就悟道了！

（1）没有计划，不用谈止损。如果总是临盘起意，看到暴涨就追买，看到亏损就砍仓，那么当下最应该做的是戒毒。佛家讲贪嗔痴慢疑五毒，这类交易者基本上是五毒俱全，五阴炽盛。在这种情况下，最好先找个地方好好解剖一下自己，好好反省并构建自己的操作系统。

（2）止损，大致上可以分为趋势止损和买卖点止损两类。趋势止损，对应的是看错方向，或者由于突然变盘引发趋势转折引起的止损。买卖点止损，指的是由于没有把握住精确的买卖点引发的止损。

趋势止损一定要坚决！大趋势的转折往往是不可逆转的，这种止损越早越好。买卖点止损，如果没有采用高杠杆操作，倒是可以等一等，只要趋势不结束，肯定会有解套的机会。水平高一点的投资者，可以等到真正的右侧买点出来之后继续加仓，从而摊薄总体成本。

（3）亏损要在可控范围之内。一般人难以止损，大概一个重要的心理因素就是亏损过大。比如一个上班族，月薪5000元，亏掉2000元，他会习惯性地去想，这可是我半个月的工资呀！对于这种情况，交易者要根据自己可以承受的风险范围决定仓位，根据交易系统决定止损位。比如突破买入的，就应该轻仓分批次介入。若是根据缠论提示的买点，当然每次入手的仓位可以重一些。

如果1分钱的亏损都舍不得割肉，那么还是远离市场比较好，因为亏损是这种市场游戏的一部分。从另一个方面说，止损也是一个人心量的表现，承受更多的人当然会获得更多。如果你一次只能承受1元钱的风险，肯定无法在市场上赚取100万元。

（4）不要想砍仓之后万一再涨起来怎么办。“万一”二字害了多少英雄好汉！这是典型的用希望来做交易，正确的交易应该永远心存当下。不要因为持有多头部位就希望行情走高，不要因为持有空头部位就希望行情不断下跌。

人们常说事物有两面性，但股市却不尽然，股市只有正确的一面。无论你是谁，你的判断曾经多么精准，你的履历多么辉煌，如果不能契合市场正确的一面，就只有挨耳光。且不说卖了之后下跌的概率更大，即便是能够涨起来，也会有买点让你介入。市场中不止一只股票，止损之后也许你会获得更好的机会。

（5）坚持一个原则：截断亏损，让利润奔跑。之所以这么说，其本意是让交易者变小亏为大胜。市场是概率游戏，没有人能够保证百发百中，能有50%的命中率就很不错了。要在市场中生存，就应该在正确的那50%中跟随市场走到底，而在错误的50%中快速离场。

想当年红军到处丢城失地，被迫进行两万五千里长征，最终不还是统一了中国？该打游击就打游击，该打歼灭战就打歼灭战。不知己不知彼，极左或者极右，都是要不得的！

（6）要对自己的判断有信心。信心比黄金更重要，这句话绝对是如金子一般珍贵。资本市场要求交易者静若处子，动若脱兔。静，是在等待基本条件发生转变，策划大的战略战术，观察和等待时机。一旦时机来临，就要有迅雷不及掩耳之势。孙子兵法说的“行如风，徐如林，不动如山，侵掠如火，难知如阴，动如雷震”，大家应该好好体会一下。

当然，这一切的前提是对价格变化走向形成直觉。否则，跟舞伴跳舞的时候还在想着该怎么迈步，肯定是要大煞风景的。

（7）要有好的交易习惯。投资不是随随便便的事情，即使严于律己也不一定能成功，但随随便便交易肯定要吃亏。每天开盘之前，要制定当天的交易计划，是持股不动还是买入或者卖出？特别是市场来到临界点的时候，要打起十二分的精神。收盘之后要复盘，复盘市场走势及自己一天的心理曲线变化。

有一个一万小时定律，说任何事情只要坚持一万个小时就能成功。坚持一万个小时很难吗？股市是人生的微缩，每个人一生中都会迎来多次起承转合，仔细想想，最关键的也就是那几个月、几天甚至几个小时、几秒钟。抓住这关键的当口，人生才能有质的飞跃。

什么时候交易者能自由于止损，才算是拿到了市场的免死金牌了。

三、止盈操作

1. 为什么要止盈

投机市场有句俗语：会买的是徒弟，会卖的才是师傅。这句话说的就是止盈的困难和重要性。

交易者在操作中经常碰到这样的情况：由于不能恰当地止盈，致使账面盈利大面积缩水，甚至扭盈为亏；或者是过早止盈，从而错过了一大段行情。

很多人都在不厌其烦地强调止损如何重要，其实止盈同等重要。坚决止损可以保你不死，正确止盈才能使你赚到更多的钱。

止盈的根本目的是锁定利润，获利了结。市场的本质是走势类型不断地切换，走势必完美，任何级别任何走势类型都必然会结束。如果上涨结束之前多单不能止盈，那么当下跌来临的时候，盈利必将被吞噬；如果下跌结束之前空单不能止盈，所谓的浮盈也不过是梦幻泡影。

为什么是“浮盈”？因为没有了结，暂时的盈利状态随时都有可能被市场的变化改变。

网上流传一首诗，改编得很好，这里跟大家分享一下，读者可以好好体悟。

竹影扫阶尘不动，
月入深潭水无痕。
无根浮盈空欢喜，
未悟真经套中人。

2. 止盈之难

交易者总有这样的困惑：止盈目标没到的时候，想出局吧，利润很可怜，万一出局，怕错失后面的上涨行情。实际上，过早止盈的头寸，后面往往还会走很远，让交易者一旦下车就再也没有上车的机会。不止盈吧，利润却迟迟不能扩大，走势类型没多久就出现转折，不仅将微薄的利润吞噬，反而掉头触发止损，交易者很无奈地看着盈利的单子变成亏损。

止盈之所以比止损更难，一方面是因为交易者试图抓住趋势或者波段的顶部，这是贪婪心理的体现。交易者既不想走得过早，也不想走得过晚，最好恰好止盈在趋势的最顶部，或者止盈在跌势的最底部，这样可以把所有的利润全部装在口袋中，既能实现利润最大化，也能让自己感到圆满，否则便会痛苦不堪。

另一方面，是恐惧的心理在作怪。总是害怕到手的利润丢失，因此即便稍有盈利，即便趋势或者波段远未结束，依旧惶惶不可终日。这些交易者总是处在高度紧张的心理状态，盘面稍有变动，即便是很小级别的变动，也足以让他们过早止盈，草草出局，之后则看着价格一骑绝尘而痛苦不已。

再者，就是交易者追求圆满的心理作怪。古代诗歌中赞美满月的多，赞美缺月的少；人们看电视剧，总是喜欢大团圆的结局，否则便会觉得遗憾；出去旅行，总是习惯计算最优路径……反映在交易上，就是追求抛在顶部，买在底部，不愿意承担任何损失。

贪婪、恐惧、求全，这是人类与生俱来的心理特质，却是交易中最大的敌人。交易者如果不能改变这种心理倾向，想在市场中获得成功是很困难的。实现这种转变需要解悟，需要证悟，需要转贪嗔痴为戒定慧。缠中说禅说炒股就是学佛，原因正在于此。

3. 如何止盈

交易中，需要止盈的场合大概可以分为以下三种情形。

（1）走势达到预期盈利目标。这种止盈可以称为主观止盈法。譬如，在你的交易计划中，当盈利达到20%水平的时候便退出。如果市场按照你的预期走，并且达到了你的盈利预期，便按照计划退出。

事实上，缠论并不提倡这种做法。“投资市场中最坏的毛病就是根据盈亏进出。盈亏不是先验的，而是根据当下走势决定的，是被动的。根据盈亏进出，就是根据被动的因数进出……”

根据盈亏进出，说白了就是自己的眼中还有“金钱”。实际上，金钱只是做对趋势的产物，是市场对你顺势单的奖励。交易者应当“不住涨跌生心，不住盈亏生心，住走势类型生心”。市场中的交易者，不应对金钱感兴趣，而应该对走势图感兴趣，应该热衷于“做对”，而不是赚了多少钱。

（2）走势类型转折。这种止盈可以称为客观止盈法。这种止盈方法，从某级别的角度看，无非包含趋势止盈与波段止盈两类。

所谓趋势止盈法，简单讲就是买点买，卖点卖。例如，你在日线级别上涨的第一、第二、第三类买点买入，而后在该日线级别上涨的第一、第二、第三类卖点卖出。如图4-6-4所示。

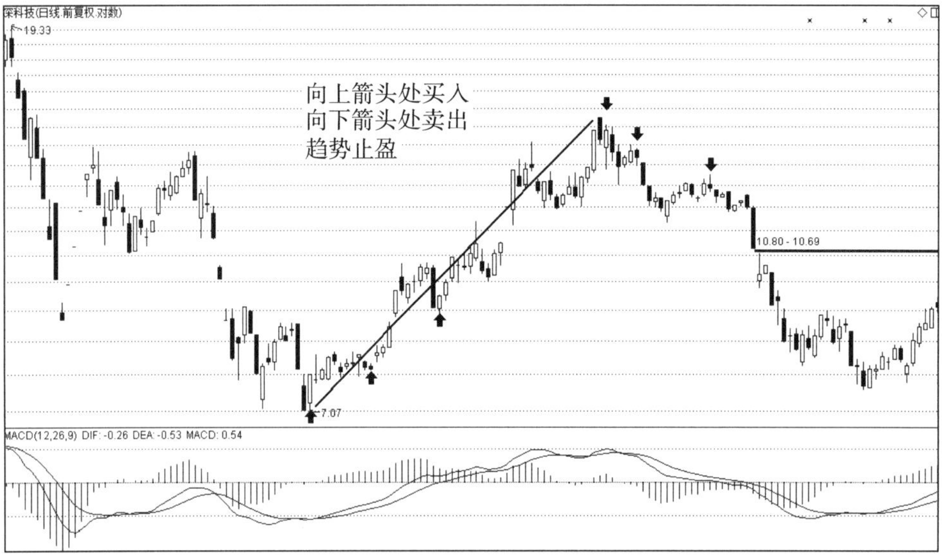

图4-6-4 趋势止盈法示例图

所谓波段止盈法，是指某级别走势类型中，在推动段的起点买入，在推动段结束的时候退出的一种止盈方法。这种止盈对应的是波段交易策略。注意，在趋势中，应当操作与趋势方向一致的波段，这种顺势操作的思维前面已经多次提到。

围绕盘整区间所做的操作，本质上就是波段操作，因而也适用波段止盈法。当然，从小级别的角度看，波段止盈法也是对趋势的止盈，只不过交易者需要更多地变换级别去观察。如图4-6-5所示。

（3）有突然的暴利，先获利了结再说。这其实是一种主观与客观相结合的混合止盈策略。之所以说它带有主观倾向，是因为当下的走势类型或者波段走势并不一定出现明确的结束信号。说它客观，是因为经过暴涨暴跌之后，出现长时间盘整或者大幅调整的概率太大，因而遇到暴利先拿了再说。

注意，市场中的暴利机会并不常见，绝大多数利润都是需要时间积累的。但并不排除有些交易者会有一些好运气。一旦这种运气降临到你的头上，绝对不能被贪婪的情绪蒙蔽了双眼，从而错过止盈的机会。须知“天予弗取，自引其咎”。如图4-6-6所示。

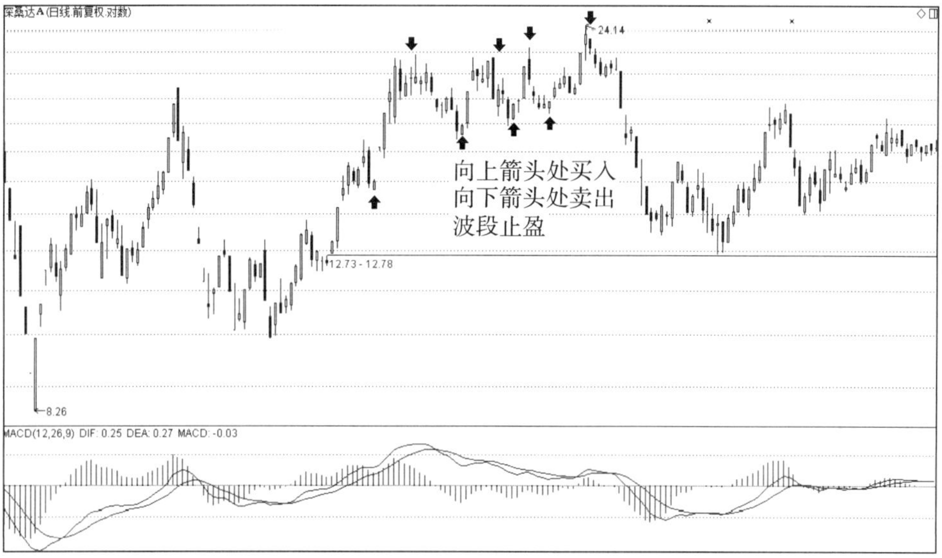

图4-6-5　波段止盈法示例图

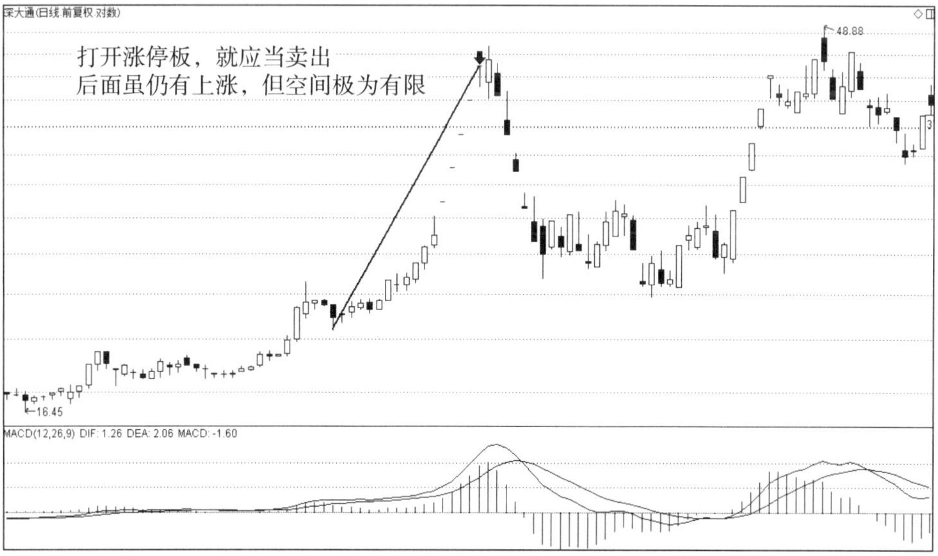

图4-6-6　突然暴利时的操作法示例图

第七节　神奇数字

缠论中经常提到所谓的“神奇数字”。有时候，一些重要的拐点往往和神奇数字有非常密切的关系，这种关系主要体现在以下两个方面。

一是涨跌空间问题。例如，市场中经常出现的百分比回撤就属于这一类。

二是时间周期问题。一些重要的趋势或者波段拐点，其触发的时间往往位于神奇数字所表达的时间窗口上。

基于上面两个重要原因，这里有必要对神奇数字做一个较为深入的探讨。

一、什么是神奇数字

所谓神奇数字，是指斐波那契数列以及由这组数列衍生的一系列具有明显规律性的数字。

几个世纪前，意大利数学家斐波那契发现了一组对世界产生深远影响的数字。这组数字是0、1、1、2、3、5、8、13、21、34、55、89、144、233…这组数字存在许多神奇有趣的规律，主要体现在下面几个方面。

（1）这组数列中，从第三个数字开始，后一个数字都等于前两个数字之和。如2+3=5，3+5=8，34+55=89，55+89=144，89+144=233…

（2）随着数列项数的增加，每一个数字与后一个数字的比值无限接近于0.618。如2/3=0.666，5/8=0.625，21/34=0.6176，34/55=0.6181，55/89=0.6179…由斐波那契数列引发的0.618是个神奇的数字，它具有严格的意义，就是通常说的黄金分割。

（3）除了前3个数字外，任何一个数与前一个数的比率接近1.618。有趣的是，1.618的倒数是0.618。例如：13 / 8 = 1.625，21 / 13 = 1.615，43 / 21 = 1.619，98 / 55 = 1.618…

（4）数列中的数字经过处理，可以得到下面一组数据：0.0%，23.6%，38.2%，50%，61.8%，78.6%，100%，123.6%，138.2%，150%和161.8%。这些比例所在的位置，要么是趋势中重要的阻力位，要么是趋势回调中重要的支撑位。

……

作为神奇数字的斐波那契数列，常常和自然界、人类社会中的许多现象联系在一起。

大多数植物的花朵，其花瓣数恰好是斐波那契数字。例如，兰花、茉莉花、百合花有3个花瓣，毛茛属的植物有5个花瓣，翠雀属植物有8个花瓣，万寿菊属植物有13个花瓣，紫菀属植物有21个花瓣，雏菊属植物有34、55或89个花瓣。

向日葵花盘内，种子是按对数螺线排列的，有顺时针和逆时针两组对数螺线。两组螺线的条数往往成相继的两个斐波那契数，一般是34和55，大向日葵是89和144，还曾发现过一个更大的向日葵有144和233条螺线，它们都是相继的两个斐波那契数。

由斐波那契数列引发的0.618，即所谓的黄金分割，具有严格的比例、艺术性、和谐性，蕴藏着很深的美学价值。

世界著名建筑如巴黎圣母院、巴黎埃菲尔铁塔、埃及金字塔等，均能从它们身上找到0.618的影子。名画、摄影、雕塑等作品主题都在画面的0.618处。报幕员站在舞台的0.618处报出的声音最为甜美、动听。人的肚脐在人体长度的0.618位置，人的膝盖是从脚底到肚脐长度的0.618。战争中0.618的运用也是无所不在，小到兵器制造，中到排兵布阵，大到战争时间周期的运用……相传拿破仑大帝即败于黄金分割线。

作为人类社会活动的一部分，资本市场也与斐波那契数列有着某种神秘的联系。由于斐波那契数列中的数字经常是重要的变盘时间点，因此将其中的数字称作时间窗口。例如，数列中的（1、2、3、5、8、13）等时间单位，通常在变盘的时间点上，因而有一定的预测意义。

斐波那契数列与交易的神秘联系，主要体现在时间与空间两个方面。在时间上的应用就是通常所说的变盘时间窗口。结合走势类型分析，在缠论K线分析技术体系中，时间窗口的用法体现在两个方面，一是对趋势中波段高低点的预测，二是对盘整或者中枢震荡变盘时间点的预测。在空间上的应用，就是通常所说的百分比回撤。下面分述之。

二、趋势中的时间窗口

趋势中，如果当下走势类型是上涨，那么斐波那契数列可以用于预测推动段或者调整段的开始以及结束时间，这称为趋势时间窗口。

趋势时间窗口的测算方法，以上涨趋势的起点作为原点，向后数1、2、3、5、8、13…等数量的单位K线，相应的K线就是趋势中的时间窗口。如图4-7-1所示。

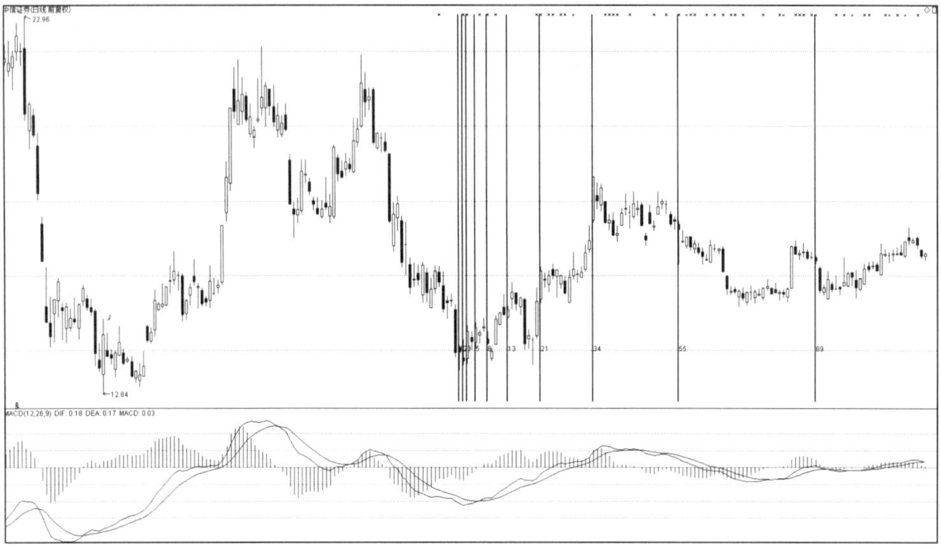

图4-7-1　趋势时间窗口的测量方法

对于趋势中的波段起始时间，也可以用斐波那契数列来测量，这称为波段时间窗口。以上涨趋势中波段的开始位置为原点，向后数1、2、3、5、8、13…等数量的单位K线，相应的K线就是波段时间窗口。如图4-7-2所示。

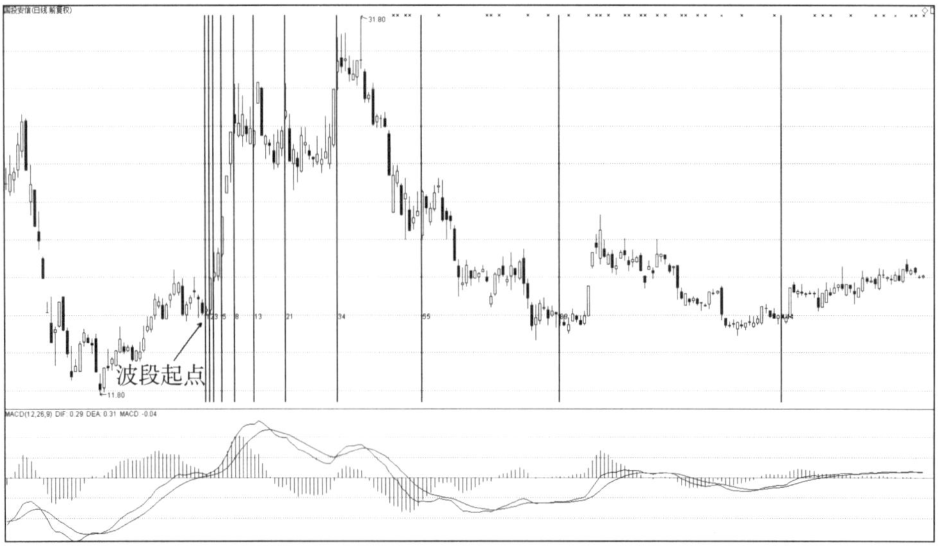

图4-7-2　波段时间窗口的测量方法

如果某周期的单位K线恰巧既是趋势时间窗口，也是波段时间窗口，即两个时间窗口发生了共振的情况，这时候当下的单位K线可以给它起个名字——焦点。一般情况下，焦点位置发生变盘的概率更大。

注意，时间窗口本质上只是预测的工具，但凡预测都是测不准的，因而时间窗口可以作为辅助判断手段，但最好不要直接用于交易。一般可以将时间窗口和前面所说的买卖点判断方法结合起来运用。例如，如果在关键的时间窗口出现了买卖点，那么该买卖点有效的概率就很大了。

三、盘整中的时间窗口

由于中枢与盘整在表现上有较多相似之处，这里将中枢震荡和盘整归到一类进行讨论。盘整或者中枢震荡过程中，时间窗口主要用于预测中枢延伸的情况。

例如，对于一个中枢而言，至少由3个次级别走势类型构成，这个“3”本身就是斐波那契数列中的数字。对于三角形整理形态而言，一般会延伸5笔，5笔之后发生变盘的概率极大，这里的“5”也是斐波那契数列里的数字。

图4-7-3中，方框内是一个中枢震荡的整理形态。从图中可以清楚地看到，该震荡延伸了8笔，在第8笔处发生了变盘，而“8”就是斐波那契数列中的数字。

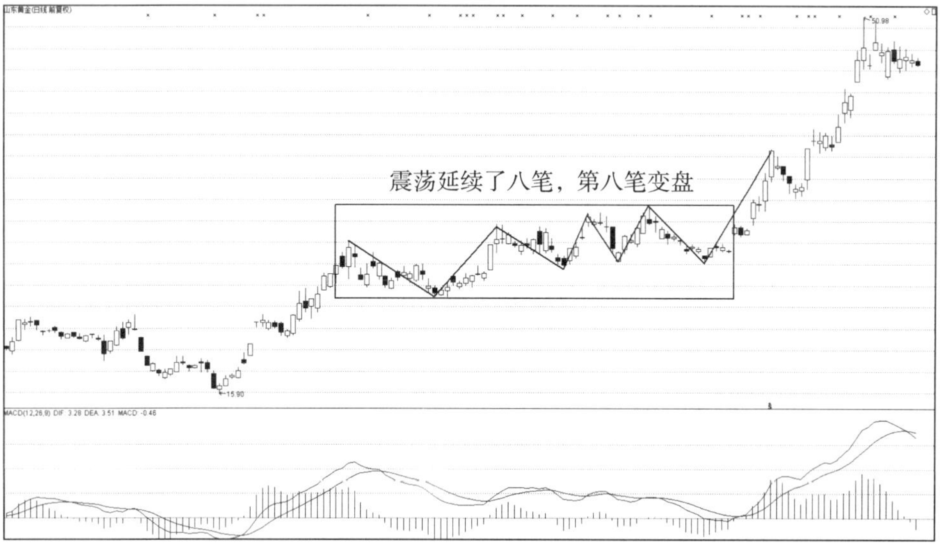

图4-7-3　山东黄金（600547）日线走势图

图4-7-4中，中枢震荡只走了3笔，而后出现剧烈变盘。“3”这个数字本身就是斐波那契数列中重要的变盘时间窗口。

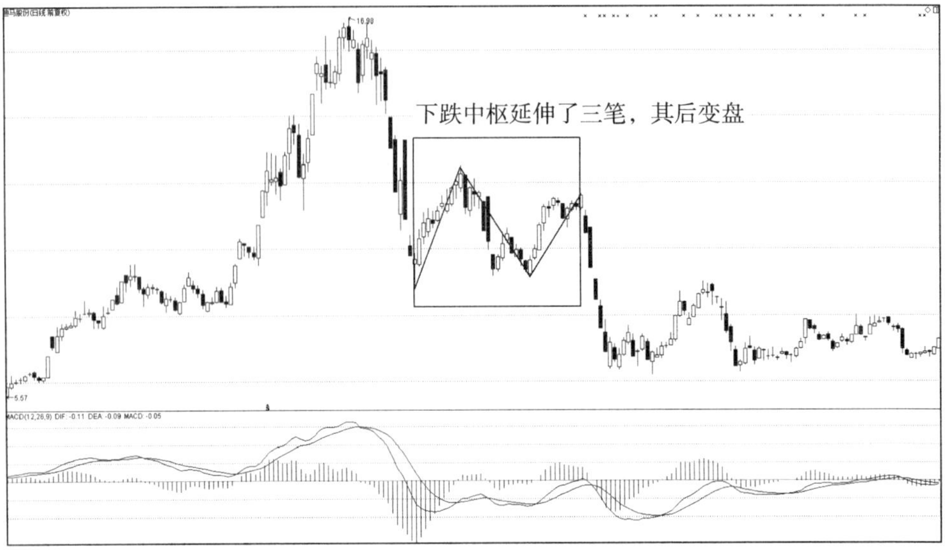

图4-7-4　迪马股份（600565）日线走势图

在做中枢震荡操作的时候，要注意以下两点。

首先，要注意顺势原则，绝不逆势操作。即上涨中枢中，一般只在中枢震荡的买点做多，在其卖点平多。下跌中枢中，只在中枢震荡的卖点做空，在中枢震荡的买点平空。

其次，重要的变盘时间窗口，例如中枢延伸3、5、8笔的时候，一定要密切注意跟踪。如果发生突然变盘的情况，要及时应对。一旦发生变盘，平多的要回补多单，平空的也可以回补空单。

四、神奇数字与百分比回撤

由斐波那契数列衍生的一系列比率，如0.0%，23.6%，38.2%，50%，61.8%，78.6%，100%，经常成为重要的阻力位或者支撑位，这称为百分比回撤。

例如，上涨中的回调，价格常常在38.2%、50%、61.8%的位置受到支撑而结束回调。在下跌中的回抽，价格也常常在重要百分比位置受到阻力而重拾跌势。上涨中的回调或者下跌中的回抽一旦跌破或者升破趋势中前波推动段100%的位置，意味着走势类型极有可能发生转折。

如图4-7-5所示，下跌趋势中的回抽，在50%的位置受到阻力线的压制，从而结束反弹，重启跌势。

图4-7-6中，价格跌破前波上涨100%位置的支撑，确认上涨结束。

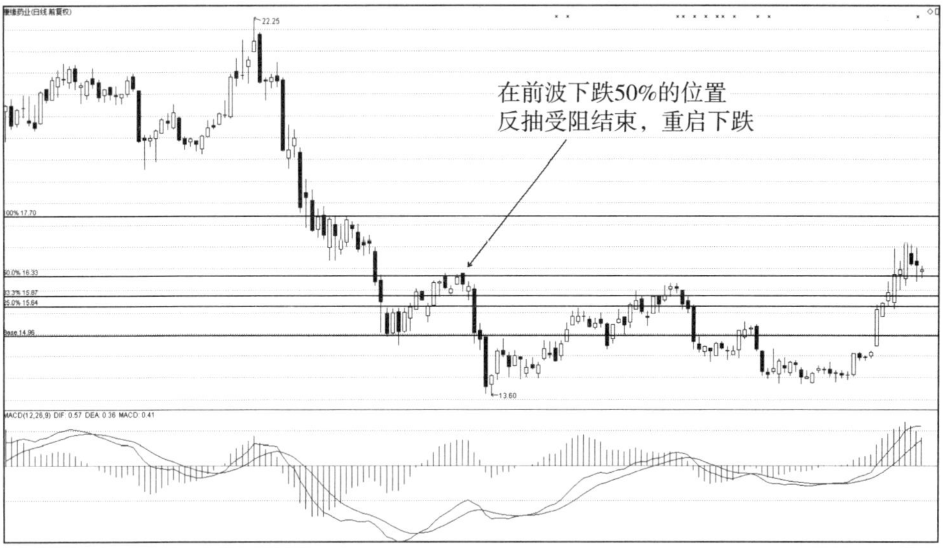

图4-7-5　康缘药业（600557）日线走势图

图4-7-6　深高速（600548）日线走势图

注意，在趋势中，一般只预测其调整段的阻力线或者支撑线的位置，而不去预测其推动段的目标价位。为什么？因为在趋势中上涨不测顶，下跌不测底。

例如上涨，只要该上涨未出现第一类卖点，那么就没有趋势卖点可言，顶多是一个波段卖点。对于持有筹码的趋势交易者而言，最好的办法就是等趋势结束，甚至在回调结束的时候加仓。对于没有筹码的交易者而言，所有的回调都只构成买点，上冲的过程中也没有买点可言。下跌中的情况与上涨类似。这是缠论K线分析技术与其他分析技术关于神奇数字运用的不同之处。

当然，百分比回撤也只是一个验证手段，交易者不宜仅按照百分比回撤提示的阻力位或支撑位进行操作，还是应当以盘面走势为准，以百分比回撤作为验证买卖点的手段辅助操作。

第八节　资金管理

一、交易模式三要素

在任何成功的交易模式中，都必须包含以下三个方面的重要因素：价格预测、时机抉择和资金管理。

1. 价格预测

价格预测指预期的市场趋势方向。在市场决策过程中，这是关键的第一个步骤。通过预测，交易者判定市场到底是上涨、下跌还是盘整，从而决定最基本的交易方向：应该以多头一边入市，还是以空头一边入市。如果价格预测错误，那么后面的一切工作都是无效的，交易者应做的就是快速退出。

2. 时机抉择

时机抉择，也就是确定具体的买卖点。在交易中，时机抉择也是极为关键的。合适的时机介入，能够以最小的风险获取最大的收益。对于股票市场，时机抉择的重要性倒不是那么明显，只要趋势方向判断正确，那么价格总会回来的。

对于期货行业，时机抉择就重要得多，因为这个行业具有较低的保证金要求（高杠杆率）。除非交易者能严控仓位，否则一旦做错，没有多大的回旋余地来挽回损失。尽管已经正确地判断出了市场的方向，但是如果入市时机选择错了，那么依然可能蒙受严重的损失。

时机抉择问题完全是技术性的，因此即使交易者是基本面分析的信徒，在确定具体的买卖点方面，仍然必须借助技术工具。缠论K线分析技术就是兼顾价格走势预测与时机抉择两方面因素的技术理论。

3. 资金管理

资金管理指的是资金配置的问题。对于希望在市场中长久生存，尤其是打算以交易为生的人来说，除了高超的价格预测和时机抉择技术之外，资金管理也是非常重要的一个环节。某种意义上，资金管理甚至比交易技巧更重要。

好的资金管理策略并不一定会帮你快速获取暴利，但能让你的账户健康持久。对于打算以交易为生的人来说，没有什么比能够持续稳定地获取收益更加重要的了。特别是对于大资金的管理，归根结底，市场中比拼的是资金管理水平。

可以用简洁的语言把上述三要素归纳为：价格预测告诉交易者怎么做（买进还是卖出），时机抉择帮助交易者决定何时操作，资金管理则确定用多少钱做这笔交易。关于走势类型和买卖点的判断，前面各节已有论述，这里主要说资金管理方面的问题。

二、为什么需要资金管理

明代王阳明创立的“心学”中，特别强调“知行合一”四个字。通俗解释，知是指人人心中具备的良知，行是指人的实践。知与行合一，既不是以知来吞并行，认为知便是行，也不是以行来吞并知，认为行便是知；认识事物的道理与在现实中运用该道理，是密不可分的一回事。

关于资金管理策略，很多书籍都有过相关论述，遗憾的是这些书籍大都没有就“为什么需要资金管理”这一问题作深入的探讨。这就导致个人投资者在实际操作过程中往往用而不知，从而在行情较为剧烈、诱惑较大的时候抛弃这些原则，最后导致较大的亏损。

在介绍具体的资金管理策略之前，首先要深度思考这个问题：为什么在操作中需要资金管理?

对于中小资金而言，资金管理最根本的目的是防范判断错误。如果你能够对走势类型以及买卖点有精确的判断，每次都能精确地判断是上涨还是下跌，每次趋势都能够在买点买入，买点卖出，每次都能判断出哪个品种的标的趋势最为强烈或者盈利空间最大，那么就不需要资金管理，直接按照买卖点的提示操作就可以了。可惜的是，能做到上面要求的人少之又少，缠中说禅可能算其中之一，大部分交易者是做不到的，总会在判断上出现错误。

这种错误主要体现在以下三个方面。

（1）对趋势判断错误。比如，明明是多头市场，你却开了空单。明明是空头市场，你却积极介入做多。趋势方向判断错误，明显是南辕北辙。趋势判断出现错误，如果没有资金管理策略，则会陷入万劫不复的境地。

当然，还有一种可能性就是，你对当下走势类型的判断是正确的，但走势类型其后的发展并未按照之前的预期进行。例如，你判断当下是上涨，而且盘面显示当下的上涨并未走完，但当你介入之后没多久，这个上涨就走完了，开始了漫漫的盘整之路，甚至开始了下跌过程。

或者对于盘整而言，判断当下操作级别上的走势类型是盘整，于是按照盘整区间做高抛低吸。但是盘整总是要结束的，也就是说你的每次高抛低吸操作，都面临着盘整结束的可能，也就是说操作存在出错的可能性。

（2）买卖点判断错误。特别是第一类买卖点的判断，也就是所谓的抄底和逃顶，对于没有经验或者经验不足的交易者而言，判断出错的概率相当高，投资者经常出现抄底抄在半山腰、逃顶却半路下车的情况。

即便对买卖点判断正确，小级别上也常常会出现更好的买卖点。例如，在日线级别上的第三类买点入市，那么在日线图上肯定会有一个底部反转K线组合出现。如果这个时候30分钟K线图上只出现了第一笔向上的走势，几乎可以肯定30分钟级别上的一笔下跌走势一定会出现，从而构筑30分钟级别上的第二类买点，这个小级别的买点可能会出现更优的买入价位。如果一看到日K线上出现底部反转K线组合就孤注一掷，就会失去这个小级别第二类买点，从而失去摊薄成本的机会。

关于买卖点判断错误的问题，需要注意的是，在不使用杠杆的前提下，如果买卖点判断错误，只要趋势方向判断正确，虽然会一时亏损，但总是会赚钱的。如果使用杠杆，特别是比较高的杠杆，那么即使趋势判断正确，也有可能遭受到巨大的风险，甚至面临看对趋势的情况下被强制平仓的窘境，这就更加需要合理的资金管理策略。

（3）品种判断错误。以股票为例，大盘上涨趋势中，你不能确定某只股票必然会成为领涨板块的龙头股，只能大概说在牛市的第一阶段权重股会领涨大盘，牛市第二阶段二线股表现得较为强势，而在牛市末端三线股票的涨势较为猛烈。但你不能确定各个阶段领涨的权重股到底是地产、有色还是券商股，二线股到底是白酒还是医药，三线股又会是哪一个板块，哪个品种涨势较为猛烈。

牛市中，跟随大盘节奏，规避中期回调的个股，是获取大利润的关键。一旦对品种判断错误，将会陷入赚了指数却不赚钱这样一种尴尬的境地。

由于交易者在投资过程中可能出现上述错误，因而需要资金管理。

从上面的分析看，资金管理至少应该包含几个方面：交易风格、投资组合设计、每个市场配置资金的比例、建仓方式、止损设定等。有效的资金管理策略，可以把判断错误带来的风险降到最低，从而让交易者在市场中长久地存活下来。

三、稳健型与激进型交易方式

所谓激进型交易方式，指希望获取超额回报或者高于市场平均收益水平的交易方式。激进型投资者多将资金投放于价格波动幅度较大的股票种类，如热门股、投机股等，并频繁买卖，敢于重仓买卖单只标的，并且无论整体市场强度如何，总是冲在市场第一线。这种交易方式，其收益曲线往往大起大落，顺风的时候志得意满，逆风的时候则一塌糊涂。

所谓稳健型交易方式，是指希望获取平均回报率或者略高于市场平均回报率的交易方式。该类投资者往往较为注重市场整体强度，交易不太频繁，在建仓的过程中遵循循序渐进的原则，具有一定的风险承受度。这种交易方式收益曲线较为平缓，但如果操作得当，往往能够取得惊人的复利效果。

最好的交易方式，莫过于能够在激进和稳健之间适当切换。如何切换，取决于以下几个因素。

（1）市场整体强度。如果整体市场处于牛市格局，交易者当然应当激进一些，满仓买卖效果更好。缠中说禅在其文中多次论述，“买，就要一次性买入。如果你没有一次性买入的信心，最好不要买。”说这句话的背景就是大牛市。

如果整体市场处于多空交织的牛皮盘整行情，这个时候交易者宜采取保守型的交易方式，恰当控制自己的仓位，并根据走势级别渐进式地买卖。如果整体市场处于熊市格局，交易者最好的交易方式就是采取龟缩策略，宁可不动，不可妄动。

（2）走势的级别。大级别配置大资金，小级别配置小资金，这也是级别在资金管理策略中的使用原则。例如，对于一波5分钟级别的上涨，难道用满仓去操作？且不说交易者的反应速度能不能达到完美跟随5分钟趋势的水平，即便能够做到，T+1的交易规则也可能会把你堵在市场里面，在5分钟买点买入的筹码，在5分钟卖点出不去，从而导致巨大损失。

真正能做到自由切换的投资者少之又少。股谚有云，“会买的是徒弟，会卖的是师傅，会等的是祖师爷”，这句话是有道理的。为什么？因为交易者进来就是为了赚钱，不买怎么赚钱？所以常常看到一般交易者进场就重仓、满仓，无论上涨还是下跌。

当交易者经过一段时间的学习与操作，有了一定的知识与经验之后，对于买点有了一定的心得体会，做到买点买并不太难。卖点卖之所以困难，一方面在于交易者的贪婪情绪，另一方面是交易者的恐惧心理。

某些交易者一买入就希望天天涨停，哪怕一两天的调整都可能使其痛苦不已。这些交易者还希望自己的股票能够涨上天，从而对自己所持股票的卖点视而不见。另一些交易者则对任何一笔交易都不想出现哪怕一分一厘的亏损，甚至在趋势已经转向的情况下，依然持有亏损的仓位等待救星。

等待是最难做到的，其根本原因在于人的五阴炽盛。由于五阴炽盛，让人不能冷静等待，而总是急不可耐。这样的交易者连级别以及走势类型都分不清楚，遑论自由切换交易风格了。

当然，如果你是超一流高手，能正确分类与把握各级别的买卖点，那么激进的交易方式当然是最适合你的，因为你能把握住市场上分分秒秒的波动，干嘛浪费你的才能？但是要注意的是，人都有我慢之心，明明自己不具备这种水平，但在看了几本书籍，听了几段股评之后，就踌躇满志地认为自己有了超高水平，有成为超人的潜质，这种想法终究是害人不浅。正确认识自己是一切成功的根源，何况是这瞬息万变的资本市场？

四、去杠杆化操作

必须强调的是，无论依据什么理论操作，可使用资金必须长期无压力。也就是说，尽量避免使用杠杆或者说借钱炒股，这是投资的第一要点。

除非你的心理素质超出常人，能够坦然面对账户随时归零的风险，否则使用杠杆交易或者借钱炒股，会使你在心理上承受莫大的压力。有过模拟盘与实盘操作经验的朋友应该深有体会，当你使用模拟盘交易的时候，心理完全无压力，这时候你的买卖决策显得轻松自在，判断准确率高，往往能获得非常大的盈利比率。

当真正实盘操作的时候，面对自己账户的起伏，面对真金白银的诱惑，往往带着巨大的压力做判断，决策的时候也显得犹犹豫豫，不自信，不果决，生怕买错或者卖错。这个时候盈利的概率较之于模拟盘就大大降低了。

当使用杠杆操作的时候，无疑压力更大，判断会更失水准，决策更难下，因而盈利概率更低。市场中流传着这样一句话：做股票能稳定盈利的只有十分之一，做期货真正稳定盈利的只有百分之一。为什么？就是因为杠杆的存在，使得期货的盈利概率极大地降低了。其实，如果你把期货当股票来做，期货有双向交易、T+0交易等优势，要比国内股票市场好做很多。

使用杠杆交易或者借钱炒股，技术上对精度的要求更高，交易者必须在精确买卖点附近极小的范围内作出决策，否则将失去安全的买卖点。任何止损空间的放大都是心理上或者实际上难以承受的，但是决策可能必须在几分钟甚至几秒钟之内做出，因为绝对安全的买卖点稍纵即逝。这种高强度的工作负荷，连续的决策，超出了绝大多数人的承受能力，对每个人的心理和体力都是一种严酷的考验，因此很难保证长期稳定地盈利。

即使有人可以做到这一点，也必然是以牺牲自己的健康为代价。以健康为代价换来金钱，未来再把金钱投入到健康里面去，这样做太不值得了。常常看到或者听到某某操盘手总是随身携带速效救心丸，某某短线高手年纪轻轻就突然暴病而卒，这绝对不是玩笑。

当然，杠杆交易并非完全是件坏事，如果能够正确使用杠杆，往往可以达到快速积累财富的效果。但是必须明白，正如前面的交易逻辑所说的，投资应当追求稳定盈利。使用杠杆只能让你积累财富的速度快那么几年，但真正成长为大资金以后，大家的增长速度都是一样的。

从心理层面讲，使用高杠杆的本质是希望快速致富，这其实就是一种贪婪心理。缠中说禅反复强调，贪嗔痴慢疑是投资的大忌。如果贪婪的心态不能根除，就很难客观分析与操作，也就很难保持长期稳定盈利。杠杆或者配资就像潘多拉魔盒，一旦打开，后果将不堪设想。

五、集中投资原则

虽然分散投资是控制风险的一个办法，但如果投资过度分散，则又犯了过犹不及的毛病。交易者在同一时间把交易资金分布于太多市场的话，那么其中为数不多的几笔大额亏损，就可能将其他品种的盈利冲销掉。

另外，对于单个投资者而言，精力总是有限的，如果交易的标的过多，就难以对每一个投资标的做到面面俱到。

巴菲特曾说过：

> 多元化投资就像诺亚方舟一样，每种动物带2只上船，结果最后变成了一个动物园。这样投资的风险虽然降低了，但收益率也同时降低了，不是最佳的投资策略。

我一直奉行少而精的原则，认为大多数投资者对所投资企业的了解不透彻，自然不敢只投一家企业，而是进行多元投资。但投资的公司一多，投资者对每家企业的了解相对就会减少，充其量只能监测所投企业的业绩。

多元化只是起了保护无知的作用，我们采取的策略是防止我们陷入分散投资的教条。如果你是一名学识渊博的投资者，能够了解公司的经济状况，并能发现5至10家具有重要长期竞争优势、价格合理的公司，那么传统的分散投资对你来说毫无意义，它只会降低你的收益率并增加你的风险。

我不明白为什么有些投资者会选择将钱投资一家他喜欢的名列第20位的公司，而不是将钱投到几家他所喜欢的——最了解、风险最小而且有最大利润潜力的公司里。

缠中说禅本人是极度反对分散投资的，其文中多次强调，散户没有必要拿太多股票，最多拿两三只就够了。纵观其个人在2006—2007年的投资组合，相对于其资金量而言，品种也是有限的。

很多新手交易者，在市场上似乎有购物癖，其账户总额可能只有几万元，但竟然可以拥有十几甚至几十只股票。什么股票都想拥有，以至于到底拥有几只股票自己都不清楚。这种人，是绝对不适合投机市场的。

对于散户而言，一定要控制自己交易标的的数量。投资组合中标的数量越多，你押中强势品种的概率越大。但由于资金过于分散，即便你押中了涨幅最大的股票，也依然难以赚到大钱。

一个操作周期，交易者最好认真对品种的基本面等进行深入研究，然后选出三五只股票，构建自己的投资组合。当然，这个组合并不是一成不变的，可以随时根据盘面的变化增加、减少或者删除。这种做法往往比那些一买一箩筐，却每个都照顾不过来的方法要好很多。

从更加稳妥的角度讲，交易者可以采用从分散到集中的方法。譬如，最开始可以关注5只股票，然后根据股票走势力度不断调整，逐步将走势弱的股票卖出，把资金都集中到走势力度最强劲的两三只甚至一只股票上去。

六、趋势头寸和波段头寸

1. 区分趋势头寸和波段头寸

“让利润充分增长”，这句话说起来似乎颇为容易，只要能够捕捉到某个市场趋势的开端，就能在相对较短的时间内获得巨额利润。然而迟早有一天，趋势突然停滞不前了。此时，在大级别图上面临一些重要的阻力，在小级别图表上则显现出明显的卖点，这时候该怎么办?

虽然我们相信市场尚有上升空间，但是又担心价格下跌，丧失账面利润。而且有时候也会担心，整个上涨会不会在此处结束，开始进入反向趋势呢？现在是全部卖出获利呢，还是安之若素，坚信后市空间仍然较大，准备忍过可能出现的调整呢?

对于这个问题，有两种不同的应对方法。

（1）趋势的方法。如果你相信大级别趋势还远远没有结束，那么即便出现小级别的调整，该调整的时间与幅度都是可以忍受的，因此可以安坐不动，坐等趋势延伸。

这种方法的优点是决策与操作都比较少，因而能够享受趋势的全过程。缺点是需要忍受调整，特别是该调整幅度较大，或者时间较长的情况下，资金使用效率将会极大地降低。

（2）波段的方法。我们完全可以把大级别趋势分解为一个个小级别走势类型来操作，而且只操作其中顺应大级别趋势方向的部分。

例如，当操作日线级别上涨的时候，按照波段操作方法，就是将该大级别趋势分解为一段一段的次级别上涨、盘整与下跌，只参与次级别中上涨的部分，回避次级别中下跌的部分。

对于技术较好的人而言，这种做法的优点是可以极大地提高效率，缺点是决策较多，相应地失误也会多。另外，由于交易频繁，带来的交易成本也比较高。对于技术一般的人来说，大级别上涨中一旦操作错误，往往会丢失筹码，有可能错过趋势中最肥的一段。

2. 综合使用趋势头寸和波段头寸

其实，大家可以综合运用两种方法，也就是说，始终采用复合头寸来进行交易。所谓复合头寸，是指把交易资金分成波段头寸和趋势头寸两部分。趋势头寸部分谋取长期的上涨，可以一直持有，直到大级别卖点出现。从长期投资角度看，这些头寸能够带来最大的利润。

在投资组合中，还要特地留出波段头寸来操作次级别走势类型。以操作上涨为例，如果标的品种的次级别走势出现第一、第二类卖点，那么可以将波段头寸卖出，其目的是确保利润。如果之后小级别盘整或者下跌结束了，大级别趋势恢复了，那么就把平仓的波段头寸重新补回来。

这样操作，需要注意的问题有以下两个。

（1）波段头寸与趋势头寸的比例问题。激进的投资者，波段头寸在整个头寸中的占比较大。稳健的投资者，趋势头寸在整个头寸中的占比较大。至于具体的比例，要根据市场强度、走势级别以及个人的技术水平来决定。

（2）操作级别问题。高水平的交易者可以在不同级别上安排不同的资金进行波段交易，从而使整个交易显得更加立体，这样操作效率当然是最高的。

例如，以5分钟、30分钟、日线级别图表打造交易系统，日线上做趋势，分别在5分钟与30分钟图表上做波段。

当然，这样的交易体系需要更加高超的技术以及对市场的直观感觉。人要有自知之明，没有这种水平，绝对不要做超出自己能力范围的事情。对于一般人而言，做个趋势交易者就够了。

七、资金管理的一般原则

实际上，不存在单独的资金管理策略，任何资金管理策略都必须和交易策略联系在一起。下面将资金管理要领和交易策略结合在一起列出来，实际操作中要注意认真领会其含义。

（1）顺应中等趋势的方向交易，该趋势的级别最低应该是日线级别。

（2）不要心血来潮地做交易，充分计划，谋定后动。

（3）除非是从事超短线交易，否则应当在市场之外，最好是在闭市期间做好决策。

（4）在上升趋势中趁跌买入，在下降趋势中逢涨卖出。

（5）报偿—风险比要达到自己满意的水平，比如达到3:1方可动作。

（6）利用日线级别以下图表找更加精确的入市出市点。

（7）利用止损将亏损限定在可以承受的范围，让利润充分增长。

（8）分散投资，但须注意“过犹不及”。

（9）采取金字塔法加码时，应遵循以下原则。

a. 后来的每一层头寸必须小于前一层。

b.只能在盈利的头寸上加码。

c.不能在亏损头寸上增加头寸。

d.把保护性止损指令设置在盈亏平衡点。

（10）对于亏损的头寸，不要妄图摊薄成本，特别是趋势方向判断失误引起的亏损。

（11）分析应由长期逐步过渡到短期，操作则应由短期过渡到长期，逐步换挡。

八、缠论 K 线分析操作系统

从根本上讲，缠论K线分析技术既是对缠论一定程度上的简化，同时也是对K线技术一定程度上的升华。

所谓对缠论的简化，主要在于对三类买卖点的把握上。相较于缠论中以区间套方法把握买卖点，在缠论K线分析技术中，主要用本级别反转K线组合来把握本级别三类买卖点。同时以次级别走势类型及其转化分析为基础，过滤无效的买卖点，提高买卖的精确度。

这其实是两种完全不同的分析思路，一个是从微观到宏观逐层迭代，一个是从宏观着眼，从微观着手。这为不同水平的交易者提供了两种既对立又统一的分析与操作思路。

所谓对 K 线技术的升华，主要在于从整体趋势的角度，以及三类买卖点的完备性上运用K线技术。在某级别趋势中，从传统K线技术的视角出发，其发出的买卖信号较为频繁。如果是日线以下级别的趋势，更是纷繁复杂。但这些买卖点一则大都不能形成较为可观的涨幅或者跌幅，二则大都具有极高的失败率。从趋势整体的角度去考察K线技术发出的买卖信号，一般至少有一波次级别的上涨或者下跌，这些涨跌幅度一般都比较大。再者，从走势必完美的角度考察K线技术发出的买卖信号，其必然性会大大提高，命中的概率也可以得到极大的提高。

缠论K线分析技术提倡中长线操作，操作级别至少应该建立在周线级别上，操作周线级别的趋势，或者在周线级别趋势的基础上波段操作。相较于缠论各级别通杀的天才式交易方法，本书提倡的操作级别或许有些笨拙。但是重剑无锋，大巧不工。坚持大级别操作，一定会让交易者在较长的时间周期内轻松获取一波又一波战略性利润。

大道至简，缠论的操作方法针对性强，但最简单的方法适用性最广泛。这个世界上聪明人不多，天才更是少之又少。放平心态，把自己当作一个普通人，持之以恒，锲而不舍，最后一定能够到达成功的彼岸。

第5章

K线组合与买卖点

第一节 K线组合分类

前面多次强调，技术分析的核心在于分类。根据分类的思路，于是有了按照级别对走势类型进行分类的方法，也有了将走势类型完全分类为上涨、盘整与下跌三种形态的方法。根据走势类型分类，进而将分析对象分类为能操作和不能操作，并将操作分为买入、卖出以及持有等三种类型。

缠论体系中，起手式是利用两条均线组成的均线系统对走势进行分类。对于K线组合，也可以按照完全分类的思想将之分类，进而确定什么时候该干什么，什么时候该等什么，以及特定K线组合出现之后对应的操作。

关于K线组合，市面上的相关书籍琳琅满目。本书并不打算在K线组合上再做什么创造性的发挥，而是以前人们总结的经典K线组合为基础，结合分型对K线组合进行重新梳理、分类，并将这些K线组合与缠论的三类买卖点结合，重点阐述这些K线组合的用法及其有效性的验证方法。

在此，作者首先对研究K线组合并将之发扬光大的技术分析先驱们致以崇高的敬意。没有他们呕心沥血的工作，技术分析工作将很难持续深入地推进下去。

传统的K线理论，一般将关键K线组合分为反转形态和持续形态两大类。其中反转K线形态又可以分为顶部反转形态和底部反转形态；持续形态又可以分为上涨持续形态和下跌持续形态两类。

这里所说的形态，和传统形态学里面所说的形态概念不同。传统形态学中所说的形态，通常是站在走势类型的角度，通过经验总结的方法，表明特定趋势或者盘整或者中枢的外在表现。这里所说的K线形态，主要是基于走势类型之上，从买卖点的角度来说的。

某些情况下，持续形态也会构成趋势或者波段的起点或者终点，但大多数时候，某级别趋势或者波段的起点或者终点，一般都是从反转形态开始的。

从缠论的角度讲，其强调的三类买卖点，无一不是趋势或者波段的起点。例如，第一类买卖点就是趋势的起点；第二类买卖点，就是趋势确立之后，第二个顺势波段的起点；第三类买卖点，通常是底部或者顶部确立之后，主升段或者主跌段的起点。这三类买卖点，从K线组合的角度讲，一般都包含于反转形态之中。

在本书中，重点分析K线组合中的反转形态。

一、反转形态的基本含义

所谓反转形态，站在某级别趋势的角度上说，主要有以下三种意义。

（1）指沿着趋势方向、大概率预示趋势的推动段结束、调整段开始的本级别上的K线组合。

（2）指沿着趋势方向、大概率预示趋势的调整段结束、推动段重新开始的本级别上的K线组合。

（3）标志趋势结束或者开始的K线形态。

以日线级别的趋势为例，所谓反转K线形态，主要是指标志着上涨推动段结束、调整段开始，或者是调整段结束、推动段开始，抑或是上涨趋势结束、下跌或盘整段开始的日K线组合。从反转形态的意义上看，反转形态可以分为底部反转形态和顶部反转形态两类。

当然，从缠论的角度讲，反转形态只有出现在三类买卖点附近才最有意义。例如，对于上涨而言，三类买点之间的区间，往往是大级别趋势真正的底部区间，而底部区间正是应该最大限度建仓的位置。对于想获得大利润的交易者，只有在底部区间大力买入，顶部区间大力卖出，才可能获取大利润。

当然，这并不是说三类买点之外，其他的反转形态没有意义。虽然其重要性不如三类买卖点，但它们往往可以为交易者提供波段利润，因而对于波段交易者或者趋势—波段交易者而言，也是值得去把握的。

二、反转形态与分型

缠论中有一条定理：任何顶，都是顶分型；任何底，都是底分型。从这个意义上讲，买卖点必然包含在分型之中。也就是说，买点必然包含在底分型之中，卖点必然包含在顶分型之中。

站在分型的角度看，所谓的底部，就是“构成底分型的那个区间，跌破底分型最低点意味着底部构造失败。反之，有效站在分型区间上边沿，就意味着底部构造成功并至少展开一笔向上的行情”。

上面的定理，对于操作而言，就是没有出现分型，则意味着没有顶或者底。对于已经沿着趋势方向建立头寸的操作者而言，没有相应的分型，就没有操作的必要。

实际上，上面的定理在运用中并不那么简单。

一方面，大多数分型，站在本级别的角度讲，往往是没有太多操作意义的。这些分型大多都会转化为中继分型，只会对已有的趋势制造一个很小级别的麻烦，因而通常是不需要理会的。如果你对无意义的分型过度敏感，极容易因小范围的操作失误而打乱整体操作节奏。

另一方面，有些K线组合往往蕴含着市场上多空转化的能量，因而即便没有形成明确的分型，但一旦这些K线形态出现，后市往往在很大概率上会形成分型——也就是顶或者底。

一旦形成明确的分型，走势往往已经运行了很大的一段，盈利空间会被大幅吞噬，或者说止损空间也会随之放大。这种情况将使得投资者在交易过程中处于非常不利的地位。

有没有一个好的方法，既能过滤走势中那些无意义的分型，让自己不至于因为无意义的分型打乱操作节奏，又能及早把握那些大概率将转化为分型的K线形态，让自己在交易中处于更加有利的地位呢？

可以将经典K线组合整合到有效分型的判断中去，从而最大限度地解决上面所说的两个问题。为什么是经典K线组合？这其实涉及一个哲学命题——反身性。所谓反身性，就是相互决定性。具体而言，就是图形与操作者之间的相互决定性。经典K线组合对市场参与者的影响最大，市场参与者依据经典K线组合操作，又进一步提升了经典K线组合的有效性。

大家知道，经典K线组合中包含一些典型的分型形态，这些形态及其变形基本上都属于有效的分型，它们一旦出现，必须要引起高度的重视。

在经典K线组合中，也包含一些典型的非分型的反转形态，这些形态后市发展成有效顶底的概率非常大，它们一旦出现，就具有很大的预警意义。

当然，并不是说出现这些形态，顶部或者底部就必然会出现。K线组合，从根本上讲，无非是一些经验总结。既然是经验，就难以逃脱概率的约束，因此任何K线理论揭示的反转形态，都存在着失效的概率。对于这一点，交易者可以从次级别走势类型转化的角度，尽可能地提高判断的准确度。

对于反转形态，也可以站在分型的角度，再做一个较为详细的分类——将反转形态划分为分型和易发展成分型的反转形态两类。易发展成底分型的反转形态，可以给它起个名字："准分型"。

分型往往具有操作意义，准分型虽然并未构成明确的分型，但发展成分型的概率实在是太大了。对于那些具有反转形态意味的经典的"准分型"，交易者要高度重视，并下降级别去观察，以期尽早发现趋势或者波段转折的痕迹。

有了对反转形态的分类，可以用一张图来完整地表达缠论K线分析技术的逻辑层次。如图5–1–1所示。

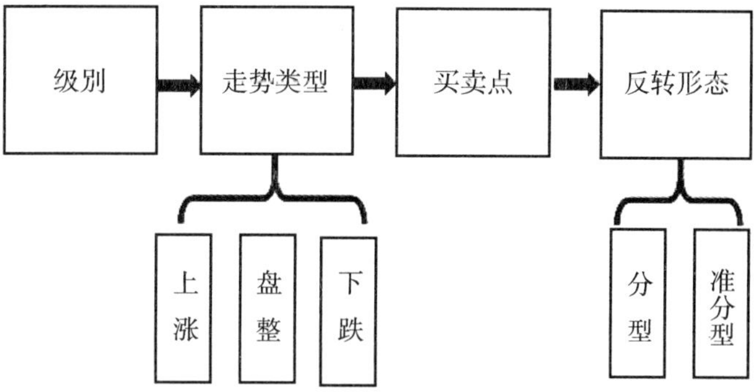

图5–1–1　缠论K线分析技术逻辑层次图

三、底部反转形态

1. 底部反转形态的三种表现形式

结合走势类型的完全分类，底部反转形态主要有三种表现形式。

（1）在某级别的下跌中，标志着该级别趋势的次级别下跌结束，新的次级别反弹开始的反转形态。如图5–1–2所示。

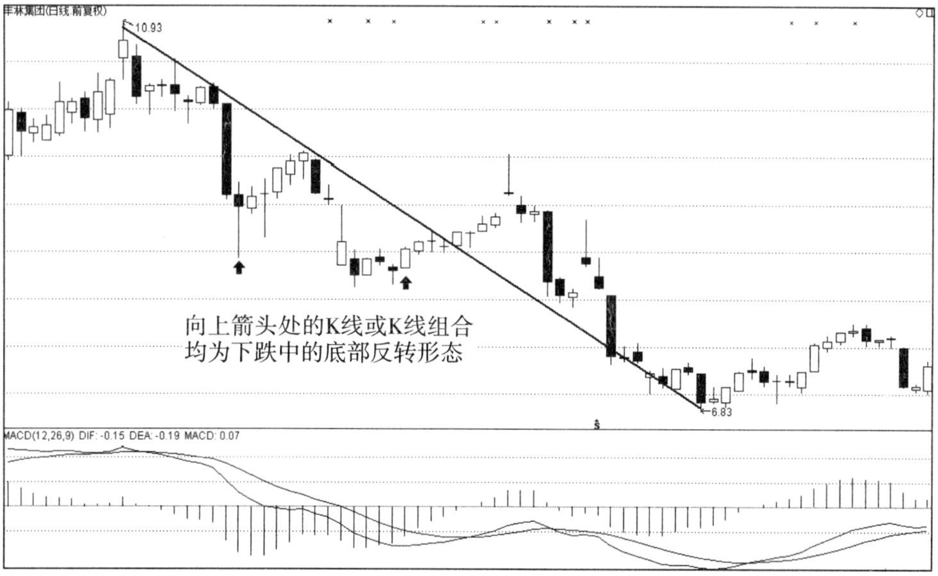

图5–1–2　下跌中的底部反转形态示例图

（2）在某级别的上涨中，标志着该级别趋势的次级别回调结束，新的次级别上涨开始的反转形态。如图5–1–3所示。

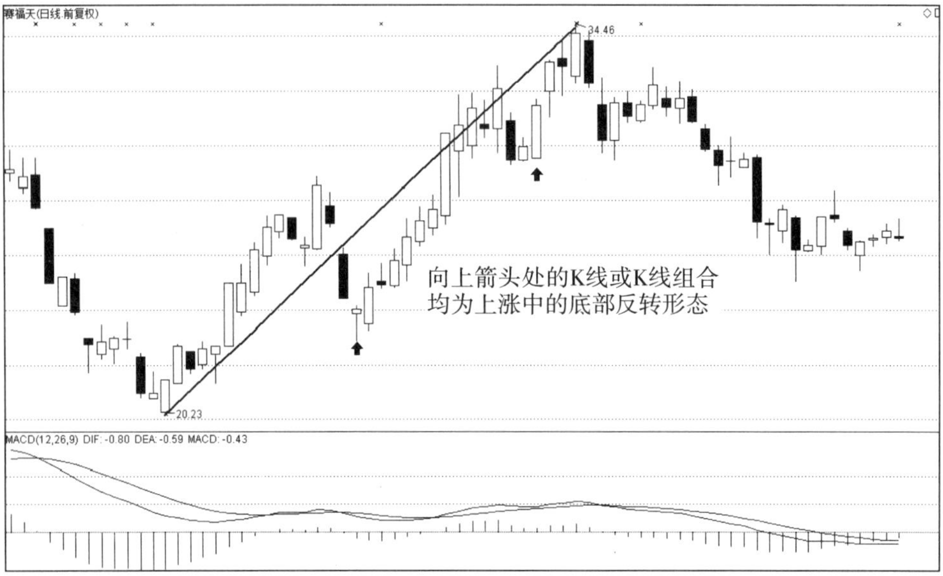

图5–1–3　上涨中的底部反转形态示例图

（3）在某级别盘整中，标志着该级别盘整的次级别下跌结束，新的次级别上涨开始，价格即将从盘整区间的下沿往上沿回抽的反转形态。如图5–1–4所示。

按照上面所说的分类方法，对于底部反转形态的分类，站在分型的角度，可以

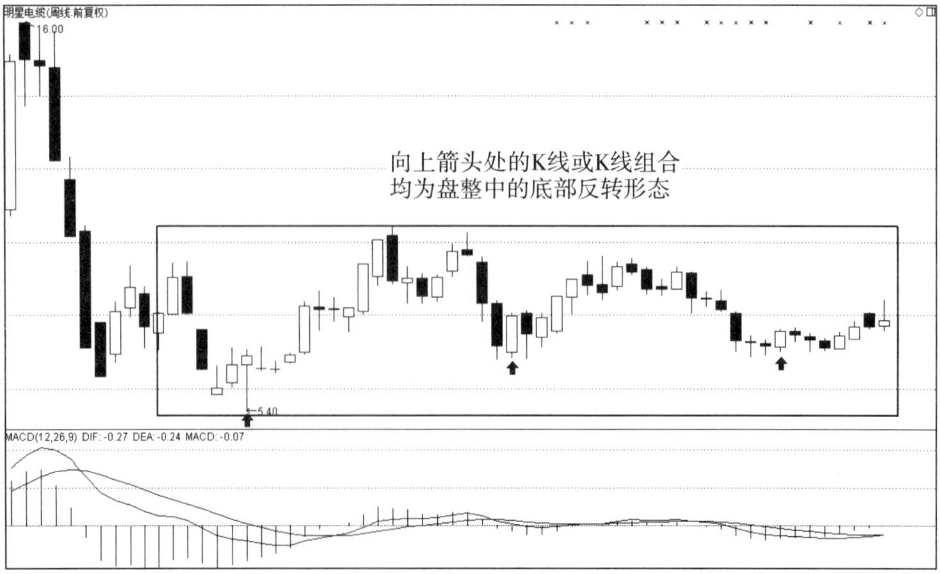

图5–1–4　盘整中的底部反转形态示例图

将底部反转形态划分为底分型和易发展成底分型的底部反转形态两类。易发展成底分型的反转形态，可以称之为“准底分型”。

在本书“蜡烛图技术基础知识”一章中，曾列举了一些典型的底部反转K线组合。这里站在K线形态完全分类的角度，再对上述K线组合做一个更加细致的分类。实际上，关于K线组合的书籍琳琅满目，因此对于K线组合的描述也较多。很多投资者对于K线组合也有自己的经验总结，读者当然可以扩大自己的样本空间，但分类的原则不变。

2. 底分型底部反转形态

在本书所取的样本空间中，底分型的形态主要有以下几个。

（1）启明星。

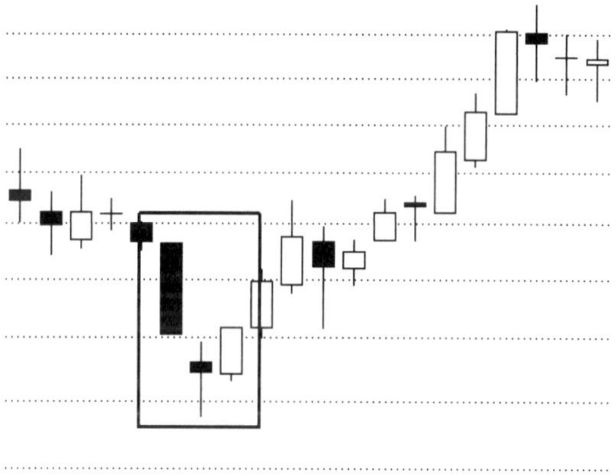

图5-1-5　启明星

（2）十字启明星。

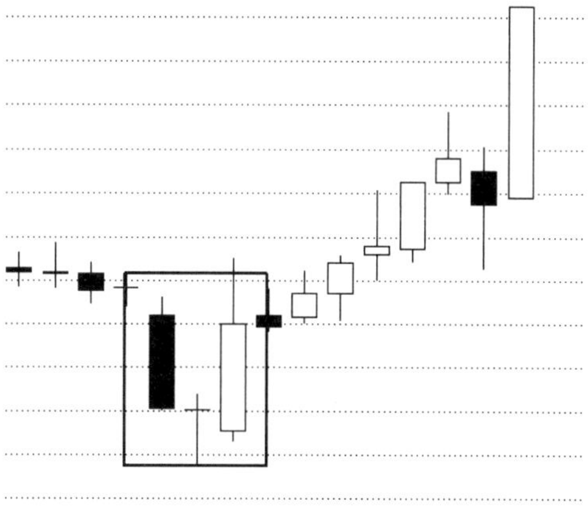

图5-1-6　十字启明星

（3）看涨弃婴形态。

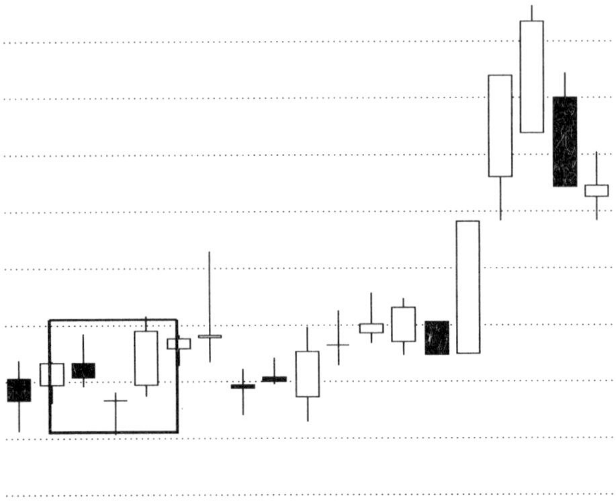

图5-1-7　看涨弃婴形态

（4）底部红三兵。

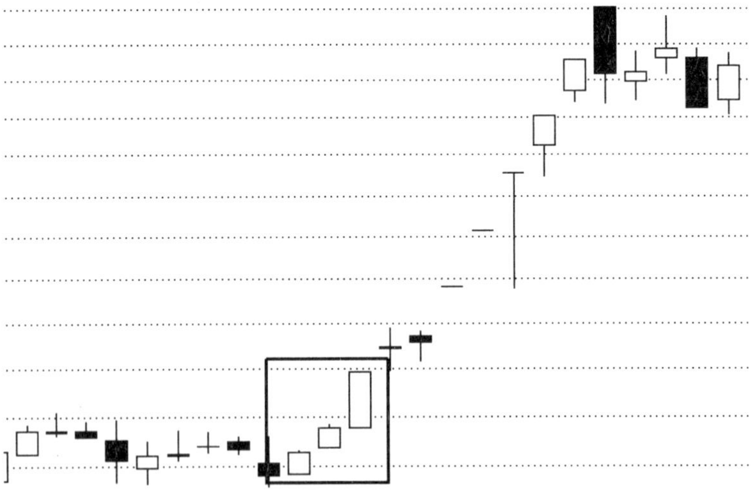

图5-1-8　底部红三兵

3. 准底分型底部反转形态

在本书所取的样本空间中，准底分型形态主要有以下几个。

（1）低位锤子线。

图5-1-9　低位锤子线

（2）低位倒锤子线。

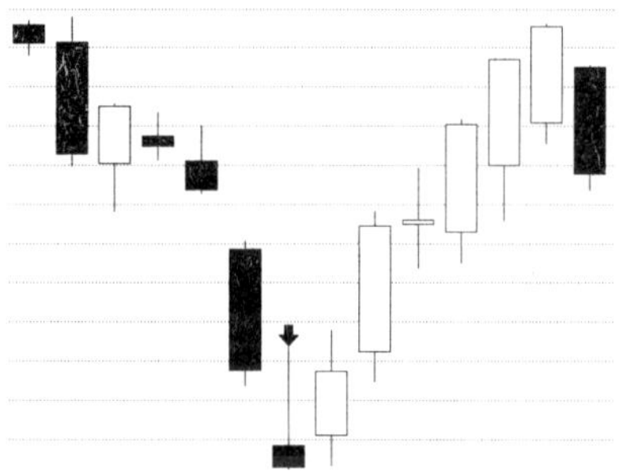

图5-1-10　低位倒锤子线

（3）看涨吞没形态。

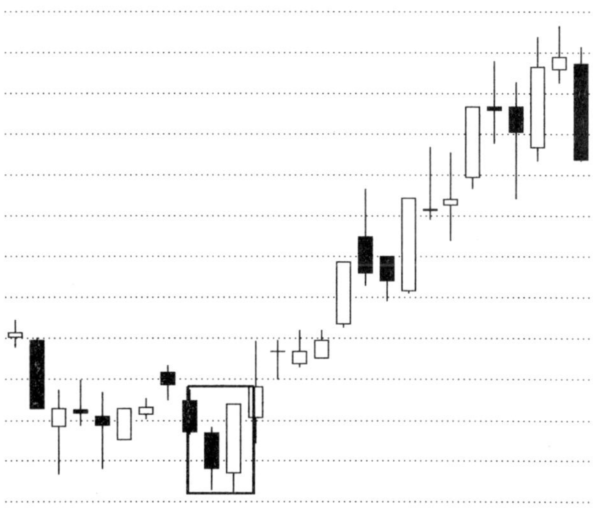

图5-1-11　看涨吞没形态

（4）曙光初现。

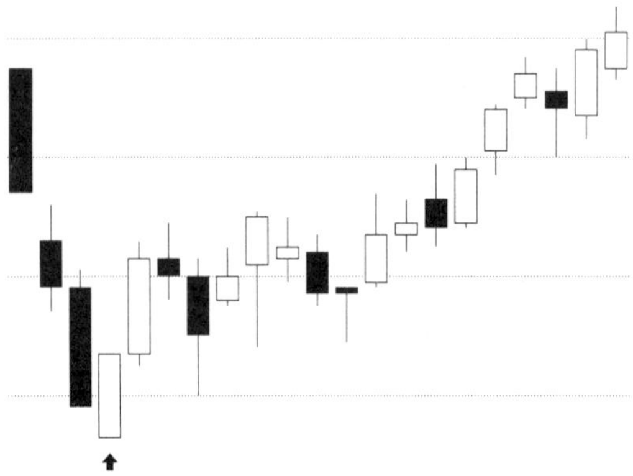

图5-1-12　曙光初现

（5）看涨孕线与看涨十字孕线。

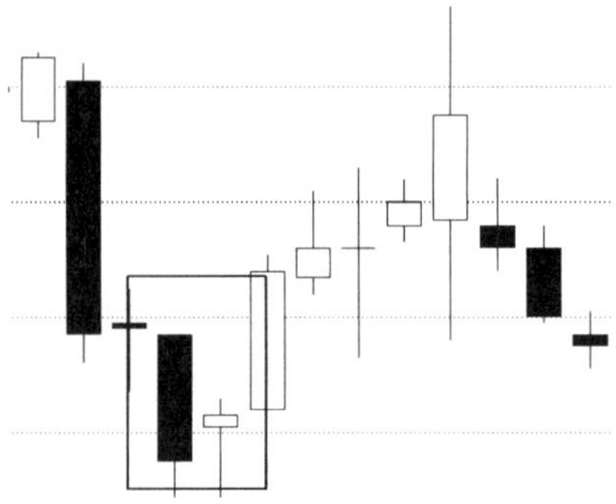

图5-1-13　看涨孕线与看涨十字孕线

（6）平底形态。

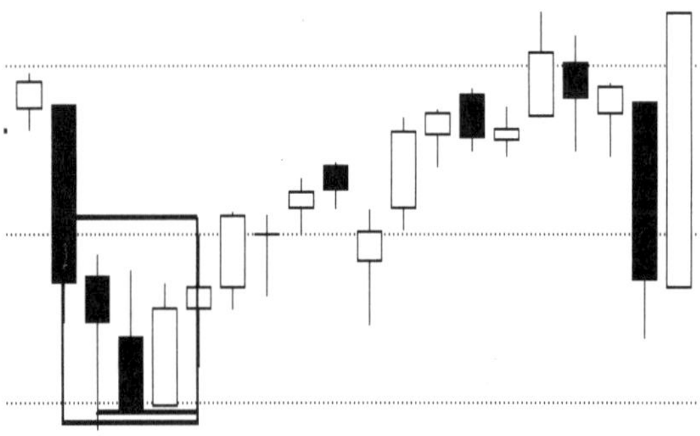

图5-1-14　平底形态

（7）看涨捉腰带线。

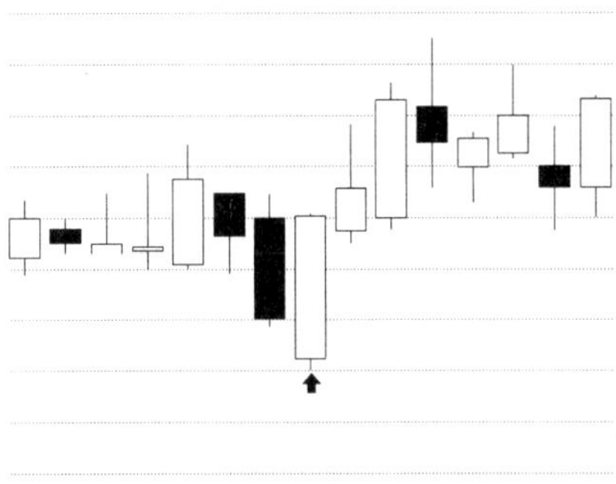

图5-1-15　看涨捉腰带线

（8）看涨反击线。

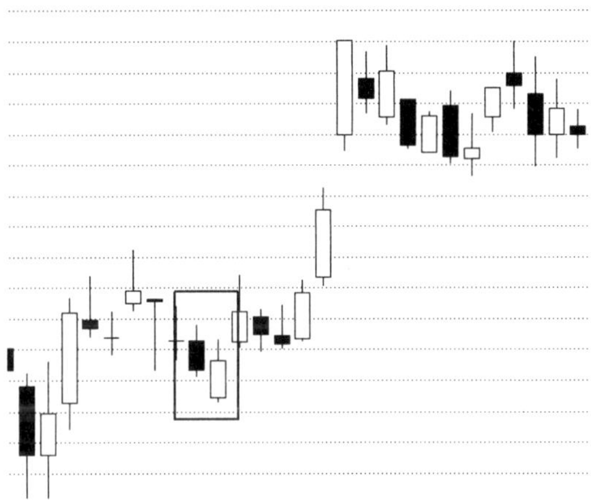

图5-1-16　看涨反击线

4. 底部反转形态与三类买卖点

底部反转形态只有在买点附近才最有意义。这里的买点，主要是指缠论中的三类买点。前面多次论证过，站在走势必完美的角度，只有这三类买点是必然成立的。其他任何买点，并不是说买入之后不能盈利，而是其不为理论所保证，因而失效的概率也就更大。

对于市场真正的操作者而言，必须要时时关注走势。如果市场走出了三类买点你还没有买入，那就太后知后觉了。这种人还是离市场远一点比较好，因为他们要么是对市场走势不关注，要么就是反应迟钝，过于麻木，是难以在市场中长期生存的。

不知读者是否想过，为什么缠论特别注意这三类买点？其实除了冠冕堂皇的“走势必完美”之外，最根本的原因在于，三类买点形成的区间，乃是一段趋势中真正的底部！

缠中说禅曾在其文章中说过：

> 何谓底部？这里给出精确的定义。底部都是分级别的，如果站在精确走势类型的角度，那么第一类买点出现后，一直到该买点所引发的中枢第一次走出第三类买卖点前，都可以看成底部构造的过程。只不过如果是第三类卖点先出现，就意味着这次底部构造失败了。反之，第三类买点先出现，意味着底部构造最终完成并展开新的行情。

把握好三类买点，就是把握了真正的底部区间。当然，如果你能够利用第一类买点到第三类买点之间的第一中枢区间进行滚动操作，做做差价，那就进一步降低了自己的建仓成本。

对于操作，特别是大资金的操作而言，最重要的其实就是成本。只要你能够在第一中枢区间内买够筹码，即便不能利用中枢区间降低成本，后面无论如何拉升，都可以做到“任凭风浪起，稳坐钓鱼船”！只不过会做中枢震荡的，成本优势更加明显而已。

当然，底部反转形态，在某些宽幅的中枢震荡或者是大型盘整的下边沿买点附近，也往往比较有效。注意，这种震荡必须有一定的幅度。如果是窄幅震荡，单靠K线组合去观察买点，反应就太迟钝了。

“没有金刚钻，不揽瓷器活。”对于水平一般的交易者，窄幅震荡最好是不操作。

四、顶部反转形态

1. 顶部反转形态的三种表现形式

结合走势类型分类，顶部反转形态也主要有三种表现形式。

（1）在某级别的上涨中，标志着该级别趋势的次级别上涨结束，新的次级别回调开始的反转形态。如图5-1-17所示。

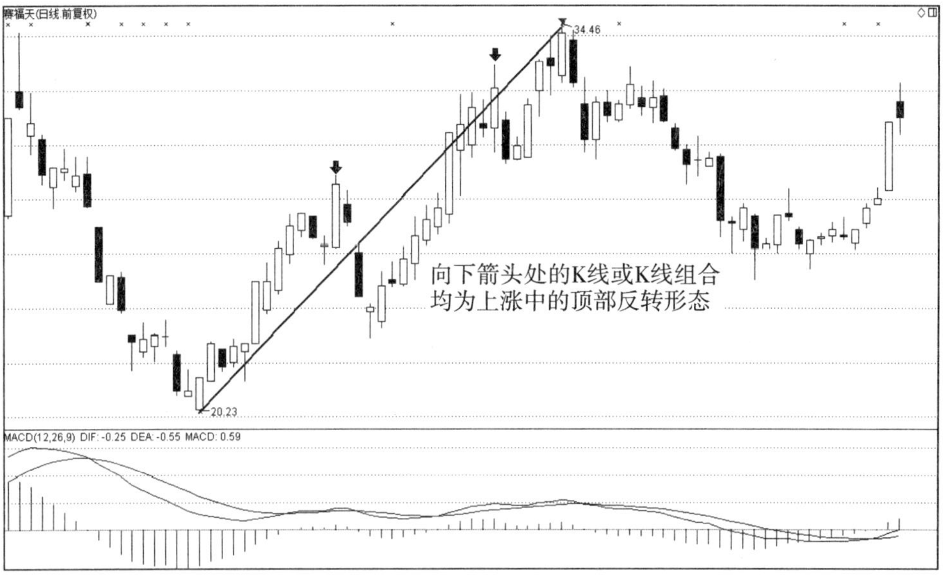

图5-1-17　上涨中的顶部反转形态示例图

（2）在某级别的下跌中，标志着该级别趋势的次级别反弹结束，新的次级别下跌开始的反转形态。如图5-1-18所示。

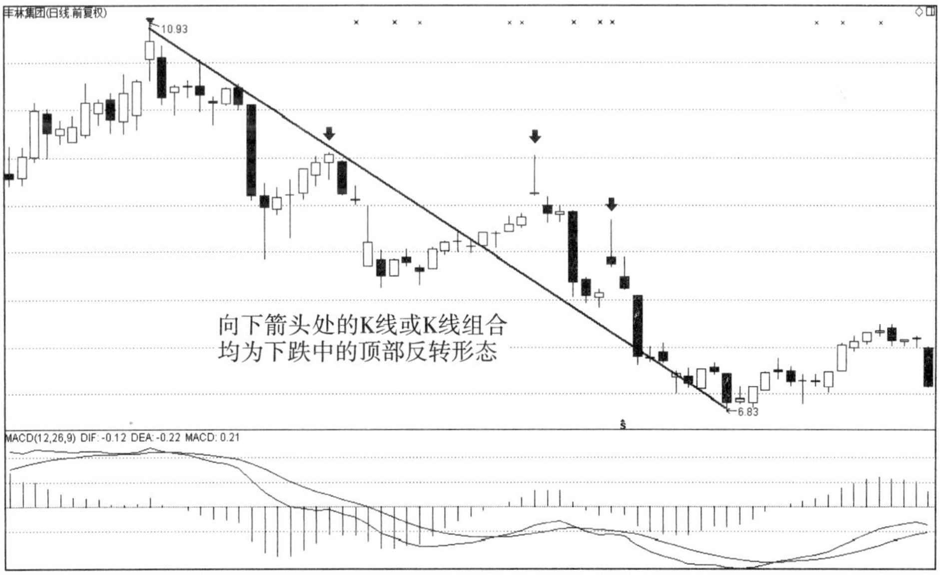

图5-1-18　下跌中的顶部反转形态示例图

（3）在某级别盘整中，标志着该级别盘整的次级别上涨结束，新的次级别下跌开始，价格即将从盘整区间上沿往下沿回落的反转形态。如图5-1-19所示。

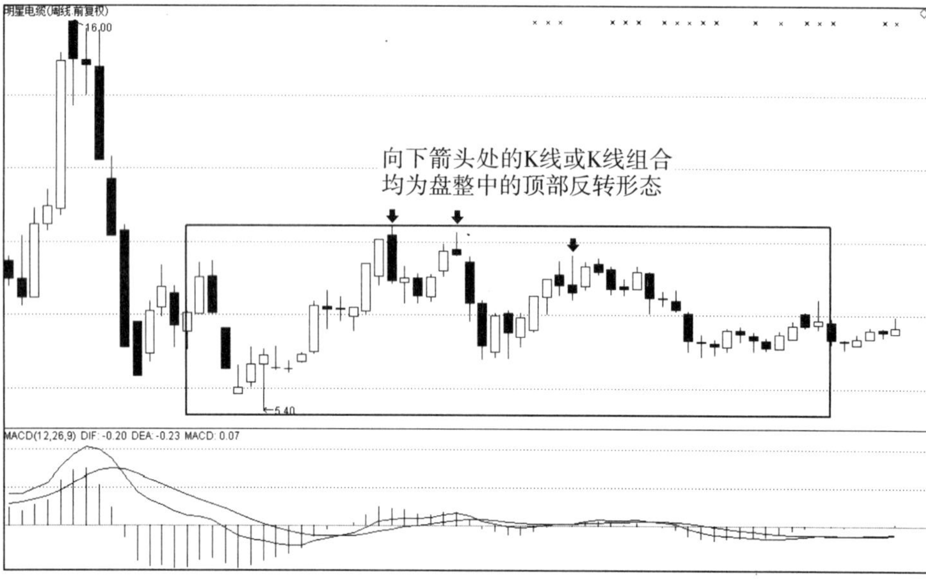

图5-1-19　盘整中的顶部反转形态示例图

顶部反转形态与底部反转形态满足镜像原则。按照前面的思路，对于顶部反转形态的分类，也可以站在分型的角度，将顶部反转形态划分为顶分型和易发展成顶分型的顶部反转形态——“准顶分型”两类。

2. 顶分型顶部反转形态

在本书的样本空间中，顶分型的顶部反转形态主要有以下几个。

（1）黄昏星。

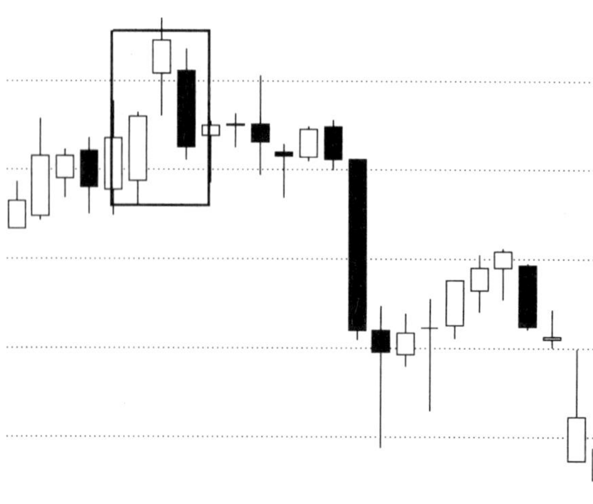

图5-1-20　黄昏星

（2）十字黄昏星。

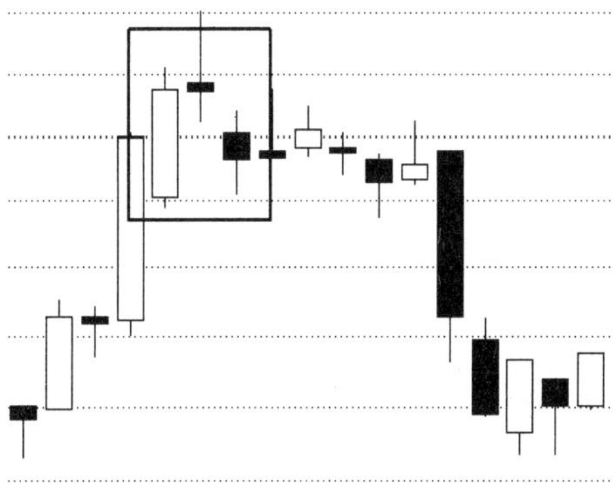

图5-1-21　十字黄昏星

（3）看跌弃婴形态。

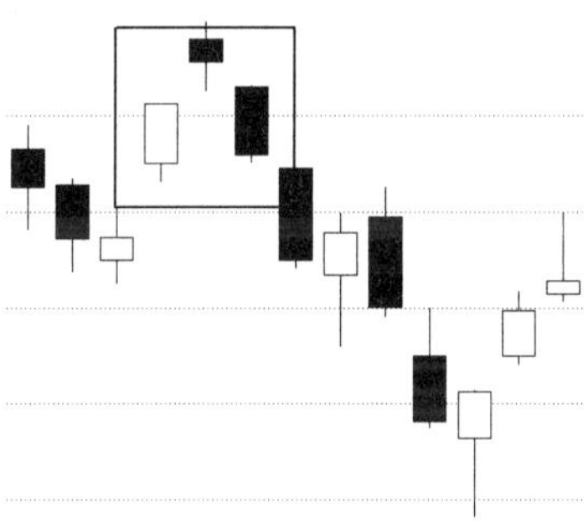

图5-1-22　看跌弃婴形态

（4）三只乌鸦。

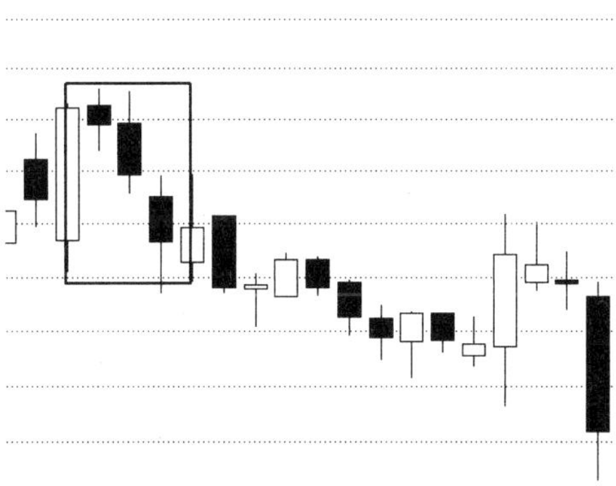

图5-1-23　三只乌鸦

3. 准顶分型顶部反转形态

在本书所取的样本空间中，准顶分型形态主要有以下几个。

（1）高位锤子线。

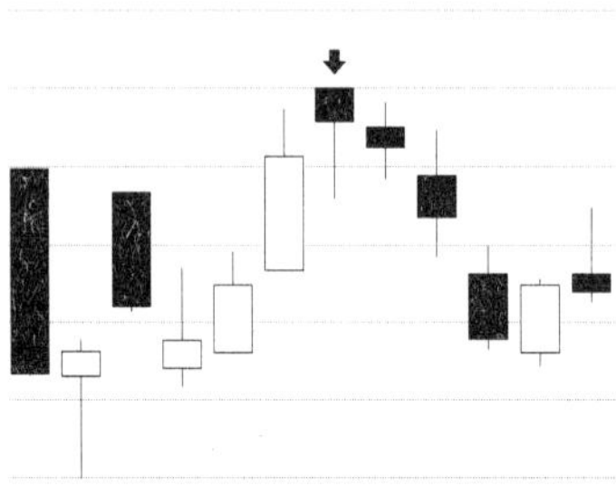

图5-1-24　高位锤子线

（2）高位倒锤子线。

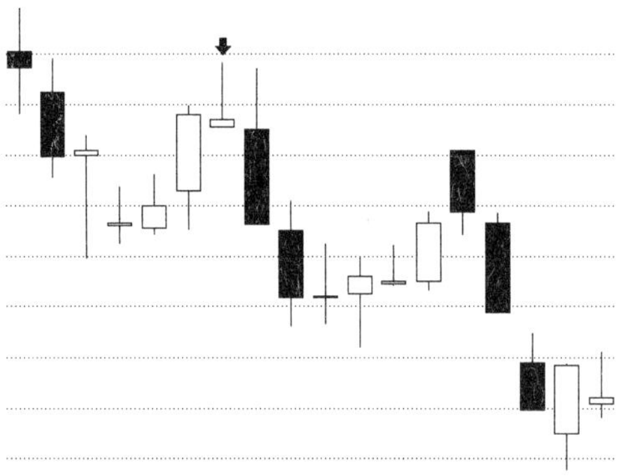

图5-1-25　高位倒锤子线

（3）看跌吞没形态。

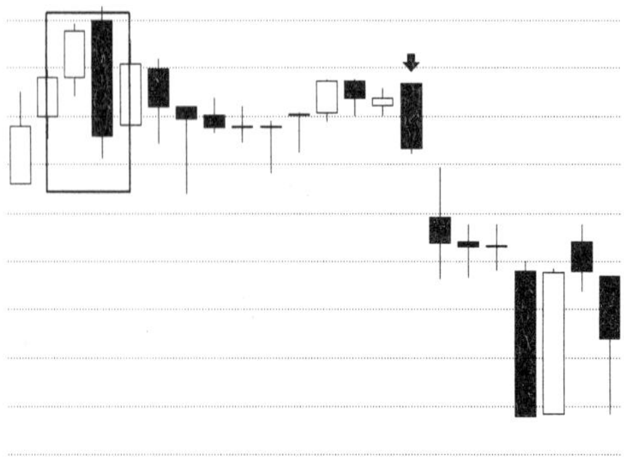

图5-1-26　看跌吞没形态

（4）乌云盖顶。

图5-1-27　乌云盖顶

（5）看跌孕线与看跌十字孕线。

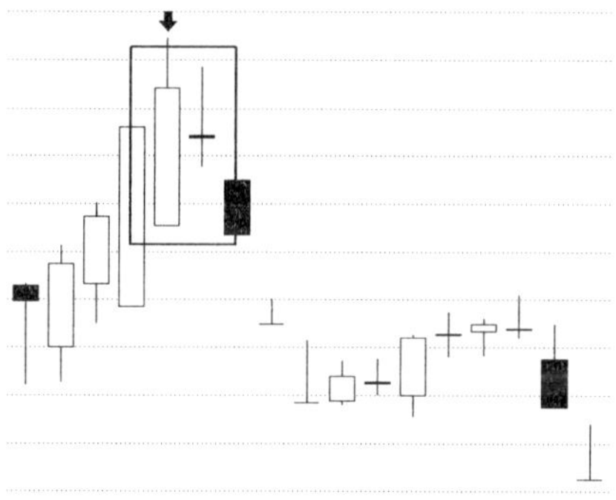

图5-1-28　看跌孕线与看跌十字孕线

（6）平顶形态。

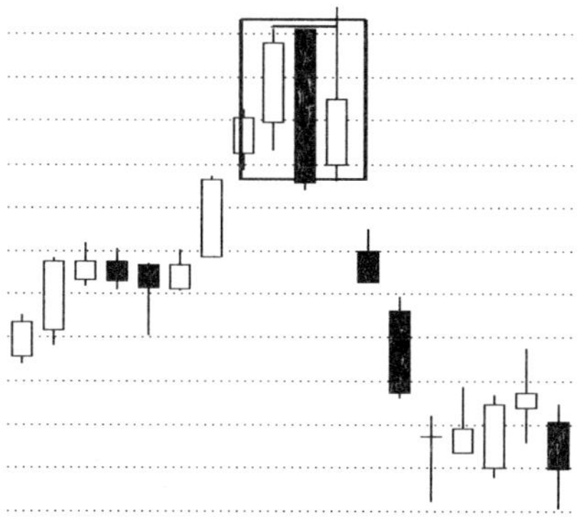

图5-1-29　平顶形态

（7）看跌捉腰带线。

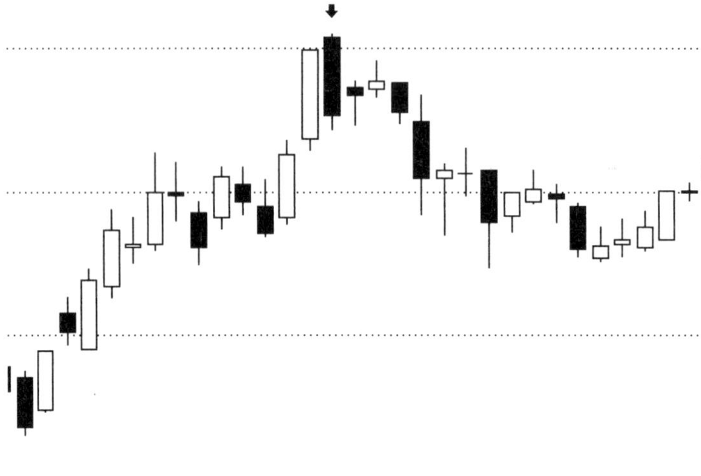

图5-1-30　看跌捉腰带线

（8）看跌反击线。

图5-1-31　看跌反击线

同样，对于顶部反转形态而言，只有在卖点附近或者在宽幅中枢震荡以及大级别的盘整中才有意义。

第二节　缺　口

一、缺口及缺口的回补

先给缺口下个定义。所谓缺口，是指某级别走势图中，有一段价格没有任何交易，显示在股价走势图上是一个真空区域，这个真空区域就称为缺口。简单来讲，缺口就是在该级别K线图上两相邻的K线之间没有成交的区间。日线图中的缺口就是一种股票某一天的最低价比前一天的最高价还高，或是某一天的最高价比前一天的最低价还低，从而使日线图上呈现出跳空的现象。

如，在上证指数日线单位的K线图里，1994年的7月29日与8月1日就出现了[339，377]这个没有成交的区间。也就是说，[339，377]是一个缺口，如图5-2-1所示。

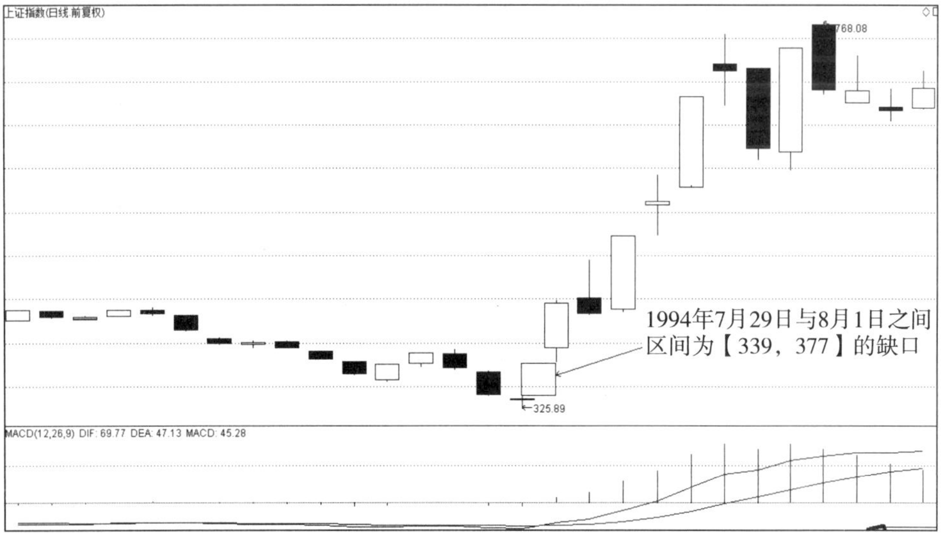

图5-2-1　上证指数区间为［339，377］的缺口示意图

缺口回补，就是在缺口出现后，该缺口区间最终全部再次出现成交的过程。缺口往往是在外界突发因素刺激下，由多空双方的冲动情绪造成的，事后市场各

方经过对刺激因素的逐步消化，以及理智的逐渐恢复，一般缺口都会出现回补现象。这个回补可能在下一单位K线就出现，或者在下一个次级别调整行情中出现。也有可能在本级别此轮趋势中不回补，而在下一个同级别反趋势中被回补。极端情况下，缺口也可能永远不被回补，像图5-2-1所示的[339，377]的缺口，其回补的概率“虽然不敢说永远不回补，但到股市被消灭前，大概也没什么机会回补了”。

根据缺口是否回补，可以对走势力度进行分类。这里以买入为例，卖出的情况反之就是。

如果缺口不回补，显然走势是强势的。在缺口处买入的，当然可以继续持有，直到该缺口所在级别走势出现卖点，再综合整体趋势情况决定是否卖出。

如果缺口被回补，回补后继续创新高，这是平势的。

如果缺口回补后不能再创新高，或者出现盘整背驰或者背驰的情况，其后很大概率将出现原来走势的转折，这是弱势的。

买入的筹码可以视情况抛出或者部分抛出。如果出现背驰，当然全部抛出。如果出现盘整背驰，而整个趋势总体上未变，或者市场整体强度未出现大的变化，那么投资者可以高位抛出部分筹码，低位回接，按照中枢震荡的思路进行操作。

二、缺口的分类

缺口按照其方向分类，可分为向上跳空缺口和向下跳空缺口。顾名思义，出现向上跳空缺口，价格向上跳空。反之，价格向下跳空，则称作向下跳空缺口。

按照缺口的性质进行分类，缺口可以分为普通缺口、突破性缺口、持续性缺口、衰竭性缺口。

（1）普通缺口，一般是指在中枢震荡或者盘整走势中偶然出现的跳空，并且很快就会被补回来，对趋势的研判作用不大。普通缺口唯一的意义，就是在中枢震荡或者盘整中有一个目标，也即回拉的过程中，几乎肯定至少拉回补掉缺口的位置。如图5-2-2所示。

（2）突破性缺口是在一个密集的反转或整理形态完成后突破盘局时产生的缺口。当股价以一个很大的缺口跳空远离时，表示真正的突破已经形成，错误的移动很少会产生缺口。

缺口能显示突破的强度，突破性缺口越大，表示未来的变动越强烈。突破性缺口标志着趋势的变化，往往开启一段快速的上涨或者下跌。突破性缺口在本级别趋势中很难被回补。即使突破性缺口之后有洗盘，回补该缺口的概率也比较小。如图5-2-3所示。

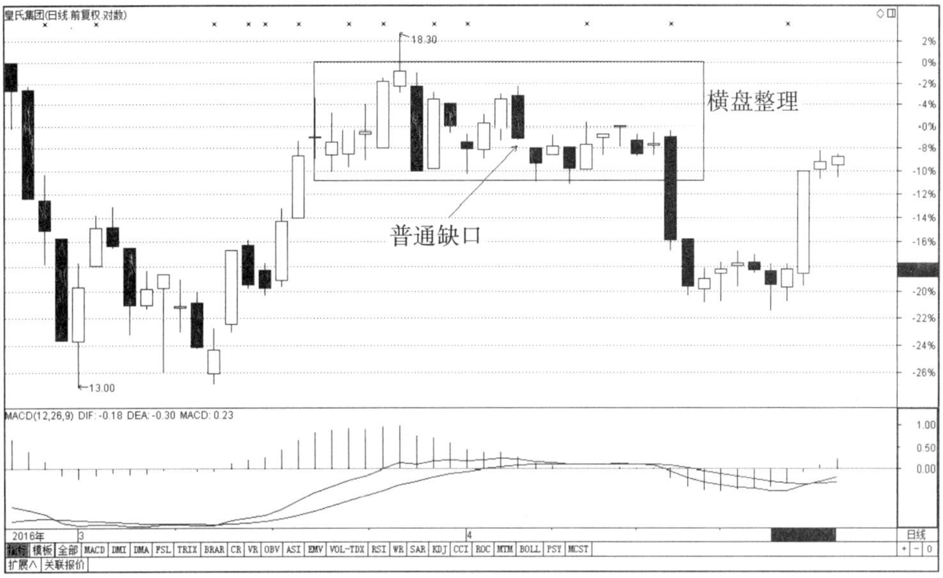

图5-2-2　普通缺口示例图

图5-2-3　突破性缺口示例图

（3）持续性缺口，也称中继性缺口，指的是在上涨或者下跌趋势中出现的缺口。这种缺口不会和突破性缺口混淆，突破性缺口出现在趋势的开始阶段，持续性缺口往往出现在趋势之中。

持续性缺口一般存在于趋势之中，其回补的机会对半，但回补之后大都继续创新高或新低，也就是至少是平势的。如图5-2-4所示。

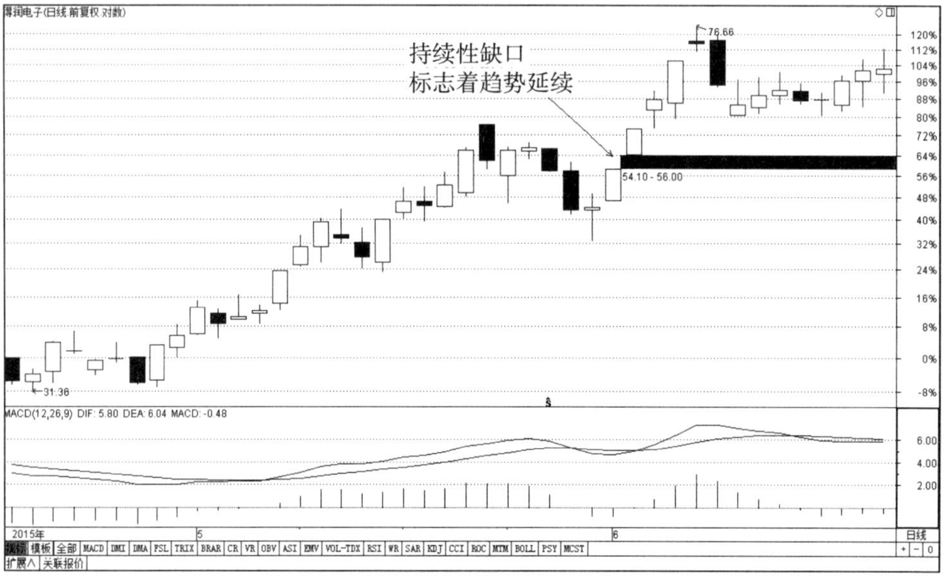

图5-2-4　持续性缺口示例图

（4）衰竭性缺口一般伴随快速、大幅的股价波幅出现。在急速的上升或下跌中，股价的波动并非是渐渐出现阻力，而是愈来愈急。这时价格的跳升（或跳空下跌）可能发生，此缺口就是衰竭性缺口。

衰竭性缺口大多在恐慌性抛售或消耗性上升的末段出现，一般来说这种缺口必定回补。一旦回补，且回补后不能再创新高或新低，那么就意味着原来的趋势发生逆转，这是衰竭性缺口的特征。

一旦出现衰竭性缺口，至少会出现较大级别的调整，调整的级别至少大于缺口出现时所延续的趋势级别。也就是说，一个日线级别趋势的衰竭性缺口，至少制造一个周线级别的调整。而一个5分钟级别的衰竭性缺口，至少制造一个30分钟级别的调整。如图5-2-5所示。

三、缺口的实战操作意义

对于缺口的利用，绝对不能脱离走势类型与买卖点这些大背景。

盘整中，无论怎么折腾，只要价格不逃出盘整区间所画的圈圈，那么就无须理会。盘整中的缺口，在本级别上没有太大的操作意义，只有在次级别上才有操作意义。

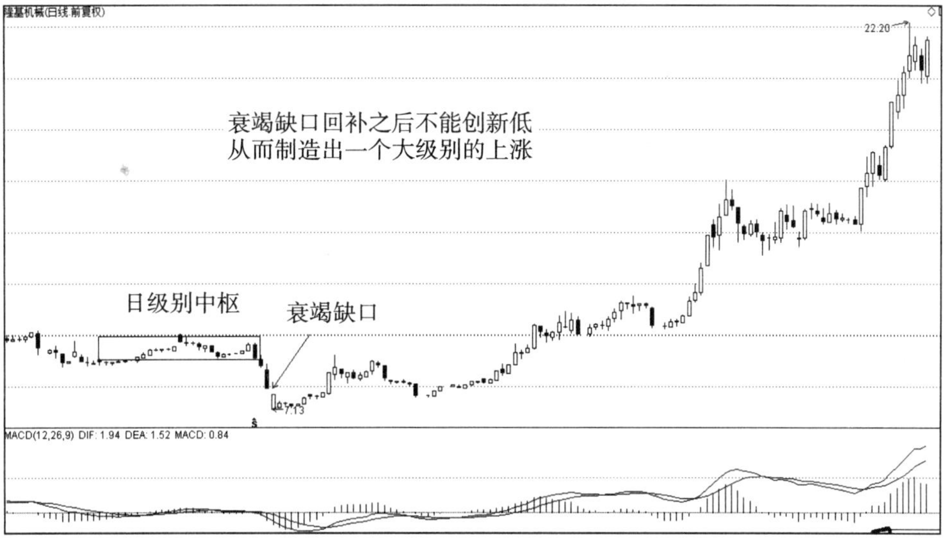

图5-2-5　衰竭性缺口示例图

图5-2-6　一段趋势行情中出现的缺口类型

显然，高级别上，譬如日K线图中有缺口，那么在日线以下的任何周期K线图都会有相应的缺口。如果操作次级别走势，那么该缺口是有一定操作意义的。是否操作，一要根据投资者的个人风格确定。如果不喜欢玩次级别，那么就忽略它，直到该盘整被否定为止。

再就是要看震荡的幅度。如果是宽幅震荡，其次级别走势往往幅度也较为可观。在盈利空间足够大，止损空间可以承受的情况下，当然可以参与。如果是窄幅震荡，其参与的必要性就大大减少了。如图5-2-7、图5-2-8所示。

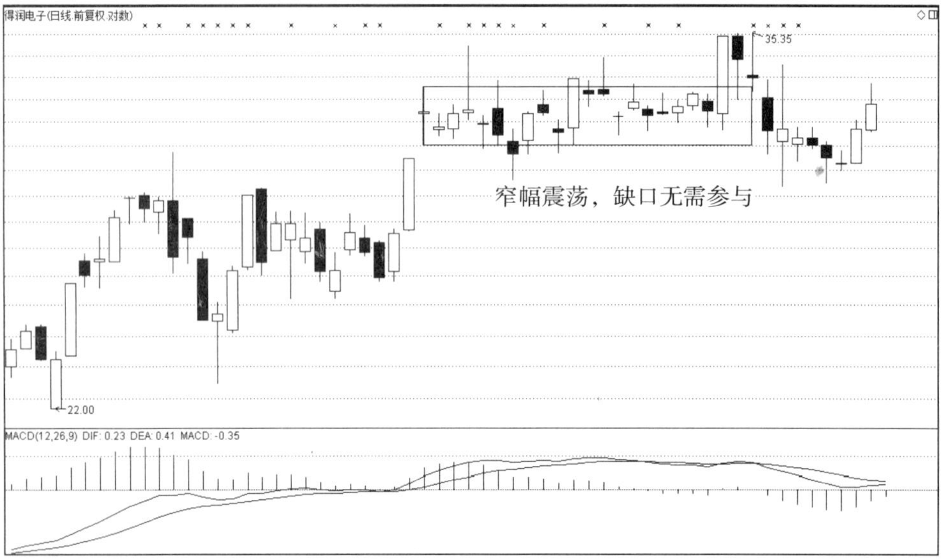

图5-2-7 窄幅震荡中的缺口示例图

图5-2-8 宽幅震荡中的缺口示例图

缺口只有在趋势中才最有意义。对于买入而言，突破性缺口和衰竭性缺口往往最有操作意义。

对于突破性缺口而言，其后的走势往往是趋势中上涨力度很大的一段走势。如果基本面或者市场强度能够配合，后面往往会有快速而且巨大的盈利幅度。

衰竭性缺口，一旦回抽之后不能创出新高，则往往该回抽就是反手做空的大好时机。当然，这是对于可以双向操作的市场而言的。对于只能单向操作的市场而言，出现衰竭性缺口，也就意味着平仓离场的时候到了。如果不能及时平仓离场，则会面临很大的获利回吐。

对于趋势中的持续性缺口而言，出现在买卖点附近其意义最大。为什么？

（1）必须符合三类买卖点的原则，其后的走势才有必然性。

（2）买卖点附近出现的持续性缺口，其操作符合风险最小、利润最大的原则。

那些远离买卖点出现的持续性缺口，虽然后市不排除出现趋势加速、连续拉升的可能性，但必须有其他面的配合才能实现。例如大盘超级好，或者基本面出现了拐点。温和的市场环境中，连续拉涨的概率并不大。投资者之所以存在连续拉升的预期，归根到底是一种对市场的幻觉，本质是自己的贪念所致。

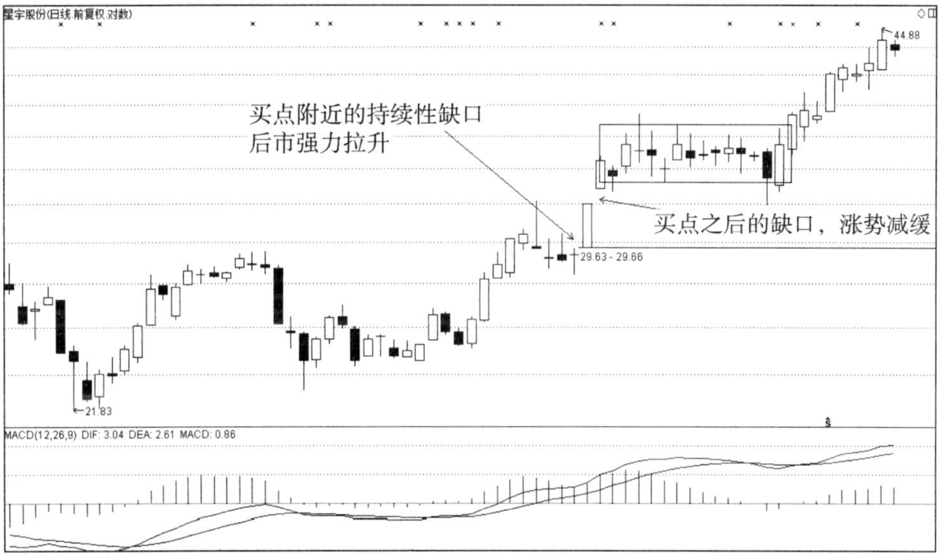

图5-2-9　买点附近的持续性缺口示例图

第三节　标志性 K 线

美国大投机家杰西·利弗莫尔曾经在其著作《股票大作手回忆录》中说过这么一段话。

不管是在什么时候，我都有耐心等待市场到达我称为“关键点”的那个位置。只有到了这个时候，我才开始进场交易。在我的操作中，只要我是这样做的，就总能赚到钱。

因为是在一个趋势刚开始的心理时刻开始交易的，我不用担心亏钱，原因很简单，我恰好是在我个人的原则告诉我立刻采取行动的时候果断进场跟进的，因此我要做的就是坐着不动，静观市场按照它的行情发展。

我知道，如果我这样做了，市场本身的表现会在恰当的时机给我发出让我获利平仓的信号。

利弗莫尔所称的“关键点”，反映在盘面上，就是这里所说的“标志性K线”。

一、标志性K线的定义

首先给标志性K线下一个标准的定义，以便让大家了解其内涵。

标志性K线是指这样一些单根K线，它们的出现或者标志着市场某级别走势类型的确定性变化，例如下跌转上涨、上涨转下跌或者盘整转上涨或者下跌；或者标志着买卖点的确认，例如标志着三类买卖点的正式确认，或者中枢震荡买卖点的正式确认。

从表现形态上看，标志性K线或者呈现为伴随着较大成交量的大阴线或大阳线，或者呈现为跳空缺口，或者呈现为振幅特别大、换手率特别高的高位或者低位星线。总之，它们要么是一些特别明显的反转信号，标志着分型或者准分型反转形态明确形成；要么是一些特别明显的持续信号，标志着趋势真正开始加速。

把握标志性K线的方法，就是用单根K线来判定后市的方法。这里的标志性K线，指的就是这样一些可以奠定后市基调的单根K线。这些单根K线的形成，或者是由于基本面的拐点来临，或者是由于政策面发生了巨大变化，或者是其他突发事件导致市场心理发生了根本性的变化。但是，无论是什么原因，市场结构的变化归根结底反映为市场心理的根本性变化。市场心理的根本性变化，必然触发相应的操作，反映到图形上就是标志性K线。

二、标志性K线与买卖点的关系

标志性K线和三类买卖点之间并不存在必然的一一对应关系。也就是说，标志性K线有可能发生在买卖点附近，但并不必然。或者反过来说，买卖点附近有可能出现这样的标志性K线，但也可能是由一些极其普通的K线或者K线组合形成了这个买卖点，而标志性K线直到买卖点出现之后才会出现。

当然，如果标志性K线能够和买卖点对应起来，那是最理想的情况，按照缠论买卖点原则进行操作的投资者，就可以从容应对。而那些发生在买卖点之后的标志性K线，对于投资者来讲，最关键的就是快速反应。这些反应至少应该包括调整交易方向，调整仓位，以及从根本上调整交易心理等。

如图5-3-1所示，第一类买卖点附近并没有出现这种标志性K线，而是出现在趋势行进的过程中。此时交易者应迅速调整交易方向、仓位，否则将面临大幅获利回吐。

图5-3-1　远离第一类卖点的标志性K线

也许有读者会想，既然有了三类买卖点的定义，那么是否有必要谈这类标志性K线呢？当然有必要，原因如下。

（1）对于那些不明显的、温和的买卖点，其判断的难度对于绝大多数人来讲相当之高，因而更难把握。特别是有些买卖点出现的时候，行情正处于模糊阶段，例如所谓的中阴阶段，这些买卖点当下难以把握。标志性K线的特征是明显的，反映的多空变化是根本性且剧烈的，因而把握起来相对容易许多。如图5-3-2所示。

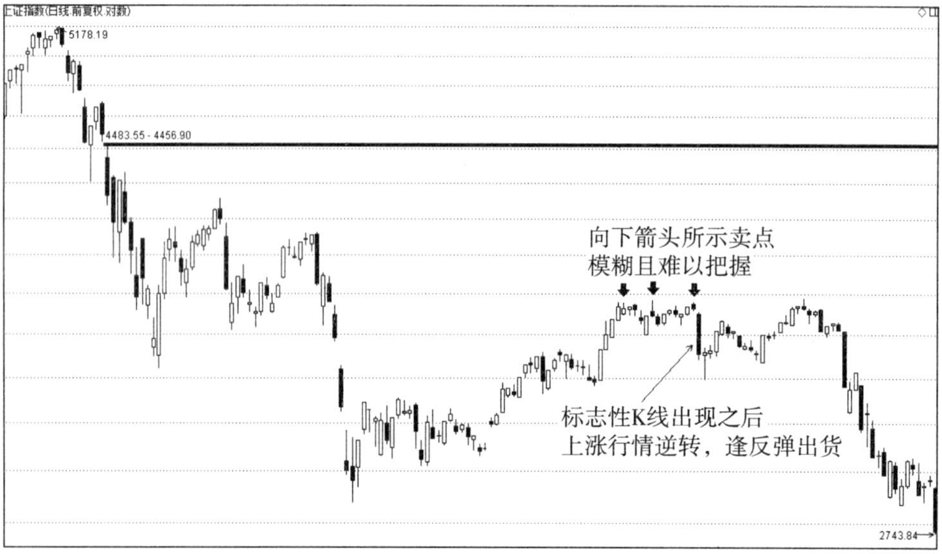

图5-3-2 标志性K线容易判断行情反转

（2）买卖点之后，并不必然会出现大涨或者大跌，后市有可能继续温水煮青蛙的行情。标志性K线由于反映的多空变化是剧烈的，因而后市出现大涨或者大跌的概率也会高很多。对于市场上大多数没有耐心的投资者而言，这绝对是个天大的福音。如图5-3-3所示。

标志性K线，其关键的意义在于变化的“确定性”。也就是说，出现这类K线，就意味着走势发生了明确的转折。由于走势发生了明确的转折，就意味着

图5-3-3 标志性K线之后行情出现剧烈变化

交易者的策略要根据这种变化进行大幅度的调整。这种调整或者是头寸方向的变化，或者是仓位的变化等。当然，如果交易者能够第一时间把握三类买卖点，再去谈所谓的标志性K线就没什么意义了。

三、把握标志性 K 线的方法

能够准确把握三类买卖点，意味着你能够把握每一波趋势的顶底，并且有效规避上涨中的回调和下跌中的回抽。问题是对大多数人而言，做到这一点是极其困难的。很少有交易者能够第一时间把握三类买卖点，并快速调整心理，快速应对。或者说，在某些时候，特别是市场处于混沌状态的时候，对任何人而言，及时把握三类买卖点都是不可能完成的任务。因此，标志性K线对于三类买卖点是一个非常有益的补充。

如果交易者做不到先发制人，那就应该以后发制人的策略应对。这种后发制人的策略，对于缠论K线分析技术倡导的大级别交易来讲，从长期的角度看，并没有什么过多的损失。

当然，这种对“确定性”的定义，归根到底也是和操作者的水平息息相关的。某级别的市场上，每一个单位时间都会产生一根K线，因而在相对的一段时间内，K线数量也是比较多的。

（1）从大量K线中寻找这样一根标志市场发生根本性转折的K线，首先考验交易者的综合分析水平。同样一根K线，不同的操作者必然会有不同的判断。综合水平高的交易者，对标志性K线的判断显然会高于那些对市场毫无感觉的操作者。

（2）对标志性K线的把握，更考验交易者的耐心。市场上出现的大多数K线是没有价值的，标志性K线更需要耐心地等待。没有耐心，把一根普通K线当作标志性K线来应对，据此建立或者调整操作策略，那么整个操作方向和操作节奏也会因此乱了套。

关于耐心等待的重要性，大作手利弗莫尔的话可谓是振聋发聩。

> 优秀的投机家们总是在等待，总是有耐心等待市场证实他们的判断。要记住，在市场本身的表现证实你的看法之前，不要完全相信你的判断。

市场操作者应该牢记这句话。

（3）对于标志性K线，最关键的是快速反应的能力。标志性K线的出现，往往都是千钧一发之际，其后大都会引发市场的快速变动。在快速变动的市场上，任何迟疑、犹豫，都有可能让你付出惨痛的代价。

把握标志性K线，很像自然界中鳄鱼捕猎的场面。一般情况下，鳄鱼会静静地潜伏在水中，等待最佳的捕猎时机到来。等待过程中，或许不时会有一些猎物跳过，但鳄鱼并不会每次机会都出手。它会不断地算计并衡量猎物的大小，以及捕捉猎物需要消耗的能量。有的猎物过小，如一只兔子从水面跳过，它肯定不会出击。太小的猎物连塞牙缝都不够，何必大动干戈？有的猎物过大，捕捉他们需要冒着生命危险。例如一头河马从水中游过，鳄鱼当然也不会贸然出击，以免生命陷入危险之中。只有猎物大小适中，且能够一击必胜，或者即便不能够一击必胜，失败之后也能快速地退回安全地带。如非洲大草原上，动物大迁徙的时候跳过的一头年迈的斑马，鳄鱼才会倾尽全力出击。

四、标志性 K 线实例

这里给出一些标志性K线的案例，以便读者能够对此有更加直观的认识。注意，这些案例只是按照归纳方法进行的总结。熟悉逻辑学的朋友应该知道，归纳法得出的结论并不具有必然性，只是概率较高而已。只有演绎法得出的结论，才能称之为必然。

缠论之前，市场上各种理论对这种必然性的揭示少之又少。缠论通过纯逻辑推导，揭示了市场上具有必然性的一些规律，例如“走势必完美”等，这确实是弥足珍贵的。实际上，投机市场上，必然的东西少之又少，一旦出现了就要加倍珍惜。那些所谓“炒股秘籍”宣称某某形态出现之后，市场必然会如何如何，纯粹属于瞎诌。其作者要么完全不懂，要么就是在装神弄鬼。

1. 大阳线揭示的走势类型转化和买卖点

大阳K线表示最高价与收盘价相同（或最高价略高于收盘价），最低价与开盘价一样（或最低价略低于开盘价），没有上下影线或上下影线很短。如图5-3-4所示。

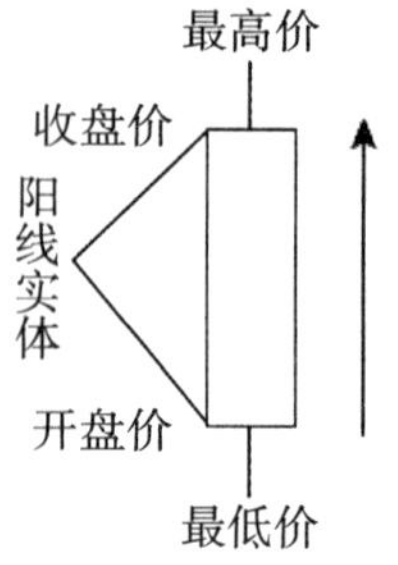

图5-3-4　大阳线示意图

从一开盘，买方就积极进攻，中间也可能出现买方与卖方的争斗，但买方发挥最大力量，盘中始终占据优势，使价格一路上扬，直至收盘。大阳线表示涨势强烈，市场呈现高潮，买方疯狂涌入，不限价买进。握有筹码者，因看到买气旺盛，不愿抛售，于是出现供不应求的状况。如图5-3-5、图5-3-6所示。

图5-3-5　大阳线揭示的下跌转上涨及该级别第一类买点

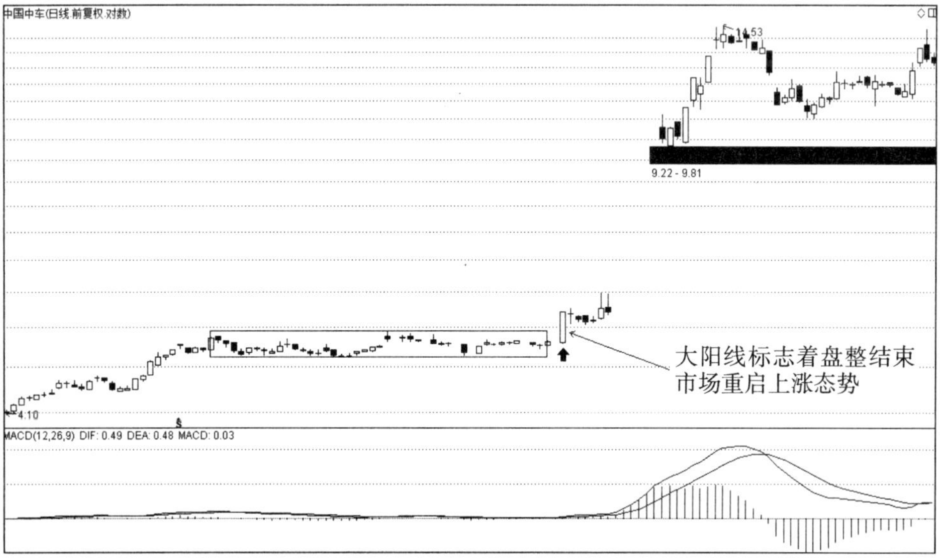

图5-3-6　大阳线揭示的盘整转上涨

2. 大阴线揭示的走势类型转化和买卖点

大阴线的特征是当天几乎以最高价开盘，以最低价收盘，表示多方在空方的打击下节节败退，毫无招架之功。目前我国股市实行涨跌停板制度，最大的日阴线实体可达当日开盘价的20%，即以涨停板开盘，跌停板收盘。如图5-3-7所示。

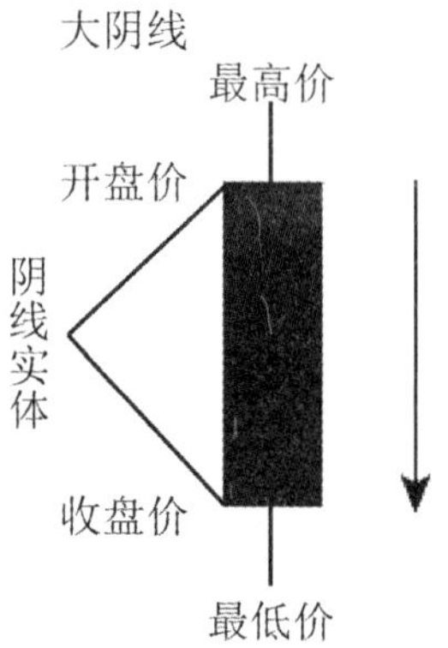

图5-3-7　大阴线示意图

大阴线的力度大小与其实体长短成正比，即阴线实体越长，力度越大。反之，则力度越小。大阴线的出现对多方来说是一种不祥的预兆，但事情又不是那么简单，不能把所有大阴线都看成是后市向淡的信号。也就是说，并非一见到大阴线就认为股价要跌。有时大阴线出现后，会出现不跌反涨的情况。

大阴线是股价走势图中常见的K线，这种图表示最高价与开盘价相同（或最高价略高于开盘价），最低价与收盘价一样（或最低价略低于收盘价）。没有上下影线或上下影线很短。从一开始，卖方就占据优势，股市处于低潮。握有筹码者不限价疯狂抛出，造成恐慌心理。市场呈一面倒的局面，直到收盘价格始终下跌，表示强烈的跌势。如图5-3-8、图5-3-9所示。

3. 缺口揭示的走势类型转化和买卖点

关于缺口的定义，前面有过详细的阐述。注意，标志性K线中包含的缺口，一般是指突破性缺口。前面定义的标志性K线，主要是指那些标志走势类型转化或者买卖点形成的那类K线。普通缺口通常发生在盘整或者中枢震荡中，因而肯定不是标志性K线。

持续性缺口一般出现在趋势过程中，由于该趋势早已被其他标志性K线或者其他特征形态揭示，因而也不包含其中。除非这类持续性缺口发生在买卖点附近，才具有标志买卖点正式形成的意义。

图5-3-8　标志性大阴线揭示的上涨转下跌

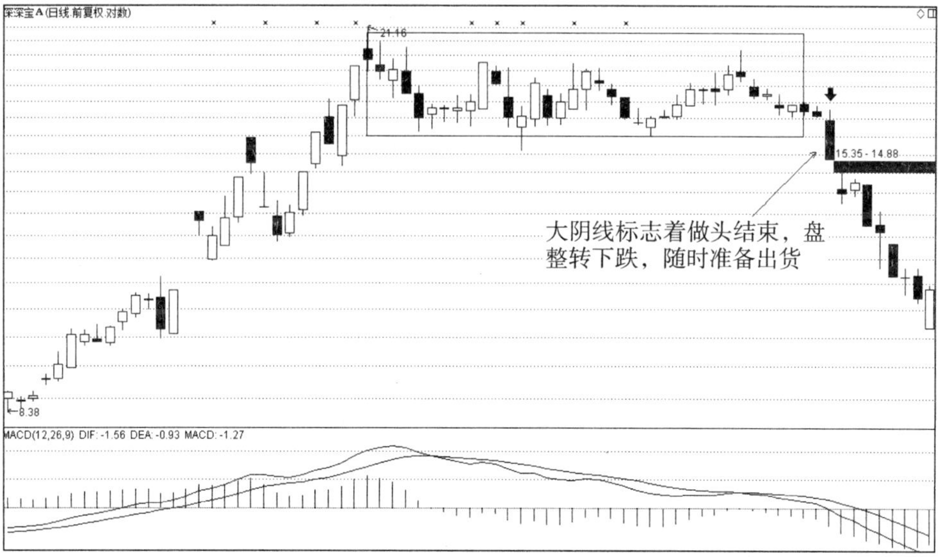

图5-3-9　标志性大阴线揭示的盘整转下跌

衰竭性缺口严格来讲也应该算作是一类标志性K线，只是这类缺口必须发生在趋势末端，而且必须回补之后不能创新高或者新低才能够被验证，否则极易和持续性缺口混淆。

如图5-3-10、图5-3-11、图5-3-12、图5-3-13所示。

图5-3-10　向上跳空突破性缺口揭示的下跌转上涨

图5-3-11　向上跳空缺口揭示的盘整转上涨走势

事实上，除了大阳线、大阴线与缺口属于常见的标志性K线之外，有些敏感位置出现的星线，也常常带有非常重大的警示作用。但这种星线形成的走势类型转化或者买卖点，通常需要其他K线一起辅助判断。例如，早晨之星、黄昏之星、探水竹竿以及射击之星等，这些K线和其他K线结合起来构成K线组合，其意义远远大于单根K线。

图5-3-12　向上跳空缺口揭示的买点

图5-3-13　向下跳空缺口揭示的卖点

标志性K线主要是针对单根K线来讲的，是单根K线确定后市的操作方法。关于K线组合，前面已经介绍了反转K线组合和持续K线组合两类。有兴趣的读者，可以试着总结一些“标志性K线组合”，并将之整理到反转形态或者持续形态两类K线组合中去，这样可以极大地丰富自己的武器库。

第四节 缠论K线操作法则

K线是一个过去的时间概念，也就是说，凡是能看到的K线必定已经发生，并且已经成为历史事件。大家通常会说，技术分析的基础之一是“历史会重演”，但这种重演绝对不是简单的重复。用缠中说禅的话讲：

> 股票走势归根结底是不可复制的，但股票走势的绝妙之处就在于，不可复制的走势却毫无例外地复制着自同构性结构，而这自同构性结构的复制性是绝对的。

传统K线理论，无非是一些经典形态的总结，希望通过这些反复出现的经典形态判断后市的涨跌情况。但是某种K线组合和后市的涨跌之间既非充分条件，也非必要条件。也就是说，K线或者K线组合并不能用来明确判定未来的行情走势，只能用来预测。

但凡预测，都难以逃脱概率的圈子。因此，单纯从K线的角度讲，这种预测不可能是绝对可靠的。出现某种K线类型，不能百分之百确认后市走势。根据K线作出的预测，都有概率的成分在里面。

对于小级别的K线组合而言，由于时间周期短，容易被人为操控，因此其中充满了陷阱。有时候，明明教科书上标注出现某K线组合之后，后市价格将会上涨，但隔日却偏偏大跌；明明教科书上说出现某K线组合表明趋势结束，可是后市却反其道而行之，出现大幅度的上涨。可以说级别越小，出错的概率就越高。

虽然说K线反映的是过去发生或刚刚发生的市场行情状况，但这种归纳对交易者预测即将到来的行情走势，还是具有重要参考价值的。任何趋势的“成、住、坏、空”都不会是无缘无故的，一定存在内因、外缘以及走势动能的起承转合。正确运用K线，将有助于交易者判断趋势产生的起因，以及推动趋势成长的能量强弱程度。

尽管如此，交易者还是要牢记：你可以使用过去的时间周期进行推测，并基于该推测来做交易，但你不能指望这个时间周期中一定会出现过去曾经有过的行情，你只是在试探。一旦试探不成立，或者这种试探的基础被否定，就应该立刻关闭这个交易时间周期，决不允许切换到另一个交易时间周期来继续你的交易。

单一K线或者K线组合，代表的是多空双方在某一周期之内战斗的结果，是某级别走势类型最基础的构件，不足以反映连续的市场变化。K线或者K线组合这种基础构件，是包含在走势类型之中的。特别是买卖点附近的K线组合，是整个走势起承转合的关键。

举个例子，如果走势是一头牛，那么，一个个经典的K线或者K线组合构成的买卖点，就是这头牛的关节。“庖丁解牛，游刃有余”，关键在于“以神遇而不以目视，官知止而神欲行。依乎天理，批大郤，道大窾，因其固然”。

高明的交易者，应当如庖丁解牛般操作市场。这种操作，说到底就是对走势类型整体和作为其关节的买卖点的把握。只见K线，不见走势类型的交易者，则是典型的一叶障目，不见森林。

一般情况下，用K线组合预测后市，其效果并不一定比抛硬币判断后市的效果好多少，这也是结合缠论来研究K线组合的意义所在。结合缠论来研究K线组合，能够显著提高预测后市的命中率，再结合完备的操作策略，从长期来看，是可以做到稳定盈利的。

关于缠论K线操作法则，前面曾经反复说过，这里再综合一下。

（1）要从某级别走势类型的高度把握大局。

（2）要从该级别K线及K线组合的角度把握买卖点。

（3）要从次级别走势类型及其转化的角度，验证K线或者K线组合发出的买卖信号。

（4）要识别标志性K线发出的走势类型转化信号或者买卖点信号，当下关照，当下反应。

第五节　培养你的盘感

一、快速培养盘感的方法

前面说了很多用K线组合把握买卖点的方法，也介绍了一些在走势类型中具有特殊意义的K线——标志性K线。但是归根到底，对于走势类型转化、买卖点的判断，以及对标志性K线的确认，都是非常主观的事情。K线是客观的，但交易者要想使得自己的分析更加接近客观情况，就不得不提一提交易中一种神秘莫测的东西——盘感。

所谓盘感，是指在交易中对走势类型以及买卖点判断的一种直觉。当你拥有了盘感，就达到了武侠小说里所说的“无招胜有招”的境界。这种境界，不论在牛市还是熊市，只要价格能够波动，交易者都能赚钱。

林肯说：“如果我想用8分钟砍一棵树，那么我会用8小时去磨斧子。”这句话对于盘感的养成非常适合。盘感的养成很少有速成的方法，但是有一个方法可以帮助你快速培养——手绘K线图。

操作者只要能静下心来，花时间一步一个脚印地练习手绘K线图，就能够大幅度提高自己对行情的直觉或者说盘感。盘感这种东西不是分析可得的，乃是对行情当下的直观。盘感好的人，甚至无须分析，也能感觉到后市行情的走向。要在市场上进阶，这种直觉或者说盘感绝对是必不可少的。

这种方法听上去很笨拙，看上去也似乎很愚蠢。于是大多数人在尝试这个方法之前，就已经否定了这个方法的有效性。或者说即便真的开始练习手绘K线，也很容易因为这种方法过于简单，或者觉得这种方法无用、无聊而早早放弃。这种观点其实是追求速成，或者说是追求快速致富的心理在作怪。

越是简单的东西越是基础，里面往往蕴含着大道。例如，净土宗一句“阿弥陀佛”包打天下，直到念到一心不乱即可成佛。小说《天龙八部》里面南院大王萧峰一路简单的太祖长拳，就可以血战聚贤庄。这种情节虽然是虚构的，但多少也能反映出基础稳固的好处。手绘K线的主要目的即是夯实基本功，进而找到盘感，培养对行情的敏锐度。

二、自己动手画 K 线

下面简单说一下手绘K线的方法。

（1）找出所关注品种前几年的日线、周线、月线图。时间跨度越大越好，齐全的资料对于走势类型及其变化节奏的把握更有帮助。

（2）找几张方格纸，把找到的历史资料中历年来的最高点与最低点标明在方格纸的上下两端。上下最好都预留一点儿空间，免得破历史高点或低点时没有地方可以画新的K线。接下来定出上下方的刻度，计算出每一小格代表的价位。

（3）用铅笔绘出每一根K线。历史K线画完之后，每日补上一根新的日线，每周补上一根新的周线，每月补上一根新的月线，并尽可能标出各K线周期的走势类型及三类买卖点。另外，如果发生类似于降准降息、区域战争等热点事件，在相应K线下方标注。

（4）持之以恒。很多人在潜心练习手绘K线之后，都成为这种方法的受益者。保持恒心和毅力以及不间断地每天绘图，往往是最难做到的。这种方法或许在最开始的阶段显得很无聊，也不能让你在很短的时间内见到成效。但水滴石穿，只要能坚持一段时间，并从中找到乐趣，丰厚的物质回报就会滚滚而来。

第6章

操作图例

第一节　底部反转形态

1. 启明星——第一类买点

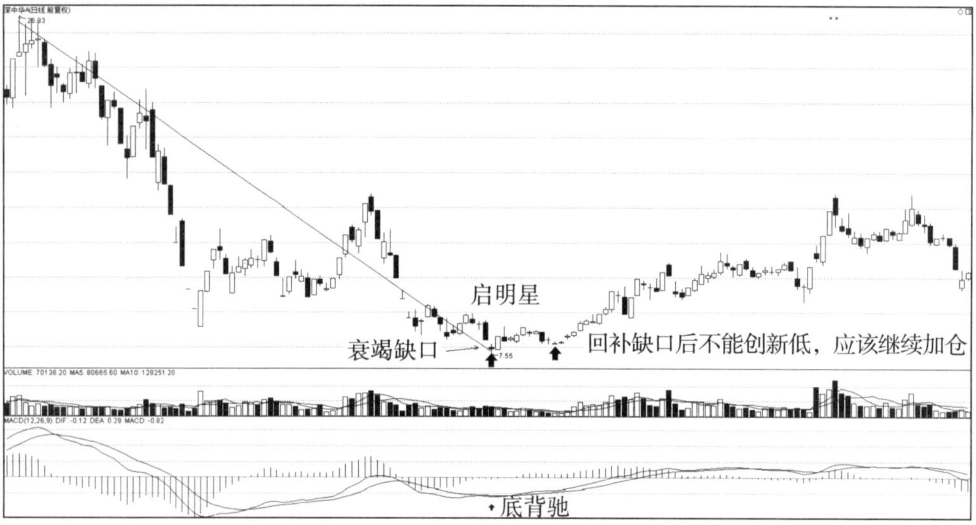

图6-1-1　深中华A（000017）日线级别走势图

图6-1-1中，第一个向上箭头处出现了明显的背驰，可以参照MACD指标进行确认。在该底背驰位置出现了一个启明星反转形态，特别地，该启明星第一根阴线与第二根十字星形成了明显的缺口。后面只要该缺口回补之后不再创新低，就是明显的衰竭性缺口。衰竭性缺口出现之后，一波日线级别的上涨就在所难免了。

在30分钟图上，很明显图6-1-2标识的下跌趋势在向上箭头处标记的阳线走出来之后，就明显发生了转折。也就是说，一波30分钟级别的上涨至少是应该有的。在此处买入，至少在该级别上是安全的，交易者有的是机会全身而退。

如果结合日线级别的背驰以及衰竭性缺口等技术因素，就应该明白，该上涨走完之后，站在日线级别的角度上，不仅不应跑路，其后的回抽是更好的加仓时机。

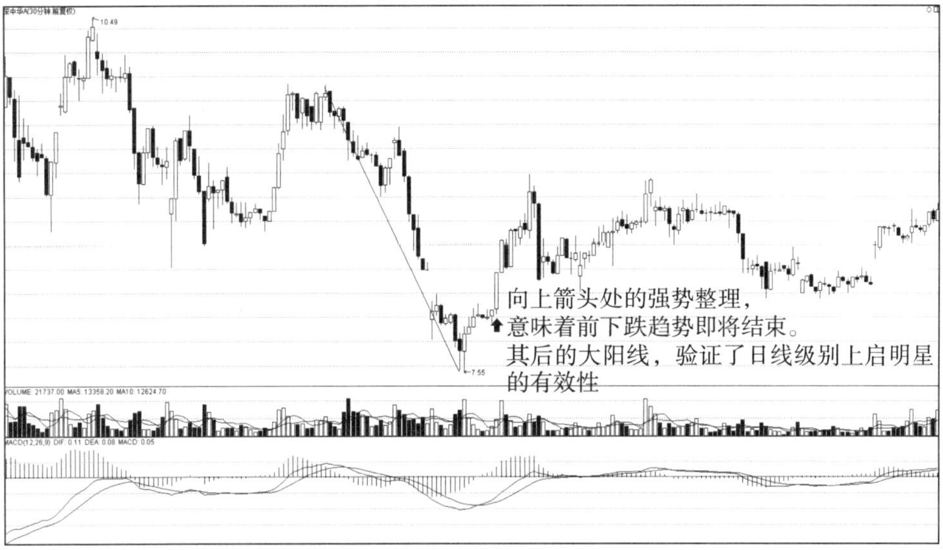

图6-1-2　深中华A（000017）日线启明星形态对应的30分钟走势图

2. 启明星——第二类买点

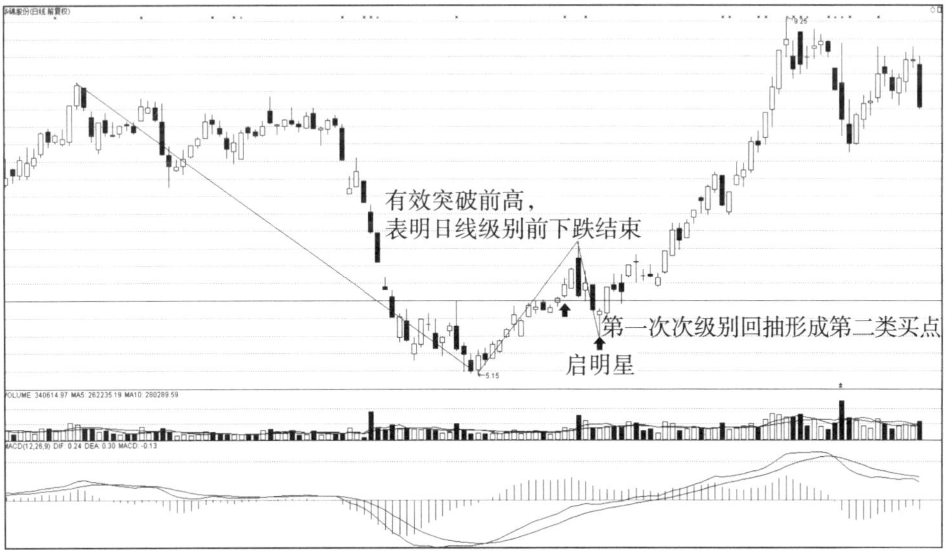

图6-1-3　华锦股份（000059）日线级别走势图

如果不能准确把握图6-1-3中的第一类买点，那么当前下跌走势的前期高点被大力突破的时候，也就标志着该下跌走势结束，新的走势类型开始。那么，其第一次次级别回抽就是一个好的买点，其后至少有一波次级别的上涨。

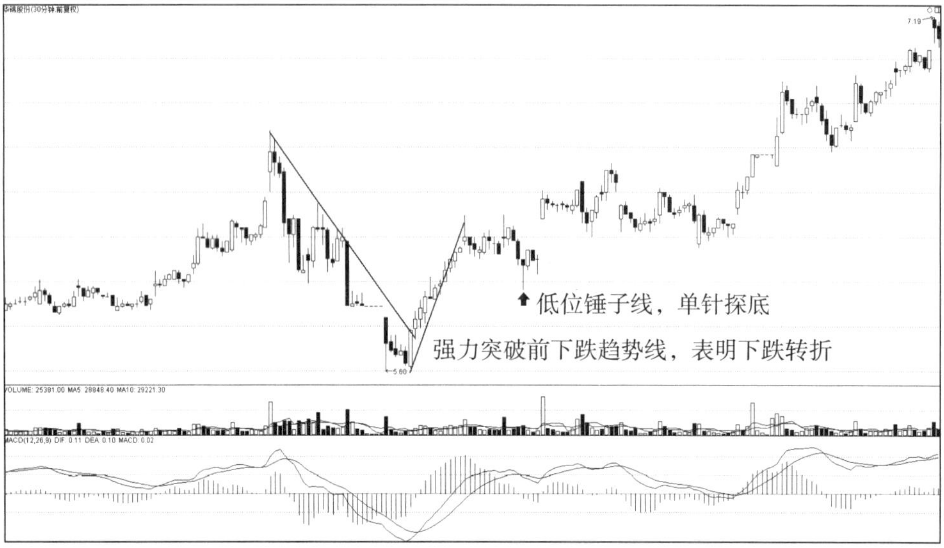

图6-1-4　华锦股份（000059）日线启明星对应的30分钟走势图

在30分钟走势图上，前下跌走势被图6-1-4中标出的下跌趋势线牢牢压制。当该趋势线被幅度很大的一个上升笔突破之后，也就意味着该下跌趋势结束，这也验证了日线图上启明星的有效性。图6-1-3向上箭头处，是一个带低位锤子线的启明星形态，交易者应该果断买入或者加仓。

3. 启明星——第三类买点

图6-1-5　华侨城A（000069）日线级别走势图

图6–1–5中，一波次级别上涨大力突破了日线级别的中枢，其后的回踩以一个启明星形态结束，且未能回调到中枢区域内，这就标志着一个标准的第三类买点形成。

观察图6–1–6中的次级别走势，该第三类买点的有效性得到充分验证，这个时候就可以大力买入了。特别地，该启明星之后出现了一个跳空缺口，其后的回调不能回补缺口，这是最强的走势，第二个向上箭头处就应该果断加仓了。

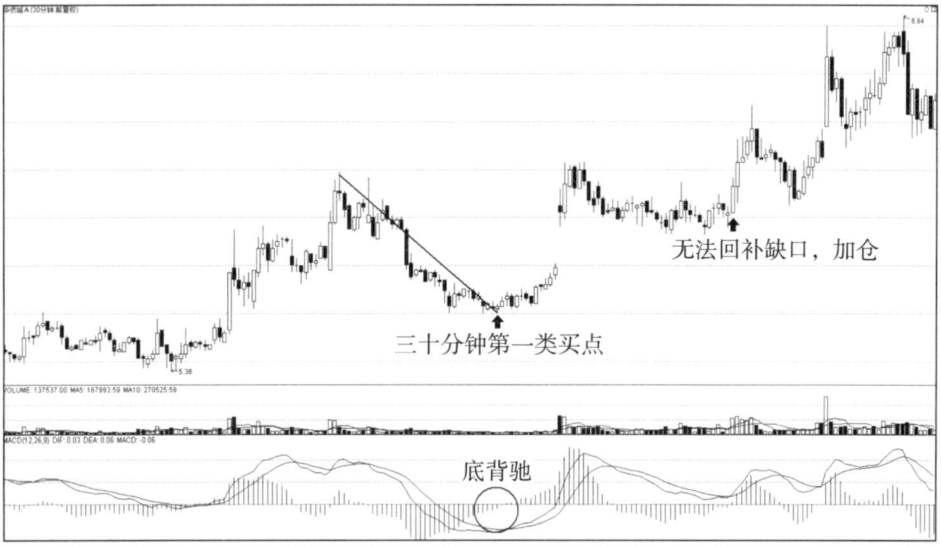

图6–1–6　华侨城A（000069）日线启明星对应的30分钟走势图

在日线启明星处对应的30分钟走势图中，出现了明显的底背驰，这就标志着图中标示的前下跌走势结束了。后面新的30分钟级别上涨，将会形成日线图上的中枢连接段，这将会是日线走势上力度极大的一段。在图6–1–6第二个向上箭头处，当标记的那根阳线走出来，缺口显然已经无法回补，这时候唯一要做的事情就是果断加仓。

4. 启明星——中枢震荡买点

图6–1–7中所示的启明星，产生于中枢震荡的下边沿。虽说其后中枢被向下跌破并形成了第三类卖点，但该启明星之后毕竟经历了一波次级别的上涨。

对于散户而言，这种启明星一般是难以抓住的。对于大资金而言，其闪转腾挪的空间又太小，因而根本不值得去折腾。之所以不值得追求，中枢震荡除非出现明显的标志性K线打破其格局，否则就将持续下去。而其后的大阴线，则是典型的标志性K线，标志着盘整走势类型将转化为下跌走势类型。在此启明星形态处买入的操作者，后面被套的概率就很大了。

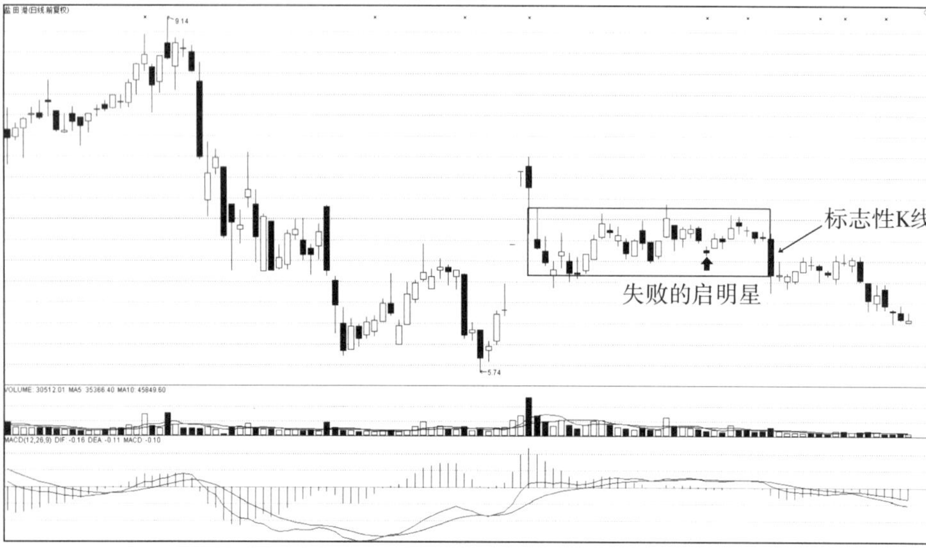

图6-1-7　盐田港（000088）日线级别走势图

图6-1-8　信质电机（002664）周线级别走势图

图6-1-8同样是个中枢震荡中的启明星形态。但该中枢震荡的振幅较大，其顶部和底部之间的振幅达到50%左右。这种中枢震荡中启明星形态标示的底部反转形态，是值得参与的。

注意，中枢震荡的利润幅度并不比单纯的趋势小。遇到这种大幅度的震荡，其底部反转形态是值得参与的。只要能够把握中枢震荡的节奏，震荡的时间越长，收益率也越高。

5. 十字启明星——第一类买点

图6–1–9　方大集团（000055）日线级别走势图

图6–1–9中，第一个向上箭头处两根具有包含关系的K线经过包含处理之后，可以看作一个十字启明星。参考MACD指标，可以看出该处在日线级别上出现了明显的盘整背驰。单从个股的走势来分析，该处第一类买点的意义当下难以把握。按照理论，盘整背驰后的走势极有可能转化为第三类卖点，该股走势正是回抽之后形成了第三类卖点。

真正好的买点出现在第二个向上箭头处。《缠中说禅：教你炒股票》一书中谈到用形态学把握第二类买卖点的方法："只是在形态学中，由于没有背驰的概念，所以第一类买卖点是抓不住了，但第二类买卖点是肯定没问题的。单纯用形态学去操作，就是任何对最后一个中枢的回拉后第一个与回拉反向的不创新高或新低的中枢同级别离开，就是买卖段。"

第二个向上箭头处，就是一个明显的启明星构成的日线第二类买点。

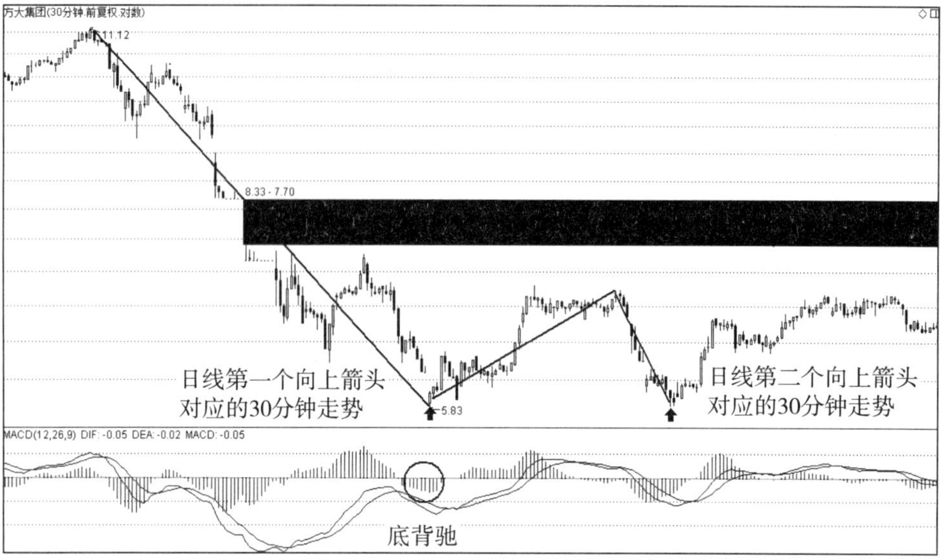

图6-1-10　方大集团（000055）日线十字启明星对应的30分钟走势图

如图6-1-10所示，在30分钟走势图上，很明显可以看到第一个向上箭头处代表日K线图上的十字启明星，引发了30分钟级别的一波上涨。

第二个向上箭头处代表的启明星，标志着30分钟前下跌走势类型结束，日线级别第二类买点形成。

6. 十字启明星——第二类买点

图6-1-11　长城电脑（000066）日线级别走势图

图6–1–11中一根标志性大阳线，揭示了前下跌趋势的变化情况。那根大阳线光头光脚，且收盘封到了涨停板上。之后走势强势回调，并于图中向上箭头处收出一颗十字启明星。这就告诉交易者，回调很大概率上结束了，日线级别上涨的第二类买点可能已经形成。

这个时候就应该下降级别，观察30分钟级别上的走势类型是否出现了转折。如果出现转折，后市至少有一波新的30分钟级别的上涨。交易者可以看新的30分钟级别上涨的情况来决定进出，即便是止损，空间也极其有限。

图6–1–12　长城电脑（000066）日线十字启明星对应的30分钟走势图

如图6–1–12所示，观察日线图上十字启明星的次级别即30分钟图表，可以清晰地看到，一笔上涨强力突破了前下跌趋势的趋势线，其后的回调刚好在趋势线结束。这是典型的下跌转上涨的转折方式，也标志着日线途中十字启明星代表的底部反转信号成立，日线级别第二类买点形成。

7. 十字启明星——第三类买点

图6–1–13中第二个向上箭头处，是一个十字启明星构成的第三类买点。该买点符合第三类买点的标准定义，即第一中枢被上破之后，一波次级别的回抽站稳中枢上沿。当该十字启明星出现的时候，对应的次级别走势图上，也出现了非常明显的走势类型的转折，因此可以大胆介入。

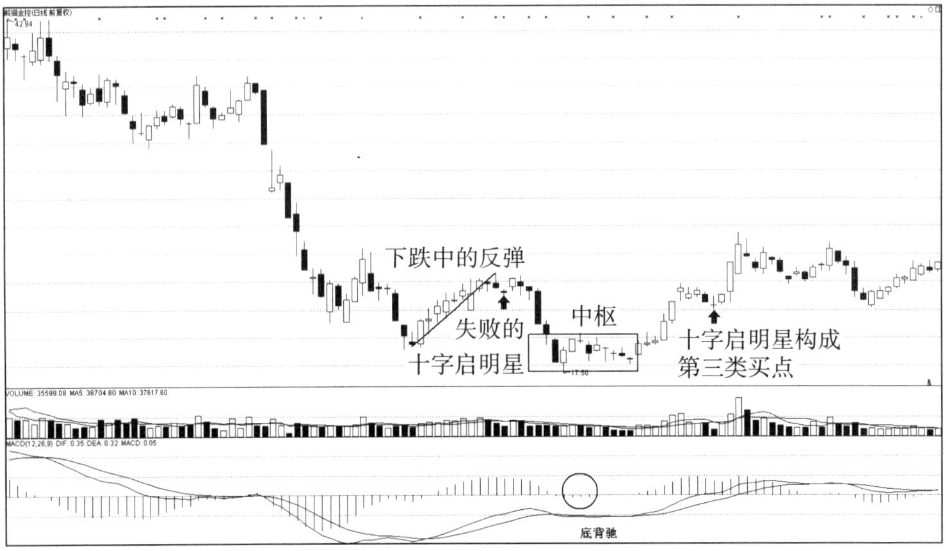

图6-1-13 熊猫金控（600599）日线级别走势图

图中第一个向上箭头处，也是一个符合十字启明星定义的K线形态，为什么该位置附近不能介入呢？很显然，该位置其实处于大的下跌趋势中反弹的末端，因而并不符合缠论K线分析技术关于K线反转形态的使用原则。

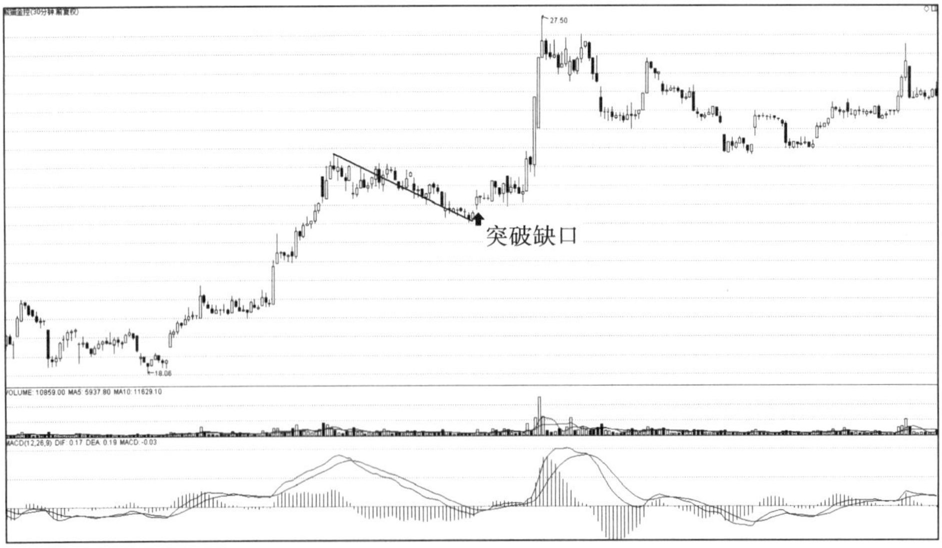

图6-1-14 熊猫金控（600599）日线十字星对应30分钟走势图

图6-1-14中，向上箭头标示的跳空缺口，标志着前下跌趋势结束。突破性缺口之后的回调难以回补缺口，在对缺口的分类中，这是最强的一种，因此后面出现大涨也就不意外了。

注意，介入正确不等于就能获利。第三类买点只能保证前中枢结束，后中枢开启。能够必然保证的，只能是一波次级别的上涨。至于该次级别涨幅有多大，是立即形成新中枢还是中枢扩展，只能根据走势的当下去决定。卖得不好，买得再好，一样会亏钱。

8. 十字启明星——中枢震荡买点

图6-1-15 迪马股份（600565）日线级别走势图

图6-1-15中向上箭头处，是一个十字启明星构造的中枢震荡买点。该中枢震荡区间较大，是可以参与的。参看次级别的30分钟走势图，如图6-1-16所示，这里明显是一个走势类型转折。

注意，操作中枢震荡，其节奏是很简单的，就是低买高卖。但就是这很简单的节奏，有些交易者却怎么也做不到，究其原因，主要是低位怕跌破，高位怕突破。

投资除了技术要素之外，更重要的是心理因素。交易者普遍怕做错，其实做错并不可怕，没有人不犯错。站在概率上去赌，赢面自然会大很多。例如中枢震荡，高位回跌与低位回抽的概率都更大一些，有什么不敢去赌呢?

换句话说，低位买错了，后面依然有第三类卖点让你去纠错；高位卖错了，后面依然会有第三类买点让你补回来。在市场上，不会参与震荡，基本上就是没入门的水平。

图6-1-16　迪马股份（600565）日线十字启明星对应的30分钟走势图

图6-1-16中，下跌趋势线被突破，就表明一个同级别的反弹要来了。第二个向上箭头处的突破性缺口是一个标志性缺口，意味着后面很大概率价格要重返中枢上沿了，当然要果断介入。

9. 看涨弃婴形态——第一类买点

图6-1-17中是一个比较极端的看涨弃婴形态。其中第一根K线和第三根K线与

图6-1-17　五矿稀土（000831）日线级别走势图

第二根K线之间，均形成极大的跳空缺口，这是一个从跌停到涨停的过程。这种情况极为罕见，有时候会出现在连续急跌的末端。

出现这种走势的内在原因，主要是由于市场心理因素。股票价格遭到错杀，以至于价格远远低于价值，引得投资者蜂拥入场，导致出现巨大缺口。出现这种情况，一旦有合适的机会，操作者应该在控制仓位的前提下介入，一般后市往往上涨速度快且幅度巨大。

10. 看涨弃婴形态——第二类买点

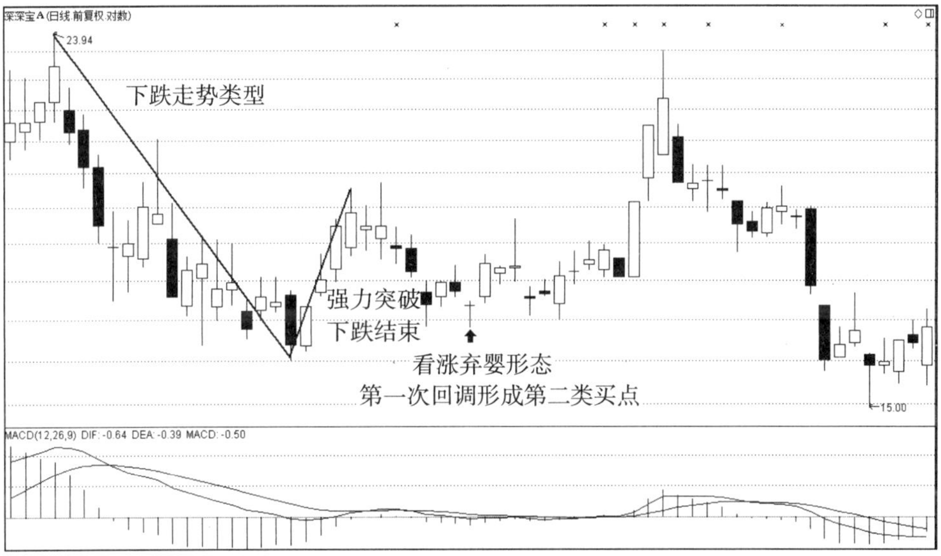

图6–1–18　深深宝A（000019）日线级别走势图

图6–1–18为看涨弃婴形态构筑的第二类买点。该形态中必须至少有两个缺口，其中第一个缺口可以看作是衰竭性缺口，第二个缺口可以称之为突破性缺口。

缺口的性质在本级别上往往并不是太明显，然而在次级别上就非常明显了。特别是右侧的突破性缺口走出来之后，往往在次级别开启的上涨走势中缺口很难被回补。即便是突破性缺口被回补了，后面继续创新高的概率也很大。

如图6–1–19所示，在30分钟K线走势图上，前面说的衰竭性缺口与突破性缺口就看得很明白了。注意，对于突破性缺口的操作，最好的买点是缺口刚一出现的时候。同级别上，该缺口难以被回补，因而对于上涨突破性缺口来讲，缺口出现的位置就是最好的买点。其次就是对缺口的第一次回抽结束的位置，后面至少会有一段可观的涨幅。

图6-1-19　深深宝A（000019）日线看涨弃婴形态对应的30分钟走势图

当然，该案例中出现第二类买点之后，价格并没有立刻上涨。关于这一点，投资者一定要打破自己原有的思维定式："第二类买点出现之后，或者看涨弃婴形态出现之后，价格必然会大幅上涨。"

走势是当下生成的，如果不能大幅上涨，那就是没有，不需要问为什么，也不需要怀疑理论。索罗斯说："市场是疯狂的，投资者也没有必要那么聪明。"

11. 看涨弃婴形态——第三类买点

看涨弃婴形态形成第三类买点的案例在市场中极少出现，而且与十字启明星的案例极为相似。

关于看涨弃婴形态构筑的第三类卖点，这里再强调几点。

看涨弃婴形态构筑的第三类卖点，一定是上涨第一中枢结束的时候出现的。为什么？缠论的精髓在于，在大级别趋势的底部区间建仓，利用中枢震荡波段操作降低成本，直到趋势结束全部抛出。那么什么是底部区间？就是第一类买点到第三类买点之间的区间。当然，小资金没有必要完全恪守这种原则，但对于大资金来讲就必须如此操作，否则就会被陷害。

必须是第一中枢突破之后的第一次回抽且不能回到中枢区间。如果是第二次回抽，那么就有可能陷入新的中枢震荡之中，这对资金的使用效率是不利的，更重要的是错过了市场的节奏。

如果回抽到中枢区间，那就是说很大概率中枢未完结。即便是中枢未完结，后市也会有大幅上涨的可能性，但从概率的角度想，这种情况毕竟是少数，交易者不宜事前假定自己能有好的运气。

对于看涨弃婴形态构造的第三类买点，中枢被突破之后，回抽的形式可能有两种。一是反趋势回抽，二是横向整理。对于反趋势而言，次级别的下跌必须出现走势类型的转折。如果是以横向震荡的方式整理，则在次级别上，该整理区间必然反映为一个震荡。那么当大级别出现看涨弃婴形态，次级别的震荡必须被有效突破，方可验证这个看涨弃婴形态的有效性。

上面说的几点，不光对于看涨弃婴形态，对于启明星或者十字启明星都是适用的，交易者应当多找案例，细细体会。

12. 看涨弃婴形态——中枢震荡买点

图6-1-20　中国宝安（000009）日线级别走势图

图6-1-20是一个看涨弃婴形态引发的中枢震荡买点案例。在操作中枢震荡过程中，特别需要注意以下几点。

第一，操作中枢震荡，最好能够在中枢震荡的早期操作。一般情况下，中枢持续的时间越长，其后变盘的可能性越大，做错的概率也越大。当然，如果交易者技术好，心态好，那么即使是做错了，也没什么大不了的，后面有的是机会让你纠错。关键在于错了之后要及时纠错，不要被盈亏乱了方寸。

第二，尽量参与振幅较大的中枢，回避振幅小的中枢。特别地，交易者要注意中枢的形态。中枢本质上是对趋势的修正，而其修正的方式也千差万别，有的有序，有的无序，有的呈矩形，有的呈三角形。交易者在参与中枢震荡的时候，要结合中枢震荡的形态与次级别走势类型来综合把握。

第三，技术一般的交易者，尽量不要全仓参与中枢震荡。特别是在大级别趋势中，一旦操作不好，丢失了筹码，那就得不偿失了。趋势中最重要的事情是在保持筹码不减少的情况下尽可能降低成本，如果丢了筹码，即使成本再低，也毫无意义。

图6-1-21 中国宝安（000009）日线看涨弃婴形态对应的30分钟走势图

如图6-1-21所示，在对应的30分钟走势图上，可以清楚地看到一个衰竭性缺口和一个突破性缺口。衰竭性缺口标志着前下跌结束，突破性缺口标志着新上涨开始。日线级别看涨弃婴形态加上小级别的两个缺口，标志着走势类型转折，基本上可以确定这个中枢震荡的买点。

13. 底部红三兵——第一类买点

图6-1-22是一个底部红三兵构造的第一类买点。注意，从缠论的意义上说，第一个向上箭头处并不能称作第一类买点。第一类买点一般是由背驰造成的，没有趋势就没有背驰。对于趋势来讲，至少应该出现两个本级别中枢。而图6-1-22中，股价从高位跌下来，很明显只有一个中枢，因此只能称作是一个盘整。只不过由于该盘整顶底幅度巨大，因此即使是盘整背驰造成的买点，也足以引发一波新的趋势，因此第一个向上箭头处的买点可以称作类第一类买点。

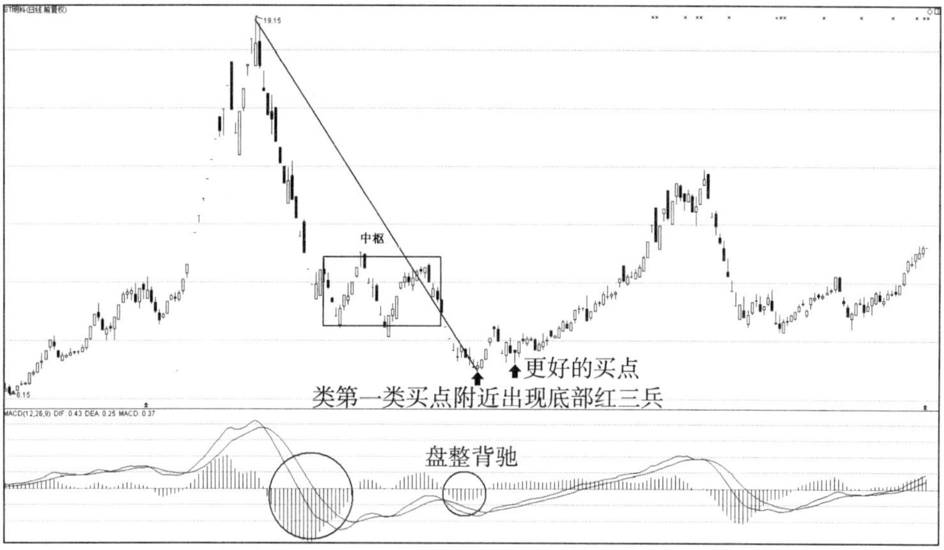

图6-1-22　ST明科（600091）日线级别走势图

其实无论是趋势还是盘整，只要波动幅度足够大，顶底之间都会完成一波大幅度的筹码交换，赢家将筹码交到输家的手里。这种筹码交换，其实是市场波动的本质。至于是趋势还是盘整，只是一个名相的问题。对于名相，有时候不可过分执着。

对于该红三兵，由于走势过于凌厉，当其构造完成的时候，走势已经上涨了相当的幅度。当然，追入是可以的，因为没人知道后面是否会有一波上涨，但要分批次、有步骤地介入。一般而言，第一类买点之后，回调构造第二类买点的概率实在是太大了，而那个回调构成的低点才是更好的加码时机。

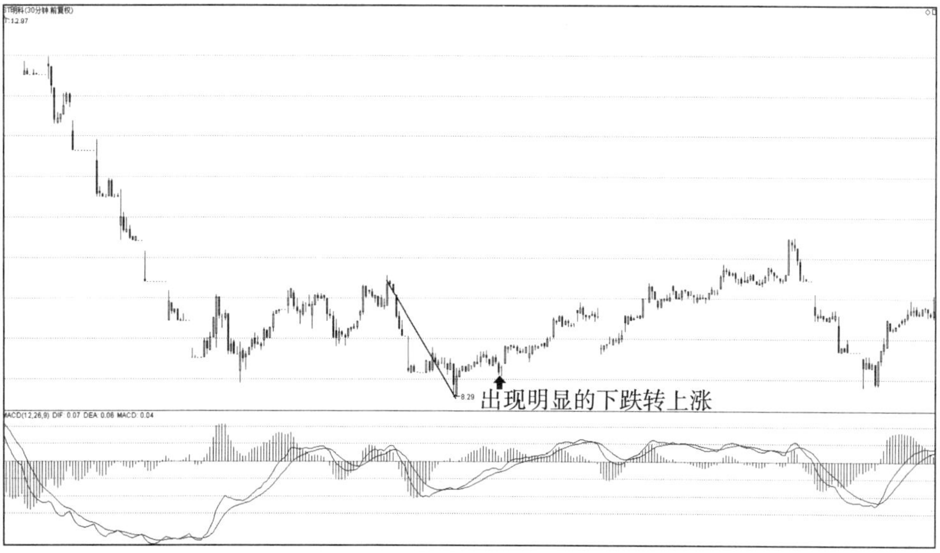

图6-1-23　ST明科（600091）日线底部红三兵对应的30分钟走势图

如图6–1–23所示，从对应的30分钟级别走势图上，可以看出明显的走势类型转折。一般而言，底部红三兵对应的30分钟级别走势类型大都会出现转折，因此判断的关键在于高级别上是否出现了下跌转上涨的趋势性转折，如果没有，那么就是一组典型的骗线：下跌中的反弹以底部红三兵的形态展开，之后继续下跌推动段。

一旦大级别上出现了趋势性转折，操作的关键就在于如何对仓位进行配置，即是否要追高，以多少仓位去追高，回调要加码多少，整体资金如何配置。当然，即使是大级别上出现趋势性转折，后面也有突然就不行了的情况，这种情况当然要有一套预定的退出机制来应对。

14. 底部红三兵——第二类买点

图6–1–24　ST生化（000403）日线级别走势图

图6–1–24是一个底部红三兵构筑的第二类买点。从图中可以看到，该第二类买点之后，没有经过大幅度的回调便开始大幅拉升，这就出现了第三类买点远离第一中枢的情况。这种走势给了模式化操作者一记闷棍，那些苦等第三类买点的人，要到很高的位置去接筹码。

交易中，走势类型是核心，买卖点是派生的。走势类型的分类是绝对的，而趋势的内部结构则不可预测。有些人，特别是对书本有过深入研究的人，往往会犯所谓“本本主义”的错误，总喜欢拿脑子里固化的模式去圈定现实。其实，交易的过程就像武侠小说中剑术的修炼过程，剑术的最高境界是“无招胜有招”。无招，并非真的无招，而是说能够忘记固化的招式，因敌制胜。对于交易而言，因地制宜，因时制宜，进退有道，游刃有余，这才是交易的最高境界。

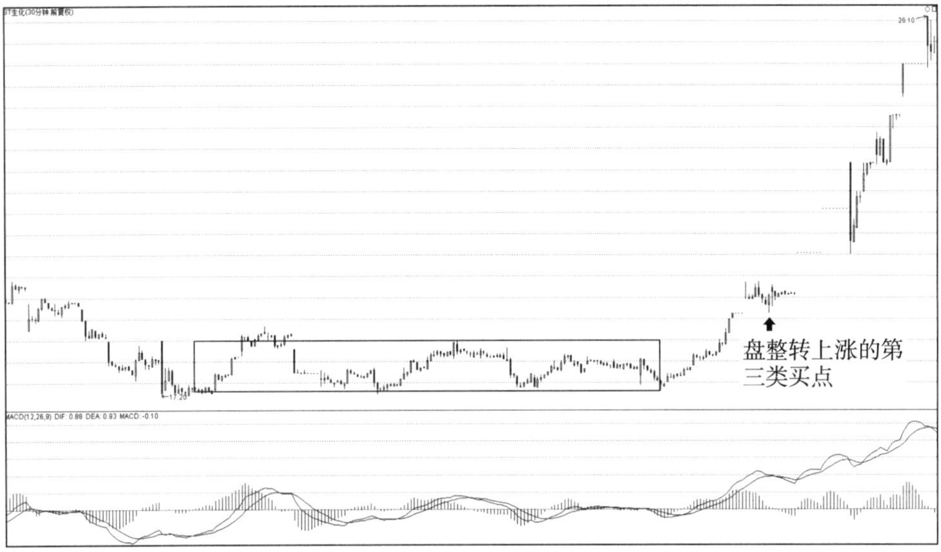

图6-1-25　ST生化（000403）日线底部红三兵对应的30分钟级别走势图

如图6-1-25所示，在30分钟走势图上，可以明显地看到盘整转上涨的转折。图中标示的向上红箭头处，就是方框中确认前盘整结束，新上涨开始的标志，因此是一个较好的介入点。至于介入的量，要根据个人情况而定。对于仓位的管理，一般的原则是底仓一定要在第一中枢区间内买够了，之后如果第一中枢持续，那么就利用该中枢震荡做差价。

第三类买点之后的买卖点，最好能够用机动资金做波段来摊薄成本。须知，在操作中，只有成本是最可靠的，尽可能地降低成本，直到零，那么就真正立于不败之地了。

15. 底部红三兵——第三类买点

图6-1-26是一个底部红三兵构筑的日线级别第三类买点。注意，在一波上涨中，第三类买点出现前，没有经过大幅拉升的品种是值得重仓介入的。原因很简单，这类第三类买点就是底部构造完成之后的趋势启动点。

那些第三类买点出现之前已经经过大幅拉升的品种，后市除非出现大规模的洗盘，否则难以短时间内再次出现大幅拉升的走势。这种大规模的洗盘，要么以长期盘整来完成，要么以反趋势来完成。对于盘整而言，就要按照高抛低吸的节奏去操作。对于反趋势而言，就要重新等待新的第一、第二类买点了。

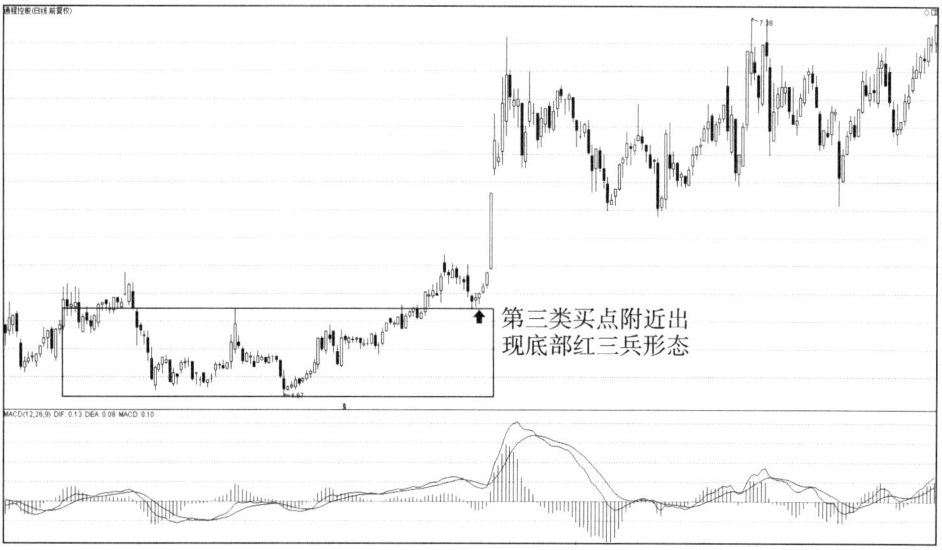

图6-1-26　通程控股（000419）日线级别走势图

如图6-1-27所示，从对应的30分钟级别走势图上看，其实该底部红三兵是可以提前介入的。也就是说，不等所谓的红三兵出现，而是去观察小级别走势的买卖点。

图中出现了“下跌+盘整+上涨”的走势类型组合。向上箭头处，标志着盘整

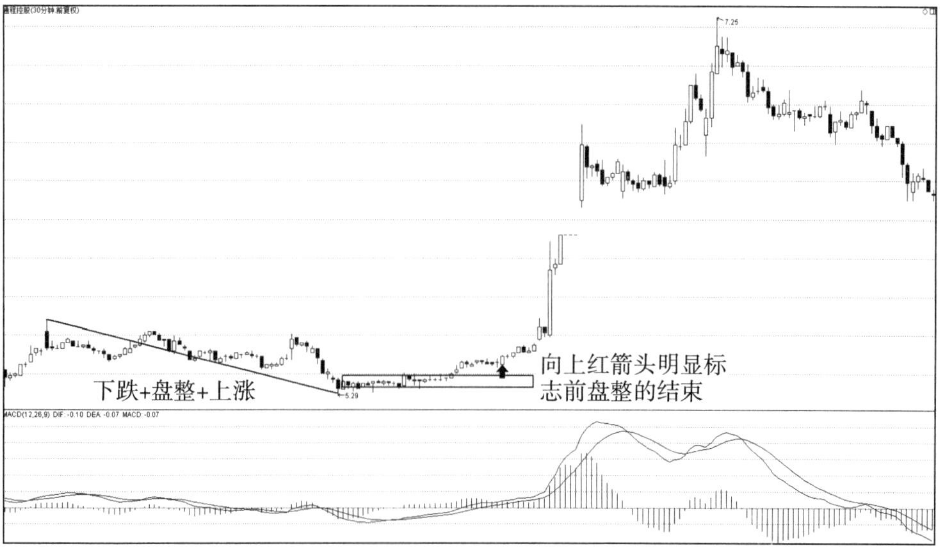

图6-1-27　通程控股（000419）日线底部红三兵对应的30分钟级别走势图

结束，加上日线级别上的第三类买点，这个红箭头处就可以大规模地介入了。对于这种操作，其实投资者需要专注于一只股票的运动，并长期进行抽骨吸髓式的操作。

专注，对于交易者而言是一种难得的品质。投资中，可操作的品种实在是太多了。专注，前提是要对市场大势、个股基本面有非常深入的研究，从而坚信所持个股的后市走势。“功夫在诗外。”对基本面的研究，以及专注并坚持的品质，就是这诗外的功夫。很难想象，一个朝三暮四之徒能够获得持续的成功。

16. 底部红三兵——中枢震荡买点

图6-1-28　山东黄金（600547）日线级别走势图——窄幅震荡的底部红三兵

一般来讲，出现在窄幅震荡中的底部红三兵形态，大都没有太多的操作意义。图6-1-28就是一个例子。该股在日线级别上呈现典型的窄幅震荡格局，而第一个向上箭头处出现底部红三兵的反转形态之后，后面的上涨空间极其有限，因此操作的意义就比较小。当然，并不排除底部红三兵之后，其上涨格局打破窄幅震荡格局的情况。但是，在这种情况出现之前，那只是一个美好的想象。

缠论特别强调“当下交易”，这里所谓的当下，对于该品种的走势类型而言，就是窄幅震荡没有被突破之前，就只能按照窄幅震荡的要求去操作。即使是出现突破，而你没有介入，也不用后悔。市场有时候很仁慈，后面有的是机会让你补进来。交易者一定要避免患得患失的情绪，即便是不能及时补进来，还有其他品种可以参与，有什么可后悔的？

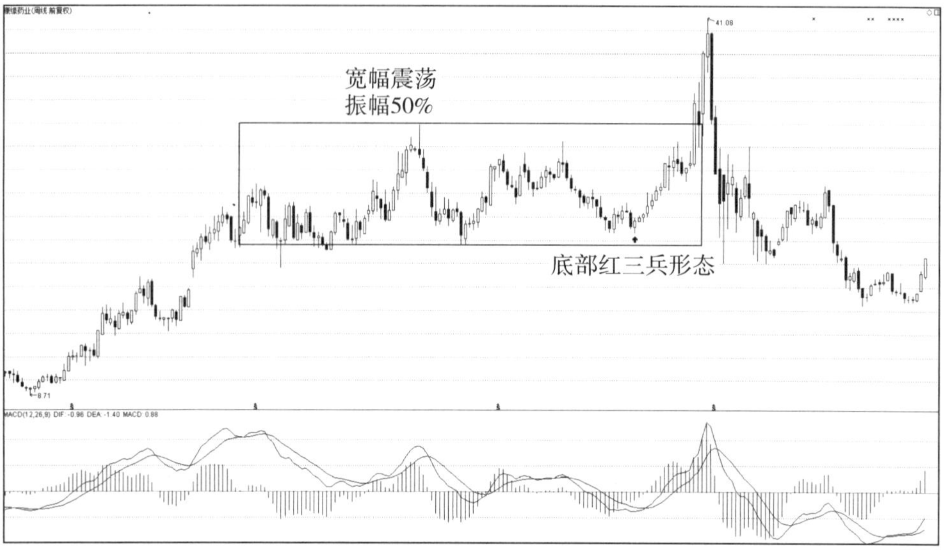

图6-1-29 康缘药业（600557）周线级别走势图——宽幅震荡的底部红三兵

宽幅震荡中出现底部红三兵形态，就非常有介入价值了。图6-1-29所示的宽幅震荡，顶底之间有50%的振幅，即便出现的底部红三兵占据了10%的空间，后面还有40%的空间可以去追求。这种利润空间，当然值得操作者去把握。

17. 锤子线——第一类买点

图6-1-30是低位锤子线构造第一类买点的典型例子。其中的背驰，在MACD指

图6-1-30 招商银行（600036）日线级别走势图

标上看得比较清楚，两个向下箭头分别代表日K线图上的两个低位。锤子线附近的MACD指标不仅没有再创新低，连绿柱子都没有出现，这是非常明显的背驰信号。特别是该位置出现低位锤子线，下影线特别长，表明价格在14.04元附近有极强的买单涌现。此时，交易者就可以介入做多了。

图6-1-31　招商银行（600036）日线锤子线对应的30分钟级别走势图

如图6-1-31所示，观察日线图锤子线对应的30分钟级别走势图，MACD指标也呈现出背驰的形态。在价格不断创新低的前提下，不仅绿柱子的长度以及面积明显减小，而且黄白线也不再创新低，而是呈现明显的双底形态，这是明显的反转信号。

特别是K线图上第一个向上箭头处右侧第三根K线，是一个力度极强的大阳线。这是一个前面反复强调的标志性K线，这种K线在这种位置出现，当然就要毫不犹豫地介入了。

18. 锤子线——第二类买点

图6-1-32是一个低位锤子线构造第二类买点的典型案例。比较特殊的是，该案例中，前下跌并未出现明显的底背驰信号，而是一个小级别背驰引发的大级别转折。对于这种情况，第一类买点在日线级别是抓不住了。

由于该第一段上涨力度特别大，甚至还出现了跳空涨停的情况，因此当该段走出来的时候，就可以断定前下跌已经结束，后面至少会走出一个新的走势类型。根据走势必完美的原则，新的走势类型至少会有3笔。这种情况下，最好的买点就是第二类买点。当回调出现低位锤子线的时候，就要开始怀疑第二类买点是否已经被构造出来了。

图6-1-32　三一重工（600031）日线级别走势图

如图6-1-33所示，查看该股日线级别锤子线对应的30分钟级别走势图，以验证这个第二类买点的有效性。图中第二个向上箭头处价格不再创新低，而且MACD指标出现了低位金叉的情况。如果这个时候还不能验证这个第二类买点的有效性，那么当图中第三个红箭头走出来时，该日线第二类买点就确定无疑了。

图6-1-33　三一重工（600031）日线级别锤子线对应的30分钟级别走势图

《缠中说禅：教你炒股票》一书中曾提到，线段结束的充分必要条件是被新线段破坏。三个向上的箭头，表明新线段已经确认无疑，当然可以断定前下跌结束，后上涨开启。

19. 锤子线——第三类买点

图6-1-34　康耐特（300061）日线级别走势图

图6-1-34是锤子线构造的第三类买点。该买点的技术意义也很明显，除了锤子线之外，此处还是一个非常明显的底分型形态。

当该底分型成立之后，其后的一个交易日，价格以跳空的方式开盘，这是明显的突破性缺口。如果在锤子线附近未介入，遇到这种缺口可以果断介入。

如图6-1-35所示，在日线锤子线对应的30分钟级别走势图上，第一个向上箭头处，出现一个带长下影线的十字星，这本身就有一定的底部反转意味，对应的MACD指标绿柱子面积也明显变小。

第二个向上箭头处，价格以横盘整理的方式进行，这是一种强势的整理。一旦出现箭头处标记的中阳线，就意味着后面要向上突破了。

图中标示的突破性缺口，表明小级别上涨的底部区间构造完毕，后面的上涨也就理所当然了。当然，该股后面出现了一定时间的横盘震荡，技术好的可以用一定比例的资金做短差，技术一般的持有就行。

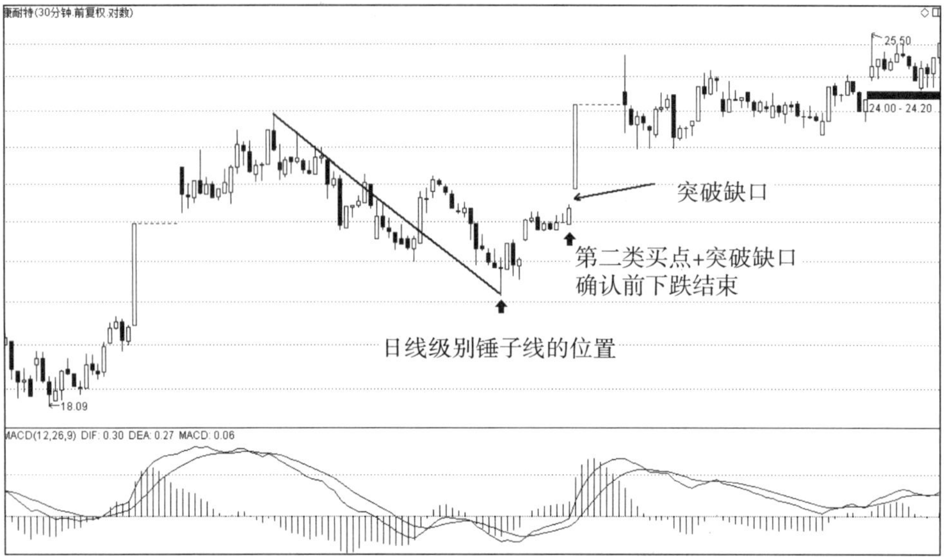

图6-1-35　康耐特（300061）日线锤子线对应的30分钟级别走势图

交易者须知，持有才是交易中最重要的部分。一波上涨中，无论买点抓得多么准确，不能耐心持有，或者一遇到小波动就跑，那是无论如何也吃不到应有利润的。

20. 锤子线——中枢震荡买点

图6-1-36　文山电力（600995）日线级别走势图

图6-1-36是锤子线构筑中枢震荡买点的例子。并不是说出现了锤子线，就必然是买点。在中枢震荡中，只有出现在中枢底部区间的锤子线成为买点的概率较大。中枢区间出现的倒锤子线，大都没有太多意义。

本案例中，中枢震荡多次在第一个向上箭头处的价格附近止跌，因此该位置是安全的，可以大胆介入。当然，即便介入，也应该留有预案，防止突然向下变盘。操作中，技术分析并不能保证必然赚钱，一套进退有序的买卖机制，才是保证在市场中长期生存和唯一值得依赖的港湾。

图6-1-37　文山电力（600995）日线锤子线对应的30分钟级别走势图

如图6-1-37所示，在对应的30分钟级别走势图上，不仅能够验证日线级别锤子线反转形态的有效性，而且能够清楚地看到加码的位置。图中两个圆圈标示的位置，是一个较好的加码点。

注意，交易中最忌讳的就是孤注一掷，动辄满仓操作。任何一个位置，即便出现了非常明显的底部反转信号，且得到了次级别的验证，也有可能出现突然走反的情况。同样，即便特别明显的反转信号，后面也许会有更好的加码时机，根本没有必要一次性买入。

如同打仗一样，好的将军绝对不会把自己的部队一次性、赌博式地全压上去，一定会留下机动部队，以应对突发情况。投资如用兵，交易者应该找几个战史上的经典战例，好好研究研究，从中一定能够得到启发。

21. 倒锤子线——第一类买点

图6-1-38　华夏银行（600015）日线级别走势图

图6-1-38是低位倒锤子线构造的第一类买点。第一类买点就是下跌走势类型的结束点，其最大特征是背驰，但并不是说所有第一类买点附近都有底背驰。像本案例中，并没有明显的本级别背驰，但却发生了走势类型的转折。

其实，交易者没有必要执着这些，关键在于转折走出来了，要第一时间确认，并相应调整自己的交易策略。过于执着理论，有时候是一种法执，反而容易被理论束缚。像本案例中，向上箭头处开始的第一段走势异常凌厉，这个时候基本可以确认前面的日线级别下跌结束了，交易者应该相应地调整自己的操作思路。只不过由于该第一段走势过于凌厉，从而引发了后面较长时间的调整。

股谚有云："横有多长，竖有多高。"其实这句话反之理解往往也是成立的，这是一种以时间换空间的调整方式。当然，还有一种可能就是深度调整，以空间换时间。

如图6-1-39所示，在该日线倒锤子线对应的30分钟级别走势图相应位置，出现一个明显的底背驰。价格创出新低8.60元，而MACD指标绿柱子不再创新低，黄白线也不再创新低，走出双底的形态。

利用MACD指标判断底背驰的时候有两个条件，一个是价格创新低，绿柱子面积缩小；再者就是价格创新低，黄白线不能创新低。这两个条件满足一个，就有可能引发底背驰。如果两个条件都满足，几乎可以肯定将会引发一波新的反弹。

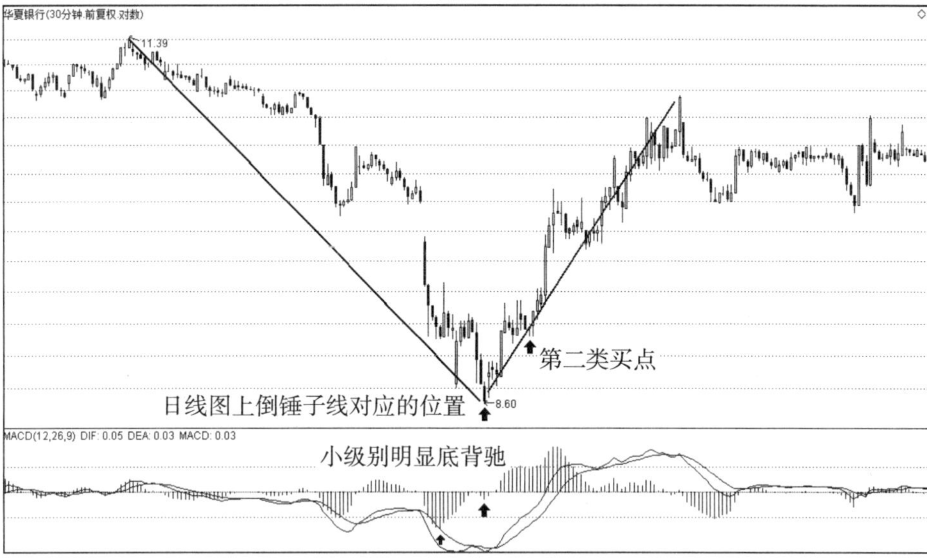

图6-1-39　华夏银行（600015）日线倒锤子线对应的30分钟级别走势图

实际上，这是一个小级别背驰引发大级别转折的典型案例。退一步讲，即便日线级别上不能肯定出现小转大的情况，但急涨或者急跌情况下，出现的小级别底背驰引发的次级别反弹，力度往往非常大，这种反弹也是非常值得把握的。

22. 倒锤子线——第二类买点

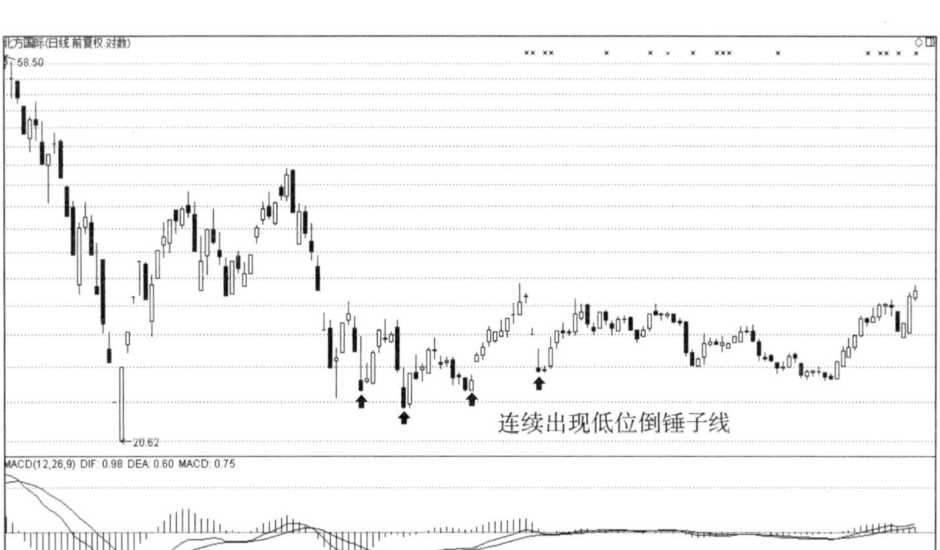

图6-1-40　北方国际（000065）日线级别走势图

缠论中曾讲过利用形态学把握第二类买点的方法。

“其实，光用形态学就足以形成一套有效的操作体系。只是在形态学中，由于没有背驰的概念，所以第一类买卖点是抓不住了，但第二类买卖点是肯定没问题的。单纯用形态学去操作，就是任何对最后一个中枢的回拉后第一个与回拉反向的不创新高或新低的中枢同级别离开，就是买卖点。”

利用这个方法，图6-1-40中第三个向上箭头处的第二类买点是可以把握的。此处正是一个低位倒锤子线，这是一个典型的底部反转信号。本案例中，连续出现了4个低位倒锤子线。其中第一个显然不可能是买点，或者说，顶多算一个中枢震荡买点，因为价格未创新低，且MACD指标未见绿柱子明显缩短。但是，该买点是下跌走势类型的中枢震荡买点。一般来讲，下跌中最好是不要做多，那是典型的逆势操作，稍有不慎就有可能被套。

第二个倒锤子线附近，并不能当下判断是第一类买点，只能判断是一个中枢震荡的买点，因为价格创了新低，且MACD指标绿柱子面积明显减小。只有缠论形态学意义上的第二类买点出现之后，才可以倒推它是走势类型的分界点。

第三个向上箭头处，符合缠论形态学对于第二类买点的定义。特别地，其后跟着一个明显的跳空缺口，所以这个买点是应该去把握的。

第四个向上箭头处也是一个中枢震荡买点，只不过该中枢是下跌走势类型结束之后的第一个中枢，其买点的风险较小，是值得操作的。

图6-1-41　北方国际（000065）日线倒锤子线对应的30分钟级别走势图

如图6-1-41所示，在对应的30分钟走势图上，可以看到下跌的力度不断地衰减。K线图向上箭头的位置，对应MACD指标上出现低位金叉。

熟悉MACD指标的读者应该都明白，指标绿柱子面积不断缩小的时候，如果在0轴之下出现金叉，往往意味着前下跌结束，新上涨开启。特别地，图上出现了标志性的缺口，如果操作者不能在金叉位置明确确定走势类型转折，那么当标志性缺口出现时，就意味着走势类型真正出现转折了，交易者可以开启做多程序了。

23. 倒锤子线——第三类买点

图6-1-42　同方股份（600100）日线级别走势图

所谓第三类买点，就是第一中枢被向上突破之后的第一次回抽形成的低点。注意，在下跌+盘整+上涨的走势类型转折模式中，并不会出现特别明显的第一、第二类买点。一旦出现这种情况，操作的关键在于当下反应。例如本例中，当中枢被一字涨停板向上突破之后，就应该高度警觉了。这种突破的力度，是中枢震荡的概率极低，反而形成真正突破的概率非常大。

注意，所谓假突破，其本质就是中枢的延续。也就是说，中枢震荡的高点高于前期高点，其后走势又回到中枢之中，甚至发生破前低的情况。这种假突破，往往突破的力度以及幅度都比较小。

真正的底部突破，引起的是走势类型的转折。当突破的力度和幅度都特别大的时候，形成真突破的概率就非常大了。这种突破往往不给回调买入机会，也就是说很少出现第三类买点远离中枢的情况。

本案例中，大力形成真正的突破之后，股价便快速回撤，并以倒锤子线的方式止跌，结束回调，且价格没有再次回到中枢区间，这是比较容易把握的。

图6-1-43　同方股份（600100）日线倒锤子线对应的30分钟级别走势图

如图6-1-43所示，在日线倒锤子线对应的30分钟级别走势图上，可以利用缠论形态学第二类买点的把握方法，把握该级别上涨的第二类买点。特别地，该买点是以一个低位锤子线的形态构造的，前面说过，低位锤子线是典型的底部反转形态。另外，其后跟着一个突破性的缺口。这一系列技术信号，清晰地表明前下跌结束，后上涨要开启了，也表明日线图上的低位倒锤子线是一个可靠的第三类买点。

24. 倒锤子线——中枢震荡买点

图6-1-44中，一个低位倒锤子线构筑了中枢震荡的买点。这里再次强调，中枢震荡的买点，只有在上涨趋势的中枢中才有意义；在下跌趋势中，中枢震荡的买点在操作上并无太大的意义；下跌趋势中，中枢震荡的卖点才是值得操作的。

盘整中，由于向上或者向下突破的概率各占50%，因此中枢震荡的买卖点都是可以操作的，但是一定要设好止损，以防止走势突然逆转。在该案例中，中枢是以“N”字型的方式进行的，这种中枢往往后市的走势力度都会极强。

美国著名长线暴利大师斯坦利·克罗曾经说过一句话，让人印象深刻。他说

“Keep It Simple，Stupid”，意思是说务求简单，简单到不必用大脑的地步。斯坦利·克罗操作期货之所以获得成功，靠的就是这一点。

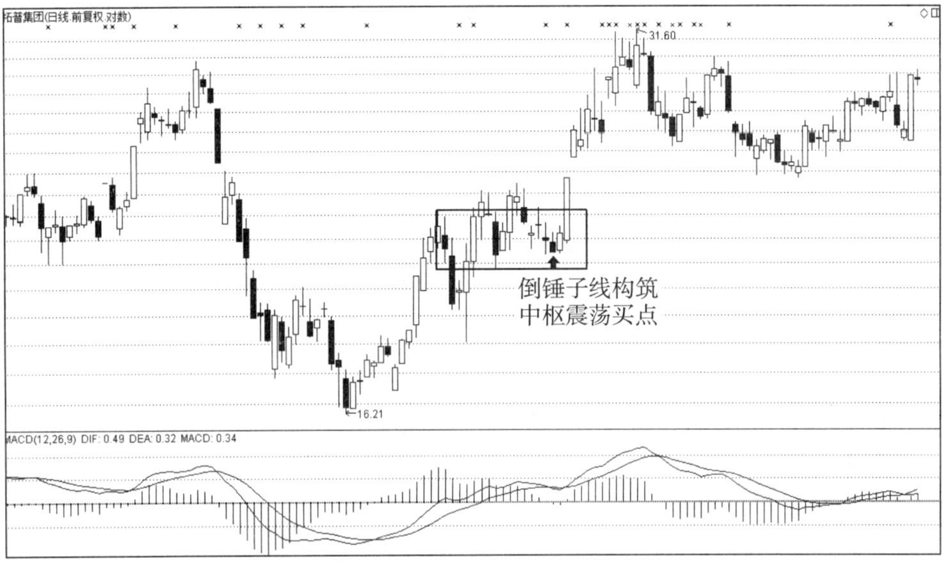

图6-1-44　拓普集团（601689）日线级别走势图

简单原则，运用到走势分析中，就是走势越简单，力度往往也越强。对于中枢而言，简单原则同样适用。

如图6-1-45所示，在日线倒锤子线对应的30分钟级别走势图上，再次出现了

图6-1-45　拓普集团（601689）日线倒锤子对应的30分钟级别走势图

标志性的大阳线，该大阳线明确地标志前下跌结束。再加上日线低位倒锤子这一技术因素，当这根大阳线走出来的时候，交易者就可以放心大胆地介入了。

也许会有读者问，此时介入并不是最精准的点位。有很多交易者往往为了所谓的精准，或者踏空，或者判断错误。交易中，比技术更重要的是策略；比精确性更重要的是明确性。交易者切不可为了捡芝麻而丢了西瓜。

25. 看涨吞没形态——第一类买点

图6-1-46 浙江富润（600070）日线级别走势图

图6-1-46是看涨吞没形态构筑第一类买点的典型案例。从K线图上看，下跌的力度不断衰减。该看涨吞没形态之前的下跌趋势推动段，其下跌的幅度明显缩小，这是下跌力度衰减的一个标志。

在MACD指标图上，两个向上箭头标记的位置，MACD指标绿柱子面积明显减小，黄白线也不再创新低，走出了明显的双底形态，这是底背驰最明显的标志。

尤其是该案例日线图上，走出了一个典型的衰竭性缺口，被回补之后不再创新低。在前面关于衰竭性缺口的叙述中，一旦衰竭性缺口被回补，其后的回撤不能再创新低，那么很大可能走势将开启比前面一波下跌更大级别的反趋势。

如图6-1-47所示，在该股对应的30分钟走势图上，前下跌走势力度的衰减看得更明显。有些交易者也许会问，为什么是MACD指标方框内的绿柱子面积做对比？很简单，K线图中方框内是该级别下跌的中枢。中枢是对趋势的调整，中枢前后的趋势推动段，才是代表走势力度的波段，因此当然是前后两个推动段之间进

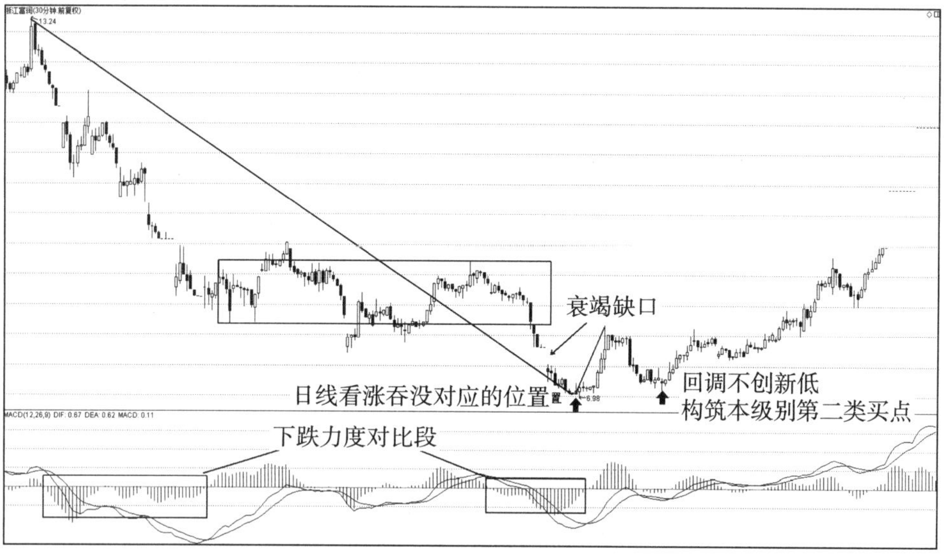

图6-1-47　浙江富润（600070）日线看涨吞没形态对应30分钟级别走势图

行力度对比。

K线图中第二个向上箭头处，符合缠论形态学对第二类买点的定义，再加上对前面衰竭性缺口回补之后回调的止跌，可以判断走势类型转折，这也验证了日线图上看涨吞没形态构筑的第一类买点。

26. 看涨吞没形态——第二类买点

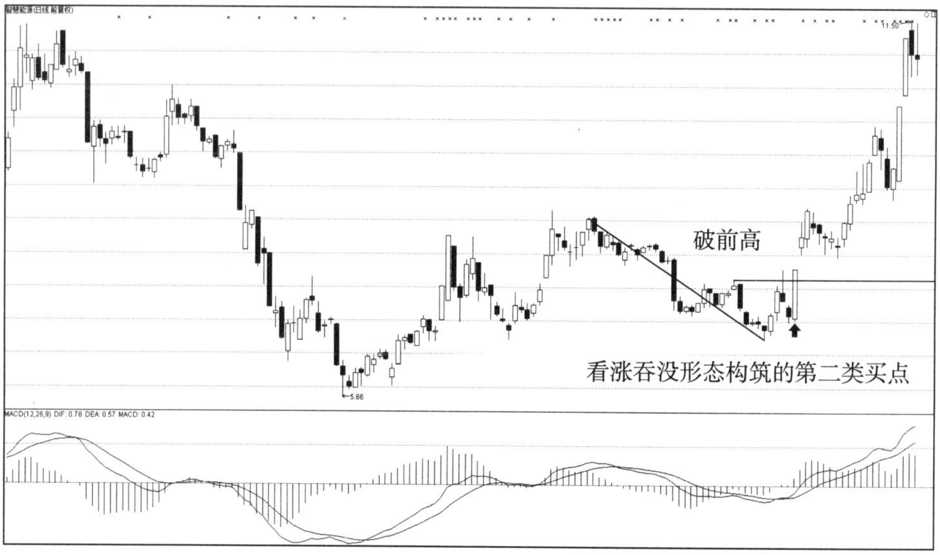

图6-1-48　智慧能源（600869）日线级别走势图

图6-1-48中向上箭头处标记的大阳线，是看涨吞没形态中力度最强的一类，一根阳线吞没了前面两根调整阴线。一般来讲，构成看涨吞没形态的K线组合，其右侧K线的上涨幅度越大，构筑的买点越稳固。同样，吞没的K线数越多，反转的可能性也越大。更何况该看涨吞没K线组合出现之前，已经出现了前期高点被突破的情况。因此，本案例中看涨吞没形态构筑的买点，无须下降到次级别上，就知道次级别必然发生了转折。

投资者需要考虑的，是是否值得追高以及用多少仓位追高的问题。一般来讲，这类力度极大的买卖点是值得追高的，特别是在市场强度较好的情况下，市场有可能出现连续上涨的情况。这时候，如果苦等再次回调，将错失市场最大幅度的盈利空间。

如果整体市场强度一般，那么交易者就要控制追高的仓位，后面极大可能会回调，出现更好的买点。是否追高，用多大仓位追高，这本身没有固定的做法，交易者应该因时因地综合决策。

27. 看涨吞没形态——第三类买点

图6-1-49　神州长城（000018）日线级别走势图

图6-1-49是一个上涨吞没形态构筑日线第三类买点的例子，下面仔细分析一下该案例。图中箭头所指的标志性大阳线，标志着前面下跌结束，新的上涨开启。从这根阳线开始，交易者就要制定并执行买入持有的做多策略了。

注意，交易者应该根据市场走势类型的变化，灵活调整自己的交易策略，策略之下才是买卖点的问题。当该标志性大阳线出现之后，紧跟着市场以窄幅震荡的方式横向整理，且整理的时间较长，这是典型的以时间换空间的强势整理。在这个区间，没有耐心的交易者肯定早已跑得无影无踪，或者去追逐其他强势品种了。

“横有多长，竖有多高。”这种强势整理一旦完毕，配合市场强度，往往会出现快速的拉升。其后即便回调出现第三类买点，价格也已经远离中枢了。

本案例中，向上箭头处标记的第三类买点，正是这类远离中枢的第三类买点。不过虽然错过了主要的利润，但是第三类买点之后，一般至少会有一波次级别的上涨，只不过马上陷入新中枢震荡的可能性变得极大了。

市场中，有时候机会是留给专注且耐心的交易者的。一波牛市中，一般各类股票的涨幅都差不多，散户投资者跳来跳去，总想不断抓热点，其结果往往是聪明反被聪明误。

图6-1-50 神州长城（000018）日线看涨吞没形态对应的30分钟走势图

如图6-1-50所示，在该图日线第三类买点对应的30分钟级别走势图上，可以明显看出走势类型的转折。股价见底回升之后，同样出现了横向窄幅整理走势。这种走势一旦有类似途中第二个红箭头处向上突破的迹象，没有仓位的投资者应该建立仓位，有仓位的交易者可以加码做多。

虽然不能说出现第二个向上箭头处的大阳线之后，市场必然强势上攻，但这是大概率的事情，大概率的事情值得去赌。在市场中生存的人，或多或少都应该有一些赌性。没有赌性，畏首畏尾，只想赢，输不起的人，不适合做交易。

当然，这里所谓的赌，一定是合理的赌博。喜欢孤注一掷的人，到赌场谋生存或许更合适。

28. 看涨吞没形态——中枢震荡买点

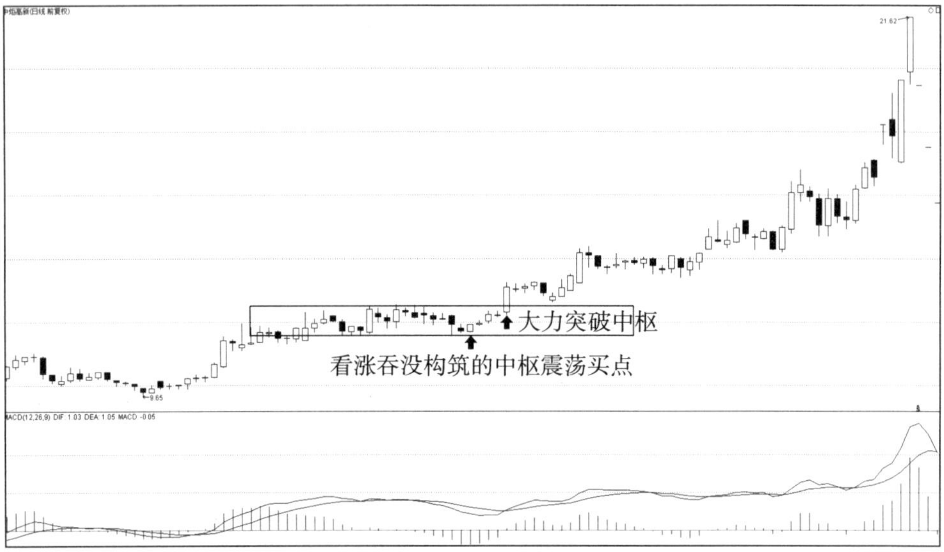

图6-1-51　中炬高新（600872）日线级别走势图

图6-1-51是一个看涨吞没形态构筑中枢震荡买点的例子。需要注意的是，上涨中的中枢，特别是波动空间比较窄的中枢，最好只操作中枢震荡买点，回避中枢震荡的卖点，因为上涨中枢当然是向上突破的概率更大。

操作中枢震荡卖点，就是赌小概率事件，从概率上讲，失败的可能性更大。当然，如果要操作，那么要注意两点，一是控制好操作仓位，以小规模机动部队操作。二是要注意突破信号，一旦做错了，要果断认错，马上回补回来。在市场中出错并不可怕，可怕的是错了还不认错。市场是专治各种“不服气”的地方。

如图6-1-52所示，在该股看涨吞没形态对应的30分钟级别走势图上，出现了平底形态，即价格在同一价位附近反复受阻，跌不下来。这就表明在该价格附近，有较为庞大的做多力量。这种买力在此位置构筑了较为稳固的多头防线，空头一时难以攻下。加之该股日线级别上处于中枢震荡走势，因而一旦小级别上出现图中向上箭头处所示的实体较大的阳线，就表明中枢震荡要持续了，价格将回到中枢震荡的上沿。

图6-1-52　中炬高新（600872）日线看涨吞没形态对应的30分钟级别走势图

也许有人会问，该阳线出现之后，如果下跌怎么办。注意，交易者一定要有当下操作的思维。出现阳线，就意味着要上攻，你脑子中出现的可能会回跌的情况只是妄念，如梦幻泡影，是不真实的。

大部分失败的交易者，都是将自己的交易建立在这种镜花水月的幻相之上，为种种负面情绪所左右，从而忽略了当下的真实。

29. 曙光初现——第一类买点

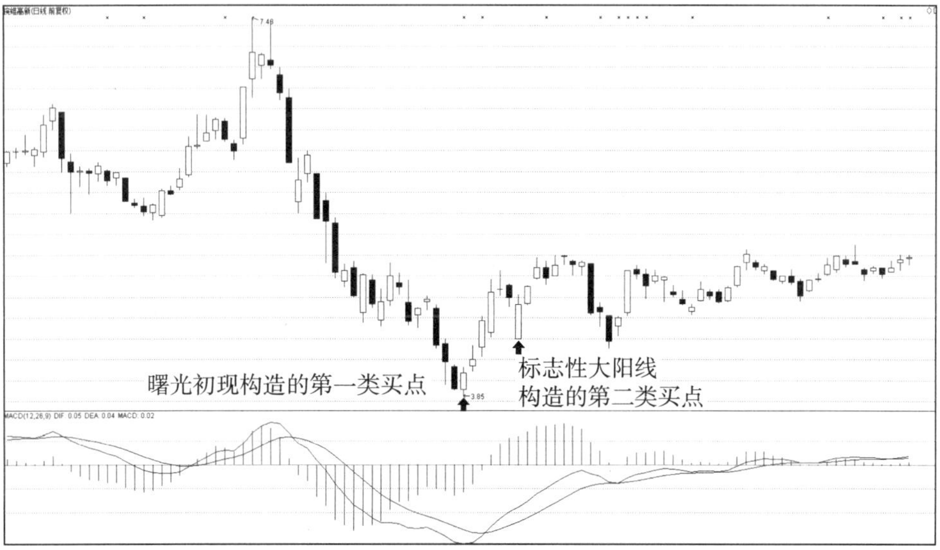

图6-1-53　皖维高新（600063）日线级别走势图

如图6-1-53所示，本案例中，出现曙光初现K线组合，并不能当下判断是第一类买点，当下判断顶多是个盘整背驰的买点。从K线图上看，对比[7.48，3.85]这段下跌中枢前后两段趋势的推动段，价格下跌的幅度以及斜率均明显缩小，MACD指标对应的绿柱子面积也呈现明显的缩小。

一般来说，下跌趋势中是没有中枢震荡买点的。这个案例中，由于跌幅比较大，且市场整体强度由弱转强，因此可以预期，即便是一个反弹，其力度也应该是比较可观的。

从曙光初现底部反转形态开始，价格开启了一波凌厉的上攻，一举冲破前下跌的趋势线，这个时候就可以明确判断前下跌结束，一个新的走势类型开启，这时候可以说第一类买点已经出现了。

这个新的走势类型，并不能说一定是上涨，只能明确指出至少会有一个中枢。也就是说价格回抽之后，至少有一波上冲。其后，一根低开高走的标志性大阳线出现，价格走势随后便开启了日线级别的第三笔走势。虽然其后价格陷入了新的中枢震荡之中，但波段利润是可以把握的。

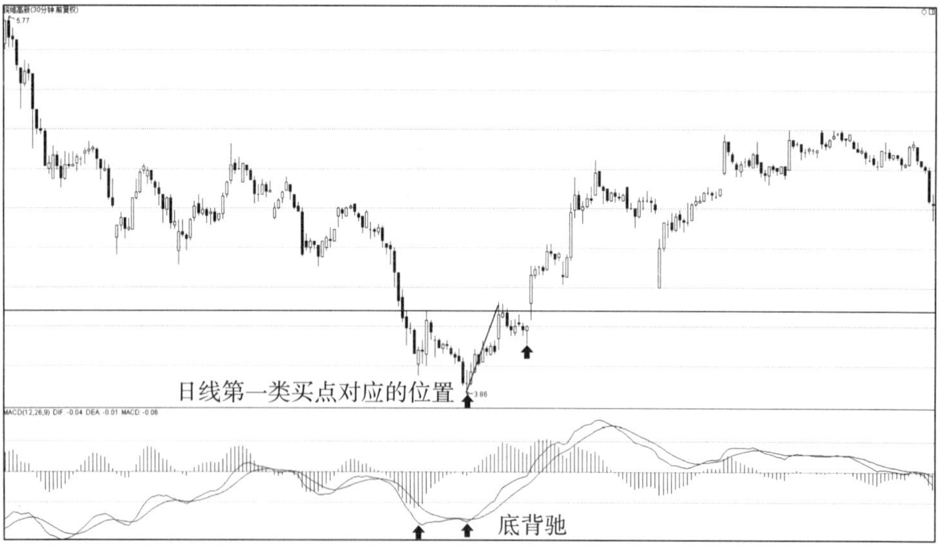

图6-1-54　皖维高新（600063）日线曙光初现形态对应的30分钟级别走势图

如图6-1-54所示，在对应的30分钟级别走势图上，日线曙光初现形态构筑的第一类买点，其实是有一个双重盘整背驰共振的。日线级别上的盘整背驰前面已经说过，而30分钟走势类型上同样出现一个盘整背驰，表明价格趋势的下跌力度衰减。

MACD指标上，除了绿柱子面积缩小之外，黄白线也呈现明显的双底形态，特别是最低点附近，还是一个早晨之星的底部反转K线组合。第一个向上箭头开启的上涨突破前期高点之后，其后的回调以一个带长下影线的低位锤子线结束，这个时候可以更加明确地验证日线图上曙光初现形态构筑的第一类买点了。其后价格以突破性缺口启动，并开始了快速的拉升。

30. 曙光初现——第二类买点

图6-1-55　银鸽投资（600069）日线级别走势图

如图6-1-55所示，本案例中，曙光初现K线组合构筑了日线级别的第二类买点。当第一个向上箭头处开启的一笔上涨大力度突破前期高点的时候，日线级别的走势类型已经发生了实质性变化，交易者应该调整自己的交易策略，等待回调买点出现。

注意，对于没有明显底背驰的走势而言，第二类买点其实就是最好、最值得重仓操作的买点。一方面是由于走势必完美，另一方面就是该买点的止损空间最小。当然，介入之后，要根据第三笔上涨的力度，结合整体市场强度，决定是采取震荡策略还是趋势策略来操作。这一切并不是事先就能设定好的，而是应当根据走势的具体情况当下判断，当下操作。

如图6-1-56所示，在日线曙光初现形态对应的30分钟级别走势图上，可以看到第一个向上箭头位置，构筑了一个明显的头肩底形态。

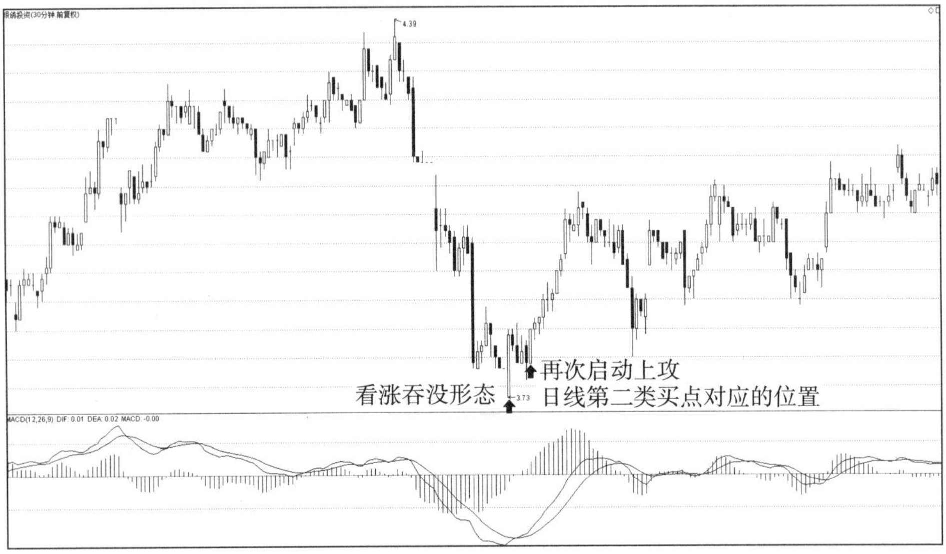

图6-1-56　银鸽投资（600069）日线曙光初现形态对应的30分钟级别走势图

当第二个向上箭头处的红箭头走出来，小级别走势类型的转折就比较明朗了。日线级别上曙光初现形态构筑第二类买点的意义得到验证，交易者可以入场做多了。

31. 曙光初现——第三类买点

图6-1-57　金融街（000402）日线级别走势图

如图6-1-57所示，本案例是一个日线级别曙光初现形态构筑远离中枢的第三类买点的例子。注意，本案例中最好的介入点，并不是这个第三类买点，而是呈现窄幅震荡走势的中枢被一根大阳线以涨停板突破的那个位置。

前面曾反复强调过，窄幅震荡中，中枢区间维持得越久，或者振幅越窄，其后的走势一旦大力突破盘整区间，之后往往是连续快速的拉升。也许有人会说，没有明确的第三类买点确认中枢震荡结束，万一价格再次回到中枢区间怎么办？当然不能排除这种可能性，走势中没人敢保证窄幅横向整理之后，一定会连续快速突破。但是即便价格再次回到中枢，只要中枢震荡的格局不被打破，价格总有机会回到建仓区间的，有什么好怕的。

有些交易者总是害怕被套，畏首畏尾。其实，交易中盈亏都是幻相，只有走势类型才是实相。很多不断止损导致大亏的人，大都是不认这个实相，总是以妄为常，稍微被套就风声鹤唳，草木皆兵，惶惶不可终日。如此心态，如此情绪，是无法做好投机这个生意的。

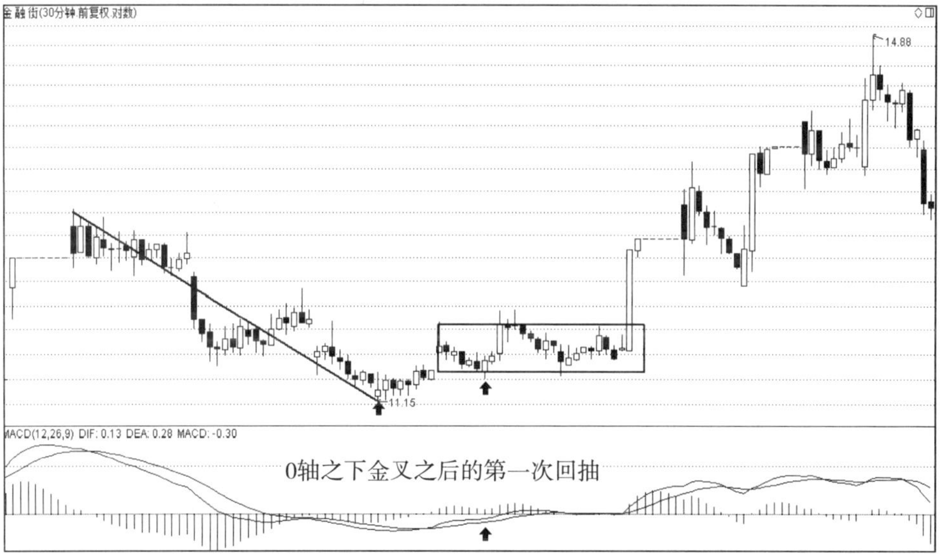

图6-1-58　金融街（000402）日线曙光初现形态对应的30分钟走势图

如图6-1-58所示，对应的30分钟级别走势图上，当第二个向上箭头处走出来，就可以明确判断走势类型发生了转折。

看MACD指标，绿柱子面积不断缩小之后，在0轴之下出现了MACD黄白线金叉。MACD图上向上箭头处，DIF指标受到DEA指标的支撑，MACD红柱子也开始放大，这就是第二类买点信号。

一般来讲，一旦大级别的买入信号被小级别走势类型验证，交易者就可以放手介入了。当然，也可以等待小级别上更有利的位置出现再买入。例如本例中，30

分钟图表上，第二类买点之后出现了中枢震荡格局，交易者也可以根据这个中枢动态建仓。

32. 曙光初现——中枢震荡买点

图6-1-59　华联矿业（600882）日线级别走势图

如图6-1-59所示，本例中向上箭头处位置，是由曙光初现形态构筑的中枢震荡的买点。首先，该盘整区间幅度较大；其次，在曙光初现形态出现之前，市场两次测试该位置，下跌都被有效阻挡，因此该盘整值得参与。图中曙光初现形态，为我们提供了这样的操作依据。

盘整中，任何底部区间都有因小级别力度扩大从而破掉大级别盘整格局的可能性，因而即便盘整区间显而易见，依然需要用小级别走势类型的转化来验证大级别反转形态的有效性。

如图6-1-60所示，该股在对应的30分钟级别走势图上，可以清晰地看到一个头肩底形态。之后一根标志性的大阳线破掉该头肩底颈线位，意味着前下跌结束，后上涨开启。日线图上曙光初现底部反转K线形态被验证，交易者可以入场做多。

也许有人会说，下跌走完之后，也有可能走出一个横向盘整走势，这也符合走势类型转折的要求。理论上说，这种可能性是有的，不过在本案例中概率很小。只要大的盘整格局不被破坏，就有重返震荡顶部的要求。

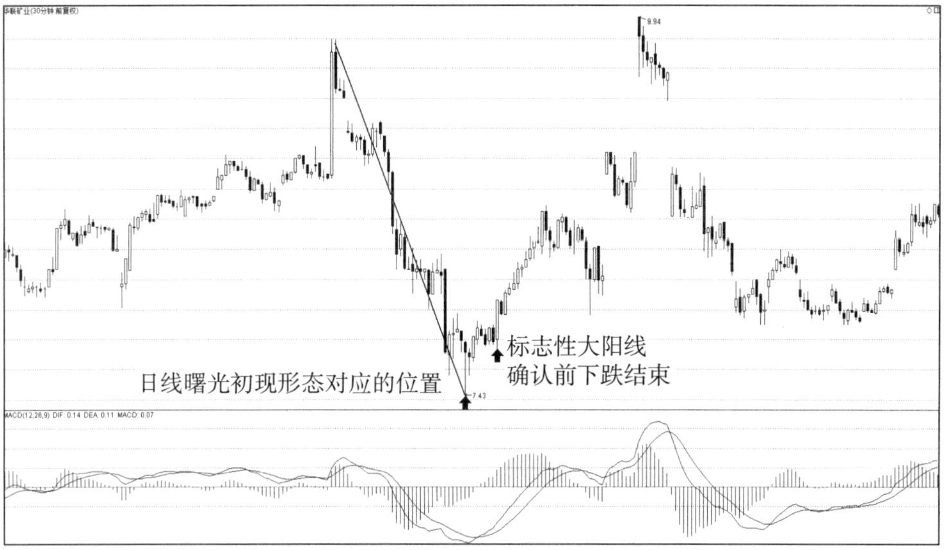

图6-1-60　华联矿业（600882）日线曙光初现形态对应的30分钟级别走势图

本案例中，唯一需要注意的是，9.94元附近出现高位锤子线之后，就要快速止盈了。锤子线，特别是下影线较长的锤子线，无论在高位还是低位，都具有极强的反转意义，况且该高位锤子线处于中枢震荡顶部。综合这两个因素，交易者看到这个信号之后，应当果断止盈。

33. 看涨孕线与看涨十字孕线——第一类买点

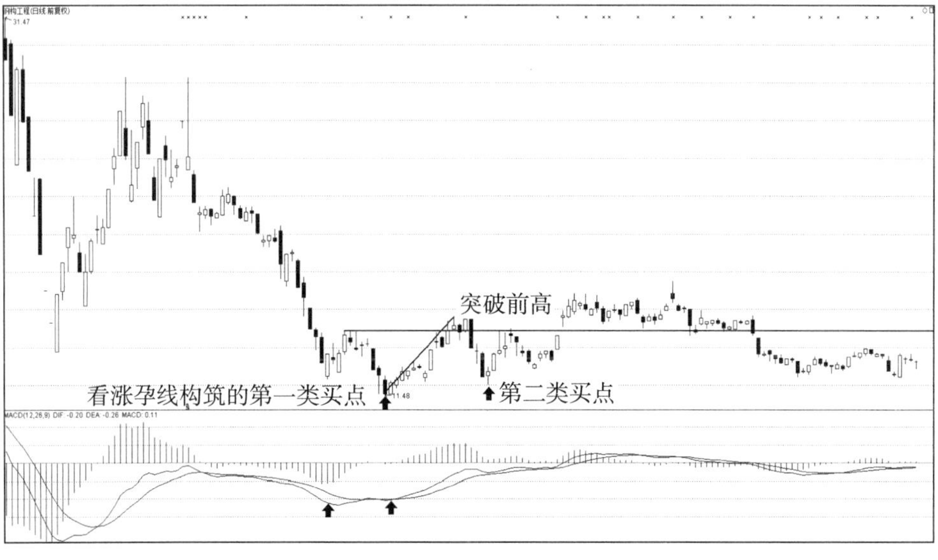

图6-1-61　钢构工程（600072）日线级别走势图

如图6-1-61所示，本案例中，K线图上第一个向上箭头处，右侧阳线实体被左侧阴线实体完全覆盖，是一个典型的底部反转K线组合——看涨孕线形态。看涨孕线，其反转力度虽然比不上看涨吞没形态，但也有相当的反转意义。

例如本例中，前下跌趋势出现了较为明显的背驰。MACD指标上，绿柱子的面积并不随价格的新低而再创新低，黄白线的位置也低于前期低点，就知道这个位置至少会有一个反弹。

实际上，看涨孕线形态推动的一波上涨力度极大，甚至突破了前期高点，这就告诉我们走势类型发生了变化，后面至少有一个第二类买点可期。价格突破前高之后快速回撤，最终以底分型的形式构造了这个第二类买点。

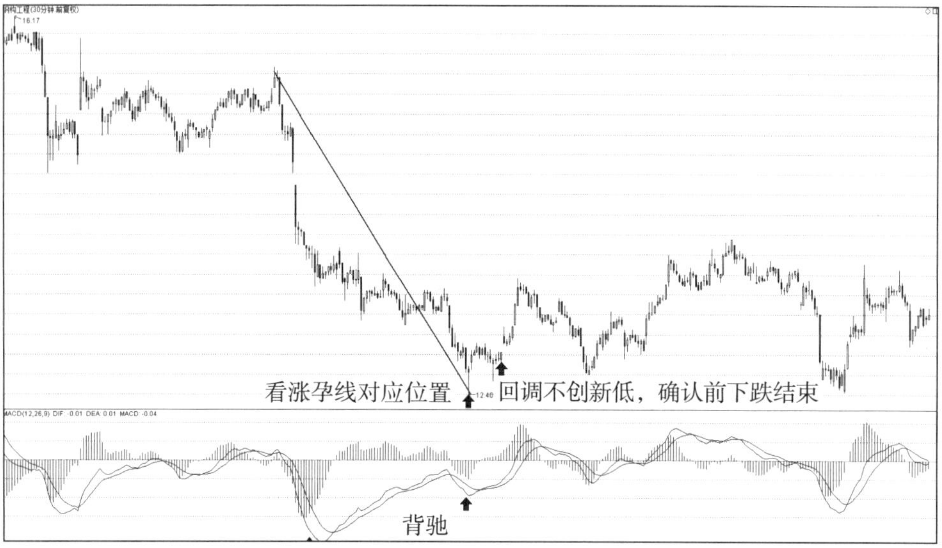

图6-1-62　钢构工程（600072）日线看涨吞没形态对应的30分钟级别走势图

如图6-1-62所示，在对应的30分钟走势图上，也容易验证这个第一类买点。K线图上第一个向上箭头对应的位置，正是日线图上看涨孕线形态的底部。观察MACD指标，此处出现了明显的背驰。

这里再提一句，有些人可能不会直接从K线图上看中枢，那么从MACD图表上也能间接地判断中枢。中枢，一般都是对趋势的调整，因而中枢出现的位置，黄白线一般都会向0轴方向回撤。只不过在上涨趋势中，黄白线长期运行在0轴上方，因此中枢的位置是从上到下向0轴方向回撤。下跌趋势中，黄白线长期在0轴之下缠绕，因此中枢的位置是从0轴之下向0轴回撤。对趋势力度的比较，应该是中枢前后趋势的推动段。

第一个向上箭头处开始的一波上涨，其后的回调不能跌破前低，可以确认走势类型转折，日线图上的看涨孕线形态得到验证，交易者就可以介入做多了。当然，由于这个时候并不必然开启一波上涨，所以还是应该根据走势力度，按照中枢震荡的思路分段操作。

34. 看涨孕线与看涨十字孕线——第二类买点

图6-1-63　连云港（601008）日线级别走势图

如图6-1-63所示，该图是一个看涨十字孕线构筑第二类买点的例子。4.46元附近，出现了曙光初现的日线级别底部反转K线形态。MACD指标上，绿柱子面积明显减小，因此一波反弹是可期的。

这波反弹的力度比较大，一旦股价再次回调不能跌破4.46元一线，且出现明显的底部反转K线组合，就是一个较好的第二类买点。价格回调之后，在K线图中向上箭头的位置，出现了看涨十字孕线，且股价未能再创新低，这个时候就可以介入了，后面至少有一波新的上冲出现。

如图6-1-64所示，观察日线看涨十字孕线运行对应的30分钟级别走势图，可以看到，前下跌趋势在前期低点4.46元附近止跌后，以一个小级别中枢的方式进行整理，这是走势类型转化方式中下跌转盘整的组合。

盘整之后，有两个变盘方向，向上或者向下。一旦该中枢区间向下跌破，那么日线图上看涨十字孕线的反转意义就被否定了。实际上，在K线图上第二个向上箭头位置，一个大阳线向上突破中枢，这是一个明确的信号，确认前下跌趋势结束，这也验证了日线图上看涨十字孕线的反转意义，交易者可以介入做多。

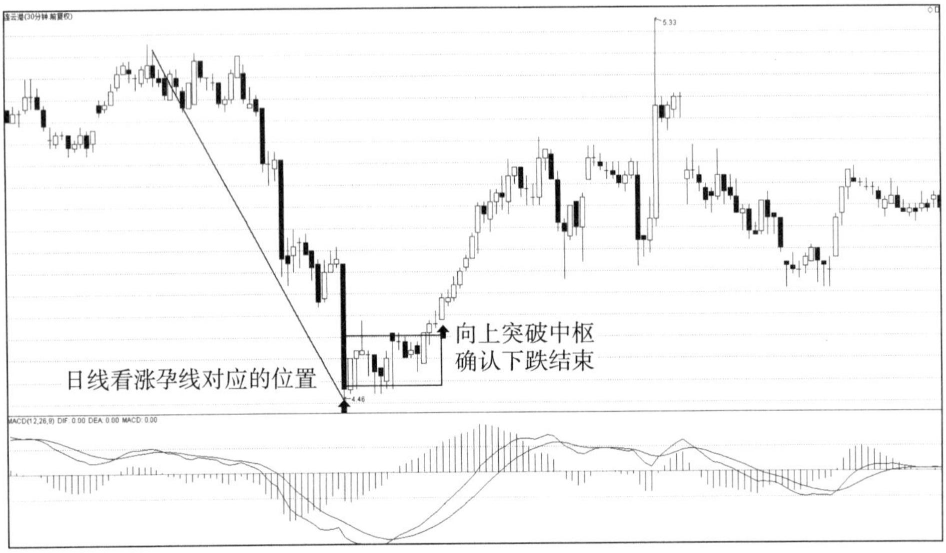

图6-1-64　连云港（601008）日线看涨孕线形态对应的30分钟级别走势图

35. 看涨孕线与看涨十字孕线——第三类买点

如图6-1-65所示，本案例中，价格中枢被一波次级别上涨突破之后回调，以

图6-1-65　深桑达A（000032）日线级别走势图

一个看涨十字孕线的底部反转形态站稳，未能再次回抽到中枢之中，构筑了日线级别上的第三类买点。

如果这个信号还不是特别明确，那么当图中所示的突破性缺口出现，底部反转形态加上突破性缺口，就应该引起交易者的高度警觉了。

图6–1–66　深桑达A（000032）日线看涨十字孕线对应的30分钟级别走势图

如图6–1–66所示，看对应的30分钟级别走势图，对应的MACD指标上出现了低位金叉，且未能再次出现死叉的情况，这可以验证日线图中看涨十字孕线构筑的第三类买点的有效性了。

本案例中有一个比较特殊的情况，就是看涨十字孕线的最低点，并不是本轮调整的最低点。本轮调整的最低点，是由日线图中低位倒锤子线的长下影线造成的。为什么这个最低点不能看作日线级别回调的结束点？其实最根本的原因是，那个位置只是30分钟级别图上标示的下跌的第一笔，根据走势必完美的原则，日线级别回撤，对应的30分钟级别走势类型至少有三笔。

最低点的位置，只是从高位下来的第一笔。后面至少会有一笔30分钟次级别的下跌出现。这个下跌的最低点也许会创新低，也就是低于第一笔下跌的最低点，也许不会，但必然会出现。当然，从操作的意义上讲，最好能够把握最低的位置。从走势类型划分的意义上讲，必须符合走势必完美的原则，这是关乎操作节奏的大问题。

36. 看涨孕线与看涨十字孕线——中枢震荡买点

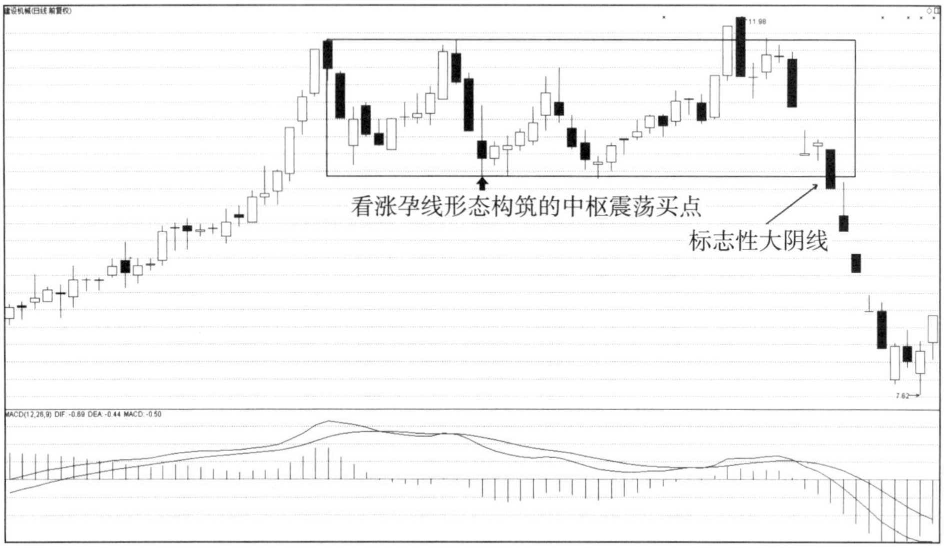

图6-1-67　建设机械（600984）日线级别走势图

如图6-1-67所示，本案例中，第一个向上箭头处是一个明显的看涨孕线，该底部反转K线组合构造了一个中枢震荡买点。这个价格中枢呈现明显的矩形，是比较容易把握的。

注意，本案例中，这个中枢是价格大幅上涨之后的高位横盘整理，是一个高位以中枢震荡方式构筑头部的过程。一般来讲，由于价格经过大幅上涨，因而做头的概率远大于上涨中继的概率，这种中枢只能逢高防空，不宜逢低买多。

做投机，永远赌大概率事件，这是最基本的操作智慧。虽然有时候这个思想看起来比较笨拙，但绝对可以让你更长久地屹立不倒。

其后，该震荡被一根标志性大阴线跌破，从而宣告做头过程结束，新的一波下跌开启。其后市场连续下跌，反应速度慢的交易者如果做反了方向，就要蒙受巨大的损失。

如图6-1-68所示，回到对中枢震荡买点验证的问题。本案例中，走势类型转折的确认，是以前下跌趋势线被突破之后，一波回调不创新低并且站稳下跌趋势线来完成的。

也许有人会问，为什么不能从图中看出明显的第一类买点？这其实并没有什么好奇怪的。提出这个问题的人，其思维被模式化了。认为所有下跌都会有明显的底背驰，所有上涨都会有明显的顶背驰，这绝对是错误的想法。不同品种，其走势类型转化的方式多种多样。即便是同一品种，不同时期走势类型转化的方式也千差万别。

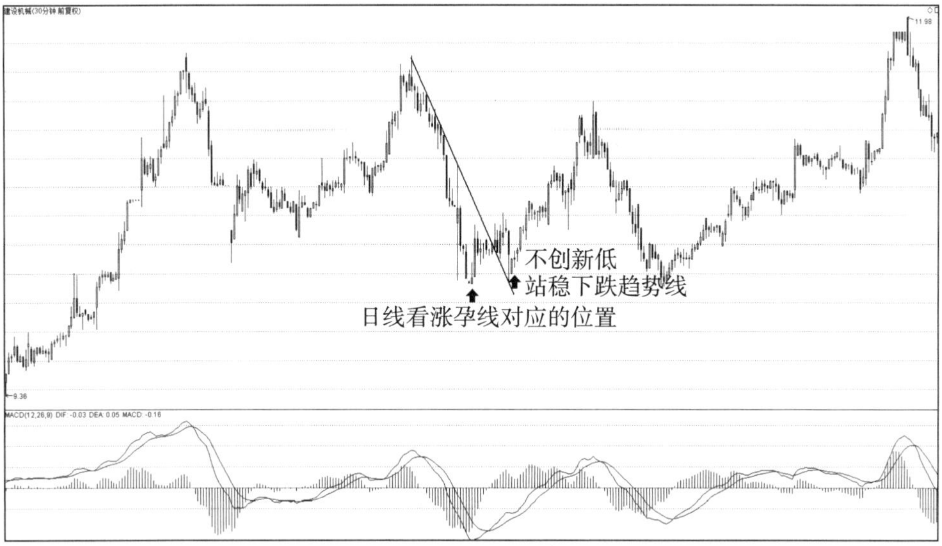

图6-1-68 建设机械（600984）日线看涨孕线形态对应的30分钟级别走势图

操作中，最重要的是快速反应能力。或者说，即便没有快速反应能力，只要能跟上价格轮动的大致节奏，也没有什么大问题。交易中最怕的就是用模式去套走势，认为市场该如何如何运行，趋势该如何如何转折。有一种说法："市场永远是对的。"如果总想用理论去理论现实，那绝对是脑子进水太多了。

37. 平底形态——第一类买点

如图6-1-69所示，在本案例所示的下跌走势中，图中两条水平线位置，出现了两个较为明显的平底形态。图中可以看到，连续多根K线，其底部大概都维持在同一价位附近。

一般来讲，在某一下降趋势中，股票K线下端即最低价在某一水平区域平齐，意味着股价在此水平位置连续获得支撑，此区域很可能成为股价调整的阶段性底部区域。当然，所谓的平底也不要求底部百分之百平齐，只要求K线最低价大体在同一水平位置即可。

本例中，第一个平底形态之所以不能形成走势类型的转折，主要原因在于它不符合走势必完美的原则。其实，在图中标记的下跌走势中，价格先是从最高点快速砸下来，其后以一个平底形态横向整理。注意，这个平底形态，如果从缠论形态学的角度看，其实只是一个横向的调整笔。走势必完美，也就是说，走势必然会有第三笔下跌才可能完成。而后该表现为平底形态的横向调整笔，被图中向下箭头处标示的标志性阴线跌破，从而开启了第三笔下跌。

图6-1-69　神州泰岳（300002）日线图

第二个平底形态，构造了下跌的第一类买点。首先，下跌走势走到此处，三笔已经完成，因而横向调整向上或向下两个方向突破，都各有50%的成功概率。

事实上，该表现为平底形态的横向调整笔，被第一个向上箭头标示的标志性阳线所打破，从而确认了下跌走势结束。

图6-1-70　神州泰岳（300002）日线平底形态对应的30分钟级别走势图

如图6-1-70所示，一般来讲，平底形态在其对应的小级别走势图上，多表现为一个矩形，或者一个双重底、三重底的中枢整理过程。从这个意义上讲，只有这个形态的颈线位被有效突破，并且其后回调不能重回中枢区间，才能说真正要开启一段上攻。

本例中，矩形中枢被图中向上箭头处标记的大阳线有效突破，这是一个很好的验证，验证了平底形态构筑反转的有效性。

当然，还可以换个角度，从走势划分的多义性上对走势重新划分。所谓走势必完美，线段也是要完美的。图中所示线段AB，到第一个向上箭头所示的位置，正是线段的第三笔走势。其中的第二笔是一个横向整理，这种整理方式，一般情况下后面都会有极为强劲的上攻。特别是在走势突破中枢的情况下，这种上攻的可能性就更大了。

用小级别走势类型转折来分析大级别的K线组合，其意义不仅在于验证K线组合的有效性，更重要的，我们也可以通过小级别猎杀更为精确的买点。这种方法，既最大限度地保证了买卖点判断的正确性，也最大限度地提高了买卖点的精确性，在实战中是非常有意义的。

38. 平底形态——第二类买点

如图6-1-71所示，平底形态构筑了第二类买点。注意，16.64元附近开启的一

图6-1-71 汉威电子（300007）日线图

波上涨走势，成功突破了前期高点，其后的回调以平底形态进行横向整理，这个时候，我们就有充分的理由判断前面的下跌结束了，走势将开启新的上涨。

平底形态构筑的买点一般有两类。

一是平底的价位附近，这个价位是最精确的，但也许会经历较长时间的盘整。

二是突破的位置。这个价位稍高，但一般不需等待太久的盘整时间。具体如何选择，交易者应根据自己的交易风格而定。

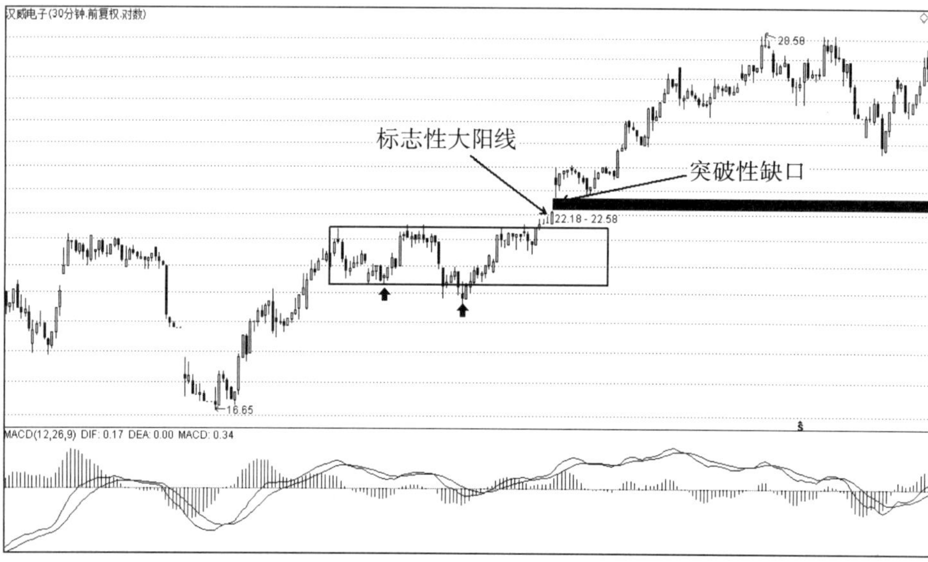

图6-1-72　汉威电子（300007）日线平底形态对应的30分钟级别走势图

如图6-1-72所示，前面说平底形态的买点一般有两种。第一类是平底最低价位附近。如图中向上箭头处，就属于这类买点。对于这类买点的把握，交易者同样可以用底部反转K线组合的方法来把握。第二类就是平底对应的震荡区间被突破的位置。如图所示，箭头所指标志性大阳线以及突破性跳空缺口，就属于这类买点。

39. 平底形态——第三类买点

如图6-1-73所示，本例中的第三类买点是一个平底的形态。注意，第三类买点是突破中枢之后的确认。

这种确认的方式一般有三种。

一是缓慢向上震荡整理，这是最强的走法。

二是横向整理，这是次强的走法。横向整理因中枢区间以及时间不同而存在差异。

三是回调整理，这是较弱的走法。回调整理的强度，也因回调的斜率以及幅度的差异各异。本例中，第三类买点是以横向整理的方式进行的，表现为一个平底形态。由于该平底形态的时间以及区间都较为有限，因而后市上攻一般是力度较强的。

图6-1-73　鼎汉技术（300011）日线图

图6-1-74　鼎汉技术（300011）日线平底形态对应的30分钟级别走势图

如图6-1-74所示，这是构筑第三类买点的平底形态对应的30分钟级别走势图。图中可以看到一个明显的水平阻挡线，回调三度在此受阻，因而水平线附近的向上箭头处就是好的买点。

再就是突破性缺口和标志性大阳线的位置。这个位置彻底结束了之前表现为平底形态的次级别中枢震荡，转而开始上攻。向上箭头处的买点处于未定状态，价格仍然有再度跌破水平阻挡线的可能。而箭头处的买点，走势类型已经明确发生转化，当然更加可靠。

40. 平底形态——中枢震荡买点

图6-1-75　探路者（300005）日线图

如图6-1-75所示，本例中，由平底形态构成了中枢震荡的买入区间。这个中枢震荡的底部，在第一个向上箭头出现之前被两次验证，因而这个阻力位是有效的。

当价格第三次回到该区间的时候，先是出现了一个看涨孕线组合，之后价格便以平底的方式横向整理，构筑了中枢震荡的买入区间。交易者可在此区间以较大的幅度介入，以博取中枢震荡的利润。

如图6-1-76所示，在次级别图上，可以明显看到日线平底形态对应的中枢区间。本案例，最好的介入点其实是图中标记的缺口位置。

缺口走出来前，没有人知道该中枢是否会结束，还要延续多久。毕竟没有人愿意陷入长期的盘整状态，缺口的位置彻底排除了这个疑问。这是震荡突破中最强势的方式，其后往往会展开暴力拉升，不给任何回补缺口的机会。交易者应当敏锐地捕捉这类买点。

图6-1-76　探路者（300005）日线平底形态对应的30分钟走势图

41. 看涨捉腰带线——第一类买点

图6-1-77　回天新材（300041）日线图

如图6-1-77所示，本案例中，图上标示的下跌，在K线图上出现了明显的背驰，这一点可以看MACD指标图。两个向上箭头处的绿柱子面积不断减小，黄白线位置不能再创新低，就可以明白这里出现了背驰。但是，如果没有那根看涨捉腰带线，这种背驰随时有可能被否定。

一旦这个看涨捉腰带线走出来，特别是在周线级别的阻力线上出现了包含于一个看涨吞没形态的捉腰带线，这个时候形成底背驰的概率就极大了。如果小级别走出走势类型的转折，那么就可以大胆介入了。

注意，缠论K线分析技术提倡右侧交易，也就是说，如果明确的底部或者顶部不能走出来，就不能贸然交易。从这个意义上讲，本书所讲的当下，就是指当前未完成的K线彻底完成，或者大概率已经确认的时候。

当下的K线不明确，就不能以之作为决策的依据，宁可牺牲空间，也绝对不能判断错误。当然，一般来讲，真正的底部走出来之后，其后往往有回抽，从这个意义上讲，空间也未见得有太大的损失。

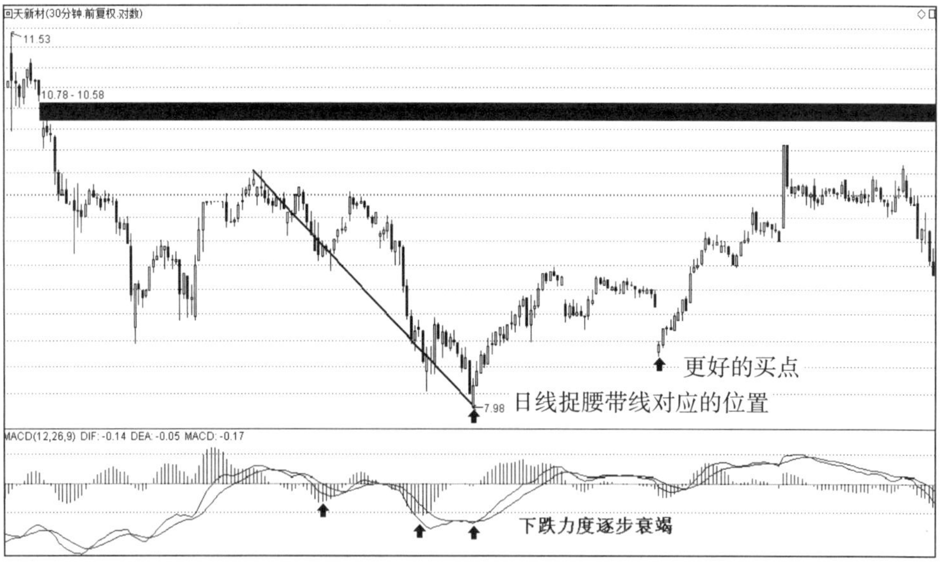

图6-1-78　回天新材（300041）日线捉腰带线对应的30分钟级别走势图

如图6-1-78所示，从小级别看，前下跌走势的背驰应该比较明显了。在30分钟图上标记的“日线捉腰带线对应的位置”，MACD指标上出现了价格不断创新低，而绿柱子、黄白线位置均不创新低的情况。特别是K线图中的向上箭头处，也是一个捉腰带线+底分型的K线组合，这是个走势类型转折的明确信号。

当然，当日线捉腰带线走出来的时候，其实价格已经远离7.98元的位置，不过这个并不要紧。从7.98元位置开启的一波上涨，一举突破前期高点，更加明确了走势类型的转折。后面可以看到，K线图上第二个向上箭头处，是一个更好的买点。实际上，这个位置并不比7.98元的位置高多少。

42. 看涨捉腰带线——第二类买点

图6-1-79　数字政通（300075）日线图

如图6-1-79所示，本案例是个看涨捉腰带线构筑第二类买点的例子。需要注意的是本案例中走势类型转化的方式，这是一个“下跌+盘整+上涨”的走势。

图中标示的前下跌趋势，先是走出了一个低位盘整格局，而后在K线图上第一个向上箭头处，走出了一根标志性大阳线。这就意味着前面下跌走势彻底结束，上涨趋势开启。

股票大作手利弗莫尔曾在其书中说：“不要做无谓的介入，等走势明确再介入。”这根标志性大阳线，就是走势明确的证明。其后走势的第一波回调，以一个上涨捉腰带线结束，并构筑了日线图上的第二类买点。

如图6-1-80所示，小级别上，走势类型的转折方式与日线图上的转折方式基本一致，也是“下跌+盘整+上涨”的转折方式。在日线捉腰带线对应的位置，出现了强力的上涨吞没形态，彻底否定了图中方框处的盘整，标志着前下跌走势类型结束。

图6-1-80　数字政通（300075）日线捉腰带线对应的30分钟级别走势图

43. 看涨捉腰带线——第三类买点

图6-1-81　当升科技（300073）日线图

如图6-1-81所示，本案例中，价格突破中枢之后，次级别回调以看涨捉腰带线形态构筑了第三类买点。由于该大阳线与前面的阴线又组合为曙光初现形态，因此其看涨意味更加强烈。该第三类买点之后，价格并未立刻大涨，而是先构筑一个新的中枢，而后才开始了新一波的拉升。

必须注意，一般情况下，凡是中枢被强力突破，且第三类买点远离中枢的情况，以后的走势大都会以这种方式进行整理，消化获利盘。那些想买入之后立即获利的投资者，一定要有耐心。

耐心，是投资中最重要的品质。所谓“工夫在诗外”，心理层面的因素是任何技术分析理论都解决不了的。如果希望今天买入，后面就天天涨停，那还是远离投机市场吧。

图6-1-82　当升科技（300073）日线捉腰带线对应的30分钟级别走势图

如图6-1-82所示，在对应的30分钟级别走势图上，第一个向上箭头位置，是日线图上看涨捉腰带线的最低点，也是前后走势类型的分界点。从本级别角度讲，该分界点并不能当下判断。从前后走势类型分界点开始的一波上涨力度极大，突破了前下跌走势的高点。这个时候可以判断前下跌趋势结束了，这也验证了日线看涨捉腰带线构筑第三类买点的有效性。

本级别上，更好的买点在第二个向上箭头的位置。这个时候对应的K线是一根实体较长的低位看涨锤子线，低位锤子线本身就有极强的反转意味，因此这个时候可以大手笔介入了。其后走势虽然重新陷入了中枢震荡状态，这其实是个好事情，虽然股价不能立即大幅度上涨，但其后会有日线中枢震荡的买点让你再次介入，又何必急于一时呢？

44. 看涨捉腰带线——中枢震荡买点

图6-1-83　科泰电源（300153）日线图

如图6-1-83所示，本案例中，在中枢震荡的低位区间，出现了一根实体较长的看涨捉腰带线，并且该K线和前面的小阴线组合为一个看涨吞没形态，这就明显形成了一个中枢震荡的买点。之后价格跳空高开，并一路大涨，突破中枢。

这里要强调一个理念："遇到暴利，拿了再说。"如果是在该中枢震荡买点介入的，当价格突然连续走强，并在高位出现顶部反转的K线形态，那么就要即时获利了结。

一般大涨之后，除了极端强势的市场，其后必有调整。这个调整或者以横盘整理的方式进行，如本波上涨前面的大涨，就是以横盘的方式进行调整。或者以反趋势的方式进行，如本例中中枢震荡买点开启的一波上涨结束之后，价格以同级别反趋势的方式进行调整，幅度大，时间长。如果陷入其中，就会很难受了。

如图6-1-84所示，在对应的次级别图上，容易验证日线看涨捉腰带线的有效性。第一个向上箭头处，一根大阳线吞没了前面6根K线，并一举突破前期高点。之后走出低位红三兵形态，这个时候敏锐的投资者应该知道前下跌结束了。后面一旦跳空高开，就是一个极好的介入点。

投资者不要怕追高。一般情况下，缠论是不建议追高的，但这也不是绝对的。有的时候，合适的机会追高往往会带来快速获利的机会，但是前提是做好整体的仓位管理策略。

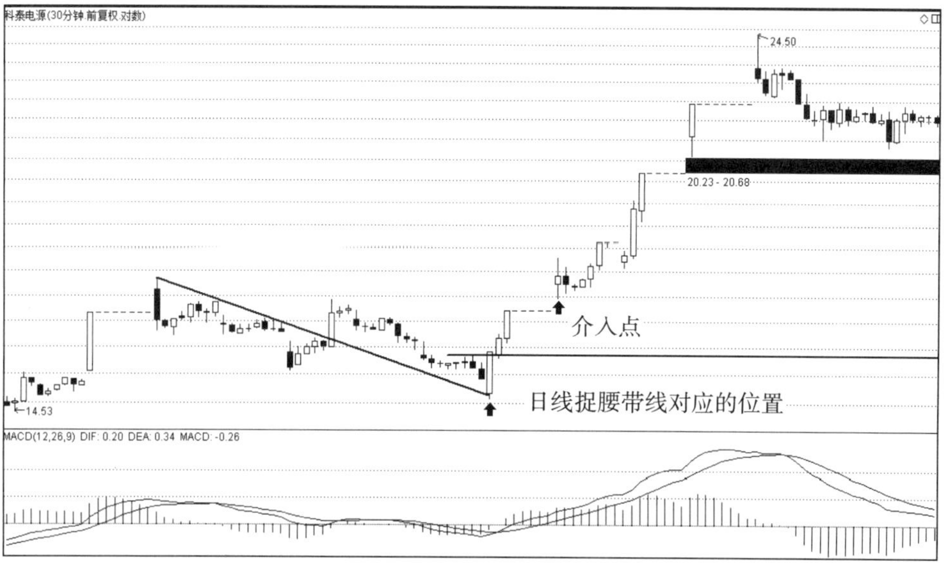

图6-1-84　科泰电源（300153）日线捉腰带线对应的30分钟级别走势图

45. 看涨反击线——第一类买点

图6-1-85　冀东水泥（000401）日线图

如图6-1-85所示，本例中，日线图上虽然没有特别明显的背驰或者盘整背驰，但急跌之后，一般会有小级别背驰演变为大级别转折的情况出现。特别地，在低价位的看涨反击线之后，右侧的大阳线和低位看涨反击线一起，构造了一个强力的底分型形态，这是一个明确的信号，意味着一波较大幅度的反弹甚至反转即将到来。

这里涉及关于抢反弹的操作方法。伴随着大盘的杀跌，个股一般都会有不同程度的跌幅。如果大盘企稳，操作者要抢反弹的话，一定要选择那些超跌的品种。其根本原因在于超跌之后，一般不坚定的筹码都被洗出去了，剩下的就是那些高位被套牢的投资者。这样如果拉起来的话，抛压不会太重，因而涨起来就会更加轻松。

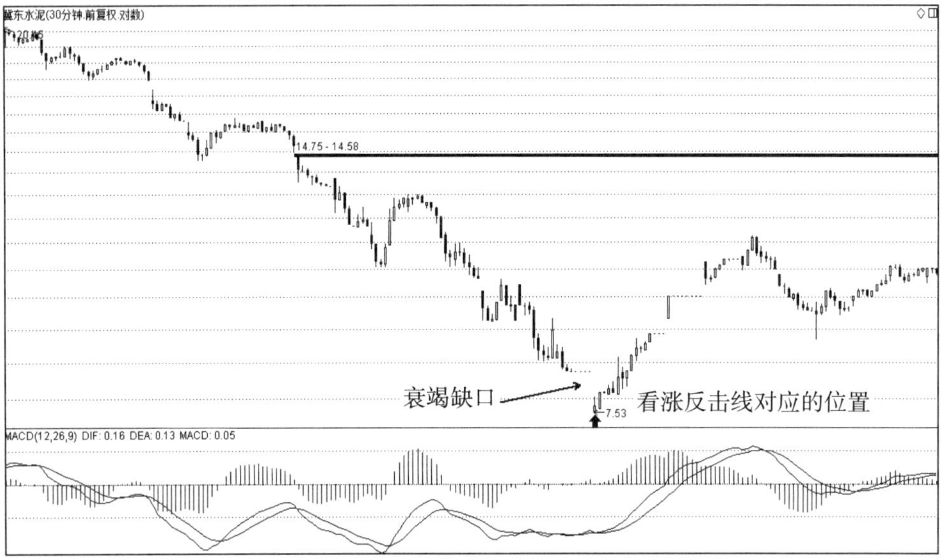

图6-1-86　冀东水泥（000401）日线看涨反击线对应的30分钟级别走势图

如图6-1-86所示，在日线看涨反击线对应的位置，出现了明显的衰竭性缺口，这是趋势见底的信号。图中向上箭头处对应的MACD指标，出现了低位严重钝化的特征，可以预期一波大级别的反弹即将开启。

46. 看涨反击线——第二类买点

如图6-1-87所示，本例中标示的下跌趋势，符合缠论定义的标准模型——两中枢下跌。最后一个中枢盘整背驰的买点，构筑了这个下跌趋势的第一类买点。其中，10.56元位置出现了一个低位看涨孕线K线组合，这个底部反转K线组合构造的第一类买点是可以把握的。

之后的看涨反击线构筑了第二类买点，符合缠论形态学的标准定义，并不难把握。其中，关键在于验证这个第二类买点的有效性。要进行验证，就需要下降级别，从次级别走势类型转化的角度来判断。

图6-1-87　东北证券（000686）日线图

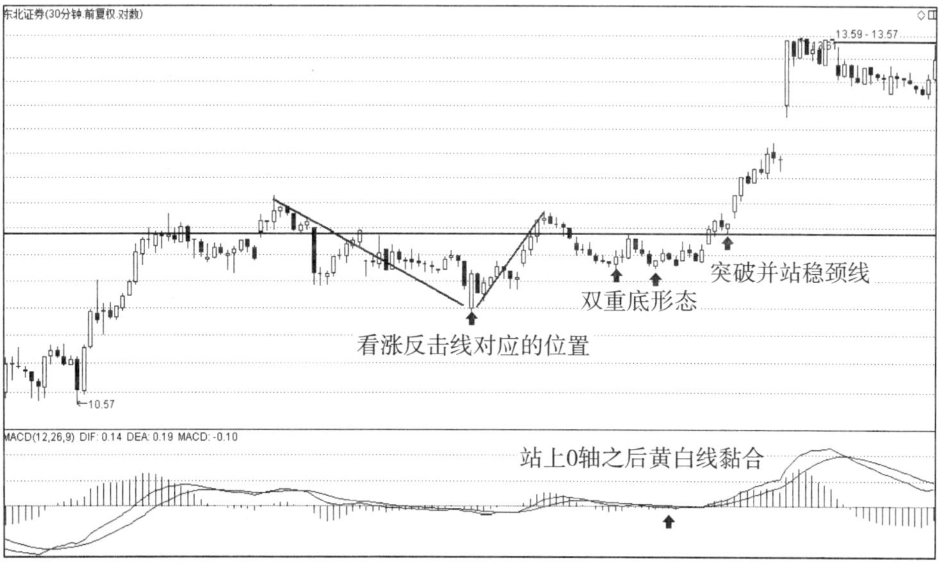

图6-1-88　东北证券（000686）日线看涨反击线对应的30分钟级别走势图

如图6-1-88所示，对应的次级别图上，可以看到看涨反击线之前的下跌走势被一波次级别上涨突破，这就标志着前下跌走势结束。次级别的回抽，出现了一个明显的双底形态，这个双底形态也可以看作一个中枢。

双底位置的两个向上箭头处，分别构成了中枢震荡买点，这是价格最优的买入点。其后，双底形态的颈线位被有效突破并站稳，前面说小型中枢的第三类买点走出来，这个时候也可以介入，其后走势就进入了大幅拉升的过程。

47. 看涨反击线——第三类买点

图6-1-89　方正电机（002196）日线图

如图6-1-89所示，本例中，第三类买点处是一个看涨反击线K线组合。关于第三类买点，这里再次强调，其本质是上涨趋势的底部区间构筑完毕之后，价格第一次回撤的结束点。第三类买点，一般是主力资金建仓完毕，处于箭在弦上，不得不发的状态，因此往往会有快速获利的机会。

选择第三类买点，一般不能离底部区间太远。离得太远，底部建仓的交易者就要开始逐渐止盈，这样会形成一定程度的抛压，从而对盘面的持续上涨构成打压。

当然，所谓的构建完毕，也可能会有失败的可能性。例如有人捣乱、抢筹码或者砸盘等，这属于大户之间的战斗，散户大可不必理会，只需要根据合力的方向进行买卖就可以了。一旦买点被证明是无效的，那么其后往往会有较长的不应期，以时间或者空间的方式再度调整，积蓄做多力量，才能发起新一波攻势。

如图6-1-90所示，在对应的30分钟图表上，第一个向上箭头处，是看涨反击线最低点对应的位置。第二个向上箭头处，是一个明显的看涨吞没形态。这不仅证明了前下跌走势结束，验证了日线图上看涨反击线构筑第三类买点的有效性，而且对操作提供了一个更好的买点。

当然，参看日线图，本例中日线第三类买点之后，走势并没有立刻开始上攻，而是先形成了一个新的中枢，而后突破新中枢继续上攻。其根本原因，就是日线第三类买点远离日线上涨的第一中枢，价格已经有了相当大的涨幅。获利盘止盈，必然会形成抛压，主力资金也有必要借助横盘整理的方式清理盘中的浮筹。这不是一下子能完成的，必须借助长时间的洗盘，消耗不坚定者的耐心，才能达到吸筹的目的。

图6-1-90　方正电机（002196）日线看涨反击线对应的30分钟级别走势图

48. 看涨反击线——中枢震荡买点

图6-1-91　神火股份（000933）日线图

如图6-1-91所示，本例中，向上箭头处的看涨反击线，构成了本级别中枢震荡的买点。中枢区间如图中方框处所示，价格数次在方框下沿止跌。图中向上箭头处，从单根K线的角度看，是一根实体较大的低位倒锤子线，而且还和前面的大阴线共同构造了一个看涨反击线形态。一旦该底部反转形态成立，那么就要立刻在次级别上验证其有效性。

如果次级别发生了走势类型转折，就要果断介入，或者在次级别上寻找更好的买点。否则，就等日线级别再次出现底部反转形态，然后重复上面的操作程序。这是基本的操作思路，思路不能乱。

图6-1-92　神火股份（000933）看涨反击线对应的30分钟级别走势图

如图6-1-92所示，30分钟图上，看涨反击线对应的位置，在本级别上并没有出现明显的背驰。对于没有明显背驰特征的第一类买点，按照缠论的标准方法，就是继续下降级别，用区间套方法寻找精确的买点。对于不想再下降级别，避免陷入层层迭代困境的交易者而言，方法就是结合反转K线组合来把握第二类买点。

本例中，第一个向上箭头处开启的一波上涨力度极大，和之前的反弹力度有明显的差异，这就给我们提供一个信号，一旦下面的一波回调不破4.20元的前低位置，就表明前下跌走势转折。日线图中看涨反击线构成的中枢震荡买点得到验证，可以积极做多。图中第二个向上箭头处，收出一根带长下影线的十字星，这本身具有极强的反转意味。

按照缠论K线分析技术确认买卖点的方法，原则上要下降级别，从次级别走势类型转折的角度去验证。投资者如果不愿意用太多的级别，可以用止损来应对判断失误的可能性。对于本案例，具体来讲，就是在第二个向上箭头处买入，后面一旦价格重新跌破4.20元，就证明前面对于买点的判断出错，前下跌走势将延续，这个时候就可以果断止损了。

注意，止损本质上是防范判断错误的一种方法。任何人，无论水平有多高，在判断后市走势，做出操作决策的时候，都有失败的可能性。错了怎么办？就是快速认错。当然，也可以赌后面还会回归正常。但是，也许你会面临更糟糕的可能性，为什么不及时认错呢？其实，只要按照缠论买卖点进行买卖，真正的止损空间一般来说都是极小的。如果投资者连这个空间都不能忍受，那还做什么投机？

第二节　顶部反转形态

1. 黄昏星——第一类卖点

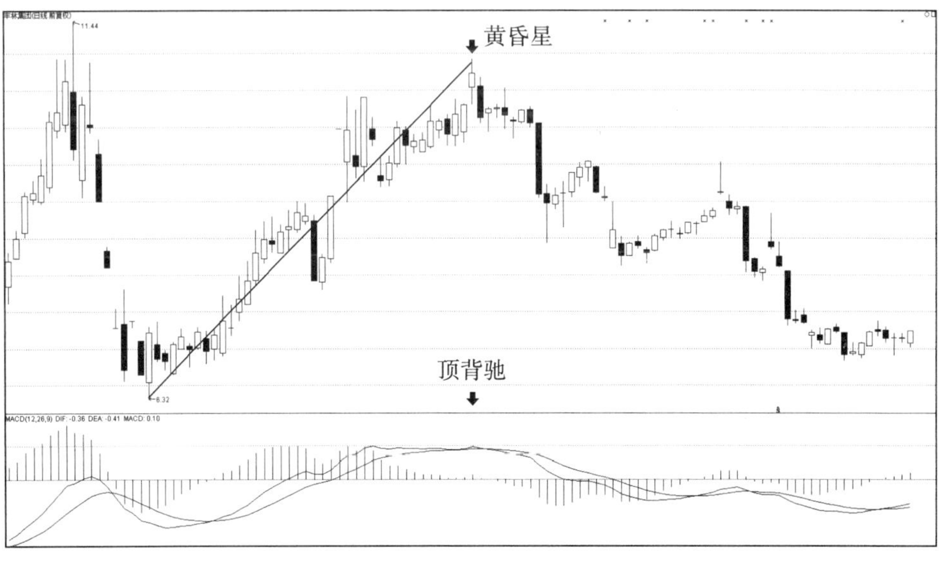

图6-2-1　丰林集团（601996）日线图

如图6-2-1所示，本案例中，MACD指标顶背驰的特征比较明显，红柱子面积萎缩，而且黄白线不能再创新高。K线图上的向下箭头处，是一个明显的黄昏星形态。当该K线形态出现时，一旦次级别走势类型发生转折，就可以确认这个第一类卖点了。

图6-2-2　丰林集团（601996）日线黄昏星对应的30分钟级别走势图

如图6-2-2所示，在对应的30分钟级别走势图上，当那根标志性的大阴线走出来，就可以确认走势类型发生了转折。此时，日线图上黄昏星构造的第一类卖点已经确认，交易者后面要做的就是逢反弹卖出，直到日线级别下跌出现明显的见底信号为止。

2. 黄昏星——第二类卖点

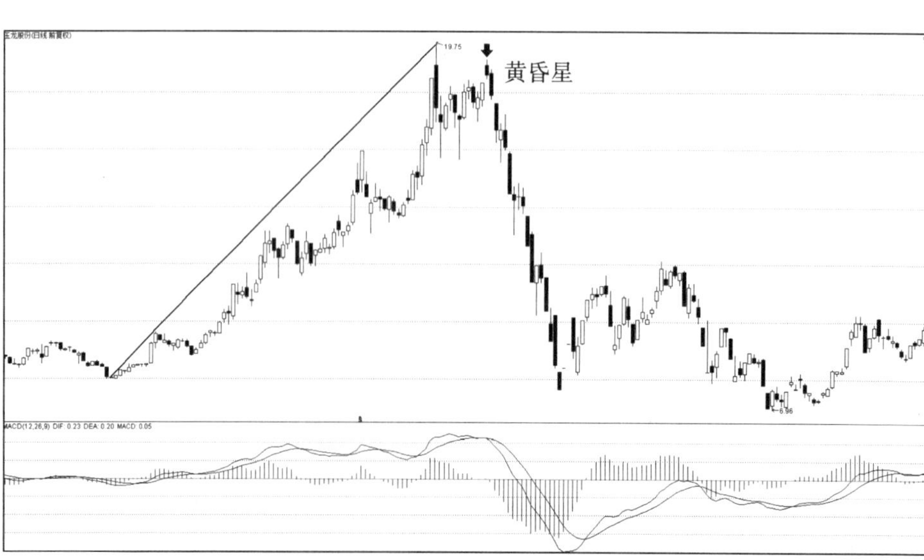

图6-2-3　玉龙股份（601028）日线图

如图6-2-3所示，本案例中，黄昏星出现的位置，股价不能冲破前期高点19.75元，一旦次级别出现走势类型转折，也就表明第二类卖点形成。这符合缠论形态学关于第二类卖点的标准定义。可以推定，一旦该卖点成立，后面或将出现一段中枢盘整，或者出现明显的下跌趋势。

图6-2-4　玉龙股份（601028）日线黄昏星对应的30分钟级别走势图

如图6-2-4所示，对应的30分钟级别走势图上，前上涨的第三笔（第一个向下箭头处是其结束点），与第一笔出现明显的盘整背驰。走势三笔完成，已经完美，后面随时可能转化成下跌走势。

当图中第二个向下箭头处的阴线走出来，可以说前面的上涨结束了，日线黄昏星构造的第二类卖点是有效的，这个时候就要果断退出了。

3. 黄昏星——第三类卖点

如图6-2-5所示，本案例中，类比标志性K线概念，图中所示的标志性线段，一举跌破前面上涨最后一个中枢，标志着前上涨结束。其后的一波次级别回抽，以一个黄昏星的顶部反转形态结束，并且未能重新进入中枢区间。一旦该黄昏星的有效性被小级别走势验证，就构成了标准的第三类卖点。

注意，不同的交易者，其眼中对走势类型转化的判断一定是不一样的，这也是市场非完全趋同性的体现。先知先觉者，能够在第一类买卖点当下判断；中等水平的操作者，能够把握第二类买卖点；后者后觉者，往往只有在类似图中的标志性线段走出来，才能做出明确的判断。

图6-2-5　金信诺（300252）日线图

能够尽早判断走势类型的转折，这固然重要，但是更重要的，是走势类型转化之后应对策略的调整。只要能够正确判断并正确调整策略，即便是后知后觉者，也依然能在市场中长期盈利，之后才是不断提高对买卖点精度的判断，扩大盈利水平。

当然，大部分的散户眼里没有什么走势类型，对走势类型的转化更是一无所知，这些人理所当然地就成了市场中的肥料。

图6-2-6　金信诺（300252）日线黄昏星对应的30分钟级别走势图

如图6-2-6所示，对应的30分钟级别图表上，MACD指标的两个向下箭头，对应的红柱子面积明显缩小，并且黄白线也出现了高位钝化的特征。这是一个预警信号，告诉我们前面的上涨走势可能出现了问题。

后面股价从高点处下来，一波力度极大的杀跌跌破了前期低点。其后的回抽在向下箭头处终止，并且不能再创新高，这就确认了走势类型的转折，验证了日线图中黄昏星构筑的第三类卖点的有效性。

4. 黄昏星——中枢震荡卖点

图6-2-7 南宁糖业（000911）日线图

如图6-2-7所示，本案例中，黄昏星标记的位置，实际上是日线级别走势第一波上涨的结束点。实际上，即便不出现该黄昏星形态，从走势必完美的角度出发，也应该知道任何级别的走势类型都至少有三笔，所以这个日线级别走势的第一波次级别上涨结束点是可以预期的。

当该黄昏星走出来，就应该问一问自己，这个日线第一波上涨是否结束了。缠论K线分析技术把握拐点的方法，就是本级别反转形态+次级别走势类型的转折。这个时候，就应该立刻打开30分钟级别走势图，去验证这个拐点的有效性。

如图6-2-8所示，对应的30分钟级别图表上，价格迭创新高。观察对应的MACD指标，红柱子面积出现了一定程度的缩减，而且MACD黄白线高位形成了一个双重顶形态，不能再随价格创出明显的新高，此时应该对这个上涨抱怀疑态度了。

图6-2-8　南宁糖业（000911）日线黄昏星对应的30分钟级别走势图

盘面上，第一个向下箭头前面的上涨趋势，已经明显走出了两个中枢。两中枢上涨走势，在不是特别强烈的市场强度下是一种普遍的存在。特别地，价格是以跳空缺口的方式突破前上涨趋势第二个中枢的，这种位置出现的缺口，是衰竭性缺口的可能性极大。

一旦缺口回补之后的回抽不能再创新高，可以断定前面的上涨结束了，次级别的下跌要开始了。盘面的走势正是这种情况，这也验证了黄昏星构造中枢震荡卖点的有效性，交易者可以抛出或者部分抛出筹码，耐心等待回跌结束。

5. 十字黄昏星——第一类卖点

如图6-2-9所示，本案例中的第一类卖点，是一个十字黄昏星形态。MACD指标上，十字黄昏星对应位置的黄白线在高位死叉之后，第一次回抽结束且出现了类似于弱收敛的情况，红柱子再也未能出现，这就意味着第一类卖点极大可能已经形成了。

如图6-2-10所示，对应的30分钟级别走势图上，29.85元开始的第一波回调，就跌到了前上涨最后一个推动段的50%的水平，这就说明前面的上涨出现了问题。之后的回抽在向下箭头处结束，未能创出新高，这也验证了日线十字黄昏星构造第一类卖点的有效性。

图6-2-9　慧球科技（600556）日线图

图6-2-10　慧球科技（600556）日线十字黄昏星对应的30分钟级别走势图

6. 十字黄昏星——第二类卖点

图6-2-11中第二类卖点是由十字黄昏星顶部反转K线组合构造而成。值得注意的是，该黄昏星的第三根K线是一个标志性的大阴线。出现这种力度的下跌，一般无须验证次级别，就可以判断本级别走势发生了转折。

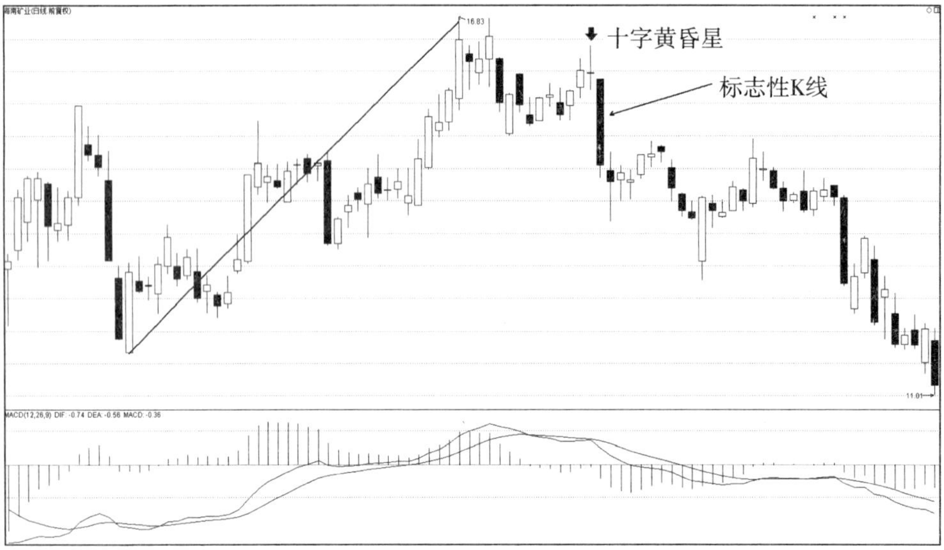

图6-2-11　海南矿业（601969）日线图

也许有人会说，出现这种力度的K线，如果等标志性K线走出来再卖出也太晚了，有没有更加精确的判定卖点的方法呢？这就要下降级别去观察了。

图6-2-12　海南矿业（601969）日线十字黄昏星对应的30分钟级别走势图

如图6-2-12所示，在对应的30分钟级别走势图上可以看到，箭头所指的K线，其前面三根K线中，第一根K线是一根中阴线，并且跌破了前期低点。之后两根K线与第一根K线形成并列阴阳线，这其实是一个极小级别的回抽。之后出现箭头所指的K线向下跌破前面三根并列阴阳线的小级别回抽，开始了新的下跌。这个位置就是最好的卖点，其后价格便开始大幅下跌。

这里交易者需要特别注意，一般来讲，在一波趋势中，调整段的级别幅度越小，其后的趋势推动段力度越大。这就如同战争，防守一方的力量越弱小，进攻一方越容易造成摧枯拉朽之势。反之，如果能够形成拉锯战，就说明双方势均力敌，极难发生一边倒的情况。

本例中，价格从高位杀下来之后，多方反抗力度极小，只是在盘面上制造了三根并列阴阳线的回抽，之后就被跌破。之后空方大发神威，快速杀跌也就不足为奇了。

7. 十字黄昏星——第三类卖点

图6-2-13　超图软件（300036）日线图

如图6-2-13所示，本案例中，十字黄昏星构造了一个远离中枢的第三类卖点。这种走势是在极端市场环境下发生的。其实，对于持股的交易者而言，34.68元处的顶分型构筑的第一类卖点就应该走。这个顶背驰，在MACD指标上也看得比较明白，何况高位还有强力的顶部反转形态出现。

即使把握不住这个第一类卖点，当价格以大阴线的方式跌破中枢底部的时候，就可以明确前面的上涨结束。极端的市场环境下，特别是顶部转折的情况，一旦确认走势类型结束，交易者应该立刻作出反应，而不是苦等远离顶部区间的第三类卖点。

很多初入门的交易者，往往把盈亏或者盈亏多少看得极端重要。市场中，重要的是走势类型，是趋势，盈亏只是走势类型派生的东西，是对顺势交易者的奖

图6-2-14　超图软件（300036）十字黄昏星对应的30分钟级别走势图

励。交易者如果总是“不住走势类型生心，住盈亏而生心”，是无法在市场中长期生存的。

如图6-2-14所示，日线十字黄昏星对应的30分钟级别走势图上，向下箭头处的第一类卖点比较明显。MACD指标上出现明显的顶背驰，可以让交易者当下判断前下跌走势结束，走势类型转折，这也验证了十字黄昏星构筑第三类卖点的有效性。

8. 十字黄昏星——中枢震荡卖点

图6-2-15　海螺水泥（600585）日线图

如图6–2–15所示，本案例中，一个十字黄昏星构造了中枢震荡买点。这个中枢，前面已经很明确了，其大概区间就是图中方框所示的区域。当价格重新回到高位，且出现顶部反转形态，应当毫不犹豫地抛出。

特别地，当该十字黄昏星走出来的时候，该中枢也走到了第五段。这是一个神奇数字，很多重要的拐点都和这个数字有关。一旦次级别同时出现走势类型的转折，就更加确认这个卖点的有效性了。

图6–2–16　海螺水泥（600585）日线十字黄昏星对应的30分钟级别走势图

如图6–2–16所示，对应的30分钟级别走势图上，向下箭头处是一个下跌吞没形态，典型的顶部反转形态，其创造的高点明显低于前期高点。这就表明30分钟级别上走势类型转折了，日线图上的中枢震荡卖点是有效的，可以放心大胆地抛空。

9. 看跌弃婴形态——第一类卖点

如图6–2–17所示，本例中，图中标示的看涨弃婴形态对应的MACD指标，顶背驰比较明显。之后的看跌弃婴形态，构筑了这个日线级别上涨的第一类卖点。

注意，顶背驰的本质是个趋势陷阱。操作中，参与市场的资金总量，在相对的时空内一般都是有限的。上涨，归根结底是由资金推动的。当市场连续上涨，并将价格推至高位的时候，市场高度趋同，看涨的资金也已经大部分入市参与交易。

图6-2-17　中钢国际（000928）日线图

特别对于最后的上涨，一般市场各路资金都已经陷入癫狂的状态。这时候，在没有新的增量资金入市的前提下，走势极易在利空消息的打压下出现拐点，这就是背驰。

图6-2-18　中钢国际（000928）日线看跌弃婴形态对应的30分钟级别走势图

如图6-2-18所示，在对应的30分钟级别走势图上，也容易看出次级别走势类型的转折。图中的下跌突破性缺口很明显，之后的标志性大阴线，也验证了日线看跌弃婴形态构筑的第一类卖点的有效性。

10. 看跌弃婴形态——第二类卖点

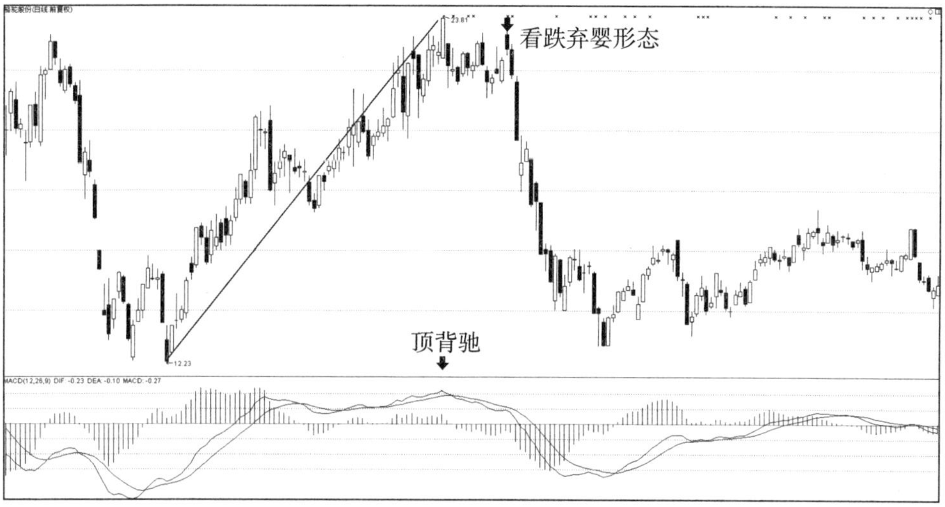

图6-2-19　骆驼股份（601311）日线图

如图6-2-19所示，本案例中，图中标示的上涨走势最高点——23.81元位置，对应的MACD指标上出现了明显的顶背驰，红柱子面积萎缩，而且黄白线也未能随价格的上涨推至高位。

如果价格从此处开始回跌，一旦回跌完成之后，一波新的次级别回抽不能创出新高或者盘整背驰，就是明确的第二类卖点。本例中，价格的回抽不但不能创出新高，而且以一个看跌弃婴形态结束了这个回抽过程，这时确认第二类卖点的可能性就比较大了。

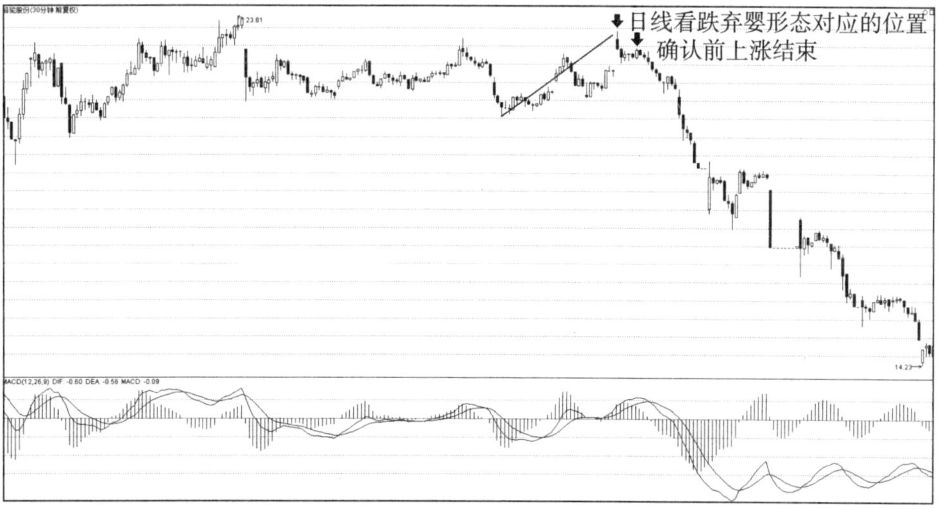

图6-2-20　骆驼股份（601311）日线看跌弃婴形态对应的30分钟级别走势图

如图6-2-20所示，对应的30分钟级别走势图上，第一个向下箭头处是一根高位倒锤子线，这本身就具有强烈的顶部反转意味。之后，价格走出并列阴阳线形态，这是一个极其微弱的调整，表明多方力量已经非常微弱了。之后价格继续下跌，跌破并列阴阳线的回抽格局，这也标志着走势类型发生转折。

11. 看跌弃婴形态——第三类卖点

图6-2-21　世纪鼎利（300050）日线图

如图6-2-21所示，本例中，价格以跌停的方式跌破高位中枢，之后的次级别反弹以一个看跌弃婴形态结束，未能再次进入前中枢区间，从而构筑了日线级别的第三类卖点。

注意，看跌弃婴形态的关键在于，中间那根K线的实体，和前后两根K线的实体之间都有缺口存在。看跌弃婴形态是强力的顶部反转形态，一旦出现，几乎可以百分之百确定这是一个波段上涨的终点。同理，看涨弃婴形态也算是强力的底部反转形态，一般都会成为波段上涨的起点。当然，是否需要操作，还得看整体的走势类型。

例如，上涨趋势中，只要趋势不结束，没有第一类卖点出现，那么顶部反转形态就可以不用理会，因为大级别上涨未完成。一个顶部反转形态，顶多造成一个波段回调，其后大概率还是会创新高的。

当然，对于波段操作者而言，还是有一定操作价值的。交易者可以利用它来打短差，降低成本。底部反转形态对于下跌趋势而言也是如此。

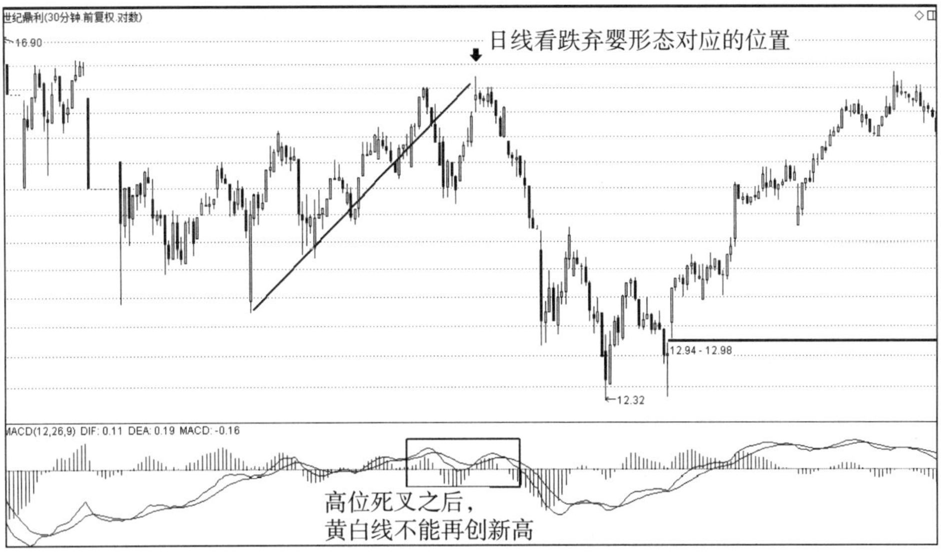

图6-2-22　世纪鼎利（300050）日线看跌弃婴形态对应的30分钟级别走势图

如图6-2-22所示，对应的小级别图上，可以看到MACD指标黄白线高位死叉之后，后面的红柱子面积出现衰减，并且黄白线不能再创新高，这是一个走势类型转折的信号。

特别地，K线图上向下箭头处出现了一系列并列阴阳线，之后的阴线下破该并列阴阳线区间。这种形态前面讨论过，配合日线图上的顶部反转形态，可以确认走势类型转折了。

12. 看跌弃婴形态——中枢震荡卖点

图6-2-23　中衡设计（603017）日线图

如图6-2-23所示，本例中，13.98元的位置是前下跌趋势的结束点。此处的底背驰，在MACD指标上也比较明显。底背驰之后，新的走势类型至少有三段，其中这个看跌弃婴形态如果能够被验证是明确的第一段上涨的结束点，后面必将构造新的中枢，这个看跌弃婴形态就是中枢震荡的卖点。

股谚有云："筑底需三月，筑顶只三天。"一般情况下，上涨趋势的第一中枢都会出现中枢延伸的情况。这个时候，该中枢的卖点是值得把握的。

缠论操盘的关键，就在于在上涨的筑底阶段建仓，并利用第一中枢反复做差价，摊薄成本。建仓完成之后，在中枢移动段坐轿子，在中枢震荡段利用机动资金做差价，直到上涨趋势结束全部抛出。

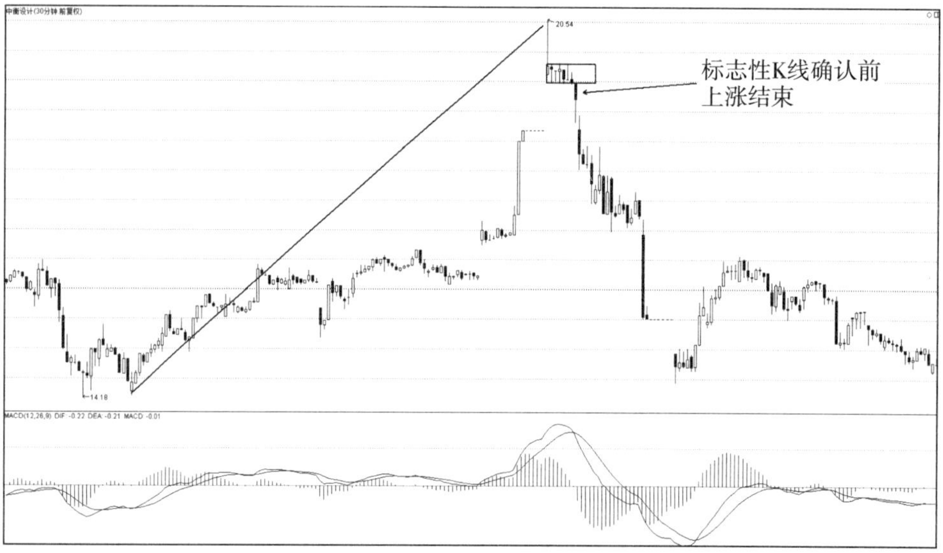

图6-2-24 中衡设计（603017）日线看涨弃婴形态对应的30分钟级别走势图

如图6-2-24所示，对应的30分钟级别走势图上，20.54元位置出现了一个带长上影线的高位倒锤子线，这是一个强烈的顶部反转形态。

其后以一系列并列阴阳线的形态进行回抽，显示多方力度极弱。之后出现的标志性阴线跌破并列阴阳线，标志着走势类型转折。这也验证了日线图上中枢震荡的卖点。

盘面上看，多方积弱显露无遗，其后一泻千里也就不足为奇了。

13. 三只乌鸦——第一类卖点

如图6-2-25所示，本案例中，三只乌鸦的形态构筑了日线上涨走势的第一类卖点，MACD指标顶背驰明显。其实，K线图上的向下箭头处，出现了一个明显的顶分型，这个时候就可以到小级别验证其有效性了。只不过三只乌鸦形态走出来之后，反转的意味更加强烈。

图6-2-25　上海普天（600680）日线图

如图6-2-26所示，对应的30分钟级别走势图上，价格从64.60元的位置跌下来之后，两次反弹不能突破前期高点，且都在图中水平线的位置受阻，这时候就可以判断走势类型转折了，这也验证了日线三只乌鸦构筑第一类卖点的有效性。

图6-2-26　上海普天（600680）日线三只乌鸦对应的30分钟级别走势图

当然，30分钟级别上，交易者也可以等第三类卖点。理论上，这个卖点一定会到来。但是没有方法保证什么时候会到来，也没人保证这个第三类卖点是否远离中枢。一般在上涨转下跌的情况下，一旦确定走势类型转折，就应该立刻卖出。

筑底需三月，筑顶只三天。大级别底部，通常会出现长期筑底的过程。经过连续上涨之后的顶部，操作者的反应速度一定要快。

14. 三只乌鸦——第二类卖点

图6-2-27　金龙汽车（600686）日线图

如图6-2-27所示，本案例中，上涨的顶背驰在MACD指标上比较容易判断。其后的反弹如果不创新高，就是明确的第二类卖点。当然，之后的第一次回抽并没有立刻结束，而是形成了一个缠论所说的中阴状态。

中阴状态可以看成一个中枢，是走势未确定的状态。当图中三只乌鸦的顶部反转形态走出来，这个走势就变得比较确定，操作者应该调整操作策略。

如图6-2-28所示，30分钟级别图表上，中阴状态对应的中枢区间非常明显。本书前面曾提出标志性K线的概念。类比这个概念，也可以得出“标志性线段”的概念。标志性线段就是指那些能够明确指明走势方向的线段。图中标示的线段，就是这种标志性线段。

注意，这种力度的跌破，绝对不可能是假跌破。传统技术分析理论所谓的有效突破，一般是指突破幅度在3%以上，维持3个时间周期。其实，这个数字只是一种“相”，不是本质。有效突破或者跌破的本质在于，市场参与者的心理发生了变化。一般大幅度跌破或者小幅跌破，其后回抽极其微弱的情况下，都会产生有效突破或者跌破。

图6-2-28　金龙汽车（600686）日线三只乌鸦对应的30分钟级别走势图

图中标示的标志性线段，就是这种大力度的有效跌破。之后的事情，就是捕捉回抽之后更好的卖点。

15. 三只乌鸦——第三类卖点

图6-2-29　东方电气（600875）日线图

如图6-2-29所示，本案例中，价格下破中枢之后，以一个低位锤子线形态开始反弹。这个反弹极其微弱，其后形成三只乌鸦形态，构筑了第三类卖点。

注意，前面曾说过低位锤子线构筑三类买点的例子，然而本例中的锤子线，并不能构成本级别的买点。其原因在于，这个时候上涨刚刚转化为下跌，下跌刚刚开始，哪里会有什么买点？

这个锤子线开启的反弹极其微弱，表明多方完全无力回击，其后的快速杀跌也就在情理之中了。

图6-2-30　东方电气（600875）日线三只乌鸦对应的30分钟级别走势图

如图6-2-30所示，日线图上，三只乌鸦形态的连续杀跌力度极大，构筑的第三类卖点走出来，走势已经非常明确，基本不需要次级别走势类型的转化去验证其有效性了。当然，对于反应慢，第三类卖点走出来之后还持有多单的交易者而言，小级别的价值在于寻找回抽中的卖点。

图中第二个向下箭头位置，就是这个回抽中的卖点。虽然价格已经很低了，但依然有操作价值。大部分个人投资者往往都是一根筋，其实先卖再买也是一种操作。本例中，在反弹结束点卖出，低位再回补，即便是被套，亏损也会少很多。

16. 三只乌鸦——中枢震荡卖点

如图6-2-31所示，本案例中，高位形成了一个宽幅的中枢震荡格局，而且这个中枢震荡是一个明显的双重顶形态。一旦右肩位置出现波段上涨结束的迹象，交易者就应该高度警惕。

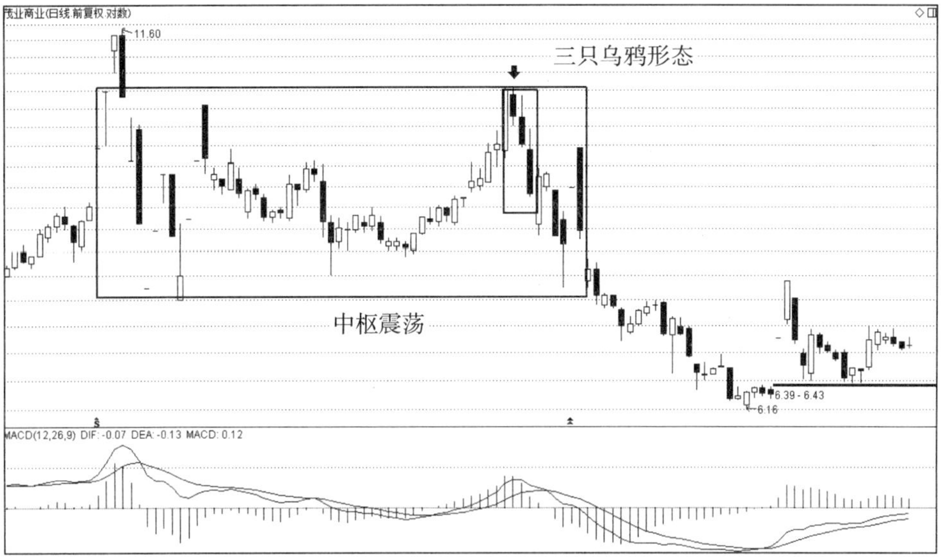

图6-2-31　茂业商业（600828）日线图

当三只乌鸦顶部反转形态走出来，这个中枢震荡的卖点就非常明显了，双重顶形态也基本得到确认。

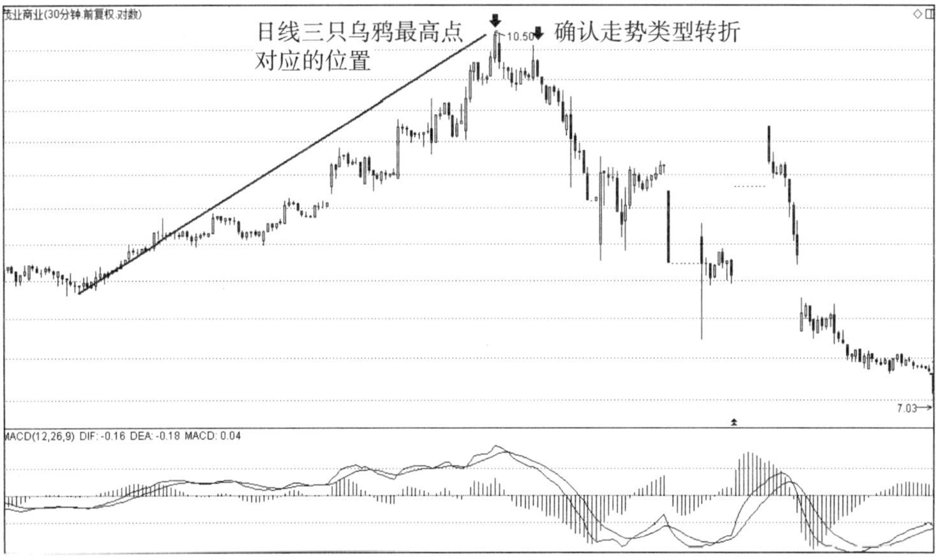

图6-2-32　茂业商业（600828）日线三只乌鸦对应的30分钟级别走势图

如图6-2-32所示，对应的30分钟级别走势图上，当第二个向下箭头走出来，价格不能升破前期高点，并且MACD指标出现高位死叉的情况，就可以判断走势类型发生了转折。这个时候，日线图上三只乌鸦的顶部反转形态并没有走出来，但顶分型已经确认无疑。这个时候应该果断开启做空程序，而不是等到三只乌鸦顶部反转形态确认再下手。

17. 高位锤子线——第一类卖点

图6-2-33　新钢股份（600782）日线图

如图6-2-33所示，本例中标示的三段式上涨，是以一根高位锤子线结束的，这就是一个第一类卖点。

也许有人会问，没有背驰，没有盘整背驰，为什么走势还会结束呢？其实，最根本的原因就在于走势有不可预测的特性。正常情况下，卖点一般是由背驰或者盘整背驰构成的，但是如果遇到突发而且不可预测的利空因素，再牛的市场也会突然转折甚至是断崖式大跌。这就是所谓的黑天鹅。

换个角度反向思考一下，如果所有第一类卖点都是由标准的背驰或者盘整背驰构成的，这就是有招的状态。看金庸小说应该知道，但凡有招的功夫，必然能被破解。所以，功夫的最高境界就是“无招胜有招”。

同理，对于交易而言，最高明的境界就是“当下应对”。过去已经不可逆，未来还不存在，因此走势只有当下，交易也只能当下交易。趋势当下走坏，就要当下反应，否则就要多挨刀子。

前面曾多次说过，暴涨之后，必然会面临大幅度回撤或者长时间横盘。该股从高位跌下来，形成了一个并列阴阳线的形态。其后的跳空缺口一旦出现，那就是非走不可的状态了。

18. 高位锤子线——第二类卖点

图6–2–34　华鼎股份（601113）日线图

如图6–2–34所示，从缠论形态学角度讲，本例中的第二类卖点无须多说。黄白线高位死叉之后第一次回抽不能再次金叉，也符合第二类卖点的特征。对于该股的操作而言，只需要验证向下箭头标示的高位锤子线是波段的结束点即可。

从本级别的角度讲，当图中箭头所指的标志性K线走出来，这个波段的结束点也就确认无疑了。当然，想要更精确的话，还需到小级别上进行验证。

图6–2–35　华鼎股份（601113）日线高位锤子线对应的30分钟级别走势图

如图6-2-35所示，次级别上，向下箭头处对应的是日线高位锤子线高点的位置。从高点跌下来之后，两次回抽不能创新高，就在此位置生成了一个弱势中枢。

《缠中说禅：教你炒股票》一书中，曾经提到过中枢震荡监听器，可以用那个监听器度量一下这个中枢。这个弱势中枢，给我们提供了一个预警信号。

其后，该中枢被向下跌破，验证日线级别上的第二类卖点成立。30分钟走势图上第二个向下箭头处，给持股者提供了最后一个符合交易原则的逃跑机会，错过它，后面就又是一番生死了。

19. 高位锤子线——第三类卖点

图6-2-36　中材科技（002080）日线图

如图6-2-36所示，本案例中，又是一个远离中枢的第三类卖点。该卖点是一根高位倒锤子线，不同之处在于，这种锤子线实体与前面K线实体之间存在明显的缺口，因此又叫做吊颈线。该形态就像一个上吊的人高高地挂在上面一样。这是一种典型的骗线，也是一种极其强烈的顶部反转形态。该形态极少出现，一旦出现，就要高度警惕。

如图6-2-37所示，日线图中吊颈线构筑了第三类卖点，其走势类型的转折在次级别上更加明显。图中标示的上涨末端，出现了一个衰竭性缺口，其后该缺口被快速回补，之后的回抽不能创出新高，这就意味着要有更大的反趋势到来。

图6-2-37　中材科技（002080）日线高位锤子线对应的30分钟级别走势图

20. 高位锤子线——中枢震荡卖点

如图6-2-38所示，本案例中，日线级别的中枢很容易辨识。对于中枢，操作就是震荡策略，高抛低吸。具体来讲，就是中枢高位遇顶部反转形态多转空，中枢低位遇底部反转形态空转多，如此持续，直至中枢被破坏。

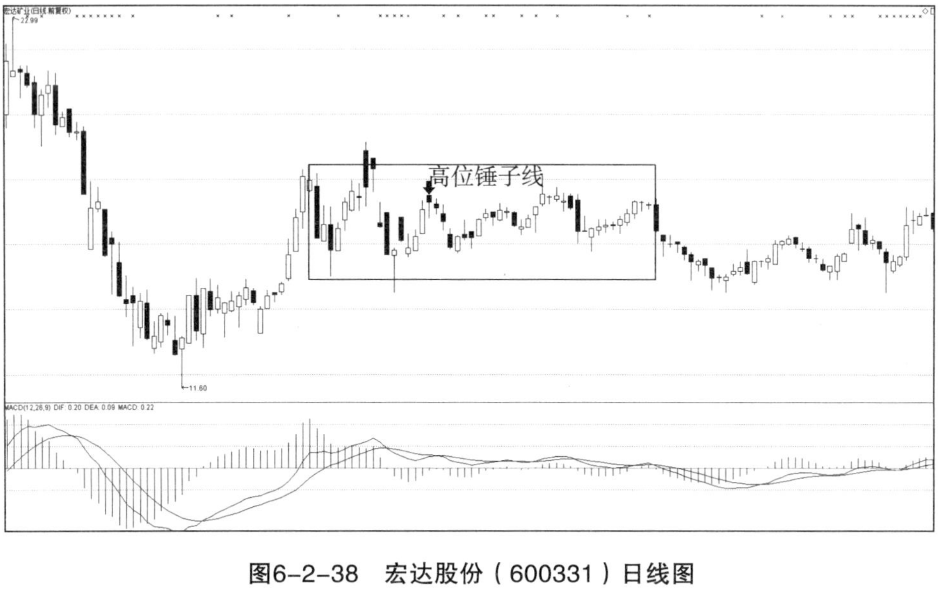

图6-2-38　宏达股份（600331）日线图

图中的向下箭头处，收出一根高位锤子线，也可以说是吊颈线，这是典型的顶部反转形态。当该K线出现时，要到小级别上验证其有效性，同时寻找更好的卖点。

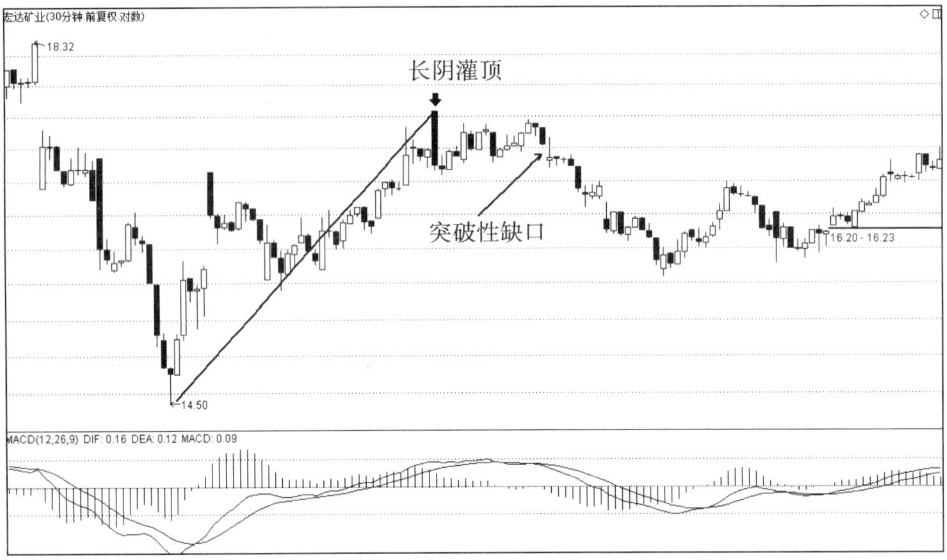

图6-2-39　宏达股份（600311）日线高位锤子线对应的30分钟级别走势图

如图6-2-39所示，30分钟级别走势图上，标记的上涨末端，第一个向下箭头处，出现了一根高开低走的大阴线，这种K线也叫作长阴灌顶形态。出现这种形态，要警惕上涨走势结束。

其后的回抽不能升破长阴灌顶K线的高点，之后又出现了一个突破性缺口。这种缺口明确了走势类型的转折，也验证了日线级别高位锤子线构筑的中枢震荡卖点。

21. 高位倒锤子线——第一类卖点

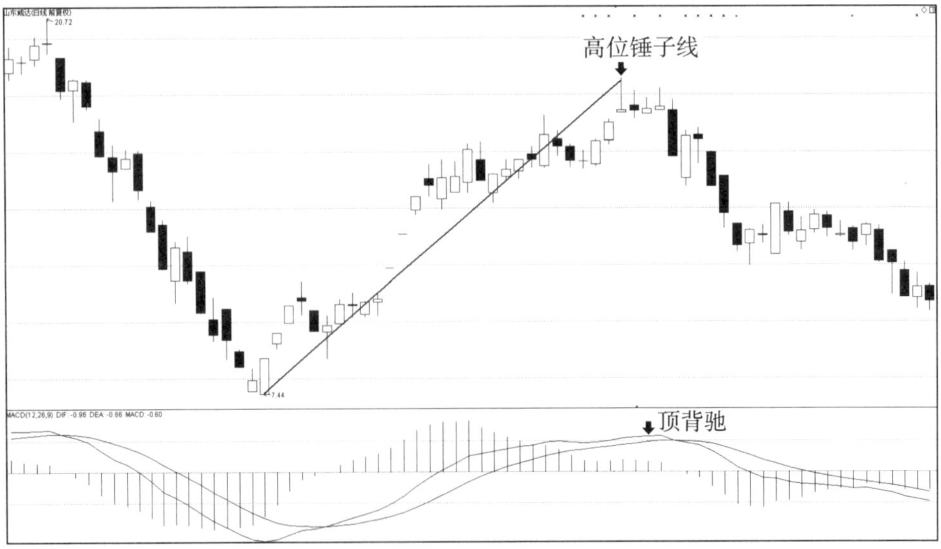

图6-2-40　山东威达（002026）日线图

如图6-2-40所示，本案例中，高位倒锤子线构成了上涨走势的第一类卖点。注意，一般情况下，这种上影线较长、实体极小的倒锤子线，也被称作墓碑线，意为该K线像墓碑一样，标志着走势终结。

实际上，该墓碑线之后一连出现三根墓碑线，这四根K线共同构成并列阴阳线形态。其后一根大阴线跌破并列阴阳线区间，标志着上涨走势正式结束。

图6-2-41　山东威达（002026）日线高位倒锤子线对应的30分钟级别走势图

如图6-2-41所示，对应的30分钟级别图表上，四根墓碑线构成的中枢非常明显，这是上涨+盘整+下跌的形态。

当图中的标志性K线跌破中枢区间的时候，就意味着走势类型的转化完成了，投资者应当果断卖出。这个标志性K线也是该转折中最好的卖点。

22. 高位倒锤子线——第二类卖点

如图6-2-42所示，该案例中，高位倒锤子线构筑了符合定义的第二类卖点，而且该K线和前后两根K线共同构成了一个黄昏星形态，这也是一个标准的顶分型。

一般来讲，没有顶分型就没有顶。投资者可以等待顶底分型出现后再决定买卖，到时只需验证顶底分型的有效性即可。但是当分型形态位于关键位置，且其中包含类似锤子线、倒锤子线之类的反转形态时，单根K线可以为交易者提供更好的买卖位置。特别是对于卖点而言，一旦确认有效，后面往往会大幅下跌。如果不能利用更加有利的卖点卖出，往往会回吐很大的利润。

图6-2-42　一汽夏利（000927）日线图

如图6-2-43所示，对应的30分钟级别走势图上，日线图上高位倒锤子线对应位置开启了一波下跌。其后的回抽不能突破前高，且在30分钟K线图上形成了一个三只乌鸦顶部反转形态，这就意味着本级别前面标示的上涨走势发生了转折，日线高位倒锤子线构筑的卖点得以验证。

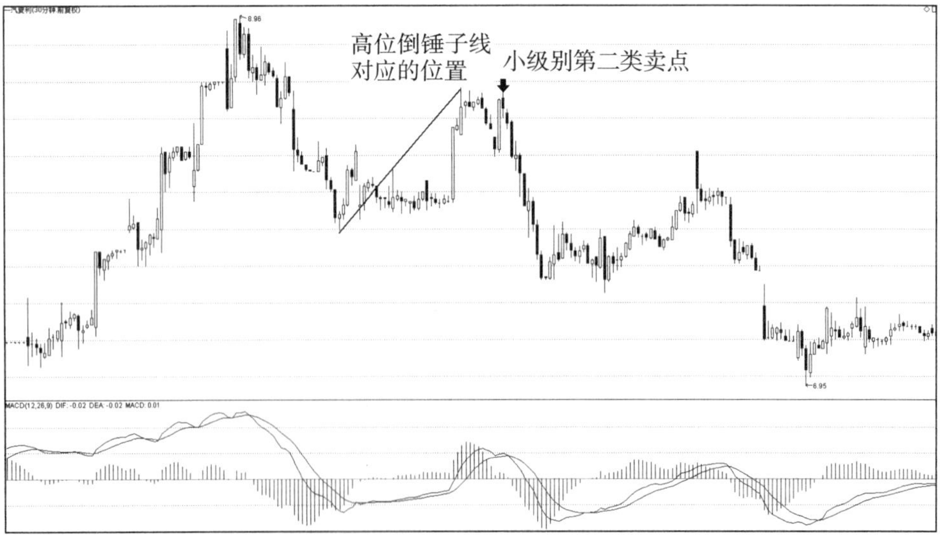

图6-2-43　一汽夏利（000927）日线高位倒锤子线对应的30分钟级别走势图

23. 高位倒锤子线——第三类卖点

如图6-2-44所示，本案例中，一根高位倒锤子线构筑了日线级别的第三类卖点。这个第三类卖点，其实是和第二类卖点重合的，这也是下跌走势中最强力的一种走法。同理，上涨中，二三类买点重合的走势也是最强力的走法之一了。

图6-2-44　麦达数字（002137）日线图

为什么强调二三类买卖点？因为其后的走势是必然的。为什么是必然的？因为走势必完美的特性。也就是说，任何走势都至少有三个次级别走势——一个中枢，这是被逻辑必然保证的。至于后面的事情，就是不断提高把握买卖点的能力以及精确度的问题了。对于投资者而言，能把握和不能把握，能精确把握和不能精确把握，日积月累，差别肯定就非常大了。

图6-2-45　麦达数字（002137）日线高位倒锤子线对应的30分钟级别走势图

如图6-2-45所示，对应的30分钟级别走势图上，出现一个突破性缺口，其后的回抽以并列阴阳线的方式进行。对下跌来讲，这是一种强势整理形态。这个时候可以断定走势类型大概率已经发生了转折，日线级别上的第三类卖点被验证有效。

24. 高位倒锤子线——中枢震荡卖点

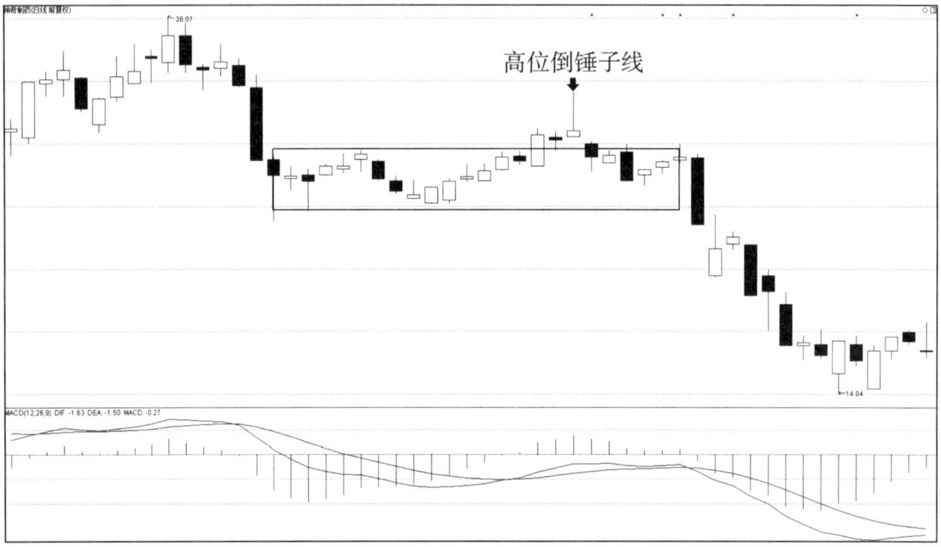

图6-2-46 神奇制药（600613）日线图

如图6-2-46所示，本案例中，向下箭头处的那根K线，早盘收出大阳线形态。临近尾盘，才在空方的打压下走出了一个墓碑线的顶部反转形态。这是一个假突破的骗线，这也是本书前面提到的K线走出来或者接近走出来再分析并操作的原因所在。

当然，并不是说K线不走出来就不能交易。交易者完全可以利用止损来挽回判断错误带来的负面影响。但对于大多数普通投资者而言，接受止损是一件非常煎熬的事情。所以，在真正能够从容面对止损之前，还是按部就班，等K线走出来或者接近走出来再做决策。

如图6-2-47所示，对应的30分钟级别走势图上，股价从23.63元的高位跌下来之后，先是出现了一个并列阴阳线的整理形态，其后的标志性阴线跌破前面并列阴阳线的形态，从而确认了走势类型的转折。这个时候，交易者就可以大胆地把握这根高位倒锤子线构筑的中枢震荡卖点了。

图6-2-47　神奇制药（600613）日线高位倒锤子线对应的30分钟级别走势图

25. 看跌吞没形态——第一类卖点

如图6-2-48所示，本例中，日线级别上涨走势的第一类卖点，是由看跌吞没形态构筑的，其对应的MACD指标顶背驰也比较明显。

关于这个看跌吞没形态，大家可以分析一下其内在的心理因素。吞没之前的第一根K线，表明多方进展顺利。第二天多方依旧积极，开盘价仍然高于前一天的实

图6-2-48　通葡股份（600365）日线图

体。只是多方在前进的过程中突然遭遇空方的强力打击，抛盘无情地打下来，最终将价格推至前一天的低价位之下，导致前一交易日买入的投资者悉数被套。

这其实很像战争中的伏击战。例如，在抗美援朝战争中，我国志愿军入朝之前，联合国军一路高歌猛进，甚至推进到中朝边境附近。随后志愿军秘密入朝，对之实施突然打击。对美军而言，这就是一个不好的信号了。

图6-2-49　通葡股份（600365）日线看跌吞没形态对应的30分钟级别走势图

如图6-2-49所示，次级别图上，走势类型的转折也容易验证。图中箭头所指的标志性的一笔下跌，其回撤幅度接近百分之百的水平。这一笔下跌，彻底破坏了前面的上涨格局。

这种破坏之前走势格局的笔，也被称作标志性笔。一般这一笔走势出来，交易者就要调整自己的策略了。例如本例中，逢反弹卖出就是最好的策略。

26. 看跌吞没形态——第二类卖点

如图6-2-50所示，本例中，看跌吞没形态构筑了日线级别的第二类卖点，向下箭头所指的大阴线，具有明显的标志性意义。

本案例中下跌只有三笔。第三类卖点之后，紧跟着新的上涨的第二类买点。这个买点，如果从周线级别走势上看，正好是周线的第二类买点，属于大小级别买点重合的情况。这种多级别共振产生的买卖点，其后的走势往往比较凌厉。

图6-2-50　广东明珠（600382）日线图

如图6-2-51所示，对应的30分钟级别走势图上，价格从14.67元的高位跌下来之后，第一次同级别反弹两次被上档阻力线阻挡，多方两次均未能突破空方的防线，后市看淡。

及至图中标示的标志性K线走出来，这个新的下跌走势得以明确。其后并列阴阳线构筑的买点，就是本级别下跌最后的逃命机会了。

图6-2-51　广东明珠（600382）日线看跌吞没对应的30分钟级别走势图

27. 看跌吞没形态——第三类卖点

图6-2-52　龙元建设（600491）日线图

如图6-2-52所示，本案例中，价格下破中枢之后的第一次次级别回抽，以一个看跌吞没顶部反转形态结束，并且不能进入中枢区间。如果小级别上出现了走势类型的转折，那么该看跌吞没形态就构成了标准的第三类卖点。第三类卖点之后，至少有一个波段的下跌。

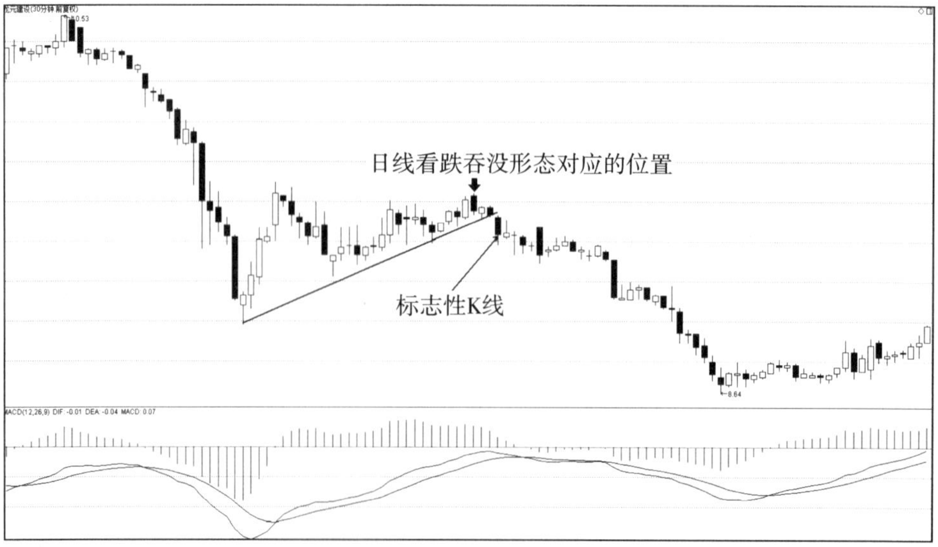

图6-2-53　龙元建设（600491）日线看跌吞没形态对应的30分钟级别走势图

如图6-2-53所示，小级别上可以看到，跌破日线中枢之后的调整，是以一个三角形整理的方式进行的。图中标示的趋势线，就是这个三角形整理的下轨。

三角形整理，其内部结构一般有五笔，这是一个神奇数字。一般五笔之后，如果三角形下轨被跌破，那么就意味着整理结束。图中向下箭头所指的K线，正是第五笔下跌，其后出现的标志性K线跌破了三角形下轨道，宣告了三角形整理结束，并验证了日线级别上的第三类卖点。

28. 看跌吞没形态——中枢震荡卖点

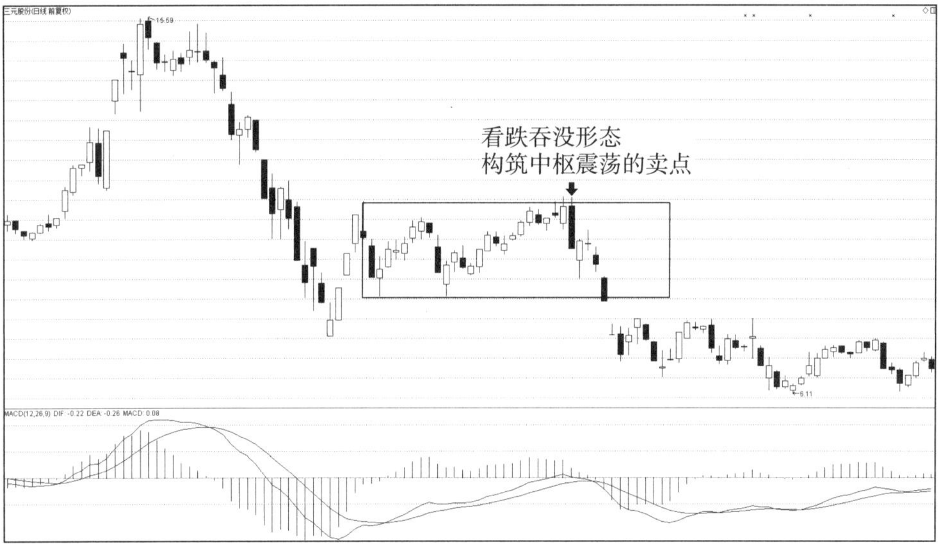

图6-2-54　三元股份（600429）日线图

如图6-2-54所示，本案例中，中枢区间比较明确，一个看跌吞没形态构成了一个中枢震荡的卖点。

注意，对于中枢震荡的操作，如果是下跌中的中枢，就要把握其卖点，尽量回避买点。这是因为随着时间的推移，下跌中枢向下破位的概率更大。同理，对于上涨中的中枢，应当把握其买点，回避其卖点。

所谓顺势而为，首先是要顺大级别的趋势。即便是在小级别上做波段，操作方向也应该和大级别趋势一致，否则极易造成被套或者踏空的局面。其实说到底，踏空和被套都是一回事，或者是方向做错了，或者是买卖点没把握住，如此而已。

如图6-2-55所示，小级别上，单单是那一笔下跌，就已经明确破坏了之前的上涨格局，也验证了日线级别上中枢震荡卖点的有效性。之后的反抽，只是构筑了一个更好的卖点而已。

图6-2-55　三元股份（600429）日线看跌吞没形态对应的30分钟级别走势图

注意，对于类似本案例所示的走势，由一笔凌厉的下跌引发的走势类型转折一旦确认，就应该有所行动。理论上讲，走势必完美，第二类卖点一定会到来，但是不知道它什么时候到来，或许卖点距离顶部会很远。也不知道卖点以怎样的方式到来，或许只是一个极其微弱的横盘整理。最稳妥的方法，就是分仓卖出。上涨被明确否定的时候卖一部分，其后等标准的第二类卖点。同理，对于买点而言，如此操作也可以防止全部踏空的情况发生。

29. 乌云盖顶——第一类卖点

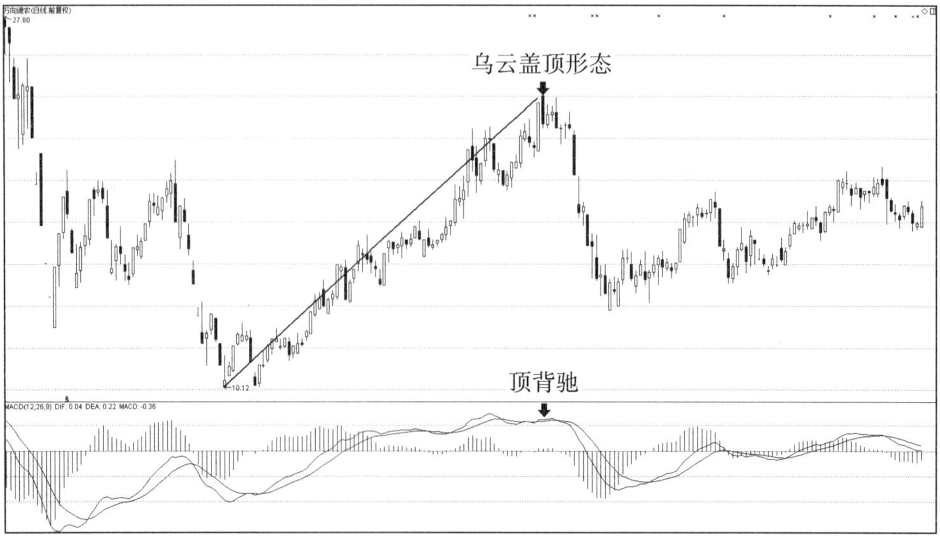

图6-2-56　万向德农（600371）日线图

如图6-2-56所示，本例中，乌云盖顶形态构筑了第一类卖点。MACD指标上，红柱子不创新高，黄白线也不随价格创新高，这是明显的顶背驰信号。如果次级别走势类型发生了转折，就可以验证这个第一类卖点了。

图6-2-57　万向德农（600371）日线乌云盖顶形态对应的30分钟级别走势图

如图6-2-57所示，对应的30分钟级别走势图上，标示的上涨线段被一个新的下跌线段破坏。大家知道，线段被破坏的充要条件是被新的线段破坏。所以，当这个新的下跌线段走出来，日线图上的第一类卖点就得到了验证。

30. 乌云盖顶——第二类卖点

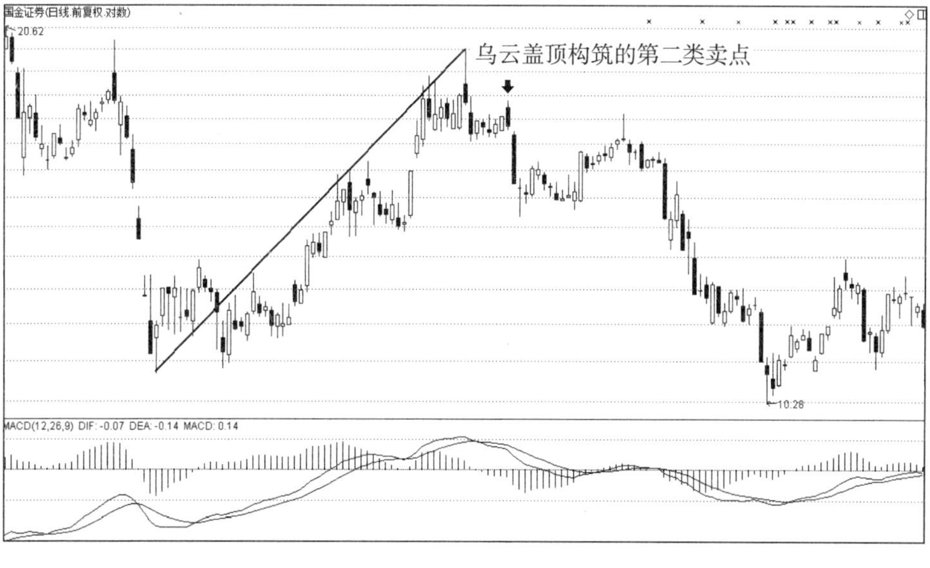

图6-2-58　国金证券（600109）日线图

如图6-2-58所示，本案例中，上涨的第一类卖点，其特征并不明显。向下箭头处标记的乌云盖顶顶部反转形态，其实就是一个最好的卖点。

一旦反抽不创新高，且出现了顶部反转形态，就给交易者发出了预警信号。这个时候应该打开次级别走势图，去看看次级别走势类型是否发生了转折。

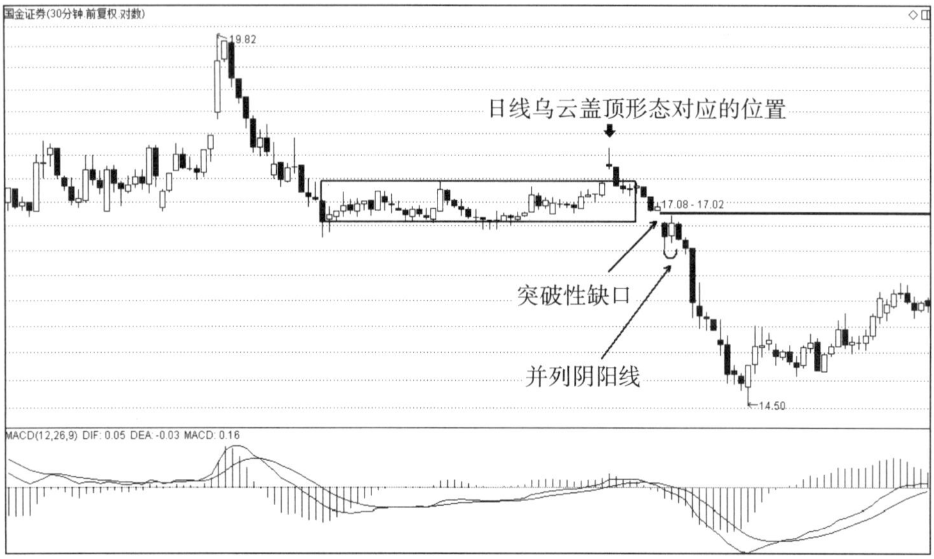

图6-2-59　国金证券（600109）日线乌云盖顶形态对应的30分钟级别走势图

如图6-2-59所示，对应的30分钟走势图上可以明显地看到，日线图上的回抽是以一个中枢的方式展开的。日线乌云盖顶形态的高位，构成了一个中枢震荡卖点。

这个时候，我们并不能明确地说这个中枢结束了。当图中突破性缺口下破中枢，走势类型就真正发生了转折。突破性缺口后出现了并列阴阳线形态，这是下跌中强势整理的过程，如果发生在突破性缺口之后，大跌一般在所难免。

31. 乌云盖顶——第三类卖点

如图6-2-60所示，本例中，一个乌云盖顶形态构筑了日线级别的第三类卖点。这符合第三类卖点的标准定义，没有什么好说的。需要注意的是，本例中第三类卖点之后的次级别下跌不能跌破前期低点，这就构成了新走势类型的第二类买点。

有些人总认为，第三类买卖点之后必然会大涨或者大跌，这其实都是思维过于模式化了。没有人事先知道第三类卖点之后一定会大跌，或者一定会跌破前期的低点，第三类卖点只能保证其后有一个次级别的下跌。经历过大涨或者大跌之后的第三类买卖点，往往会形成新的中枢，或者不破前低，形成新走势类型的第二类买卖点，本案例就是个鲜明的例子。对于交易者而言，关键是要丢掉模式化思维，当下判断。

图6-2-60　明星电缆（603333）日线图

如图6-2-61所示，次级别上，日线乌云盖顶位置是一个盘整背驰的买卖点。这个位置并不能断定走势类型发生转折，但当图中标志性K线走出来，情况就发生了变化。日线乌云盖顶形态出现之后的第二天，价格是跳空低开的。

图6-2-61　明星电缆（603333）日线乌云盖顶形态对应的30分钟级别走势图

在30分钟级别走势图上，也能看出这个缺口。这个缺口位于中枢之中，是个普通缺口。一般来讲，普通缺口都会被回补。但本例中，当标志性K线出现之后，缺口并未被回补，这是一个不正常的信号。

综合判断，日线的反弹已经到了前中枢的下沿，这是个强大的阻力线；日线上出现了乌云盖顶顶部反转形态；30分钟线上普通缺口未被回补，且出现了标志性K线。这个时候，就应该果断做空了。

注意，趋势或者盘整中，任何点位都有可能突然转折，从而打破原来的格局。为什么要在买点买，卖点卖？不仅因为判断对了之后获利空间最大，更因为一旦判断错误，止损的空间最小。例如在本例中，即便在30分钟走势图上的缺口之后买入，一旦出现标志性K线，走势突然逆转，容错的空间也微乎其微。

32. 乌云盖顶——中枢震荡卖点

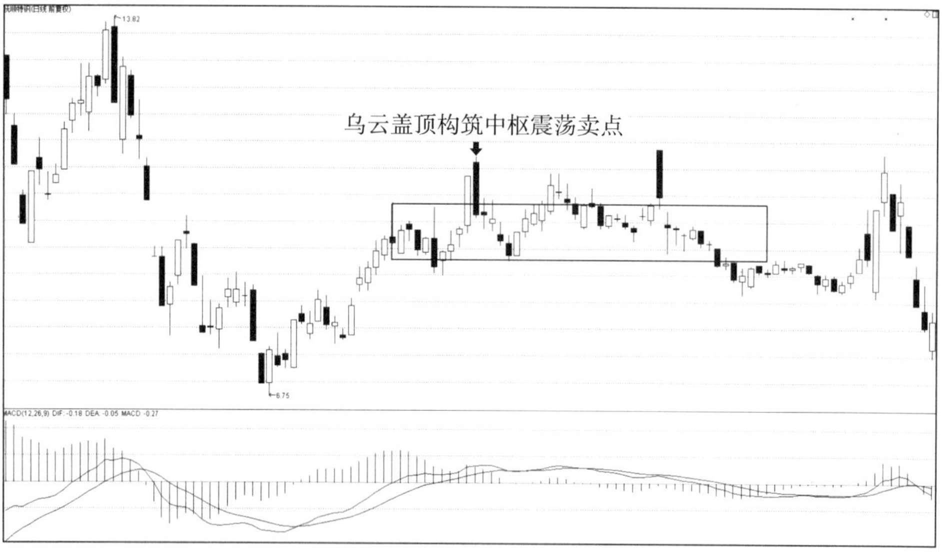

图6-2-62　抚顺特钢（600399）日线图

如图6-2-62所示，本例中，乌云盖顶形态构筑了中枢震荡卖点。在MACD指标上，向下箭头处对应的红柱子面积明显缩减，这是一个典型的盘整背驰。

盘整背驰，除了少数转化为第三类买卖点之外，一般都形成中枢新生或者延续中枢震荡的走势。其波段的结束点，一般都会形成中枢震荡的买卖点。

如图6-2-63所示，30分钟级别走势图上，价格从向下箭头处的高位跌下来之后，先是以并列阴阳线的方式进行强势整理，之后价格以一个长阴实体跌破并列阴阳线的区间。这是一个标志性K线，其出现标志着走势类型转折正式成立，也验

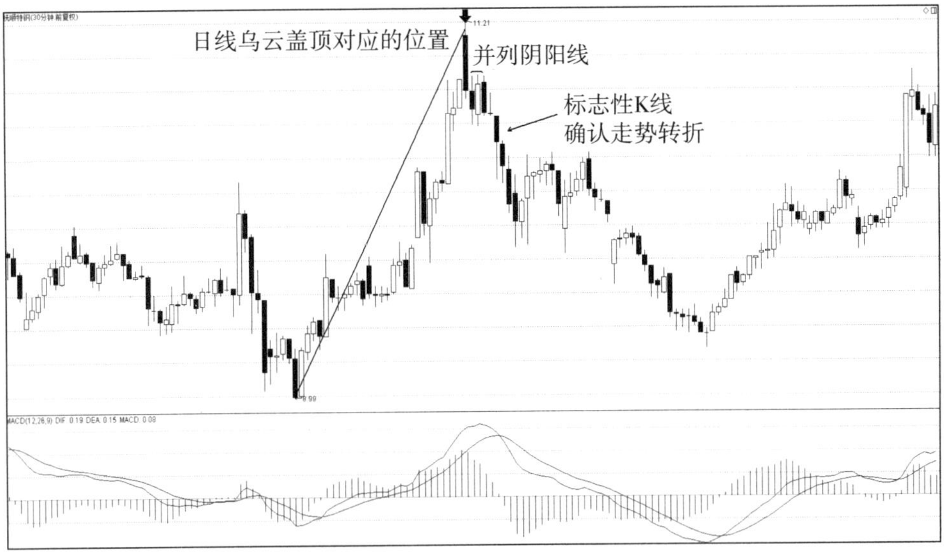

图6-2-63 抚顺特钢（600399）日线乌云盖顶形态对应的30分钟级别走势图

证了日线级别上中枢震荡卖点的有效性。

33. 看跌孕线与看跌十字孕线——第一类卖点

如图6-2-64所示，本例中，一个看跌孕线顶部反转形态，造成了日线级别上涨走势类型的转折。该看跌孕线形态是在冲高之后形成的，冲高之后的顶部反转形态交易者要特别警惕，遇到暴利可以先拿了再说。

图6-2-64 豫能控股（001896）日线图

注意，买卖点都是由背驰造成的，但并非都是由本级别背驰造成的，有的可能由次级别造成，有的甚至可能由更小级别的背驰造成，这就给操作者造成了困扰。

操作者一般很难同时关注多个级别，即便关注多个级别，由于小级别背驰大部分都只能造成小级别的转折，从多个小级别背驰中寻找大级别转折点，就成为极困难的事情。这也是本书提出的从大级别K线组合入手，以小级别走势类型转折验证大级别买卖点从而简化操作的原因所在。这样做不仅能够提高判断的准确度，也能过滤掉小级别背驰所引发的对大级别转折点的恐慌感，让交易者能够以更稳健的心态尽可能多地把握趋势利润。

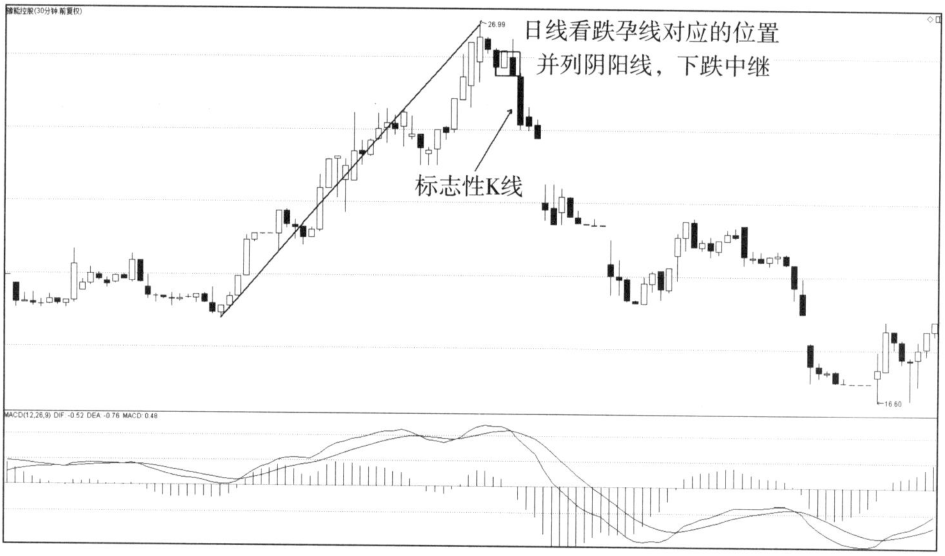

图6-2-65　豫能控股（001896）日线看跌孕线形态对应的30分钟级别走势图

如图6-2-65所示，对应的30分钟级别走势图上，MACD指标顶背驰是比较清楚的。从K线图角度分析，高位跌下来之后，先是走出一个并列阴阳线形态，之后标志性K线下破并列阴阳线区间，明确了30分钟走势类型的转折。

这个转折发生在日线走势冲高之后，前面说过，冲高之后，极大可能会出现长时间的盘整或者大幅度回调，那么交易者何不先跳出来看看再说呢？

34. 看跌孕线与看跌十字孕线——第二类卖点

如图6-2-66所示，本例中，一个看跌十字孕线形态构筑了日线级别的第二类卖点。第二类卖点一般是在上涨趋势明显被破坏之后第一波回抽的波段终点。由于走势必完美，其后必然会有至少一段次级别的下跌。

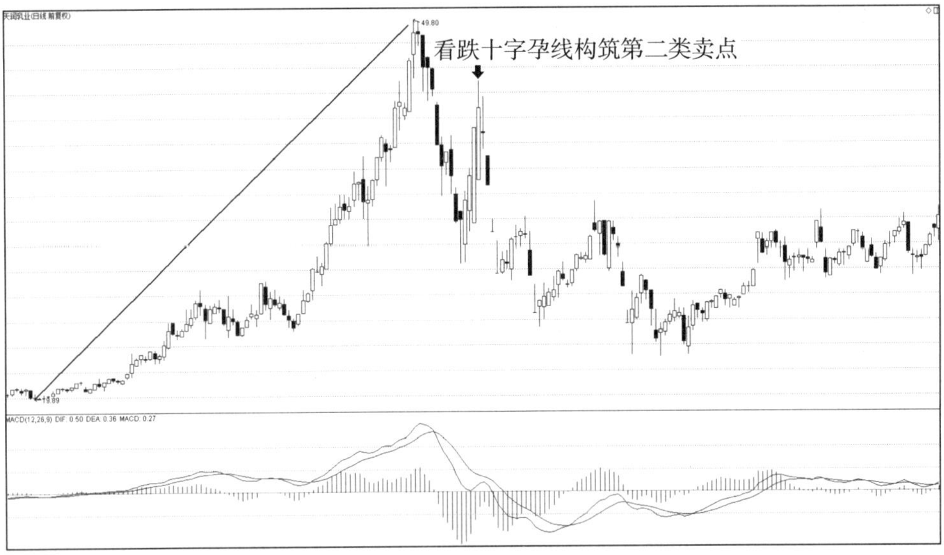

图6-2-66　天润乳业（600419）日线图

本案例中，高位跌下来的力度如此之大，因而第一段结束之后，就可以断定前面的上涨结束了。做多的交易者可以趁回抽出货，做空的交易者可以趁回抽开空单或者加空单。

如图6-2-67所示，小级别上，走势类型的转折也很明显，突破性缺口基本上就宣告了前上涨走势的死刑。其后的回抽在第一个向下箭头处结束，这也是一个高位倒锤子线的顶部反转形态，并且不能升破前期高点，这样就制造了一个更好的卖点。

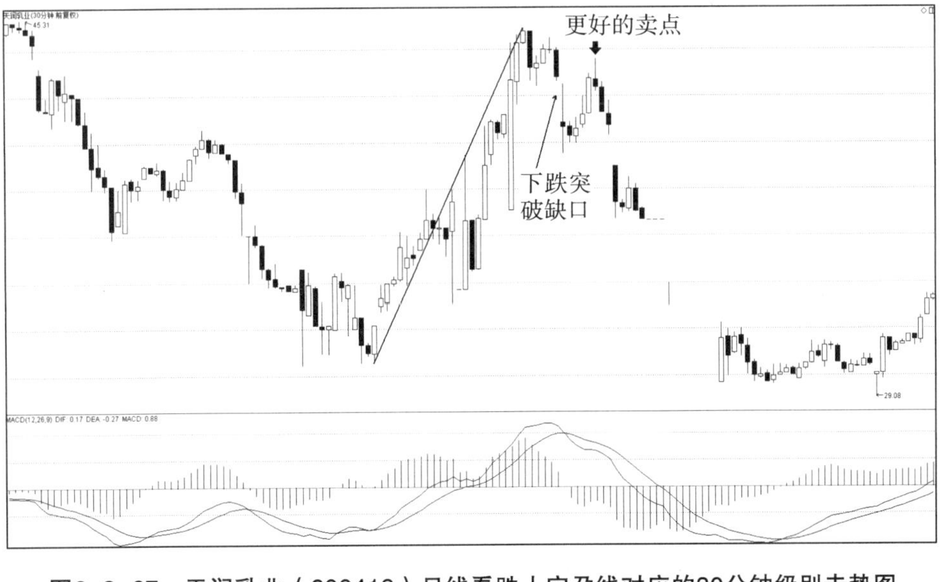

图6-2-67　天润乳业（600419）日线看跌十字孕线对应的30分钟级别走势图

35. 看跌孕线与看跌十字孕线——第三类卖点

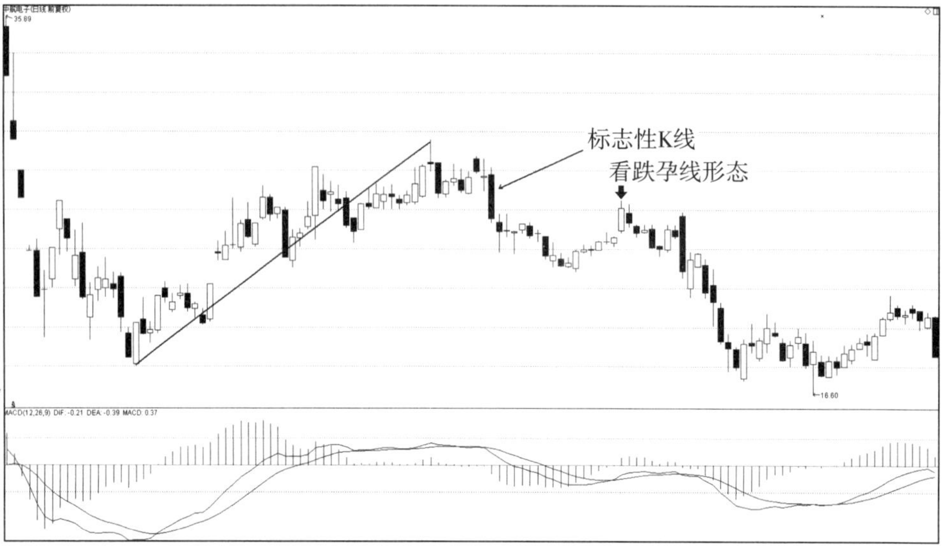

图6-2-68 中航电子（600372）日线图

如图6-2-68所示，本例中，第一个向下箭头处的看跌孕线形态，制造了下跌走势的第三类卖点。

交易者可以看前上涨走势明确的转折信号，就是图中所示的那根标志性K线。之所以称之为“标志性”K线，就是因为它们要么揭示了走势类型的转折，要么揭示了买卖点成立，因而在操作中具有指向性的意味。

图6-2-69 中航电子（600372）日线看跌孕线对应的30分钟级别走势图

如图6-2-69所示，对应的次级别上，日线级别的看跌孕线形态对应着一个高位的倒锤子线，这是一个强烈的顶部反转形态。

高位跌下来之后，先是以并列阴阳线的方式进行回抽，以后以突破性缺口的方式破掉并列阴阳线的区间，宣告了走势类型转折，这也验证了日线级别第三类卖点的有效性。

36. 看跌孕线与看跌十字孕线——中枢震荡卖点

图6-2-70 丽江旅游（002033）日线图

如图6-2-70所示，本例中，一个看跌孕线形态构造了中枢震荡的卖点。对应的MACD指标上，红柱子面积衰减，黄白线力度明显减弱，这是明显的盘整背驰。

值得注意的是，本例中的中枢是一个顺势的中枢。中枢震荡一般可分为顺势中枢、平台型中枢与扩展型中枢三类。其中，扩展型中枢，次级别走势上上下下，较为凌乱。这是多空双方激烈交锋的表现，震荡时间往往较长，其后的走势一般不会太激烈。平台型中枢一般会走出一个较为规则的矩形空间，其后的走势也比较强；顺势中枢，价格会随着趋势方向震荡向上，其后的走势最强烈，但极容易产生中枢震荡陷阱，价格跌破中枢区间的下轨。力度最大的推动段，往往发生在陷阱之后。

那些平台型中枢所产生的中枢震荡买卖点，或者顺势中枢出现陷阱之后的买卖点，往往是最值得操作的买卖点。

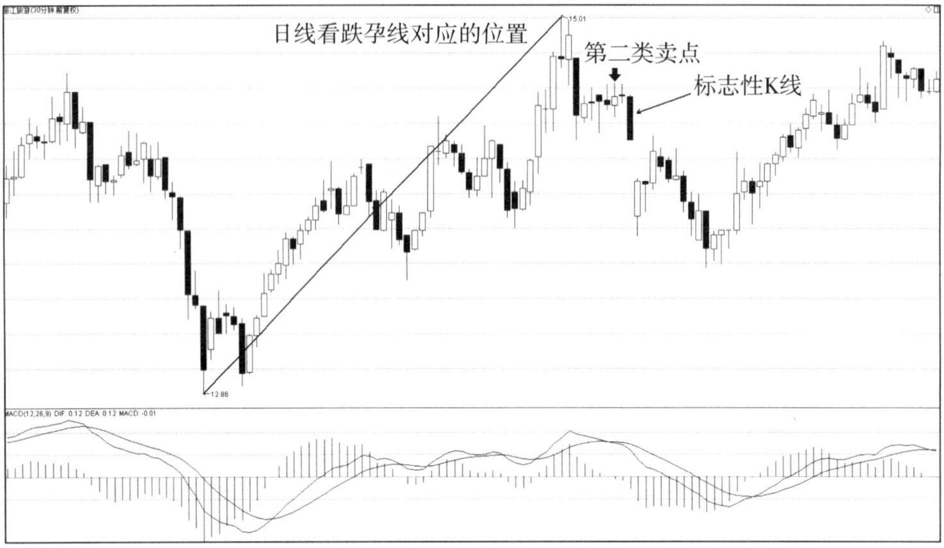

图6-2-71　丽江旅游（002033）日线看跌孕线对应的30分钟级别走势图

如图6-2-71所示，次级别上高位跌下来之后，先是以并列阴阳线的形态进行回抽，其后的标志性大阴线跌破了并列阴阳线的区间，也意味着走势类型发生转折，交易者可以在此做卖出操作了。

当然，如果不做日线中枢震荡操作，这个卖点完全没有必要参与，这就涉及交易者个人操作风格的问题了。

37. 平顶形态——第一类卖点

图6-2-72　神火股份（000933）日线图

如图6-2-72所示，本案例中，平顶形态实际上构成了第一类卖点的操作区间。当然，当图中标志性阴线走出来之前，技术上并不能确认这个第一类卖点，平顶形态更有可能是一个上涨中继。当标志性K线走出来之后，便可以明确这个走势类型的转折了。

图6-2-73　神火股份（000933）日线平顶形态对应的30分钟级别走势图

如图6-2-73所示，次级别图表提供了更好的卖点。在大级别下跌已经明确的前提下，交易者可以在图中两个向下箭头处的顶部反转形态处逢高卖出。

38. 平顶形态——第二类卖点

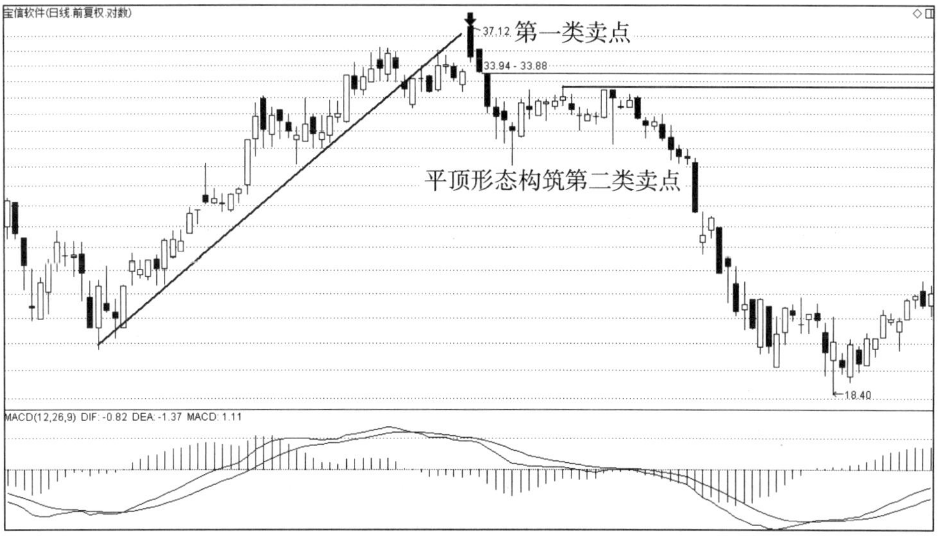

图6-2-74　宝信软件（600845）日线图

如图6-2-74所示，本案例中，平顶形态构筑了日线级别第二类卖点。关于这个日线级别走势类型的转折，交易者要特别注意那个长阴灌顶形态构筑的第一类卖点。在上涨走势已经运行了较大幅度的前提下，一个带衰竭性缺口的长阴灌顶形态，很大概率会引起走势类型的转折。

长阴灌顶之后的下跌波段，大力跌破前上涨走势的趋势线，其后第一次回抽以平顶形态宣告结束，这就形成了第二类卖点。

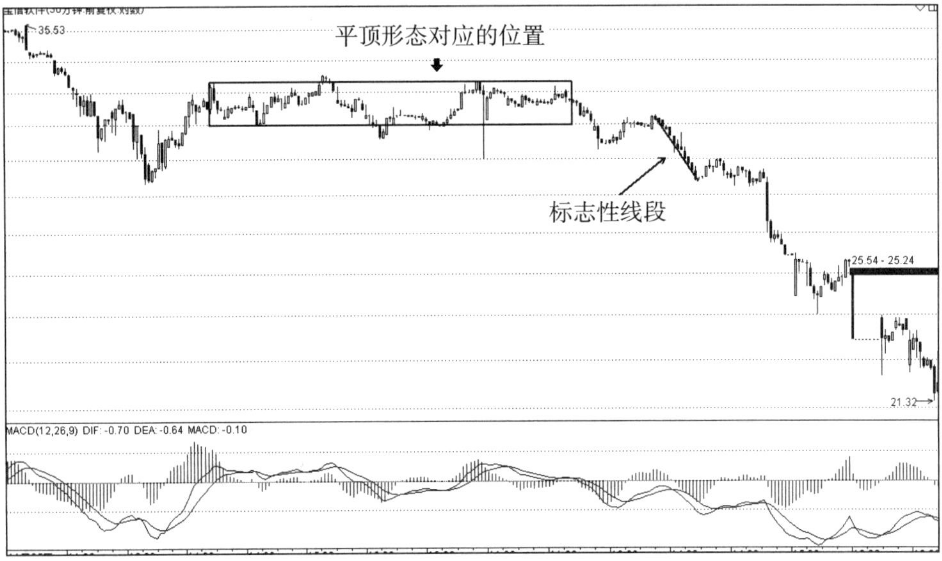

图6-2-75　宝信软件（600845）日线平顶形态对应的30分钟级别走势图

如图6-2-75所示，次级别图上，箭头所指的标志性线段，彻底结束了日线平顶形态对应位置形成的中枢震荡格局，验证了日线第二类卖点的有效性，也是极为明确的卖出段。

39. 平顶形态——第三类卖点

如图6-2-76所示，本例中，价格下破中枢之后，以一个平顶形态结束次级别的回抽，从而构筑了第三类卖点。其后跳空缺口后面的标志性K线，则从本级别上验证了第三类卖点的有效性。

注意，关于买卖点的验证，并不一定要从次级别上验证，有的走势本级别上就可以验证，只不过这往往需要等待一个单位K线。市场冲顶结束之后，一个本级别的单位K线，往往意味着较大的跌幅，这并不是最优的选择。大多数情况下，交易者并不需要等待一个本级别单位K线，直接从次级别就可以验证，这样做会更加精确。

图6-2-76　宏发股份（600885）日线图

如图6-2-77所示，次级别上向下箭头处，同样是一个标准的第三类卖点，同时走出一个长阴灌顶的K线形态。

前面曾说过，这种带有衰竭性缺口的长阴灌顶形态一旦出现，就意味着上涨走势结束。结合前面对中枢的跌破，可以明确判断这个走势类型的转折，从而验证了日线第三类卖点的有效性。虽然这个验证信号出现得比较晚，但并不妨碍整体的操作。

图6-2-77　宏发股份（600885）日线平顶形态对应的30分钟级别走势图

40. 平顶形态——中枢震荡卖点

图6-2-78　工大高新（600701）日线图

如图6-2-78所示，本例中，平顶形态构成了中枢震荡卖点。值得注意的是，这是一个向上突破的陷阱。价格突破前中枢震荡区间之后横向整理，这是个强势整理态势。一般来讲，强势整理意味着洗盘，其后往往会有大力度的拉升。但是本例中，强势调整之后，价格却以一个标志性K线向下突破，从而导致高位买入者悉数被套。

缠论K线分析技术强调右侧交易，也即只有明确的右侧信号走出来才介入交易。本例中，所谓的强势整理形态，一直未有明确的右侧买入信号，因而完全没必要买入。

即便交易者在强势整理区间买入，一旦遇到图中的标志性K线，就证明自己的分析出现了错误，这个时候唯一应该做的就是快速退出。

注意，做交易和做分析完全是两个路数。交易者就像一位将军，要对盈亏负责，更注重应对的及时性。打得赢就打，打不赢就跑，我党凭借这个法宝，最终取得了全国性的胜利。做分析更像做参谋工作，参谋的关键在于分析的正确性，尽可能让自己的分析完全符合市场的发展，尽可能让作战计划适合战场的情况。但是，没有任何明确的分析报告能够完全描述市场，除非你在玩弄文字游戏，也没有任何一份作战计划能够应对所有的战场变化。

成功的交易者非常注重分析工作，尽可能地提高预测正确的概率，但是更注

图6-2-79　工大高新（600701）平顶形态对应的30分钟级别走势图

重对突发状况的处理应对。从根本上讲，临场应变能力往往决定着一个交易者的生死。

如图6-2-79所示。前面曾说，要尽可能等单位K线完成或者接近完成再做判断。对于某些快速变动的市场，如果硬要等单位K线完成，往往会错过更大的机会。

像本例中，当开盘时出现向下的跳空缺口，就应该快速查看次级别图上到底发生了什么。次级别图上那个跳空缺口，一举跌破了前面震荡的底部，这就意味着走势极大可能发生了转折。

其后先是走出并列阴阳线形态，阴线跌破并列阴阳线的区间。虽然这个时候日线图上的标志性K线并未完成，但可以很明确地判断日线平顶形态构筑的中枢区间极大概率已经完成，这个时候就应该果断卖出，而不是机械地等待日K线的完成。

对于操作者而言，既要坚持原则，又要适度灵活。如何把握这个“度”，要在实战中反复磨炼。

41. 看跌捉腰带线——第一类卖点

如图6-2-80所示，本案例中，看跌捉腰带线构筑了日线上涨的第一类卖点。对应的MACD指标上，顶背驰比较容易分辨，因而一旦该看跌捉腰带线顶部反转形态被确认，就是明确的第一类卖点。

图6-2-80　佳都科技（600728）日线图

这里和读者探讨一下交易思维方式的问题。对于走势来讲，走势类型的转折和买卖点出现的必然性，以及走势必完美，是逻辑所保证的，是演绎法的结果，是交易中最值得依赖的港湾。但对于主观判断来讲，无论走势类型的转折，还是买卖点的捕捉，我们的思维方式都是归纳法，即如果盘面出现了某类特征，就可以认为走势类型发生了转折或者出现了买卖点。

归纳法这种思维方式有其天生的缺陷。某种特征对于走势类型转折或者买卖点，用逻辑的语言来讲，可能既非充分条件，也非必要条件。对于交易者而言，分析水平高，代表着正确的概率高。

当判断错误的时候，能够及时认清并及时应对，这代表着交易的水平。对于突发事件的应对能力，是交易者在市场上生存的根本。这就如同开车，在平直的马路上谁都会开车，真正决定驾驶者水平的，是对突发事件的判断与应对能力。否则，一场车祸就足以车毁人亡，交易亦复如是。

如图6-2-81所示。回到技术分析层面，在对应的30分钟级别走势图上，日线看跌捉腰带线对应位置是一个看跌吞没形态，一根大阴线吞没前面的并列阴阳线区间，这本身就具有极强的看跌味道。

其后，30分钟级别上走出一个弱势的中枢。当图中标志性K线出现并破掉弱势中枢的底部时，就可以明确判断走势类型发生了转折，这个时候就该做卖出操作了。

图6-2-81　佳都科技（600728）日线看跌捉腰带线对应的30分钟级别走势图

42. 看跌捉腰带线——第二类卖点

如图6-2-82所示，本案例中，上涨走势的末端，25.19元的位置，MACD指标出现了背驰信号。其后的一笔下跌，跌破了前面的低点。

图6-2-82　西藏城投（600773）日线图

这属于动力学顶部和形态学走势类型转折信号共振，一般可以断定走势类型发生了转折。其后的第一次回抽，就构成了第二类卖点。实战中，问题的关键在于对看跌捉腰带线构筑的顶部反转形态有效性的验证。

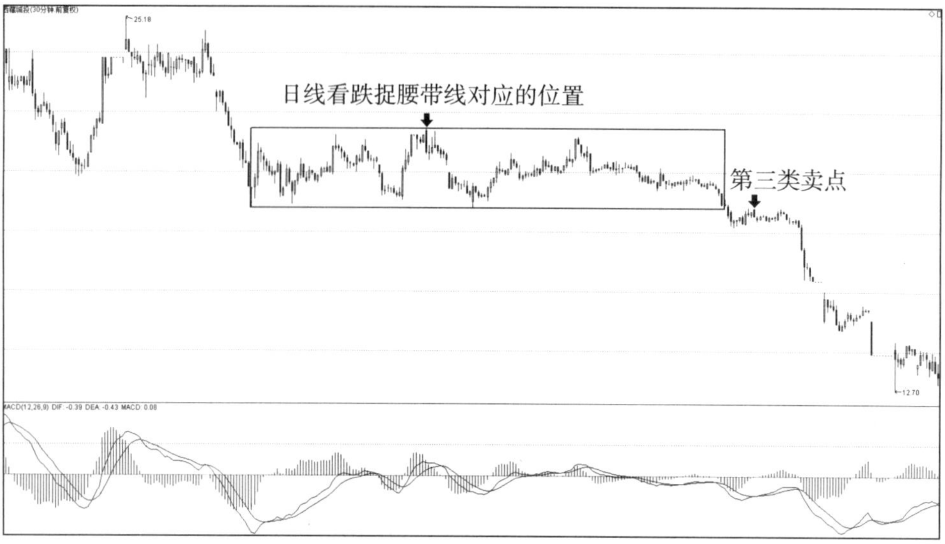

图6-2-83　西藏城投（600773）日线看跌捉腰带线对应的30分钟级别走势图

如图6-2-83所示，对应的30分钟级别走势图上，可以看到构成第二类卖点的那笔反弹，是以一个横盘整理的形态来进行的。第一个向下箭头处是个中枢震荡的卖点，这个时候就可以卖出了。

如果交易者不放心，那么其后第二个向下箭头处出现该盘整区间明确的第三类卖点，这是一个确认的信号，标志着前面的震荡格局结束，这也最终确认了日线第二类卖点的有效性。

43. 看跌捉腰带线——第三类卖点

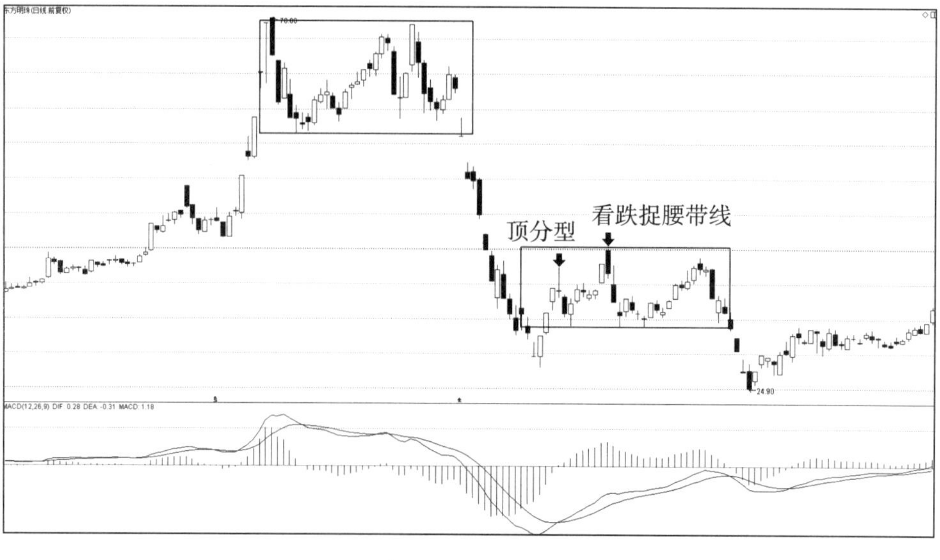

图6-2-84　东方明珠（600637）日线图

如图6-2-84所示，本案例中，下跌第一中枢在图上很明显，因而对该中枢的第一次次级别回抽，就构成了第三类卖点。这个卖点附近，正好出现了一个看跌捉腰带线的顶部反转形态。如果该看跌捉腰带线是有效的，那么第三类卖点就确认无疑了。

这里或许有人会问，为什么图上第一个向下箭头处的顶分型不是第三类卖点？其原因在于次级别走势还不完美。也就是说，这顶多是个中继分型。具体看图6-2-85。

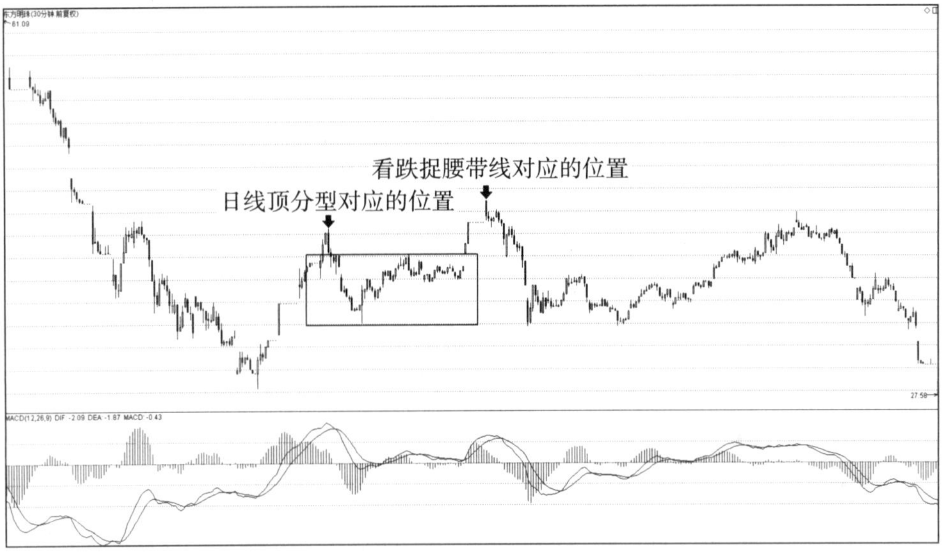

图6-2-85 东方明珠（600637）日线捉腰带线对应的30分钟级别走势图

如图6-2-85所示，对应的30分钟级别走势图上可以看到，日线顶分型对应的位置，从最低位开始的上涨其实只走出了一段。根据走势必完美的原则，至少会有三段走势，因此日线顶分型不能构成第三类卖点。

第二个向下箭头处，也可以明确地看到30分钟级别上已经走出了一个中枢，该走势已经完美，因此走势随时有可能结束。该位置对应的MACD图表上，盘整背驰也比较容易判断。综合日线图上的顶部反转形态，就可以把握这个第三类卖点了。

44. 看跌捉腰带线——中枢震荡卖点

如图6-2-86所示，本例是一个看涨捉腰带线构成的中枢震荡卖点。在该卖点出现之前，中枢区间其实是很明显的。

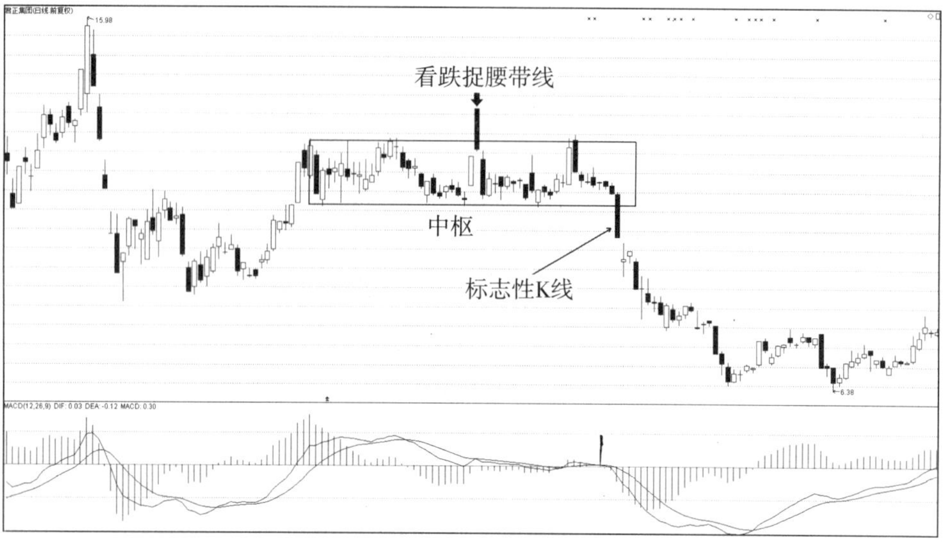

图6-2-86 君正集团（601216）日线图

这根看涨捉腰带线其实是一个典型的假突破。如何甄别假突破，这是一个非常重要的问题。对于真正的突破而言，首先要有市场强度的配合。在大势下跌的情况下，个股向上突破，诱多的概率更大。有基本面信息验证的品种，假突破的可能性小，否则诱多的概率较大；如果突破幅度较小，假突破的可能性就大，幅度大的，假突破的可能性小。

其实，对于中枢震荡中的假突破完全可以不必理会，耐心等待本级别第三类买卖点或者小级别上的买卖点。退一万步讲，对于假突破，只要确认突破是假的，能够及时退出，就不会有什么大问题。

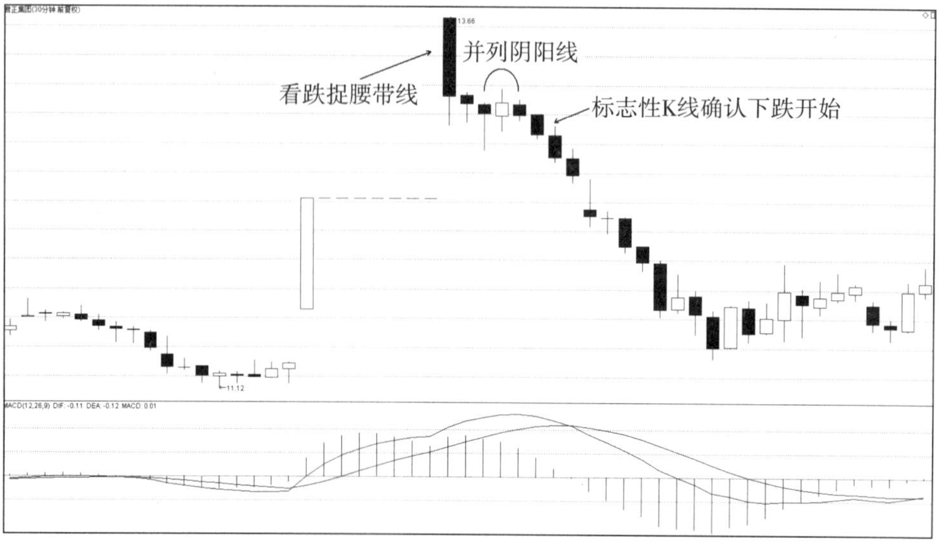

图6-2-87 君正集团（601216）日线看跌捉腰带线对应的30分钟级别走势图

如图6-2-87所示，对应的30分钟级别走势图上，完全不必等日K线走完。30分钟图上高位下来的第一根30分钟K线，是一个看跌捉腰带线的顶部反转形态，其后市场走出并列阴阳线形态。当图中标志性K线走出来，就可以确认日线图上的中枢震荡卖点了。

45. 看跌反击线——第一类卖点

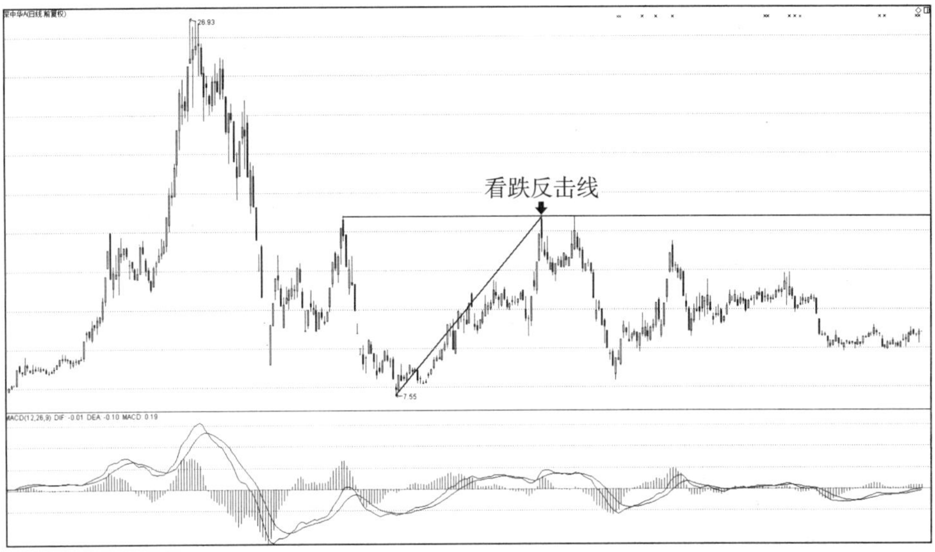

图6-2-88　深中华A（000017）日线图

如图6-2-88所示，图上的水平线位置，是本案例中的这个看跌反击线，该K线是在前期高点位置产生的，而前期高点往往是一道非常重大的阻力线。客观来说，这个第一类卖点很难当下判断。但当顶部反转形态走到重大阻力线位置，即使是没有第一类卖点，也会出现波段回调。急涨之后的波段回调，是非常值得参与的机会。

从图上向下箭头处开启的一波下跌结束之后的回抽，仍然不能有效突破前期高点构筑的阻力位。从形态学的角度分析，这个时候就可以明确第二类卖点出现，从而确定前面看跌反击线构筑的第一类卖点成立。

注意，并非所有第一类买卖点都可以当下判断的。这种情况下，第二类买卖点就是最值得参与的机会。

如图6-2-89所示，在30分钟级别上，能够真正明确走势类型转折的，就是那个缺口。那是个明显的向下突破性缺口，一旦该缺口出现，交易者或者当下做卖出操作，或者等反抽做卖出操作。当然，也可以分仓参与这个日线级别的波段下跌。

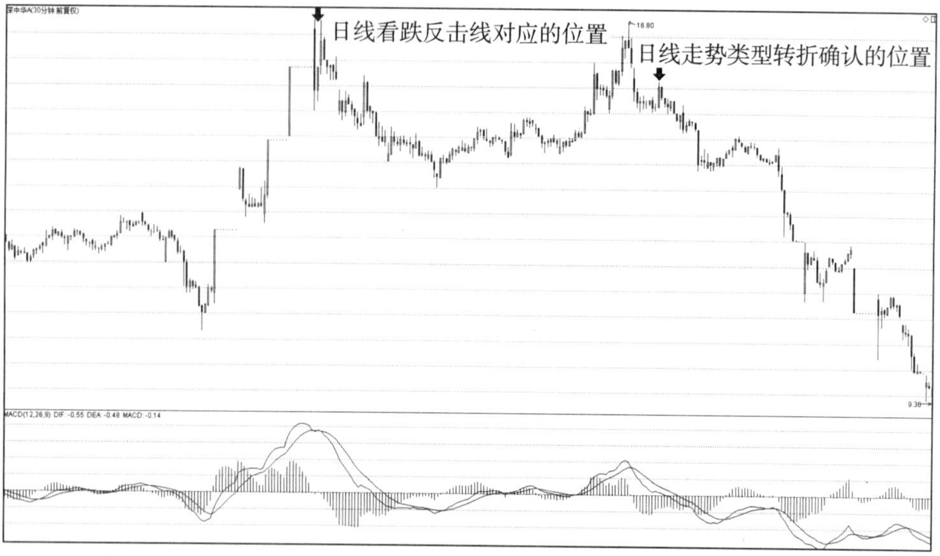

图6-2-89　深中华A（000017）日线看跌反击线形态对应的30分钟级别走势图

46. 看跌反击线——第二类卖点

如图6-2-90所示，本案例中，看跌反击线构筑了日线上涨走势的第二类卖点。从12.68元的高位开始的下跌力度很大，其后的反抽却以一个横向震荡的方式进行，这是极弱的反弹。一旦该反弹结束，构筑第二类卖点的概率就很大了。

这个弱势反弹的末端，出现了一个看跌反击线的顶部反转形态。这个时候，就

图6-2-90　红豆股份（600400）日线图

应该开启次级别验证程序。

如图6-2-91所示，次级别上，在中枢震荡的高位，出现了一个长阴灌顶形态。这个形态本身就是30分钟级别中枢震荡的卖点。其后的反抽以并列阴阳线的方式进行，这是最弱的一种反抽。随后的跳空缺口，彻底打破了反抽的格局。这个时候，就可以确认日线第二类卖点的有效性了，交易者可以选择卖出。

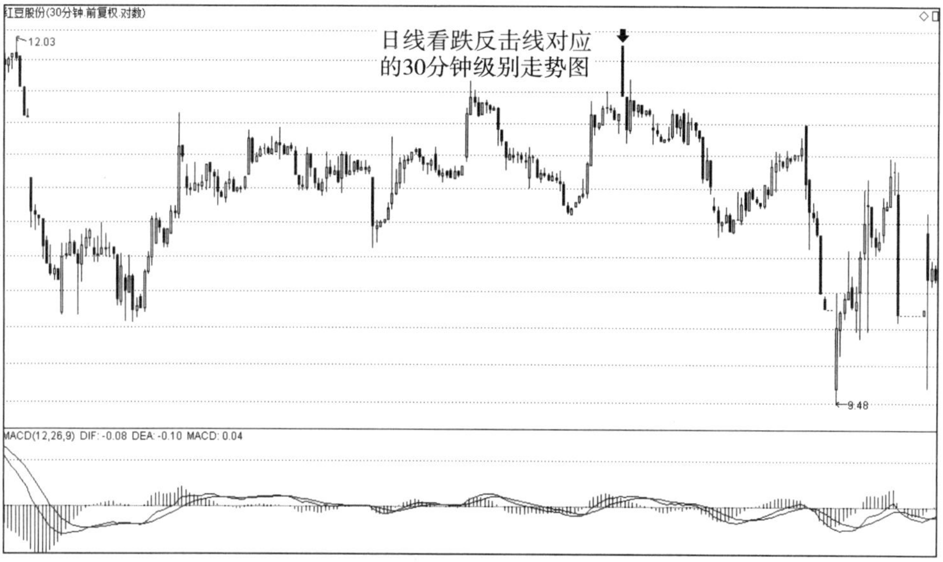

图6-2-91 红豆股份（600400）日线看跌反击线对应的30分钟级别走势图

47. 看跌反击线——第三类卖点

图6-2-92 广汇能源（600256）日线图

如图6-2-92所示，本案例中，向下箭头处是一个明显的高位锤子线，这本身就是一个顶部反转形态。该锤子线与之前的阳线构成了一组看跌反击线形态，如果该位置是波段回抽的终点，那么就形成了日线级别下跌的第三类卖点。

图6-2-93　广汇能源（600256）日线看跌反击线对应的30分钟级别走势图

如图6-2-93所示，次级别上，看跌反击线对应的位置，是一个长阴灌顶的K线形态。这种长阴灌顶形态，极易形成上涨走势的第一类卖点。特别是，图中标示的30分钟级别的上涨，在日线级别上只是一个反弹，这种反弹是极其脆弱的。

反应速度快的交易者，可以在此验证日线第三类卖点的有效性。反应速度慢的交易者，图中的标志性K线就是符合缠论买卖规则的最后卖出机会。

48. 看跌反击线——中枢震荡卖点

如图6-2-94所示，本案例中，看跌反击线形态构筑了一个中枢震荡卖点。图中的中枢是一个顺势中枢，前面曾经说过，顺势中枢其后的上涨力度是比较大的，但也要看中枢的位置。如果是上涨走势的第一个中枢，那么肯定后市上涨力度会比较大。如果是趋势中第二个中枢，或者是走势经历了较大幅度上涨的中枢，这个时候看涨的意味往往极弱。

交易者要注意，一些投资方法要灵活运用，不能一刀切。比如，第三类买点的应用，如果是第一中枢的第三类买点，当然是非常值得买入的。但假如是第三、第四中枢的第三类买点，买入的意义就不大了。

图6-2-94　中珠医疗（600568）日线图

如图6-2-95所示，对应的30分钟级别走势图上，从日线看跌反击线的高位跌下来，先是走出了一个并列阴阳线的形态，其后一根标志性阴线跌破了这个并列阴阳线的区间。这个时候可以明确指出，30分钟级别走势类型发生了转折，这也验证了日线级别的中枢震荡卖点。

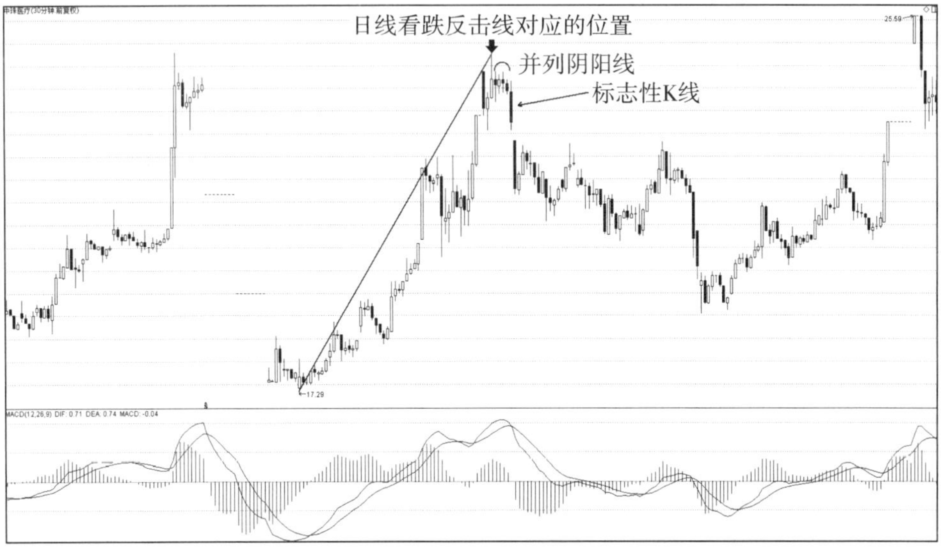

图6-2-95　中珠医疗（600568）日线看跌反击线对应的30分钟级别走势图

附录

缠论定理汇总

（1）缠中说禅走势中枢：某级别的走势类型，被至少三个连续次级别走势类型重叠的部分，称为缠中说禅走势中枢。

（2）缠中说禅盘整：在任何级别的任何走势中，某完成的走势类型只包含一个缠中说禅走势中枢，就称为该级别的缠中说禅盘整。

（3）缠中说禅趋势：在任何级别的任何走势中，某完成的走势类型至少包含两个以上依次同向的缠中说禅走势中枢，就称为该级别的缠中说禅趋势。该方向向上称为上涨，向下称为下跌。注意：趋势中的缠中说禅走势中枢之间绝对不存在重叠，包括任何围绕走势中枢产生的任何瞬间波动之间的重叠。

（4）缠中说禅技术分析基本原理一：任何级别的任何走势终要完成。

（5）缠中说禅技术分析基本原理二：任何级别的任何完成的走势，必然包含一个以上的缠中说禅走势中枢。

（6）缠中说禅走势分解定理一：任何级别的任何走势，都可以分解成同级别"盘整""下跌"与"上涨"三种走势类型的连接。

（7）缠中说禅走势分解定理二：任何级别的任何走势类型，都至少由三段以上次级别走势类型构成。

（8）缠中说禅买卖点定律：任何级别的第二类买卖点都由次级别相应走势的第一类买卖点构成。

（9）缠中说禅趋势转折定律：任何级别的上涨转折都是由某级别的第一类卖点构成，任何级别的下跌转折都是由某级别的第一类买点构成。

（10）缠中说禅走势中枢定理一：在趋势中，连接两个同级别缠中说禅走势中枢的，必然是次级别以下级别的走势类型。

（11）缠中说禅走势中枢定理二：在盘整中，无论是离开还是返回缠中说禅走势中枢的走势类型，必然是次级别以下的。

（12）缠中说禅走势中枢定理三：某级别的缠中说禅走势中枢的破坏，当且仅当一个次级别走势离开该缠中说禅走势中枢，其后的次级别回抽走势不重新回到该缠中说禅走势中枢内。

（13）缠中说禅走势级别延续定理一：在更大级别的缠中说禅走势中枢产生前，该级别的走势类型将延续。也就是说，只能是具有该级别缠中说禅走势中枢的盘整或趋势的延续。

（14）缠中说禅走势级别延续定理二：更大级别缠中说禅走势中枢的产生，当且仅当围绕连续两个同级别缠中说禅走势中枢产生的波动区间产生重叠。

（15）缠中说禅走势中枢中心定理一：走势中枢的延伸等价于任意区间[d_n，g_n]与[ZD，ZG]有重叠。换言之，若有Z_n，使得$d_n>ZG$或$g_n<ZD$，则必然产生高级别的走势中枢或趋势及延续。其中$GG=max(g_n)$，$G=min(g_n)$，$D=max(d_n)$，$DD=min(d_n)$，$ZG=min(g_1, g_2)$，$ZD=max(d_1, d_2)$。

（16）缠中说禅走势中枢中心定理二：前后同级别的两个缠中说禅走势中枢，后GG<前DD等价于下跌及其延续，后DD>前GG等价于上涨及其延续。后ZG<前ZD且后GG≥前DD，或后ZD>前ZG且后DD≤前GG，则等价于形成高级别的走势中枢。

（17）第三类买卖点定理：一个次级别走势类型向上离开缠中说禅走势中枢，然后以一个次级别走势类型回试，其低点不跌破ZG，则构成第三类买点；一个次级别走势类型向下离开缠中说禅走势中枢，然后以一个次级别走势类型回抽，其高点不升破ZD，则构成第三类卖点。

（18）缠中说禅买卖点完备性定理：市场必然产生盈利的买卖点只有第一、第二、第三类买卖点。

（19）缠中说禅背驰买卖点定理：任一背驰都必然制造某级别的买卖点，任一级别的买卖点都必然源自某级别走势的背驰。

（20）缠中说禅背驰转折定理：某级别的趋势背驰将导致该趋势最后一个中枢的级别扩展、该级别更大级别的盘整或该级别以上级别的反趋势。

（21）缠中说禅小背驰大转折定理：小级别背驰引发大级别向下的必要条件是该级别走势的最后一个次级别中枢出现第三类卖点；小级别背驰引发大级别向上的必要条件是该级别走势的最后一个次级别中枢出现第三类买点。

（22）缠中说禅买卖点级别定理：大级别的买卖点必然是次级别以下某一级别的买卖点。

（23）缠中说禅走势类型分解原则：一个某级别的走势类型中，不可能出现比该级别更大的中枢。一旦出现，就证明这不是一个某级别的走势类型，而是更大级别走势类型的一部分或几个该级别走势类型的连接。

（24）缠中说禅趋势转折定律：任何非盘整性的转折性上涨，都是在某一级别的“下跌+盘整+下跌”后形成的。下跌反之。

（25）缠中说缠MACD定律：第一类买点都是在0轴之下背驰形成的，第二类买点都是第一次上0轴后回抽确认形成的。卖点的情况反过来即可。